철학의 고전들

철학의 고전들

초판 1쇄 발행 2009년 11월 16일
초판 3쇄 발행 2012년 11월 19일

지은이 서정욱
펴낸이 양소연

기획편집 함소연 **디자인** 하주연 강미영
마케팅 이광택 **관리** 유승호 김성은 **웹서비스** 이지은 양지현

펴낸곳 함께읽는책 **등록번호** 제25100-2001-000043호 **등록일자** 2001년 11월 14일

주소 서울시 금천구 가산동 60-3 대륭포스트타워 5차 1104호
대표전화 02-2103-2480 **팩스** 02-2624-4240 **홈페이지** www.cobook.co.kr
ISBN 978-89-90369-80-2 (04100)
    978-89-90369-74-1 (세트)

함께읽는책은 도서출판 나눔의집의 임프린트입니다.

CLASSICAL

플라톤 《향연》에서 보에티우스 《철학의 위안》까지
언젠가 당신이 읽었다고 생각하는

서정욱
풀어서 다시 씀

철학의 고전들

플라톤 《소크라테스의 변론》 플라톤 《향연》 플라톤 《국가》 아리스토텔레스 《니코마코스 윤리학》 소포클레스 《비극_오이디푸스 왕과 안티고네》
에피쿠로스 《쾌락》 마르쿠스 아우렐리우스 《명상록》 아리스토파네스 《뤼시스트라테》 아우구스티누스 《고백록》 보에티우스 《철학의 위안》

PHILOSOPHY

함께읽는책

Meinem verehrten Doktorvater
Prof. Dr. Reiner Wiehl
in Dankbarkeit
gewidmet.

독일 하이델베르크대학교
라이너 비일 교수님께
이 책을 드립니다.

사랑하는 유민, 가람에게

모든 아이들이 그러하듯이 너희들도 어릴 때 참 많은 것을 물었단다. 묻는다는 것은 호기심이 있다는 뜻이고, 그 호기심은 무엇인가를 보거나 듣거나 만졌기 때문에 생겼겠지. 많이 물었다는 것은 또한 많은 것을 경험했다는 뜻일 거야.

호기심은 '왜'라는 단어에서 나온다는 걸 우리는 너무나 잘 알고 있지. 어릴 때 묻는 '왜'라는 질문은 단순한 호기심에서 나오겠지만, 차차 자라면서 그 의문은 결코 단순한 것에서 나오지 않는다는 걸 알게 되었을 거야. 만약 어른이 '왜'라는 질문을 던졌다면, 그것은 최소한 어떤 이론에 대한 물음일 테니까.

어느 날 고대 그리스에서 몇몇 어른들이 '왜!'라고 외쳤어. 그들은 당시 사람들이 갖고 있던 일반적인 사고방식이 이상하다고 판단했고, 그래서 '왜'라고 외쳤던 거야. 하지만 그 물음에 대해서 어떤 누구도 답하지 못했단다. 그래서 그들은 스스로 던진 질문에 답을 찾아야 했어. 이 어른들을 당시 사람들은 지혜로운 사람들이라고 했고, 오늘날 우리는 그들을 '처음 철학을 시작한 사람들'이라고 부르지.

이후 이들과 같은 생각을 하는 사람을 우리는 철학자라고 불렀는데, 이 철학자들은 자신들의 이론이나 사상을 책으로 남겼어. 이 책은 물론 철학책이고, 그것이 바로 고전이지. 물론 철학책에만 고전이 있는 것은 아니야. 학문의 모든 분야에는 고전이 있단다. 다만 특히 철학책에 고전이 많은 것은 철학이 가장 오래된 학문이기 때문이지.

우리는 어떤 책을 고전이라고 할까? 고전이란 무엇보다 현재에도 많이 읽히는 책이겠지. 하지만 많이 읽힌다고 무조건 고전은 아니야. 어떤 내용을 담았느냐에 따라 우리는 고전이라는 말을 쓰는데, 우선 그 내용에 문학, 역사, 그리고 철학, 이렇게 세 가지 이상의 내용이 담겨 있어야 한단다.

철학은 모든 학문을 아우르는 최고의 학문이라고 하지? 그래서 고대 그리스의 철학자들은 수학, 물리, 문학, 천문학, 지리학, 생물학 등등 연구하지 않은 학문이 없었어. 그리고 역사는 수천 년을 흐르는 강물과 같은 것이라 지금을 알기 위해 우리는 이 역사의 근원지를 찾아야만 한단다. 문학에는 인간의 희로애락, 즉 인간의 삶이 녹아 있어서 문학, 역사, 철학을 안다는 것은 곧 현재의 나를 찾는 것과 같지. 현재의 나는 곧 미래의 나이기도 하니까 말이야.

철학책 중에서도 역시 그 속에 역사적인 내용과 문학적인 생각이 들어 있어야 고전이란다. 아빠는 이런 책들을 모아 한 권의 책을 만들었어. 물론 사람들마다 고전을 보는 눈과 생각이 다르지만, 아빠는 나름대로 몇 권의 책을 골라 《철학의 고전들》이라는 이름을 붙이고 너희들이 보다 쉽게 이해하고 읽을 수 있도록 정리했단다.

고대 편에는 고대와 중세에 많이 읽혔던 10권의 철학책을 담았는데, 물론 그 내용은 지금까지 너희들이 읽었던 요약본하고는 다르단다. 책은 필요에 따라 읽는 방법이 다르다고 생각하는데 처음부터 끝까지 원전을 읽어야 할 경우가 있고, 그 내용만 파악하기 위해서 요약본을 읽을 때도 있을 거야. 원전을 읽기에는 시간이 부족하고 요약본을 읽기에는 내용이 충실하지 못하다는 단점이 있긴 하지만 말이야. 나는 이 책에서 이 두 가지의 단점을 극복하려고 노력했어. 내용도 충분히 전하면서 짧은 시간에 읽을 수 있게 말이야. 그렇다고 해서 이 책을 읽었다고 원전을 다 읽었다는 착각을 해서는 안 돼. 이 책은 단지 원전을 보다 쉽게 읽을 수 있도록, 그 원전에 쉽게 다가가기 위한 중간 역할을 하고자 기획하고 편집된 것이거든. 다시 말해서 이 책은 원전을 읽기 위한 징검다리라는 것을 꼭 명심해 주기 바란다.

원전에 비해 쉽고 읽기 편하게 쓰려다 보니 이 책만의 특징이 만들어졌는데, 그 특징을 알고 읽으면 나중에 너희들이 원전을 읽을 때 오해가 없을 거야. 이 책의 각 꼭지는 읽기 쉽게 대화 형식으로 구성되어 있는데 이 책들의 원전도 모두 대화 형식으로 된 것은 아니란다. 물론 원전 역시 대화 형식으로 쓰인 플라톤이나, 연극 형식의 아리스토파네스, 소포클레스 등도 내용의 쉬운 이해를 위해 화자를 바꾸었단다. 그렇다고 해서 그 내용이나 등장인물들이 원전과 다르지는 않으니 걱정하지 말고. 그 내용은 물론 꼭지마다 설명해 두었지만 오해가 있을까 봐 한 번 더 이야기하는 거야.

이 책이 나오기까지 참 많은 사람들이 고생을 했단다. 무엇보다 먼저 그 고

마운 분들에게 인사해야겠지. 이 책을 처음부터 기획하고 편집한 함소연 님께 감사하고, 이 책의 삽화를 그려 주신 박윤주 님, 예쁜 옷을 입혀 주신 디자이너 하주연 님, 무엇보다 이 책의 출판을 허락해 주신 함께읽는책의 양소연 사장님께 깊은 감사를 드리고 싶구나.

또 한 사람 특별히 감사하고 싶은 분이 있는데, 내가 철학을 연구하고 글을 쓸 수 있도록 나를 지도하고 가르치신 독일 하이델베르크대학교Ruprecht - Karls - UniversittäHeidelberg의 비일Reiner Wiehl 교수님이란다. 그분께 감사하는 마음 또한 이 책에 담고 싶구나.

이 책을 통해서 너희가 고전에 대해, 철학에 대해 다시 한 번 생각할 수 있게 되기를, 그리고 더욱 깊이 있는 원전들로 다가갈 수 있기를 진심으로 바란다.

2009년 8월

아빠가

차 례

 원전보다 읽기 쉽고 말 맛을 느낄 수 있도록 모든 꼭지들에 희곡적인 요소를 가미하였습니다. 그러나 내용이나 등장인물이 원전과 다르지 않으며, 시대배경과 철학은 모두 각각의 고전들이 들려주고자 하는 이야기의 다름 아닙니다. 이해를 돕고자 각 꼭지 뒤에는 읽어두면 좋을 이야기를 덧붙였습니다.

PHILOSOPHY

소크라테스,
청소년보호법 위반 및 신성모독죄?

_플라톤 《소크라테스의 변론》

아뉘토스 *Anytus*, 기원전 4~5

수공업자 출신의 부유한 민주파 정치가. 기원전 409년 펠로폰네소스 전쟁에서 장군이었던 아뉘토스는 펠로폰네소스 지방에 있는 주요 항구 도시인 필로스의 함락을 막지 못했지만 뇌물을 써서 그 벌을 면했다. 필로스 해전에서 진 다음 아테네는 아뉘토스를 중심으로 독재적 공포정치를 무너뜨리고 민주체제를 회복하였다.

소크라테스의 제자나 친구는 아니었으며, 소피스트를 맹렬히 공격하고 적대시하였다. 아뉘토스에게는 재능이 뛰어난 아들이 있었는데 아들에게 공부를 시키지 않고 가죽 장사를 시킨 아뉘토스를 소크라테스가 비난하자 그에 대한 보복으로 소크라테스를 고소하였다고도 전해진다. 그러나 아뉘토스가 단지 이런 개인적인 원한에서 소크라테스를 고소했다기보다는 조국에 대한 그의 고지식할 정도의 충성심이 원인이었다고 보는 사람들도 많다. 하지만 결국 그는 고소인으로서 멜레토스를 내세웠고 자신은 빠졌다.

멜레토스 *Meletos*

명의상 소크라테스의 고발인이다. 당시 그는 젊었고 별로 알려지지 않은 사람이었다. 아뉘토스의 앞잡이라는 오명을 벗지 못했고, 훗날 아테네 사람들에게 죽임을 당했다고 전해지지만 확실하지는 않다.

뤼콘 *Lykon*

소아시아 이오니아 출신으로 알려져 있다. 아테네에서 웅변가로 활동하였으나 너무 가난하여 희극작가의 웃음거리가 되었다. 소크라테스를 고소하고 고발하기 위한 모든 준비를 한 사람이다.

카이레폰 *Kailephon*

소크라테스의 가장 열렬한 제자이며 친구다. 펠로폰네소스 전쟁 이후 아뉘토스와 함께 민주정치 회복에 힘쓴 한 사람이다. 소크라테스는 카이레폰과 가까운 친구였지만 민주파는 아니었다. 이 글에서는 카이레폰의 아들이 화자로 등장하여 소크라테스의 재판 과정을 서술하고 있다.

소크라테스의 예언

 **소크라테스** | 나에게 유죄 판결을 내린
분들께 한 가지 예언을 하고자 합니다.

내가 죽고 난 다음 여러분은 바로 그보다 더한 형벌을 받을 것
입니다. 젊은이들의 신선한 비판 의식을 여러분은 아직 모릅니
다. 그들은 젊기 때문에 나보다 더 날카롭고 매섭게 여러분의
행동 하나하나를 비판할 것입니다.

한 사람이 옳은 삶을 살지 않았다고 사형으로 그 대가를 치르
게 한다면, 그것은 여러분이 잘못 생각한 것입니다. 잘못 살고
있는 사람을 사형과 같은 것으로 막으려 하지 말고 여러분 스
스로 좋은 사람, 훌륭한 사람이 되는 것이 더 쉬운 일입니다.
이것이 나에게 유죄 판결을 내린 사람들에게 들려줄 나의 예언
입니다.

고소장

사늘하다!

이런 느낌은 정말 처음이다. 온몸에 전율이 일어난다. 땀구멍 하나하나가 팽창하는 느낌이다.

너무나 조용하다!

아니, 내 귀에만 아무것도 들리지 않는 것인가? 저 눈들! 그를 향하고 있는 저 천 개의 번쩍이는 눈들이 나의 청각을 완전히 망각시킨 것 같다.

"쾅쾅쾅!"

"조용히 하시오! 조용히 해요! 도저히 시끄러워서 재판을 진행할 수가 없군!"

500명의 배심원, 아니 재판관들이 원형으로 된 계단식 의자에 앉아 있었다. 몰려든 청중의 소음에 참다못한 재판장이 재판 봉을 두드리며 정숙하여 달라고 부탁했지만 이미 너무나 많은 사람들이 모여들어 쉽게 조용해질 리 없었다.

나는 청중에게 눈을 돌려본다. 피고석 바로 뒤에는 한눈에 보아도 귀족임을 알 수 있는 사람들이 모여 있었는데 수염이 허연 할아버지에서부터 아직 애티를 벗지 못한 젊은이까지 다양했다. 그 뒤로는 교양과 예의라고는 찾아볼 수 없는 사람들로부터 그래도 체면을 차리면서 거들먹거리는 귀족들까지 각양각색의 사람들이 삼삼오오 짝을 이루어 소리 높여 자신들의 이야기에 열중하고 있었다. 그러니 장내는 쉽게 조용해질 리 없었다.

"지금부터 소크라테스에 대한 재판을 시작하도록 하겠습니다. 고소인 멜레토스는 고소장을 낭독하시오."

고 소 장

고소일 : 399년 모월 모일
고소자 : 멜레토스
피고인 : 소크라테스
고소내용 : 소크라테스는 아테네의 젊은 청년들을 타락시키고, 나라가
　　　　　 믿는 신들을 믿지 않으며 다이몬이라는 정체 모를 신을 믿
　　　　　 고 있다.

"피고 소크라테스는 고소인의 고소 내용을 인정합니까?"

"오! 아테네 사람들이여, 나를 고소한 사람들의 말을 듣고 여러분들이 나를 어떻게 생각할지 모르겠습니다."

"저 사람이 소크라테스야?"

"저자가 소크라테스란 말이지?"

"정말 못생겼다. 어쩜 저렇게 생길 수가 있지? 작은 키에 덥수룩한 털, 들창코에 짱구, 좁은 어깨, 가는 다리, 누더기가 다 된 저 옷 하며…… 정말 너무 심한 몰골이군."

"하지만 생긴 것하고는 영 다르게 지혜롭다고 하잖아."

"그러기에 외모로 사람을 파악해서는 안 된다니까."

소크라테스의 나이 70세, 비극시인 멜레토스는 당시 유력한 정치가였던 아뉘토스와 웅변가 뤼콘의 뜻에 따라 위와 같은 고소장을 작성하고 소크라테스를 고소했다. 결과는 여러분도 알다시피 사형.

그러나 내가 생각하기에 소크라테스가 죽은 것은 멜레토스의 고소 때문도 아니고 법관들의 판결 때문도 아니다. 소크라테스를 죽인 사람은 소크라테스의 가장 친한 친구이며 나의 아버지인 카이레폰이다. 아버지는 돌아가실 때까지도 당시를 후회하고 계셨다. 만약 아버지가 델포이의 신탁을 듣지 않았다면 아버지의 가장 친한 친구 소크라테스는 죽지 않았을 것이라고.

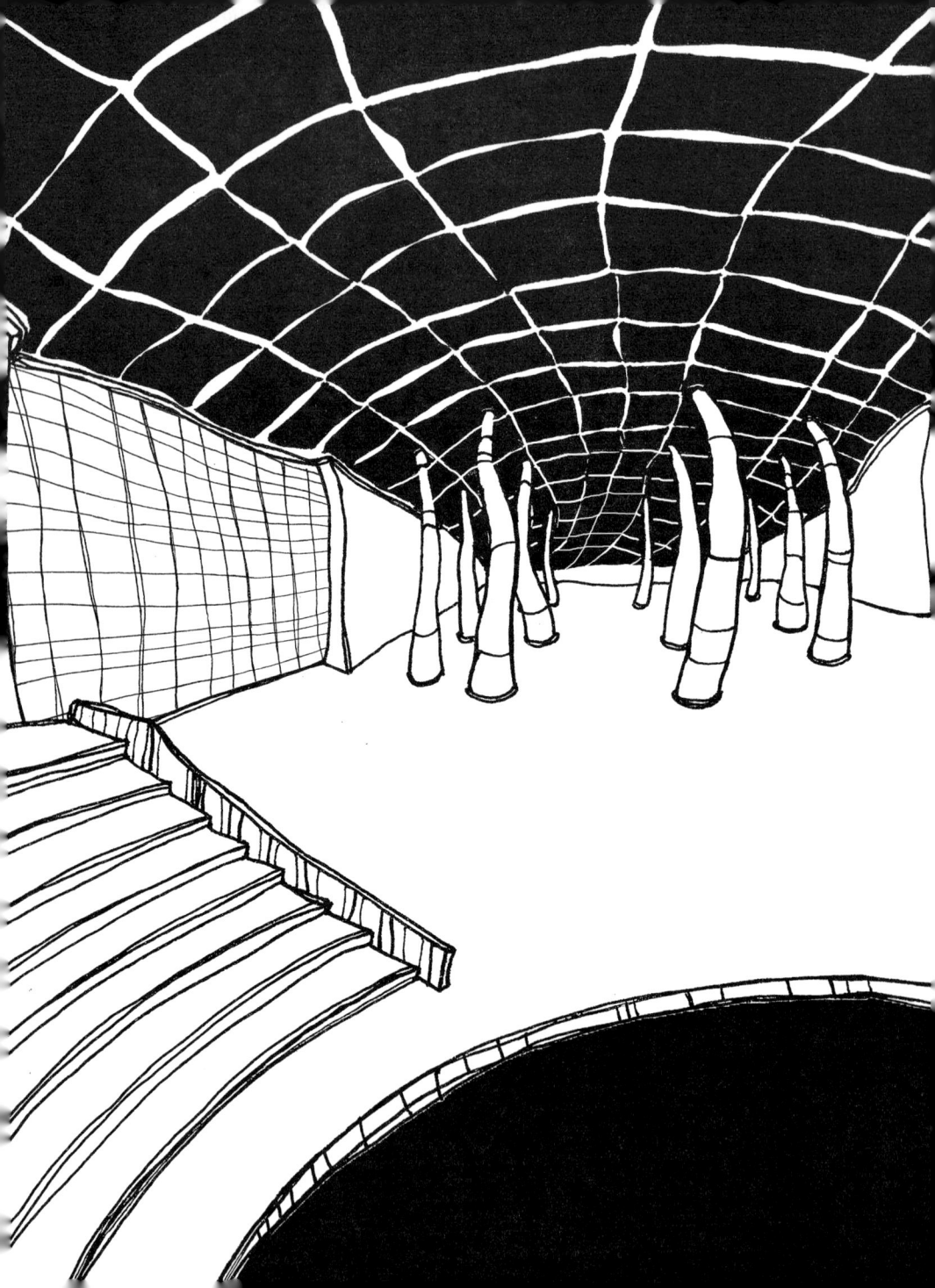

하지만 아버지는 다시 태어난다고 해도 똑같이 행동할 수밖에 없을 거라고 하였다.

아버지는 몇 해 전 이미 돌아가셨지만, 나는 이 이야기를 하지 않을 수가 없다. 내가 이 이야기를 하지 않으면 소크라테스는 멜레토스의 고소장처럼 신을 믿지 않고 젊은이들을 타락시켰다는 죄를 절대로 벗을 수 없을 것이기 때문이다.

신탁

지금으로부터 수십 년 전, 아버지 카이레폰은 우연한 기회에 소크라테스에 대한 호기심이 생기기 시작했다. 아니, 호기심이라기보다는 화가 나기 시작했다.

희극시인 아리스토파네스가 디오니소스 축제에 《구름》이라는 작품을 발표하여 3등을 차지한 후 이 작품은 아테네의 아크로폴리스에 있는 야외극장에서 끊임없이 상연되었고, 많은 사람들의 사랑을 받았다. 아리스토파네스는 바로 이 작품 속에서 우리 아버지와 아버지의 영원한 친구 소크라테스를 몹시 나쁜 소피스트로 그렸던 것이다.

델포이의 여사제 티피아는 우리 아버지에게 분명히 말했다고 한다. 이 세상에서 소크라테스보다 현명한 사람은 없다고. 이 말을 소크라테스에게 전하지 말았어야 했는지도 모른다. 하지만 아버지는 신의 뜻을 거절할 수 없기에 소크라테스에게 이 말을 전했고, 이 말을 들은 소크라테스는 아버지에게 수없이 되물었다고 한다.

"카이레폰, 정말 델포이의 신탁이 나, 소크라테스보다 현명한 사람은 없다고 말했다는 거지?"라고 말이다. 아버지는 당신이 들은 것을 다시 한 번 분명히 소크라테스에게 전했다. 이후 소크라테스는 우리 아버지의 말이 정말인지 아닌지를 알아보기 위해서 당시 아테네에서 현명하다는 사람들을 모두 찾아다니기 시작했다. 그리고 이것이 화근이 되어 소크라테스는 결국 많은 정치가들과 예술가, 그리고 웅변가들로부터 미움을 받기 시작했고, 그 미움이 그를 이 죽음의 장소까지 몰고 온 것이다.

이제부터 펼쳐질 이야기는 내가 기억하는 슬프지만 너무나 아름다운 한 철학자의 이야기이다.

재판장 | 피고 소크라테스는 고소 내용에 대해 변론하시오.

소크라테스 | 아테네 사람들이여, 나를 고소한 사람이 여러분에게 경고하였을 것입니다. 내가 유능한 변론가라도 되는 양, 나에 대해서 거짓말을 했을 것입니다. 특히 내가 여러분을 충분히 설득하여 무죄로 풀려날 것이라고, 나를 고소한 사람이 말했을 것입니다. 하지만 나는 변론에 뛰어난 사람이 아닙니다. 분명한 것은 오늘 여러분은 나에 대한 모든 진실을 듣게 될 것이라는 점입니다.

500명의 재판관들. 그들은 무엇을 위해서 여기에 모였을까? 단지 하루 일당을 위해서? 아니면 소크라테스를 정당하게 재판하기 위해서?

법정에서는 당연히 참말을 해야 한다. 소크라테스는 비록 자신이 처음으로 법정에 서게 되었지만 참말만 하겠다고 이야기한 다음, 재판관들에게도 역시 옳은 것과 옳지 못한 것을 구별해달라고 부탁했다.

아테네는 모두 10개의 행정 구역으로 나누어져 있는데 한 구역마다 600명의 재판관이 있기 때문에 아테네에 있는 재판관은 모두 6,000명이다. 재판이 있는 날 아침에 이들은 자신의 역할을 다하기 위해 모인다. 하지만 철저하게 추첨을 통해 재판관이 가려지기 때문에 누가 재판관이 될지는 아무도 모른다.

소크라테스 | 멜레토스는 나에게 두 가지 죄를 물었습니다만, 오래전부터 나에 대한 고소 · 고발 사건이 있어왔기 때문에 이번 기회에 그것도 함께 변론하고자 합니다. 이 두 가지를 정리해보면 다음과 같습니다. 첫째, 아리스토파네스가 《구름》에서 묘사한 것처럼 나와 카이레폰이 몹시 나쁜 소피스트라는 것. 둘째, 멜레토스의 고소장에 나와 있는 것처럼 내가 국가가 공인한 신을 믿지 않고 청년을 타락시킨다는 것.

먼저 첫 번째 죄에 대해서는 내가 더는 변론할 필요가 없다고 생각합니다. 오늘도 디오니소스 극장에서는 아리스토파네스의 《구름》이 상연되고 있을 것이기 때문입니다. 희극은 희극일 뿐입니다. 나는 결코 아리스토파네스의 생각처럼 둥지에 들어앉아 공중을 걸어다닐 수도 없고, 하늘과 지하세계에서 일어나는 일을 알아맞힐 수도 없습니다. 그뿐 아니라 나는 약한 주장을 강하게 만드는 능력도 없기 때문에 다른 사람을 가르치는 범죄자는 더더욱 아닙니다.

그뿐 아니라 아리스토파네스의 주장처럼 나는 돈을 받고 아테네의 젊은이를 가르친 적도 없습니다. 고르기아스, 히피아스, 그리고 프로타고라스와 같은 유명한 소피스트들은 능력이 있기 때문에 돈을 받고 젊은이들을 사귀고 또 가르칠 수 있습니다. 그들은 돈을 받고 가르칠 만큼의 능력과 실력을 갖고 있는 사람들입니다. 하지만 나는 돈을 받고 가르칠 만큼의 지식을 갖고 있지 않습니다.

재판장 | 돈을 받고 가르칠 능력도 없는 사람이 왜 남을 가르쳤는가? 아니, 최소한 돈을 받고 남을 가르쳤다는 소문이 아테네에 쫙 퍼져 있다는 것 정도는 소크라테스, 당신도 알고 있지 않았소?

재판장은 내기 가장 두려워하는 부분을 지적하였다. 그렇다. 소크라테스가 남을 가르치고 있다는 소문은 분명 아테네에 퍼져 있다. 하지만 그것은 큰 오해다. 그 오해는 바로 우리 아버지 때문에 생긴 것이다. 우리 아버지가 델포이의 신탁을 듣지 않았다면, 그런 오해는 결코 생기지 않았을 것이다.

소크라테스 │ 카이레폰의 말을 전해 듣는 순간, 나는 도저히 참을 수가 없었습니다. 아테네에는 나보다 뛰어난 정치가, 사상가, 시인, 웅변가가 수없이 많습니다. 그럼에도 왜 델포이의 여사제 티피아는 나보다 지혜로운 사람이 없다고 말했는지 정말 궁금했습니다.

여러분도 잘 아시겠지만, 신은 결코 거짓말을 하지 않습니다. 티피아의 말이 사실이고 신은 거짓말을 하지 않기 때문에 나는 이 말을 신의 명령으로 생각했습니다. 신의 명령은 당연히 실현되어야 합니다. 신의 말을 실현하기 위해서 나는 아테네에 살고 있는 지혜로운 자를 만나기로 하였습니다. 정치가, 예술가, 시인, 웅변가 등 수없이 많은 사람들을 만나면서 나는 한 가지 분명한 사실을 알게 되었습니다.

"무엇을 알게 되었다고?"
"분명한 사실? 어떤 분명한 사실을 알게 되었다는 거야?"

청중이 술렁이기 시작했다. 소크라테스가 무슨 말을 할지 궁금한 것이다. 저들도 청중으로서가 아니라 재판관으로서 저 자리에 앉아 있고 싶었을 것이다. 나이 많은 저 노인은 불행하게도 오늘 아침 재판관 추첨에서 떨어진 사람이다. 재판관의 일당은 보통 일을 해서 버는 하루 품삯보다 적기 때문에 일을 할 수 있는 젊은 사람들보다는 푼돈이라도 벌려는 노인들이 몰려들어 법정 주위는 늘 시끄럽다.

재판장 | 소크라테스, 당신이 만난 사람들로부터 무엇을 알게 되었다는 것이오? 당신보다 지혜로운 사람은 없다는 티피아의 주장이 맞았다는 것인가?

소크라테스 | 그렇습니다. 하지만 내가 만난 사람들이나 나는 지혜로운 것에 대해서는 아무것도 알지 못했습니다.

재판장 | 조용히 하시오! 여러분은 제발 좀 조용히 하시오. 소크라테스, 당신과 당신이 만난 사람들, 그들 모두가 지혜로운 것에 대해 아는 것이 없다면 당신보다 지혜로운 사람은 없다는 티피아의 말은 틀린 것 아닌가?

소크라테스 | 꼭 그렇게는 말할 수 없습니다. 내가 만난 사람들이나 내가 지혜로운 것에 대해 아는 것이 없는 것은 분명합니다. 하지만 나와 그들의 차이라면, 나는 내가 모른다는 것을 알고 있지만 그들은 스스로 모르고 있다는 사실조차 모른다는 것입니다.

재판장 | 그렇다면 지혜로운 사람과 지혜롭지 못한 사람의 차이는 자신이 지혜로운 것에 대해 모른다는 것을 알고 있는 것과 모르고 있는 것의 차이란 말인가?

소크라테스 | 그렇습니다. 스스로 모르는 것을 모른다고 생각하는 점 때문에 내기 그들보다 지혜로운 사람이라고 나는 생각합니다.

저러니 남들로부터 미움을 받지. 스스로 모른다는 것을 말한다는 것이 얼마나 자존심 상하는 일인가! 그것도 아테네에서 지혜로운 사람이라고 알려진 이들이 스스로 무지를 인정한다는 것이.

소크라테스는 신의 뜻을 존중하여 신탁을 확인하기 위해 스스로 지혜롭다고 자처하는 많은 사람을 만났지만 그들은 결코 자신이 모른다는 사실을 인정하지 않았다. 그러나 소크라테스는 그들에게서 스스로 무지를 자백받기 위해 끝까지 노력하였다. 아테네에서 지혜롭다고 자처하는 사람들은 처음에는 소크라테스의 이런 행동에 섭섭해하거나 화를 냈지만 시간이 지나면서 두려움을 느끼게 되었다. 그리고 결국 멜레토스가 그들을 대표하여 소크라테스를 법정에 세운 것이다.

소크라테스의 변론

재판장 | 시간이 흐르고 있소. 소크라테스, 당신에게 주어진 변론의 시간은 정해져 있으니 서두르시오.

일반적으로 재판은 6시간 정도가 걸린다. 원고의 진술이 세 시간, 그리고 피고의 변론이 세 시간 정도. 이 모든 것은 물시계로 측정된다. 그러나 나는 솔직히 멜레토스의 진술에는 관심이 없다. 단지 소크라테스의 변론만이 궁금할 뿐이다.

소크라테스 | 먼저 내가 아테네의 젊은이들을 타락시켰다는 것에 대해서

변론하겠습니다. 멜레토스, 자네는 내가 아테네의 젊은이들을 타락시켰다고 주장했네. 하지만 나는 오히려 멜레토스 자네가 죄인이라고 주장하겠네. 왜냐하면 멜레토스, 자네뿐 아니라 우리는 모두 아테네의 젊은이들을 가능한 한 훌륭하게 키우기 원하네. 그렇지 않은가?

멜레토스 | 그렇습니다.

소크라테스 | 젊은이들을 훌륭하게 만드는 가장 중요한 것은 무엇인가?

멜레토스 | 법률입니다.

소크라테스 | 내가 묻고 싶은 것은 법률을 알고 있는 사람이 누구인가 하는 것이네.

멜레토스 | 그것은 여기에 있는 재판관들입니다.

소크라테스 | 자네 말에 따르면 법률을 지키는 재판관들은 젊은이들을 훌륭하게 교육할 수 있네. 그렇다면 여기 있는 청중들, 의원들은 어떤가?

멜레토스 | 그들도 모두 그렇게 할 수 있습니다.

소크라테스 | 그렇군. 결국 나를 제외한 모든 아테네 사람들은 젊은이들을 선하고 훌륭하게 교육할 수 있고, 나는 부패했기 때문에 젊은이들을 교육할 자격이 없다는 말이지?

멜레토스 | 그렇습니다. 그 말을, 나는 듣고 싶었습니다.

소크라테스 | 아테네에서 오직 나, 소크라테스만이 젊은이를 타락시키고 나머지 모든 사람들은 젊은이들을 훌륭하게 가르칠 수 있다니, 우선 마음이 놓이네. 그리고 나만이 타락하고 부패한 사람이고 나머지 모두는 선하

고 착한 사람이라니 그것 또한 아주 좋은 일이군. 다시 말하면 악한 소크라테스 한 사람이 젊은 사람들을 타락시키고, 나머지 모든 사람이 젊은이들을 훌륭하게 교육할 수 있다니 이 얼마나 좋은 일인가!

그런데 왜 자네는 나를 이렇게 법정에 세웠는가? 만약 나만 악하고 모두가 선하다면, 멜레토스, 자네를 포함한 모든 선한 사람들이 나를 훌륭하게 교육해야지 이렇게 법정에 세우면 어떻게 되겠는가? 자네도 알다시피 법정이란 벌을 받을 사람이 오는 곳이지 가르침을 받을 사람이 오는 곳이 아니네. 그러므로 자네가 주장하는 젊은이를 타락시켰다는 죄목에 대해 나는 무죄임이 틀림없네!

소크라테스의 변론에는 힘이 있었다. 멜레토스를 비롯한 재판관들, 그리고 청중도 모두 말이 없었다.

아테네의 재판은 두 종류가 있다. 개인적인 일로 재판을 받는 경우와 공적인 일로 재판을 받는 경우가 그것인데, 개인 간의 재판은 재판관 200명에서 400명으로 진행된다. 하지만 공적인 일로 재판을 받는 경우 500명의 재판관이 소집되는데, "나라가 믿는 신들을 믿지 않았다"라는 이유로 고소당한 소크라테스는 공적인 재판을 받게 된 것이다. 500명의 재판관이 지금 내 앞에서 눈과 귀를 크게 열고 재판에 참여하고 있다.

재판장 | 멜레토스가 고소한 첫 번째 죄목에 대한 판결은 나중에 알게

될 것이오. 자, 소크라테스, 이제 두 번째 죄목에 대해 변론하시오.

소크라테스 | 멜레토스의 고소장에는 나, 소크라테스는 아테네가 믿는 신을 믿지 않고, 다이몬이라는 새로운 신을 믿는 것으로 되어 있습니다. 고소 내용을 분명히 하기 위해서 다시 멜레토스에게 묻겠습니다. 허락해 주십시오.

재판장 | 허락하겠소.

소크라테스 | 멜레토스, 다음 세 가지를 잘 들어보기 바라네. 첫째, 소크라테스는 새로운 신이 있다는 것을 다른 사람들에게 가르치고 믿기 때문에 무신론자는 아니다. 둘째, 소크라테스는 나라에서 믿는 신들을 믿지 않고 다른 신을 믿는다. 셋째, 소크라테스는 신들을 전혀 믿지 않고 또 사람들에게 그렇게 가르치고 있다. 자, 이 세 가지 중에서 자네는 내가 어떤 태도를 보이고 있다고 생각하나?

멜레토스 | 세 번째입니다. 소크라테스, 당신은 신들을 전혀 믿지 않습니다.

멜레토스의 폭탄과도 같은 발언에 재판관들과 청중은 다시 술렁이기 시작했다. 청중뿐 아니라 재판관들까지도 멜레토스가 첫 번째라고 말하리라 생각했기 때문이다. 멜레토스가 지나치게 무리수를 두는 것일까?

아테네 사람이라면 모두가 알고 있다. 소크라테스는 국가가 인정한 신은 믿지 않을지 모르지만 자신만의 신인 다이몬을 믿고 있다는 사실을. 그리고 멜레토스는 자신의 고소장에서도 소크라테스는 나라가 믿는 신을 믿지 않고 다이몬이라는 색다른 신을 믿고 있다고 분명히 말했다.

소크라테스 | 멜레토스, 아고라에 나가면 아주 쉽게 구할 수 있는 책이 있네. 책의 저자는 그 유명한 아낙사고라스일세. 그리고 아낙사고라스는 그 책에서 해는 돌이며, 달은 흙이라고 했네. 내가 그 책을 읽고 젊은이들에게 그렇게 말했다고 해서 나를 무신론자라고 이야기하는가?

멜레토스 | 그것과 상관없이 내가 보기에 당신은 어떤 신도 믿지 않는 무신론자입니다.

소크라테스 | 나는 무신론자가 아니라네. 모두가 알다시피 나는 다이몬이라는 신을 믿고 있네. 자네도 다이몬이 신이라고 생각하나?

멜레토스 | 그렇습니다.

소크라테스 | 멜레토스! 그렇다면 나를 무신론자라고 했던 자네의 말과 앞뒤가 맞질 않는군. 오, 자네와는 이야기가 되지 않을 것 같네. 아테네 사람들이여, 내가 무신론자인지 아닌지 내 이야기를 좀 들어보기 바랍니다.

멜레토스와 이야기하던 소크라테스가 재판관들에게 자신은 무신론자가 아님을 주장하기 위해 그들을 향해 돌아섰다.

재판이 시작될 때, 소크라테스는 자신이 논리적으로 말을 잘하기 때문에 잘못하다간 재판관들이 자기에게 속을지도 모른다는 소문이 있지만 자신은 말을 잘 못한다고 했다. 그러나 내가 볼 때 소크라테스의 주장은 틀렸다! 소크라테스는 자신이 신을 믿는다는 것을 아래와 같이 논리적으로 명쾌하게 정리했다.

소크라테스의 추리 1

대전제 : 사람들은 각자 하는 일이 있기 때문에 존재한다.
소전제 : 피리 부는 일이 있기 때문에 피리 부는 사람이 존재한다.
결　론 : 이 두 전제에 따라 다이몬이 하는 일이 있기 때문에 다이몬은
　　　　존재한다.

우리 아테네 사람들은 다이몬이 신들의 아들이라고 믿고 있고, 멜레토스도 그것에 대해서 긍정하였다. 우리는 제우스를 중심으로 한 올림포스의 유명한 12신만을 신으로 인정하는 것이 아니라 님프와 같은 하찮은 신도 신으로 인정하고 있는데, 왜냐하면 님프도 그 부모가 유명한 신일 수 있기 때문이다. 소크라테스는 이를 다음과 같은 방법으로 증명했다.

소크라테스의 추리 2

전제 : 말이나 당나귀가 있다.
결론 : 그러므로 말이나 당나귀의 새끼가 있다.

소크라테스의 추리 3

전제 : 그리스 사람들이 믿는 신들이 있다.
결론 : 그러므로 신들의 자식들이 있다.

다이몬이 도대체 무엇이기에 그렇게 중요하게 여기는 걸까? 소크라테스는 "신의 음성" 혹은 "다이몬의 음성"이 들린다고 말했다. 그 소리를 어릴 때부터 들었다고 했다. 그 음성은 소크라테스가 무슨 일인가를 하려 할 때 그 일을 하지 못하게 만류하지만, 어떤 일을 하라고 재촉한 적은 절대로 없다고 한다. 그래서 소크라테스는 그 음성을 다이몬의 소리 혹은 양심의 소리라고 믿었고, 바로 이 다이몬의 소리에 절대적으로 의존하였다. 그러나 자신을 지켜주고 자신이 해야 할 일을 정해 주는 다이몬을 믿었던 소크라테스와 달리 사람들은 다이몬을 소크라테스만이 믿는 이상한 신으로 여겼고, 그리하여 바로 오늘 멜레토스에 의해 법정에 세워진 것이다.

소크라테스 | 이제 내가 멜레토스의 주장처럼 젊은이를 타락시키지도 않았고, 무신론자도 아님을 알았을 것입니다. 그렇다면 내가 왜 이 자리에 서게 되었을까요? 그것은 많은 사람들의 중상과 질투 때문입니다. 이러한 중상모략에 나뿐 아니라 더 많은 착한 사람들이 희생될 것입니다. 나는 내가 한 일이 결코 나쁜 일이라고 생각하지 않습니다.

트로이 전쟁의 영웅 아킬레우스는 헥토르를 죽이면 자신도 죽을 것이라는 어머니 테티스의 말을 듣지 않았습니다. 아킬레우스가 친구 파트로클로스의 원수를 갚지 못하고 비겁하게 두려움 속에 사는 것보다는 떳떳하게 죽는 것이 낫다고 생각한 것처럼, 나 또한 살아서 웃음거리가 되는 것보다는 죽는 것이 낫다고 생각합니다.

혹 여러분들이 어떤 조건으로 나를 석방한다 해도 나는 여러분의 조건에 따르지 않을 것입니다. 내가 이 법정에서 무죄로 석방되든 조건부로 석방되든 나는 지금까지 내가 했던 일을 계속할 것입니다. 외국으로 추방한다 해도 마찬가지입니다. 내가 숨을 쉬고, 나의 힘이 미치는 한, 지혜를 사랑하는 모든 사람들을 만나 내 생각을 전하는 일을 그치지 않을 것입니다. 내가 지금까지 한 일과 앞으로 할 일은 신의 명령을 수행하는 일이기 때문에 결코 중단할 수 없습니다.

타협이라고는 모르는 소크라테스. 재판관들도 청중도 웅성거리기 시작했다. 조건부 석방도 싫고 외국으로 추방도 싫다면, 무죄 아니면 사형 둘 중 하나다. 하지만 소크라테스는 사형을 원치 않았다.

소크라테스 | 만약 여러분들이 나에게 사형선고를 한다면, 여러분은 나를 해치는 것이 아니라 여러분 자신을 스스로 해치는 것입니다. 그 증거가 바로 멜레토스와 아뉘토스입니다 그들은 나를 해칠 수 없어 고소한 것입니다. 자신보다 못한 사람이 자신보다 나은 사람을 해친다는 것은 결코 있을 수 없습니다. 내가 이렇게 변론하는 것을 나 자신을 위한다고 생각하지 마십시오. 나의 이 변론은 나 자신을 위한 것이 아니라 여러분을 위한 것입니다.

여러분이 나를 사형시키면, 나와 같은 사람은 다시는 쉽게 찾을 수 없다는 것을 여러분들이 더 잘 알 것입니다.

참으로 당당하게도 자신의 중요성을 강조한 소크라테스는 자신을 '등에'와 같은 사람이라고 말했다. 말이나 소에 붙어 피를 빨아 먹고사는 곤충 등에. 덩치에 비해 굼뜬 말이나 소가 쉬지 않고 움직일 수 있는 건 등에의 자극 때문이라는 것이다. 소크라테스는 자신이 이 나라에 달라붙어 있는 한 마리의 등에와 같은 존재라고 말했다. 신에 의해 내려진 등에.

말을 깨어 있게 하려면 등에가 필요한 것처럼, 자신은 하루 종일 어디에고 백성들 개개인에게 달라붙어서는 그들을 일깨우고 설득하며 나무라기를 결코 그만두지 않는 그런 사람이라고 주장했다.

소크라테스 | 나는 신이 여러분을 깨어 있게 하기 위해서 나를 보냈다고 생각합니다. 그 이유는 이렇습니다. 나는 나 자신의 일보다 여러분의 일을 더 중요하게 생각했습니다. 나는 항상 여러분을 돌보고, 찾아가 부모형제처럼 대했습니다. 여러분이 덕을 쌓는 데에 힘쓰도록 설득하는 이런 일들은, 인간이라면 쉽게 할 수 있는 일이 아닙니다.

다음으로, 신이 나를 여러분에게 보냈다는 증거는 돈에 관한 것입니다. 나는 이런 일을 하면서 한 푼의 돈도 받지 않았습니다. 만약 내가 돈을 받고 지혜를 가르쳤다면, 멜레토스가 분명히 고소장에 그 문제도 거론하였을 것입니다. 하지만 멜레토스는 나를 고소하면서 돈 문제는 조금도 거론하지 않았습니다. 그리고 여러분들은 내가 가난하다는 것을 너무나 잘 알고 있습니다. 나는 지금까지 단벌옷으로 살고 있으며, 신발도 신지 않고 생활하고 있습니다. 이 모든 것이 신이 나를 여러분에게 보낸 증거이며 지혜를 팔지 않았다는 또 다른 증거입니다.

소크라테스는 정말 신이 보낸 사람일까?

그는 지금까지 정의에 어긋난 일을 하지 않았다. 그뿐 아니라 그는 제자도 없다. 선생입네 하는 어떤 자들은 돈을 받으면 가르치고 그렇지 않으면 교육을 거부하기도 한다지만 소크라테스는 지금까지 한 번도 그러지 않았다. 그리고 소크라테스는 자신과 이야기를 나눈 사람이 훌륭한 사람이 되건 혹은 그렇지 못하건 책임을 지지 않는다고 했다. 왜냐하면 그는 어떤 누구에게도 지식을 주겠다는 약속을 한 적이 없고 가르친 적도 없기 때문이다. 단지 소크라테스와 한 번이라도 이야기를 나눈 사람들은 소크라테스를 스승으로 모시기를 좋아하였고, 오랜 시간 그와 함께 있기를 원했을 뿐이다. 그 이유는 간단했다. 소크라테스는 누구를 만나든 진실만을 이야기했기 때문이다.

물시계는 소크라테스에게 남은 시간이 얼마 없음을 알려 주었다. 이제 변론을 끝낼 때가 되었다. 처음과 다르게 소크라테스의 변론을 들은 사람들은 숙연해졌다. 나는 뒤에 앉아 있는 사람들을 둘러보았다. 평소 소크라테스를 스승으로 모시거나 친구로 생각한 사람들이 보였는데, 그중에서도 플라톤의 아버지와 형제들이 눈에 띄었다. 나의 아버지가 살아 계셨다면 분명히 저들과 함께 앉아 가슴 아파했을 것이다.

소크라테스 │ 재판장님, 저기 제 뒤에 있는 사람들을 보십시오. 누구라고 말하지 않아도 여러분이 모두 알고 있는 사람들입니다. 저들은 이미 오래전부터 나와 함께한 사람들입니다. 저기에는 아들과 함께 온 사람, 형제와 함께 온 사람, 심지어 가족 모두가 온 경우도 있습니다. 젊은이의 경우 자신이 타락하고 있다는 사실을 모를 수도 있습니다. 하지만 나이가 들어서도 자신이 타락했다는 사실을 모르는 사람은 없을 것입니다. 만약 내가 아테네 젊은이들을 타락시켰다면, 저들이 왜 여기 이 법정에 와 있겠습니까? 저 많은 사람들이 내가 결코 젊은이들을 타락시키지 않았으며, 신이 나를 여러분에게 보냈다는 가장 큰 증거라고 생각합니다.

재판관들로 하여금 동정심을 자아내기 위한 방편으로 당시 많은 사람들은 가족들을 법정에 데리고 들어갔다. 물론 재판관에 따라 동정표를 던지는 사람도 있고, 화를 내는 사람도 있다. 소크라테스에게도 부인 크산티페와 아들 셋이 있지만 법정에는 그중 누구의 모습도 보이지 않았다.

소크라테스 │ 재판관들에게 부탁이 하나 있습니다. 나를 무죄로 판결해

달라는 것은 결코 옳은 일이 아닐 것입니다. 여러분이 그 자리에 앉아 있는 것은 누구를 편들기 위해서가 아니라 법률에 따라 올바른 판결을 하기 위해서입니다. 여러분은 법률에 따라 재판할 것을 서약했습니다. 가족이나 동정심 때문에 여러분의 판단이 흐려져선 안 됩니다. 그러면 여러분의 서약은 거짓 서약이 되고 맙니다. 재판을 받기 위해 나온 사람들은 여러분에게 그런 버릇이 들게 해서는 안 됩니다. 그뿐 아니라 여러분도 그런 버릇이 들면 안 됩니다. 재판관이 하는 일은 신을 대신해서 하는 일입니다. 나는 아름답고, 올바르고, 경건한 일만 하기를 원합니다. 그런 내가 여러분에게 그렇지 못한 일을 시킬 수는 없기 때문에 나는 가족을 데리고 와서 여러분의 동정을 기대하는 일 따위는 하지 않습니다.

다시 온몸에 한기가 느껴진다. 소크라테스는 스스로 멜레토스의 기소 내용을 모두 변론했다. 이제 남은 것은 재판관들이 소크라테스의 죄에 대한 유무를 판결하는 일뿐이다.

재판관들은 입장하면서 5㎝ 정도의 청동원판 두 개를 받았는데 그중 하나는 원판 가운데 구멍이 뚫린 것이고 다른 하나는 구멍이 뚫리지 않은 것이다. 그리고 그들 앞에는 청동항아리와 나무항아리, 이렇게 두 개의 투표함이 놓여 있다.

재판관들이 일어섰다. 그리고 한 사람씩 원판을 들고 항아리 앞으로 걸어갔다. 청동원판은 그렇게 크지 않기 때문에 재판관 손안에 있는 원판이 어떤 종류인지 방청객뿐 아니라 다른 재판관들도 도무지 알 수가 없다. 중앙에 구멍이 뚫린 청동원판은 원고를 위한 것이고, 구멍이 없는 것은 피고를 위한 것으로, 소크라테스가 무죄로 풀려나려면 청동항아리에 담긴 청동원판 중 구멍이 없는 원판의 수가 과반이 되어야만 가능하다. 청동항아리에 넣은 것만 유효표로 인정되고 나무항아리 속에 넣은 것은 기권이라는 뜻이므로 자동 폐기 처분될 것이었다.

최후 변론

재판장 | 피고 소크라테스에 대한 판결이 나왔습니다. 피고는 일어나 판결 내용을 들으시오.

소크라테스는 조용히 일어났고, 이따금 마른기침 소리와 침 삼키는 소리만 들릴 뿐 법정 안은 너무나 고요했다.

재판장 | 280 : 220으로 소크라테스의 고소 건은 유죄로 판결되었습니다. 고소인 멜레토스는 소크라테스에 대한 형량을 정하시오.

멜레토스 | 소크라테스가 유죄 판결을 받았다는 것은 내가 고소한 두 가지 죄가 모두 유죄라는 뜻입니다. 특히 소크라테스는 나라가 믿는 신

을 믿지 않습니다. 이 죄는 벌금, 재산 몰수, 구류, 감옥살이 혹은 국외 추방으로는 안 된다고 판단되므로 사형을 구형합니다.

법정 안은 다시 술렁이기 시작했다. 사형은 최고의 형벌이다. 나라가 믿는 신을 믿지 않았다는 것이 큰 죄이긴 하지만 사형은 너무한 것이 아닌가. 하지만 소크라테스는 얼굴색 하나 변하지 않고 차분하게 최후진술을 준비하고 있었다.

고소인의 구형이 있은 다음 피고인은 다시 한 번 자신을 변론할 기회를 얻는다. 이것이 바로 최후 변론 혹은 최후 진술이다. 이때 피고인은 스스로 죄를 인정하고 자신에게 맞는 형량을 정할 수 있으며 재판관은 피고인이 제시한 형량과 고소인이 제시한 형량을 놓고 최종적으로 형량을 정하게 된다. 소크라테스는 과연 스스로 어떤 형량을 제시할까?

소크라테스 | 아테네 사람들이여, 유죄 판결을 받고도 내가 하나도 놀라지 않는 것은 나는 이미 이 같은 결과를 짐작하고 있었기 때문입니다. 이제 내가 해야 할 일은 나 스스로 형량을 정하는 것입니다. 내가 어떤 형을 제시하는 것이 좋을까요?

나는 다른 사람들과 다른 삶을 살았습니다. 대부분의 사람들은 돈벌이, 집안 살림 꾸리기, 군인, 정치 활동, 공무원 등과 같은 직업을 갖고 살아갑니다. 하지만 나는, 평생 일을 했습니다만 이런 일은 하지 않았습니다. 나는 여러분들이나 나에게 이익이 되지 않는 곳에서는 일하지 않았습니다. 내가 하는 일은 우리 모두에게 항상 도움이 되는 것이었습니다. 이런 나에게 맞는 형량은 과연 무엇일까요? 내가 감옥살이를 원할까요? 그러면 나는 감옥에서 교도관으로부터 많은 굴욕을 받을 것입니다. 아니면 벌금형을 원하고, 그 금액이 다 사라질 때까지 구류를 살까요? 교도관으로부터 받는 고통은 마찬가지일 것입니다. 국외추방형은 어떻습니까? 나의 이런 행동을 여러분도 참지 못하는데 외국 사람들은 참을 수 있을까요?

나는 신의 명령에 따라 여러분의 등에가 되기를 원했던 사람입니다. 이런 내가 조용히 침묵을 지키면서 살아간다는 것은 불가능합니다. 무엇보다 중요한 것은 나는 이렇게 유죄를 받을만한 일을 하지 않았습니다. 하지만 법에 따라 나는 스스로 형량을 정해야 합니다. 만약 내가 돈이 있었다면 내가 낼 만큼의 벌금을 내겠다고 제의할 것입니다. 그러나 나는, 아시다시피 돈이 없습니다. 내가 낼 수 있는 벌금은 은화 한 닢인 1므나입니다.

아테네 사람들이여, 잠깐만 기다려 주십시오. 플라톤, 크리톤, 크리토불로스, 그리고 아폴로도로스가 지금 여기 와서 30므나를 내겠다고 합니다. 그들은 신용할만한 사람들이기 때문에 그들이라면 충분히 보증이 되리라 생각합니다.

차가운 바람이 법정 안을 휘감고 지나갔다. 소크라테스의 최후 변론이 있은 다음, 재판관들은 다시 표결을 하였다. 이번에는 숨소리도 들을 수 없을 정도로 차가운 공기가 법정을 메웠다. 표결을 마친 재판장이 일어났다.

재판장 | 소크라테스의 최후 변론과 형량 제시에 대해 재판관들이 진행한 표결 결과를 말씀드리겠습니다. 360:140으로 소크라테스가 제시한 형량은 기각되었기 때문에 소크라테스에게는 멜레토스의 구형에 따라 사형이 확정되었습니다.

법정 안의 분위기와 다르게 소크라테스는 감정의 변화 없이, 아주 담담해 보였다. 그리고 소크라테스는 여전히 재판관을 재판관이라 부르지 않고 아테네 사람이라고 부르면서 마지막 이야기를 시작했다.

소크라테스 | 아테네 사람들이여! 얼마 지나지 않아 여러분은 이 나라를 나쁘게 이야기하는 사람들에게 지혜로운 사람 소크라테스를 죽였다는 악명과 비난을 면하지 못할 것입니다.
나는 이미 늙었고 살만큼 살았기 때문에 여러분이 조금만 기다렸다면 여러분이 원하는 일이 저절로 일어났을 것입니다. 하지만 여러분은 이미 판결을 내렸기 때문에 지혜로운 사람을 죽였다는 비난을 절대로 면하지 못할 것입니다. 물론 이 말은 여러분 모두에게 하는 말이 아니라 나에게 사형을 판결한 사람들에게만 하는 말입니다.
그리고 내가 이 재판에서 진 것은 말재주가 부족하거나 논리가 부족해서가 아니라 나의 뻔뻔스러움과 몰염치가 부족해서입니다. 만약 내가 여러분을 기분 좋게 해 주고, 여러분이 좋아할 말만 하였다면 나는 결코 유죄 판결을 받지 않았을 것입니다. 하지만 나의 입장에서는 남들처럼 변명이나 하고 사는 것보다는 하고 싶은 이야기를 다 하고 죽는 편이 훨씬 좋습니다. 정말 어려운 것은, 죽음을 면하는 것이 아니라 비열함을 면하는 것입니다.

잠시 이야기를 멈춘 소크라테스는 자신에게 유죄 판결을 내린 재판관과 무죄 판결을 내린 재판관들에게 마지막으로 이야기하였다.

소크라테스 | 나에게 유죄 판결을 내린 분들께 한 가지 예언을 하고자 합니다. 내가 죽고 난 다음 여러분은 바로 그보다 더한 형벌을 받을 것입니다. 젊은이들의 신선한 비판 의식을 여러분은 아직 모릅니다. 그들은 젊기 때문에 나보다 더 날카롭고 매섭게 여러분의 행동 하나하나를 비판할 것입니다.

한 사람이 옳은 삶을 살지 않았다고 사형으로 그 대가를 치르게 한다면, 그것은 여러분이 잘못 생각한 것입니다. 잘못 살고 있는 사람을 사형과 같은 것으로 막으려 하지 말고 여러분 스스로 좋은 사람, 훌륭한 사람이 되는 것이 더 쉬운 일입니다. 이것이 나에게 유죄 판결을 내린 사람들에게 들려줄 나의 예언입니다. 다음은 나에게 무죄 판결을 내린 분들에게 하고 싶은 말입니다.

친애하는 재판관 님! 여러분이야말로 내가 재판관이라 불러도 좋을 사람들입니다. 나는 재판을 받는 동안 다이몬의 소리를 전혀 듣지 못했습니다. 지금까지 다이몬은 내가 하지 말아야 할 행동에 대해서는 분명히 막았습니다. 하지만 이번 재판 동안에는 아무런 소리도 듣지 못했습니다. 이것은 내가 재판을 하는 동안 한 모든 말이 정당하다는 것을 간접적으로 보여주는 것입니다. 내가 나에게 무죄 판결을 내린 재판관 님들께 하고 싶은 이야기는, 죽음이 결코 나쁜 것이 아니라는 것입니다.

죽음!

아직 소크라테스의 사형은 집행되지 않았다. 하지만 소크라테스는 너무나 자연스럽게 죽음을 이야기하고 있다. 그것도 자신에게 무죄 판결을 내린 재판관들에게 말이다.

재판이 진행되는 동안 소크라테스는 단 한 번도 재판관들을 재판관이라 부르지 않고 아테네 사람들이라고 불렀다. 그런데 지금 자신에게 무죄 판결을 내린 재판관들을 재판관이라고 부르고 있다. 소크라테스에게 있어서는 그들만이 진정한 재판관인 것이다.

과연 소크라테스에게 있어서 죽음이란 무엇인가?

죽음

소크라테스 | 나는 죽음을 다음 두 가지 중 하나라고 생각합니다. 첫째, 죽음은 아무것도 아닙니다. 그렇기 때문에 죽은 사람은 어떤 감각도 갖고 있지 않습니다. 이런 죽음은 깊이 잠든 것과 같습니다. 여러분은 꿈도 꾸지 않고 잔 적이 있습니까? 꿈도 꾸지 않고 잔다는 것은 일종의 행운입니다. 이런 잠이야말로 가장 좋은 잠입니다. 아무 감각도 없는 죽음이란 아무런 꿈도 꾸지 않고 자는 것과 같은 것입니다. 이런 죽음이야말로 큰 소득이라고 나는 생각합니다.

둘째, 죽음이란 지금까지 전해져 내려오고 있는 것처럼 일종의 변화입니다. 혹은 혼魂이며, 이곳에서 다른 곳으로의 이동입니다. 이것은 마치 여행과도 같은 것입니다. 죽음이 여행과 같다면 이것 또한 손해 볼 것 없습니다. 죽음이 여행이라면 여행을 하는 동안 우리는 이미 죽은 사람을 모두 만날 수 있을 것이기 때문입니다. 내가 좋아하는 호메로스, 헤시오도스도 만날 것입니다. 만약 이것이 사실이라면 나는 몇 번이라도 죽고 싶습니다. 물론 부정한 판결을 받고 죽은 사람도 있을 것입니다. 그러면 나는 불쾌해질 것입니다. 반면에 유쾌한 일도 있을 것입니다. 죽은 사람들 중 누가 지혜로운 사람인지 찾아보고 함께 이야기 나누는 것은 정말 유쾌할 것입니다. 더욱 유쾌한 것은 저세상에서는 지금 나와 같은 일로 재판을 받고 사형선고를 받을 일은 없을 것이라는 겁니다. 착한 사람에게는 죽어서나 살아서나 나쁜 일은 하나도 없고 무슨 일을 하여도 신들이 배려해 줄 것입니다.

내게 일어난 일은 우연이 아닙니다. 내가 사형 선고를 받은 것은 지금 당하고 있는 귀찮은 일들로부터 해방되는 일이기 때문에 분명 더 좋은 일입니다. 그렇기 때문에 나를 고소한 사람이나 나에게 유죄 판결을 내린 사람들에게 나는 조금도 화를 내지 않습니다. 하지만 그들이 나를 고소하고 판결한 것은 내가 죽은 다음 이렇게 좋은 일이 생기리라 생각하고 한 일이 아닌, 단지 나를 해치기 위해서 한 행동이기 때문에 그들의 행동은 마땅히 비난받아야 합니다.

고요하다.
법정 안은 쥐죽은 듯 고요하다.
어느 누구도 소크라테스의 말에 대꾸하지 않는다. 죽으러 가는 사람이 저렇게 당당하고 편안한데, 누가 어떤 이야기를 할 수 있겠는가!
소크라테스는 마지막으로 자신의 아들을 당부했다. 자신의 아들이 덕이나 지혜보다 돈이나 밝히는 사람이 된다면 혹은 아무것도 아니면서 무엇이나 되는 것처럼 행동한다면, 소크라테스가 우리들에게 한 것과 똑같은 방법으로 자신의 아들을 괴롭혀 달라고 부탁했다. 그것이 자신과 아들에게 옳은 대접이라고. 그리고 우리 가슴을 서늘하게 하는 한마디,

소크라테스 | 이제 떠날 시간입니다. 나는 죽기 위해서, 여러분은 살기 위해서. 그러나 나와 여러분 중 어느 쪽이 더 좋은 쪽으로 가게 될지는 아무도 모릅니다. 단지 신만이 알 것입니다.

플라톤, 문학도의 꿈을 담다

독일의 실존주의 철학자 야스퍼스는 《위대한 철학자들》이라는 책을 남겼다. 이 책에서 야스퍼스는 기원전 399년 아테네에서 400명의 소피스트가 처형되었으며 그 400명 중에 소크라테스라는 이름이 있다고 주장한다. 야스퍼스의 주장은 무엇을 뜻할까?

플라톤 대화록의 주인공은 모두 소크라테스이다. 그렇다면 플라톤은 저 유명한 소크라테스의 사상을 그대로 그의 대화록에 담았는가? 아니면 플라톤 자신의 순수한 철학서인가? 전자의 경우 플라톤의 대화록은 유명한 철학자인 소크라테스의 사상 그 자체이다. 후자의 경우 어떨까? 정말 우리가 아는 것만큼 소크라테스는 유명한 철학자인가? 그 의문에 야스퍼스의 생각을 더하면 소크라테스의 사상과 플라톤의 사상은 구별이 더욱 힘들어진다.

기원전 427년에 태어나 347년에 죽은 플라톤은 소크라테스를 주인공으로 하는 대화록을 많이 남겼다. 그래서 오늘날 수많은 철학자들이 플라톤의 저서 속에서 플라톤적인 부분과 소크라테스적인 부분을 나누는 연구를 하고 있다.

그중 《소크라테스의 변론》은 소크라테스적인 저서의 대표적인 작품이다.

플라톤은 소크라테스가 재판을 받는 방청석에서 재판 과정을 지켜보고 있었다. 플라톤은 재판 과정을 지켜본 것뿐 아니라 그의 스승 소크라테스를 구하려고 무척 노력하였다. 그렇기 때문에 플라톤은 소크라테스의 말 한마디 한마디와 당시 상황을 생생하게 기억하고 있었을 것이다. 이런 재판 과정을 바탕으로 플라톤은 소크라테스가 죽은 얼마 후 이 작품을 완성한 것으로 보인다. 이런 점에서 《소크라테스의 변론》은 비교적 역사적 사실이 뚜렷이 담겨 있는 플라톤의 작품이다. 하지만 플라톤은 이 작품 속에 단순히 재판 과정만 서술하였을까?

소크라테스를 만나기 전 플라톤의 꿈은 문학도였다. 아마도 그의 문학적인 재능도 이 작품 속 곳곳에 녹아 있을 것이다. 이 작품을 완성하기 위해 덧붙인 것도 있을 것이며, 밝히지 않은 부분도 있을 것이다. 하지만 플라톤은 진정한 소크라테스의 모습을 담으려고 노력했을 것이며, 재판 과정도 최대한으로 살리려 했을 것이다. 하지만 야스퍼스의 주장은 무엇을 뜻할까?

《소크라테스의 변론》이 문학적으로 높이 평가되고 있는 것은 사실이다. 또한 소크라테스에 대한 역사적인 자료로도 많이 활용되고 있다. 플라톤은 이 모든 것을 동시에 만족하는 책을 후세 사람들에게 남기려 했을 것이다. 오늘날 소크라테스와 플라톤을 연구하는 사람들은 플라톤의 두 입장 모두를 연구 대상으로 삼고 있다. 야스퍼스 역시 소크라테스를 연구하면서 역사적인 측면을 더 중요하게 생각한 것으로 보인다.

이 작품을 이해하려면 당시 재판의 절차에 대한 이해가 우선되어야 할 것이다.

당시 그리스의 소송은 공법적인 것과 사법적인 것 두 가지가 있었는데, 공법적인 것은 개인이 국가에 잘못한 것을 재판하는 것이며, 사법적인 것은 개인과 개인 간의 재판에 관한 것이었다. 소크라테스는 고대 그리스 국가에서 인정하는 종교를 믿지 않았다는 죄로 고발되었기 때문에 공법적인 죄인으로 취급되었다. 공법으로 고소된 사람은 먼저 피고의 진술을 듣고 그 사실이 서로 틀림없음을 확인한 다음 그것을 문서로 만든다. 물론 이 진술서는 피고와 원고 쪽 모두에게 사용되었다. 소크라테스 역시 이 과정을 거쳤는데 이 절차는 오늘날 재판 제도에 비교한다면 예심과 같은 것이다. 예심이 끝나면 공판을 받게 되는데 공판에 필요한 재판관은 때에 따라 다르지만 200명에서 500명 정도였다. 소크라테스의 경우에는 500명의 재판관으로 구성되었다.

매년 초, 그리스 최고 행정관인 아르콘은 서른 살 이상의 남자 중에서 6,000명을 뽑아 헬리아이아를 구성했다. 헬리아이아는 재판이 있을 때마다 200명 혹은 500명의 재판관에 뽑힐 수 있는 재판관 후보를 말하는데, 이 재판관 후보들 중 재판에 참가하고 싶은 사람들은 재판이 있는 날 아침에 법정 앞으로 모인다. 이렇게 모인 후보 중에서 다시 제비뽑기를 통해 그날 필요한 재판관이 정해지는 것이다. 이렇게 재판관 후보를 정해 놓고 재판이 있는 날 아침에 다시 재판관을 선출하는 가장 큰 이유는 무엇보다 피의자가 사전에 재판관을 매수하는 일이 없도록 하기 위해서였다. 재판관 후보는 법정 앞에 놓인 클레로테리온이라는 대리석 함에 자신의 신분이 적힌 동판을 넣는데, 함으로 들어간 이 동판은 내부의 복잡한 경로를 통해 함 안에서 그날 필요한 재판관 수만큼의 검은 색 혹은 흰색의 주사위를 굴러 떨어지게 한다. 고대 그리스에서는 이렇게 복잡하고 나름 정당한 방법으로 재판관이 결정되었던 것이다.

소크라테스의 재판 진행 절차를 보면, 먼저 원고와 피고는 정해진 시간 안에 진술서에 따라 변론을 하게 되는데, 이때 물시계로 정해진 시간을 표시하고 지켰다.

소크라테스를 고발한 세 사람은 멜레토스, 아뉘토스, 그리고 뤼콘이었는데, 책에서는 원고를 대표하여 멜레토스만 변론을 한 것으로 보인다. 아니면 플라톤이 멜레토스의 변론에 대해서만 다루었는지도 모른다. 아뉘토스의 발언도 있었던 것 같지만, 플라톤은 그 내용을 책에서 다루지 않았다.

원고의 변론이 끝나고 소크라테스가 반대 변론을 하였는데, 이 부분이 이 책의 핵심이라고 할 수 있다. 그다음 원고와 피고의 대질 심문이 재판관에 의해서 이루어졌고, 이 대질 심문이 끝난 다음 재판관은 소크라테스에 대한 죄가 유죄냐 무죄냐에 대한 판결을 내렸다.

논의 결과 재판관들은 280 : 220으로 소크라테스에게 죄가 있다고 판결하였다. 일단 재판관들이 유죄 판결을 내리면 형량을 정해야 하는데 500명의 재판관들이 각자 합당하다고 생각하는 형량을 말하게 되면 재판은 아마도 끝이 나지 않을 것이다. 따라서 형량은 원고 측과 피고 측이 제시하는 형량을 듣고 재판관들이 선택하는 방식을 취했다.

잘 알려진 것처럼 멜레토스는 원고를 대표해서 소크라테스에게 사형을 요구하였다. 하지만 소크라테스는 자신은 죄가 없다며 무죄를 요구하였고, 만약 자신에게 죄가 있다면 가난한 자신이 할 수 있는 것은 당시 화폐 단위로 1므나인 은화 한 개의 벌금형을 형량으로 요구하겠다고 했다. 그러나 친구들의 권유와 도움으로 벌금 30므나를 물겠다고 자신의 형량을 정한 소크라테스에게 재판관들은 멜레토스의 형량을 받아들여 사형을 선고하였다. 일반적인 재판은 여기서 끝이 난다. 하지만 플라톤의 책에서는 소크라테스가 사형 확정에 대한 아쉬운 감정과 아테네 시민들에게 하고 싶은 말을 전하는 것으로 끝을 맺는다. 소크라테스는 아테네 사람들에게 유언에 가까운 이야기를 하고 있는 것이다.

어느 부분에서나 소크라테스는 자신은 공적인 법을 어긴 적이 없다는 것을 분명히 하고 있으며, 자신의 삶은 떳떳했다고 주장하고 있다. 자신을 믿고 따르는 친구와 제자들에게 부끄럽지 않은 모습을 보이려는 소크라테스를 우리는 모든 재판 과정에서 볼 수 있다. 이 모든 것이 오늘날 소크라테스를 연구하는 사람들에게는 플라톤의 예술성이 만들어낸 신화 만들기냐 역사적인 사실이냐의 문제를 제공하는 빌미가 되기도 한다.

재판이 끝난 후 소크라테스는 감옥으로 끌려간다. 플라톤은 여기서 이야기를 끝내고 있다. 하지만 소크라테스의 친구들과 제자들은 소크라테스를 그냥 죽일 수 없다며 구출하려고 노력하였고, 소크라테스는 죽음을 택함으로써 자신의 철학적 신념을 지켰다.

당시 카이레폰은 소크라테스보다 먼저 죽었기에 소크라테스의 재판을 볼 수 없었다. 《소크라테스, 청소년보호법 위반 및 신성모독죄?》에서는 — 카이레폰에게 아들이 있었는지 없었는지는 확실치 않으나 — 독자가 소크라테스의 재판 과정을 함께 지켜본다는 의미에서 카이레폰의 아들을 극 중 인물로 묘사 해보았다. 스스로 카이레폰의 아들이 되어 재판 과정을 흥미롭게 지켜보면 읽는 재미가 배가되리라 생각한다.

CLASSICAL PHILOSOPHY

PHILOSOPHY

아테네의 위대한 지도자,
소크라테스에게 반하다

_플라톤《향연》

아폴로도로스 *Apollodoros*

소크라테스의 친구이며 제자. 하지만 친구나 제자보다 열렬한 숭배자로 잘 알려져 있다. 소크라테스의 임종을 매우 애통해하며 지킨 사람 중 하나이다.

아리스토데모스 *Aristodemos*

직접 이 향연에 참석하였고, 그 내용을 아폴로도로스에게 들려주었다. 원전에서는 아폴로도로스가 다시 이 이야기를 글라우콘에게 들려주는 것으로 구성되어 있으나 이 책에서는 한 장소에서 함께 향연에 대해 이야기하는 것으로 하였다. 소크라테스의 열렬하고 충직한 제자로 소박하였고, 소크라테스를 모방하기 좋아해 맨발로 다니기까지 하였다.

아가톤 *Agathon*, 기원전 446?~401?

고대 그리스 3대 비극시인의 후계를 잇는 아테네의 비극시인. 여성적인 외모의 뛰어난 미남으로 알려져 있다. 파우사니아스의 애인이 된 것도 그런 외모의 영향이 큰 것으로 보인다. 기원전 416년 비극경연대회에서 처음 우승하였고 그것을 축하하는 잔치를 열었는데, 그 잔치에서 나눈 대화들이 플라톤의 《향연》이 되었다.

아가톤은 극의 소재를 신화나 전설에서 찾지 않고, 허구의 사건이나 인물을 직접 만든 것으로 알려져 있다. 기원전 407년경 마케도니아의 아르켈라오스 궁정으로 초대되어 갔다가 그곳에서 죽었다.

파이드로스 *Phaidros*, 기원전 450년경~기원전 400년경

당시 아테네의 지식인 중 하나로 변론가인 뤼시아스를 열렬히 숭배하여 그의 변론술에 심취했던 사람이다. 소크라테스와 가까이 지내긴 했지만 제자로 보긴 어렵다. 《향연》에서는 젊었을 때의 모습으로 등장한다.

파우사니아스 *Pausanias*

당시 아가톤과 애인, 혹은 아주 친한 사이로 알려져 있다. 그 외에 그에 관한 내용은 전해지는 것이 많지 않다.

에뤼크시마코스 *Eryximakos*

아버지가 의사였고, 자신도 의사였다. 파이드로스와 아주 친한 사이로 알려져 있으며 유명한 소피스트인 히피아스의 제자였다.

아리스토파네스 *Aristophanes*, 기원전 450?~388?

페리클레스가 정치하던 안정된 아테네에서 태어났다. 하지만 펠로폰네소스 전쟁 당시 농민이 고통을 받자 농민의 처지에서 평화를 주장하였다. 수공업자들의 출세를 비꼬아 당시 사상과 윤리를 풍자했다. 그의 작품은 모두 44편으로 알려져 있지만, 11편만 남아 전해지고 있다. 보수적이었던 그는 희극을 통하여 당시 소크라테스와 소피스트를 위험하다고 판단하고 그들의 사상을 주로 꼬집었다. 아테네 시민들은 그의 희극에 환호하였으며, 그의 작품을 통해서 욕망을 분출시키고, 잠시나마 세상의 평화와 변화를 보았다. 기발한 소재와 뛰어난 말장난, 희극적 기교와 기묘한 발상으로 많은 시민들에게 웃음을 선사하였다.

알키비아데스 *Alkibiades*, 기원전 450?~404?

아테네의 명문 출신으로 뛰어난 미모와 재능을 가졌다. 페리클레스의 후견인으로 성장하여 펠로폰네소스 전쟁 당시 장군이자 정치가로 활약하였다. 야심에 찬 파란만장한 인생을 살면서 소크라테스의 제자가 되었다가 나중에 떨어져 나갔다.

# 아리스토파네스가 말하는 인간 성별의 내력

아리스토파네스 | 남자와 남자가 합쳐진 남성은 태양에서 태어났으며, 여자와 여자가 합쳐진 여성은 대지에서, 그리고 남자와 여자가 합쳐진 남녀성은 달에서 태어났습니다. 이렇게 사람의 처음 모습은 오늘날 우리의 모습과는 전혀 다르게 두 사람이 한 사람으로 합쳐져 있었습니다.

두 사람이 합쳐져 있었기 때문에 이들은 팔과 다리가 각각 넷이었습니다. 머리는 하나였지만 좌우로 같은 얼굴이 둘 있었습니다. 이들의 몸은 둥글었기 때문에 네 개의 다리로 아주 빨리 달릴 수 있었으며, 네 개의 팔로는 무거운 것도 쉽게 들 수 있을 만큼 힘이 좋았습니다. 힘이 좋은 이들은 거인족 뿐 아니라 신도 공격하였습니다.

(······) 신이 이들을 반으로 자르고 각각의 사람으로 만들어 살게 하자 이들은 다른 반쪽을 그리워하면서도 언젠가 다시 만나 한 몸처럼 살 수 있다는 기대감으로 열심히 살았습니다.

심포지엄symposium

"아무리 생각해도 당신이, 바로 그렇게 오랫동안 찾아 헤매던 나인 것 같아!"

"무슨 말이야? 내가 당신이라니?"

인간의 처음 모습은 지금과 많이 달랐다고 한다. 처음 인간은 두 사람이 함께 결합하여 있었는데 이런 인간은 힘이 너무 강했기 때문에 신이 그들을 반으로 나누어버렸다는 것이다.

"그럼 내가 아주 옛날 나누어진 당신의 반쪽이란 말이야? 그래서 내가 당신이라고 한 거야?"

"그래, 이제야 나는 나의 반쪽을 찾은 것 같아."

"무슨 소리를 하는 건지, 원! 이상한 말로 나를 현혹시키지 말고 그냥 나를 사랑한다고 해. 그럼 인정할게."

"물론 사랑하지. 내가 당신을 사랑하는 것은 당신이 나의 반쪽이었기 때문이야."

"아, 관둬. 이런 얘기로 당신과 다투고 싶지 않아."

홍겹다.

모든 잔치가 그렇듯이 잔치에 어울리는 이야기가 여기저기에서 들려온다. 사랑을 표현하는 방법도 여러 가지지만, 사랑하는 사람에게 자신의 사랑을 알리는 방법도 여러 가지라는 생각을 해본다.

이제 어느 정도 사람들이 모인 것 같다. 오늘의 주인공 아리스토데모스 선생님도 도착했다.

"안녕하십니까! 내 이름은 아폴로도로스입니다. 이렇게 많이 참석해 주셔서 정말 감사합니다. 오늘 소크라테스 선생님의 영원한 제자를 자처하는 아리스토데모스 선생님을 모시고 사랑에 관한 이야기를 듣고자 합니다. 잠시 조용히 해 주시기 바랍니다."

"저 사람이 아리스토데모스야?"

"역시 듣던 대로 소크라테스 흉내를 내고 있군. 키도 그렇고 소박하게 생긴 것도 그렇고."

"저 맨발에 옷차림까지도 소크라테스와 영락없이 닮았어."

"그러니 스스로 소크라테스의 영원한 제자라고 하지. 정말 웃긴다."

"그래도 소크라테스만큼 영리하대잖아. 조용히 하고 이야기나 들어 보자고."

아리스토데모스의 모습에 모두들 소크라테스가 떠올랐는지 한마디씩 거들었다. 누가 봐도 그는 소크라테스와 참 많이 닮았다.

오늘 나는 사랑에 관한 이야기를 듣고자 이 자리를 마련했다. 지혜로운 사람들의 지혜로운 이야기를 듣는 자리, 지혜로운 사람들과 더불어 맛있는 음식과 술을 먹고 마시며 이야기 나누는 자리.

아리스토데모스 | 별로 지혜롭지도 못한 사람을 이렇게 초대해 주시니 무어라 감사의 말씀을 전해야할지. 나는 어제 우연히 아고라에서 아폴로도로스를 만났습니다. 아폴로도로스가 말한 것처럼 오늘 나는 여러분과 함께 사랑에 대해서 이야기하고자 합니다. 아, 사실 난 사랑에 대해서는 잘 모릅니다. 그래서 아폴로도로스의 초대를 정중히 거절했지만, 그의 고집을 꺾지 못하고 이 자리에 오게 되었지요. 사실 나는 오래전에 소크라테스가 아가톤의 집에서 사랑에 대해 한 이야기를 잘 기억하고 있습니다. 오늘은 바로 그 이야기를 할까 합니다.

사랑이란 젊은이들이 가장 좋아하는 주제이지요. 마침 이곳에 참으로 많은 젊은이들이 와 있군요. 음, 사랑, 아주 좋은 주제라고 생각합니다.

여러분도 잘 아시다시피, 아가톤은 유명한 비극시인 아닙니까? 지난 디오니소스 축제에서 입상한 아가톤이 스스로 입상을 축하하는 자리를 열었고 그곳에 소크라테스와 함께 나도 초대되었지요. 그날의 주제가 바로 오늘 우리가 이야기하고자 하는 사랑이었습니다.

아리스토데모스가 사랑에 대해서 이야기한다는 소문이 퍼지자 많은 친구들이 내 집으로 몰려왔다. 일찍 온 친구들은 이미 방안에 비스듬히 누워 식사하고 있었다. 손님들이 도착하는 순서대로 어린 사환이 발을 씻어 주면 발을 씻은 사람들은 각자 원하는 자리를 차지하고 편한 대로 누워 음식을 먹으면서 이야기를 나누는 것이다.

"요즘 하는 일은 어때?"

"나야 노상 먹고 노는 사람이 하는 일이라는 게 있나? 늘 이렇게 이곳저곳 불러주는 대로 가서 배불리 먹고 마시며 좋은 이야기를 공짜로 듣는 재미에 살지."

"우리 집 사환은 아폴로도로스의 저 사환처럼 민첩하지 못한 게 흠이야. 느리기가 아주 굼벵이 같다고."

오랜만에 만난 친구들은 그동안 전하지 못한 안부를 물으며 느긋하게 식사를 즐겼다. 자, 이제 이들의 이야기가 더 길어지기 전에 아리스토데모스의 이야기를 시작해야겠다.

"아리스토데모스 선생님께서 이야기를 시작하기 전에 간단한 의식을 치르겠습니다. 모두들 조용히 해 주십시오."

나는 좌중을 조용히 시킨 다음 잔치를 위한 의식을 준비하였다. 잔치를 위한 의식이라야 아주 간단하다. 모인 사람들 모두 신에게 감사하는 기도를 드린 다음, 오늘 이 자리를 마련한 내가 먼저 술 한 방울을 땅에 떨어뜨려 신께 감사 기도를 드린다. 그리고 모두 함께 신을 찬미하는 노래를 부른다. 간단한 의식을 마친 우리는 다시 편한 자세로 자리를 잡고 술을 마시면서 본격적으로 아리스토데모스의 이야기를 경청하기 시작했다.

아리스토데모스 | 그날 아가톤의 집에는 소크라테스 외에 몇 사람이 더 있었습니다. 그들은 모두 '사랑'이라고 하면 꽤 할 말이 있다 하는 소피스트들이었습니다. 가장 먼저 이야기를 시작한 사람은 파이드로스였지요. 내가 과연 그날의 이야기들을 빼놓지 않고 모두 다 옮길 수 있을지 걱정이지만 최선을 다해 보겠습니다.

파이드로스는 사랑에 관해서 이야기하기 전에 먼저 '사랑의 신'에 대해서 말했습니다. 파이드로스에 따르면 에로스는 가장 오래된 신 중 하나입니다. 그리고 그 에로스는 아주 늙은 노파입니다.

"에로스가 늙은 노파라고?"
"에로스는 천사와 같은 모습의 소년이 아닌가?"

아리스토데모스 | 자, 여러분, 조용히 해 주시오. 내 이야기는 이제 시작이니 끝까지 들어본 후에 입들을 떼시기 바랍니다.

그리스 신화에 나오는 사랑의 신 에로스에는 여러 종류가 있는데, 파이드로스는 그 중 하나를 이야기한 것입니다. 파이드로스는 아마도 이렇게 이야기했던 것 같습니다.

> **파이드로스** | 그리스 신화에 나오는 최초의 신은 가이아입니다. 가이아는 카오스^{Khaos}에서 나왔는데, 카오스는 모든 것이 뒤섞여 있는 거대한 연못과 같은 것으로 지금도 세상 끝에서 입을 커다랗게 벌리고 있습니다. 그 안에서는 바람이 불어도 부는 방향을 알 수 없고, 그 안으로 들어가는 모든 것은 알 수 없는 깊이의 밑바닥으로 가라앉아 밖으로 나갈 수도 없는 무서운 변을 당하고 맙니다. 이런 카오스를 대부분의 학자들은 '생명의 불가사의한 본질'이라고 정의하지요. 바로 이런 카오스에서 가이아가 태어난 것입니다.
> 카오스에서는 가이아만 태어난 것이 아니라 다른 두 개의 피조물도 함께

만들어졌는데, 그것이 바로 타르타로스Tartaros와 에로스Eros입니다. 이 세 명의 신 다음으로 7명의 거인족이 태어납니다.

가이아는 신의 어머니이자 대지의 여신으로 매우 두려운 존재입니다. 그리고 타르타로스는 대지가 하늘에서 떨어져 있는 만큼이나 대지에서 멀리 떨어진 땅 밑, 바로 지옥을 뜻하며 세상에 필요 없는 악신이나 마귀를 가두는 일을 관장하는 신입니다. 그리고 마지막으로 에로스. 에로스가 바로 사랑의 신입니다. 사랑을 이야기할 때 우리는 흔히 아름다움, 젊음 등을 연상하지만, 남녀를 사랑의 힘으로 결합시켜 아기를 낳게 하는 에로스는 실은 아주 늙은 여신입니다.

아프로디테와 에로스

아리스토데모스 | 가장 오래된 신 중 하나인 에로스가 말하는 사랑은 무엇일까요? 파이드로스는 이렇게 이야기했습니다.

파이드로스 | 사람들은 어릴 때부터 자신을 정말 사랑해 주는 사람을 만나기를 원합니다. 왜냐하면 좋은 가문이나 높은 지위 그리고 부귀와 같은 것이 우리를 훌륭하게 만드는 것이 아니라 사랑이 그렇게 만들기 때문입니다. 바로 이 사랑이 우리로 하여금 나쁜 일에 대해 부끄러워할 줄 알게 하

며, 훌륭한 일에 대해서는 야심을 갖게 합니다. 특히 사랑하는 사람이 지켜보고 있을 때 부끄러운 일을 했다면 정말로 괴로울 것입니다. 사람들은 사랑하는 사람 앞에서는 어떤 부끄러운 일도 하지 않으려 노력할 것입니다.

만약 사랑하는 사람으로만 이루어진 사회가 있다면, 그 사회는 어떨까요? 한마디로 아주 좋은 사회가 될 것입니다. 서로 사랑하는 사람들이 지켜보고 있기 때문에 그들은 서로 훌륭하고 아름답고 좋은 일만 하려 할 것입니다. 또한 사랑하는 사람으로만 만들어진 군대가 있다면 어떨까요? 용기 있는 군인으로 가득한 군대가 될 것입니다. 사랑하는 사람 앞에서는 어떤 누구도 비겁하게 행동하지 않을 것이기 때문입니다. 사랑하는 사람을 위해서 군인은 자신의 목숨도 아끼지 않을 것입니다. 여러분은 트로이 전쟁에서 사랑하는 사람을 위해 목숨까지 바친 아킬레우스 장군을 기억할 것입니다.

"아킬레우스 장군?"
"아킬레우스 장군이 사랑 때문에 목숨을 바쳤다는 거야?"
"도대체 그 사람과 사랑이 무슨 관계가 있는 거야."

아리스토데모스가 들려주는 파이드로스의 이야기에 빠져 있던 좌중이 아킬레우스 장군이라는 말에 다시 시끄러워졌다. 그것은 트로이 전쟁의 원인을 제공한 바다의 여신 테티스에 관한 이야기였다.

신 중의 신 제우스는 자신이 사랑하는 여신 테티스가 훗날 아버지보다 더 훌륭한 아들을 낳을 것이라는 신탁을 받게 되자 자신의 자리를 테티스의 아들에게 빼앗길 것을 염려하여 테티스를 프티아의 왕 펠레우스와 결혼시킨다. 그리고 이 결혼식장에 초대받지 못한 불화의 여신 엘리스가 "이 세상에서 가장 아름다운 여인에게"라고 쓴 황금사과를 잔칫상에 던지면서 트로이 전쟁이 발발하게 된다.

테티스는 신탁의 예언처럼 트로이 전쟁의 최대 영웅인 아킬레우스를 낳았고, 그가 트로이의 최대 영웅인 헥토르와 한 운명으로 얽혀 있음을 알고 아들에게 경고한다. 즉 헥토르가 죽으면 아킬레우스도 죽게 될 것이며, 헥토르가 죽지 않으면 고향으로 돌아가서 편히 쉴 수 있다는 것이다. 그러나 아킬레우스가 가장 사랑한 친구 파트로클로스가 아킬레우스의 무기를 빌려 전쟁터로 나갔다가 헥토르에게 죽는 사건이 발생하고, 아킬레우스는 사랑하는 친구의 죽음에 격노하여 어머니의 경고도 무시한 채 전장으로 나아가 헥토르를 죽이고 만다. 결국 아킬레우스는 어머니의 예언대로 아폴론이 쏜 화살을 발뒤꿈치에 맞고 죽게 된다.

> 파이드로스 | 아킬레우스처럼 자신이 죽을 줄 알면서도 사랑하는 사람을 위해서 스스로 목숨을 던지는 것이 바로 사랑입니다. 이처럼 신들은 사랑의 덕을 가장 귀하게 여겼습니다. 특히 사랑받고 있는 사람이 자신을 사랑해주는 사람을 사랑하는 것에 신들은 더욱 찬란한 칭송을 바쳤습니다.

이런 이유 때문에 나는 에로스야말로 신들 중에서 가장 나이가 많고 가장 존귀하다고 생각합니다. 그뿐 아니라 에로스는 사람이 죽은 다음에도 덕과 행복을 가져다주는 유일한 사랑의 신인 것입니다.

아리스토데모스 | 이상이 에로스에 대한 파이드로스의 생각입니다. 그리스 신화에 나오는 세 명의 에로스 중 하나에 관한 이야기였지요.

"그럼 나머지 두 가지 에로스에 대한 이야기는? 아가톤의 집에서 누구도 그것을 궁금해하지 않았단 말인가?"

아리스토데모스 | 너무 조바심 내지 마십시오. 물론 아가톤의 집에서는 사랑에 대한 모든 이야기가 흘러넘쳤습니다. 두 번째 사랑에 대해서 이야기한 사람은 파우사니아스였습니다. 파우사니아스는 그리스 신화 중 아프로디테와 관계된 에로스의 탄생을 중심으로 사랑을 이야기했습니다.

"그래, 바로 그거야! 아프로디테의 아들 에로스."
"아무렴. 아프로디테와 에로스는 떼려야 뗄 수 없는 관계지!"

파우사니아스 | 만약 에로스가 하나밖에 없다면, 파이드로스가 말하는 에로스에 나도 동의합니다. 하지만 여러분들은 아프로디테 없는 에로스를

생각해 보았습니까? 아프로디테와 에로스는 늘 함께했고, 앞으로도 함께 할 것입니다. 왜냐하면 에로스는 바로 아프로디테의 아들이기 때문입니다.

그런데 문제는 아프로디테가 둘이라는 것입니다. 즉 우라노스의 성기에서 나온 아프로디테와, 제우스와 디오네 사이에서 태어난 아프로디테 말입니다. 그렇다면 우리는 에로스도 둘로 나누어서 생각해 보아야 할 것입니다.

카오스에서 태어난 가이아는 우라노스와 결혼하여 크로노스, 퀴클롭스, 헤카톤케이르를 낳았는데, 눈이 하나밖에 없는 괴물 퀴클롭스와 50개의 머리와 100개의 손을 가진 헤카톤케이르가 자신의 나라에 큰 피해를 줄 것을 두려워한 우라노스는 이들을 지하 감옥에 가두어버린다. 남편의 이런 행동에 불만을 품은 가이아는 아들 크로노스와 짜고 우라노스의 성기를 잘라 바다에 버리는데, 이 성기가 거품으로 변해서 태어난 것이 아름다움의 여신 아프로디테이다.

또 다른 아프로디테의 탄생 신화에서는 우주 천체 중 하나인 토성의 위성으로도 잘 알려져 있는 디오네와 제우스 사이에 태어난 딸을 아프로디테라고 이야기한다. 전쟁의 신 아레스와 사랑을 나눈 후 아프로디테가 얻은 아들이 바로 사랑의 신 에로스이다. 화살 통을 등에 메고 다니면서 금 화살과 납 화살로 사람들을 사랑에 빠지게도 하고, 서로 미워하게도 하는 사랑의 신 에로스.

파우사니아스 | 이렇게 아프로디테가 둘이라면, 당연히 에로스도 둘이어야 합니다. 그리고 에로스가 누구의 아들이냐에 따라 행동도 달라질 것입니다. 우리는 우라노스에 의해서 생겨난 아프로디테를 우라니오스 혹은 우라니아 아프로디테라 하고, 제우스와 디오네의 딸인 아프로디테를 판데모스 혹은 판데모스 아프로디테라고 합니다.

사람의 행동은 어떤 경우에 아름답고 어떤 경우에 추합니까? 같은 술을 마시고 같은 사랑을 하여도 어떤 경우에는 아름답게 보이고, 어떤 경우에는 아주 추하게 보입니다. 그 이유는 바로 아름다움의 신이 둘이기 때문입니다. 즉 젊은 여신인 판데모스 아프로디테는 제멋대로 행동하는 아주 저속한 여신으로, 이런 여신의 아들 에로스는 사람들로 하여금 저속한 사랑을 하게 만듭니다. 이러한 사랑에 빠진 사람들은 영혼보다는 육체를 사랑하고 현명한 사람보다는 어리석은 사람을 택하여 사랑을 나누게 됩니다.

하지만 우라니아 아프로디테는 판데모스보다 나이가 많은 늙은이입니다. 그래서 이 우라니아 아프로디테는 누구보다 분별력과 사리판단이 뛰어납니다. 그의 아들 에로스 역시 어머니를 닮아 우리로 하여금 아주 현명한 사랑을 하게 합니다. 순수하고 소박한 마음으로 자신보다 용맹하고 지혜로운 사람을 좋아하게 하지요. 이런 사랑을 하는 사람은 영혼도 육체도 건강합니다. 그렇기 때문에 이런 사랑을 하는 사람들은 숨거나 비밀 장소에서 사랑하지 않고 공공연하게 사랑을 나눕니다. 그렇게 함으로써 자신이 사랑하는 사람이 다른 어떤 사람보다 고귀하고 우수한 사람이라는 것을 남들에게 알릴 수 있기 때문입니다.

"당신이 하는 사랑이 바로 판데모스 아프로디테의 사랑이야."
"천만에, 내 사랑은 우라니아 아프로디테라는 것을 당신도 곧 알게 될 거야."

처음부터 반쪽 타령을 하며 사랑놀음을 하던 사람들이 여전히 좋은 사랑이니 나쁜 사랑이니 하며 서로 공박하고 있었다. 나는 플라톤이 소년을 사랑한다든가 하는 이야기가 궁금했다.

아리스토데모스 | 아폴로도로스, 그 얘기는 나도 들었습니다. 하지만 사람들이 잘못 이해한 것입니다. 만약 어떤 사람이 나를 좀 더 지혜롭고 덕이 있는 사람으로 만들어 줄 수 있다면 나는 그 사람을 섬겨야 하지 않겠습니까? 스승과 제자 사이도 마찬가지입니다. 나를 좀 더 좋은 사람으로 만들어줄 스승이 있다면, 나는 그 스승을 정성을 다해서 섬길 것입니다. 또한 지혜로운 스승은 자신의 뜻을 받아주는 소년이 있다면, 소년이 좀 더 현명하고 지혜로운 사람이 되도록 무슨 일이든 서슴없이 할 것입니다.

스승과 제자, 혹은 지혜로운 사람과 어린 소년에게 있어서 최고의 기쁨은 스승이나 지자는 어린 제자나 소년을 잘 가르치는 것이고, 제자나 소년은 스승이나 지자의 가르침을 받아들여 그들을 기쁘게 하는 것이라 할 수 있을 것입니다. 그러기 위해서는 스승과 제자, 지자와 소년 사이가 좀 더 가까워져야 할 것이고, 그러기 위해서는 자주 만날 수밖에 없을 것입니다. 이렇게 가까운 사이를 우리는 사랑이라고 부를 수 있습니다. 바로 이런 사랑을 두고 사람들이 오해한 것입니다. 마치 스승이 제자를 사랑하고 지자가 소년과 연애를 한다고 말입니다.

늙은 우라니아 아프로디테는 무엇보다 고귀하고 훌륭한 정신적인 사랑을 위해서 에로스를 파견한다. 반면 젊은 판데모스 아프로디테는 그의 아들 에로스의 도움으로 젊은이들이 육체적인 사랑을 나눌 수 있도록 도와준다. 결국 파우사니아스는 아프로디테가 둘이기 때문에 에로스 또한 둘이라고 본 것이다. 그중 판데모스 아프로디테는 사람을 무분별한 사랑에 빠지게 하여 마치 육체적인 사랑이 최고의 사랑인 것처럼 이야기하고 있어, 스승과 제자 사이나 지자와 소년 사이에 동성애가 이루어지고 있는 것처럼 전해진 것이다.

반쪽

"딸꾹!"
"저 친구 술을 너무 많이 마신다 했더니 드디어 딸꾹질을 시작하는군!"

사람들마다 술에 취하면 나타나는 버릇이 있다. 취기가 오르기 무섭게 자 버리는 사람이 있는가 하면 찬바람을 쐬려고 산책하러 나가는 사람도 있다. 그런데 유독 저 친구는 술에 취하면 딸꾹질을 멈출 줄 모른다.

아리스토데모스 | 파우사니아스 다음으로 사랑에 관한 이야기를 하려던 아리스토파네스가 저분처럼 딸꾹질을 멈추지 못했습니다. 그래서 옆에 있던 에뤼크시마코스가 숨 참기나 재채기하기 등 그에게 몇 가지 딸꾹질 멈추는 법을 알려준 후 먼저 이야기를 시작했지요. 아, 그가 의사인 사실은 모두 알고 계시죠?

에뤼크시마코스 | 우리가 사람을 건강한 사람과 병든 사람으로 나누듯 사랑도 건강한 사람의 사랑과 병든 몸속에 있는 사랑, 이렇게 둘로 나눌 수 있습니다. 신체를 건강하게 돌봐 훌륭한 사람이 되면 그것은 아름다운 사랑이며, 자신의 몸을 함부로 다뤄 나쁜 부분을 기쁘게 하는 것은 추악한 사랑입니다. 훌륭한 의사만이 나쁜 몸속에 아름다운 사랑을 넣어 건강한 사람으로 만들 수 있습니다.

단정하고 우아한 사람이나 단정하고 우아해질 가능성이 있는 사람을 보호해 주는 것이 아름다운 사랑이며, 이런 사랑이 바로 우라니아 아프로디테의 사랑입니다. 그리고 반대로 저속한 사랑은 사람들에게 아주 교묘하게 파고들기 때문에 쾌락을 즐길 때는 방종하지 않도록 조심해야 하고, 부와 명예와 같은 것을 아주 조심스럽게 받아들여야 합니다.

아, 바로 여기서 우리는 에로스의 위대한 힘을 발견할 수 있는 것입니다! 에로스는 전지전능한 힘을 갖고 있기 때문에 절제와 정의로 우리들이 평화로운 사회에서 살 수 있도록 온갖 행복을 마련해 주는 것입니다.

여기까지 이야기한 아리스토데모스는 목이 말랐는지 물을 청해 마시며 우리를 둘러보았다. 모두들 이야기에 취했는지 아니면 사랑에 취했는지 몽롱한 눈으로 아리스토데모스를 바라보고 있었다. 이제 아리스토데모스는 에뤼크시마코스의 뒤를 이어 아리스토파네스가 에로스에 대해 한 이야기를 들려주기 위해 목을 가다듬고 있었다.

"《구름》의 아리스토파네스 말입니까?"

"소크라테스를 나쁜 소피스트로 묘사한 그 희극 작가 아리스토파네스? 그도 같은 자리에 있었습니까?"

아리스토데모스 | 그렇습니다. 사실 아리스토파네스가 에뤼크시마코스보다 먼저 사랑에 관한 이야기를 하려 했습니다만, 말했다시피 너무 취해 딸꾹질을 하는 바람에 순서를 양보했지요. 아리스토파네스는 우선 인간의 성별에 대한 내력을 이야기했습니다. 그는 인간의 성(性)을 셋으로 나누더군요.

아리스토파네스가 말한 인간의 성별

첫째, 남자와 남자가 합쳐진 남성
둘째, 여자와 여자가 합쳐진 여성
셋째, 남자와 여자가 합쳐진 남녀성

아리스토파네스 | 남자와 남자가 합쳐진 남성은 태양에서 태어났으며, 여자와 여자가 합쳐진 여성은 대지에서, 그리고 남자와 여자가 합쳐진 남녀성은 달에서 태어났습니다. 이렇게 사람의 처음 모습은 오늘날 우리의 모습과는 전혀 다르게 두 사람이 한 사람으로 합쳐져 있었습니다.

두 사람이 합쳐져 있었기 때문에 이들은 팔과 다리가 각각 넷이었습니다. 머리는 하나였지만 좌우로 같은 얼굴이 둘 있었습니다. 이들의 몸은 둥글었기 때문에 네 개의 다리로 아주 빨리 달릴 수 있었으며, 네 개의 팔로는 무거운 것도 쉽게 들 수 있을 만큼 힘이 좋았습니다. 힘이 좋은 이들은 거인족 뿐 아니라 신도 공격하였습니다.

두려움에 떨던 신들은 결국 이들의 힘을 약하게 하기 위해서 한 사람을 둘로 나누기로 결정하였습니다. 이들을 나누면 사람의 수는 증가하지만 힘은 약해질 것이었습니다. 사람 수가 많아지면 신을 공경하는 사람의 수도 늘어날 것이며, 힘이 약해진 사람들 덕에 신들은 편안한 생활을 할 수 있으니 일거양득이었습니다.

신이 이들을 반으로 자르고 각각의 사람으로 만들어 살게 하자 이들은 다른 반쪽을 그리워하면서도 언젠가 다시 만나 한 몸처럼 살 수 있다는 기대감으로 열심히 살았습니다.

"내가 그랬지. 당신은 나의 반쪽이라고. 내가 그렇게 찾던 나의 반쪽이 바로 당신이란 말이야! 아리스토파네스도 인정했잖아."
"아무리 아리스토파네스가 그렇게 말했어도 내가 당신의 반쪽이라는 증거가 없잖아."

처음부터 옆에 앉은 여자에게 자신의 반쪽이라며 사랑을 구걸하던 남자는 아리스토파네스의 설명이 끝나자 기다렸다는 듯이 다시 구애를 시작했다. 하지만 아리스토데모스는 그들의 이야기에 관심을 두지 않고 아리스토파네스의 이야기를 계속했다.

아리스토파네스 │ 사랑이란 이렇게 반으로 나누어진 자신의 나머지 몸을 찾아 한 몸으로 만들어 인간의 본래 모습을 회복하려는 것입니다. 남성은 자신의 반쪽인 남자를 찾고, 여성 역시 자신의 반쪽인 여자를 찾습니다. 바로 여기서 동성애라는 말이 나왔습니다. 반면 남녀성은 각각 자신의 다른 성을 찾아 남녀 간의 사랑을 나누는 것입니다. 사랑이란 이렇게 옛날에 잃어버린 자신의 반쪽을 찾아 하나의 완전한 몸이 되려는 욕망입니다.

"당신, 또 내가 당신의 반쪽이라는 말을 하려는 거지?"

남자가 입도 떼지 못하게 먼저 큰소리로 쥐어박듯 말하는 여자를 웃지도 울지도 못하는 표정으로 쳐다보는 남자의 얼굴은 정말 볼만했다. 그 모습에 사람들 모두 박장대소했고, 무안해진 남자는 괴로운 표정을 지으며 앞에 놓인 음식을 거칠게 손으로 집어 먹고 술을 따랐다.

아리스토데모스 │ 역시 아리스토파네스의 희극적인 상상력은 대단했습니다. 물론 우리는 그의 상상력을《구름》에서 충분히 보았지만 말입니다. 아리스토파네스의 남녀성에 관한 이야기는 정말 충격적이어서 좌중은 잠시 소란스럽기까지 했습니다. 그 소란을 멈추게 한 것은 역시 아가톤이었습니다.

> **아가톤** │ 나는 파이드로스가 한 말에 동의할 수 없소! 에로스가 크로노스보다 나이가 많다는 것은 도저히 이해할 수 없단 말입니다. 에로스는 아프로디테와 전쟁의 신 아레스 사이에서 태어난 가장 어리고 영원한 젊음의 신입니다. 에로스는 부드럽고 날씬한 몸매를 갖고 있기 때문에 신들과 사람들의 마음과 영혼 속에 쉽게 깃들 수 있습니다. 그뿐 아니라 에로스는 우아하고 맵시 있고 균형 잡힌 몸매를 갖고 있습니다.
>
> 에로스의 덕이라고 할 수 있는 것은, 에로스는 결코 부정한 일을 하지도

않고 당하지도 않는다는 것입니다. 그는 결코 신이나 인간에게 부정한 일을 하지 않기 때문에 부정한 일을 당할 수도 없습니다. 왜냐하면 그는 절제와 공정심, 용기, 그리고 지혜를 어떤 누구보다 많이 갖고 있기 때문입니다.

에로스가 탄생하고 신과 인간들에게 사랑을 나누어줌으로써 신들과 인간세계에는 아주 좋은 것들이 생겨났습니다. 에로스는 가장 아름답고 우수한 신이기 때문에 다른 신들과 인간들에게도 자기와 꼭 같이 해줍니다. 그래서 에로스는 신들과 인간들의 세계에 많은 모임을 마련해 주고 부드러운 분위기를 조성해 줄 뿐 아니라 나쁜 일들은 모두 물리쳐줍니다. 에로스는 우아하고 유순한 성격으로 선의를 베풀고 악을 베풀기를 싫어합니다. 바로 이것이 사랑이라는 에로스 신의 본래 모습입니다!

"아, 사랑에 대해서 서로 너무나 다른 이야기들을 하니 정말 정신이 하나도 없군."

"좀 간단하게 정리해 주면 안 됩니까?"

"아주 간단하잖아. 당신은 나의 반쪽이라는 것! 그것보다 더 간단한 것이 어디 있어? 딸꾹!"

아리스토데모스가 전해 주는 세 사람의 서로 다른 이야기를 듣던 우리들은 정말 무엇이 사랑인지 점점 더 정의하기 어려워졌다. 편안한 분위기의 향연에서 제공된 음식과 술로 과식과 과음을 한 데다 여러 사람들의 사랑에 대한 정의가 서로 전혀 다른 것이 그 이유였다.

소크라테스의 '사랑'

아리스토데모스 | 아가톤의 이야기가 끝나자마자 바로 소크라테스가 아가톤에게 반론을 제기한 것으로 기억합니다.

"소크라테스가?"

"드디어 소크라테스 선생이 사랑에 대해 한 말씀 들려주시는군!"

아리스토데모스의 말에 모두들 기다렸다는 듯이 자세를 고쳐 앉았다. 대화를 할 때 소크라테스는 항상 모든 사람들의 이야기를 다 듣고 마지막에 그날의 주제에 대해 정리하는 습관이 있다. 끈질기게 다른 사람의 이야기를 다 듣고 모든 이야기를 기억한 다음, 자신의 대화를 이끌어나가는 것이다. 그래서 소크라테스는 철학자는 기억력이 좋아야 한다고 말했던 것일까.

아리스토데모스 | 정중히 부탁하건대, 이제 여자분들은 나가 주시기 바랍니다.

"여자들은 나가라고요?"

"아니, 왜 여자들은 나가야 합니까?"

갑작스런 아리스토데모스의 말에 모두들 어리둥절했다. 이 잔치에는 사환 외에도 여자들이 있었다. 어린 사환들은 남자들의 발을 씻겨 준다거나 소소한 심부름을 하면서 남자들의 시중을 들거나 음식과 술이 부족하면 보충하는 일을 했고, 여자들은 노래하고 춤을 추면서 잔치에 참여한 사람들의 흥을 돋우었다. 이들을 나가게 하자, 사실 여자들보다 남자들이 더 못마땅한 얼굴이 되었다.

아리스토데모스 | 아니, 내 이야기가 아니라 소크라테스가 그랬습니다. 오해하지 마시기 바랍니다. 여자들을 모두 내보내고 소크라테스는 남자들과 대화를 나누었습니다. 소크라테스와 아가톤이 나눈 이야기를 간단히 정리해 보면 이렇습니다.

> 소크라테스와 아가톤이 나눈 대화를 간단히 정리하면,
>
> 〈정리 1〉: 모든 것은 어떤 것의 무엇이다.
> 　　　　　〈정리 1〉에 따라 다음과 같은 〈증명 1〉이 나온다.

〈증명 1〉: 아버지는 아들이나 딸의 아버지이다. 어머니는 아들이나 딸의 어머니이다.

〈증명 1〉에서 부모는 자식이 없으면 성립하지 않음을 알 수 있다. 그렇다면 에로스는 어떤가? 〈정리 1〉에 따라 다음과 같은 〈증명 2〉도 성립됨을 알 수 있다.

〈증명 2〉: 에로스는 어떤 것에 대한 사랑이다.

〈증명 2〉에서 에로스가 어떤 것에 대한 사랑이라면, 〈증명 1〉과 같은 예를 〈증명 2〉에 적용시켜 다음과 같은 〈정리 2〉를 얻을 수 있다.

〈정리 2〉 사랑은 무엇에 대한 사랑이기 때문에 사랑에는 대상이 있다.

아리스토데모스 | 그럼 사랑의 대상은 무엇일까요? 소크라테스는 사랑이란 무엇인가 바라는 것이라고 했습니다. 그럼 사랑은 무엇을 바랄까요? 우리가 무엇을 바랄 때는 우리가 갖고 있지 않은 무엇일 겁니다.

〈증명 3〉: 나는 무엇을 갖고 있지 않기 때문에 무엇을 바란다.

대전제 : 나는 키가 작다. 그러므로 나는 키가 크기를 바란다.
소전제 : 나는 강하지 않다. 그러므로 나는 강하기를 바란다.
결   론 : 그러므로 모든 사람들은 자기에게 없거나 부족한 것을 갖기를 바란다.

〈증명 1〉과 〈증명 3〉에 따라 사랑도 무엇을 바란다면, 사랑이 갖고 있지 않은 것을 갖기를 원할 것이다. 그러므로 다음과 같은 〈정리 3〉이 나온다.

〈정리 3〉: 에로스는 첫째, 어떤 것에 대한 사랑이며, 둘째, 자기에게 없는 것에 대한 사랑이다.

파우사니아스, 에뤼크시마코스, 아리스토파네스, 그리고 아가톤도 모두 사랑은 아름다운 것이며 가장 훌륭한 것이라고 했다. 그뿐 아니라 사랑은 어떤 아름다움도 결여되지 않은 것이라고 했다. 그런데 소크라테스는 사랑은 어떤 것에 대한 사랑이며 자기에게 없는 것, 즉 결여된 것에 대한 사랑이라고 했다. 무엇이 옳은 것일까?

내 생각을 읽기라도 했는지 아리스토데모스는 소크라테스의 결론을 이야기했다.

결론적으로 소크라테스의 생각은,

〈정리 4〉: 에로스는 아름다움이 결여된 것이다. 그리고 아름다움은 좋은 것과 같으므로 에로스는 결과적으로 좋은 것과 아름다움이 결여된 것이다.

"오오! 말도 안 됩니다. 아름다움이 결여된 것이 에로스라니요!"

"소크라테스가 무엇을 착각한 것은 아닙니까?"

"아니면 아리스토데모스 선생이 잘못 들은 것 아니오?"

여기저기서 소크라테스가 내린 에로스에 대한 정의에 불만이 터져 나왔다.

아리스토데모스 ǀ 물론 소크라테스가 잘못 생각할 수도 있고, 내가 잘못 전달할 수도 있습니다. 하지만 소크라테스의 이야기를 끝까지 들으면 그렇지 않다는 것을 이해하실 겁니다.

소크라테스는 예언하는 여자 디오티마의 입장을 바탕으로 에로스의 존재와 성질에 대한 본격적인 이야기를 시작했습니다.

소크라테스 ǀ 그리스의 신들은 모두 행복하고 아름답습니다. 행복하고 아름답기 때문에 신들은 부족한 것이 없습니다. 하지만 에로스는 바라는 것이 있습니다. 바라는 것이 있다는 것은 에로스가 완전히 행복하지도 아름답지도 않다는 뜻입니다. 그렇다면 에로스는 결코 신이 될 수 없습니다. 그리고 에로스는 신이 아니기 때문에 죽을 수도 있습니다. 죽을 수 있는 에로스는 비록 신이지만 신과 인간의 중간자와 같습니다. 그래서 에로스는 인간의 생각을 신에게 전해 주고 신의 말을 인간에게 통역해 주기도 합니다.

물론 에로스와 같이 죽을 수 있는 신은 아주 많습니다. 그중에서 내가 믿는 다이몬도 역시 에로스와 같은 신 중 하나입니다. 에로스가 이런 운명을 갖고 태어난 것은 다음과 같은 이유 때문입니다.

제우스는 아프로디테가 태어나자 올림포스 산에 있는 자신의 신전에서 축하연을 마련했는데 이 자리에는 풍요의 신인 포로스도 초대되었지요. 그런데 많은 음식을 먹고 많은 양의 술을 마신 포로스는 더 이상 무거운 몸을 주체하지 못하고 그만 제우스 신전 정원에서 잠이 들고 맙니다.

반면 빈곤의 여신이었던 페니아는 축하연을 망친다는 이유로 초대받지 못했습니다. 배고픔과 추위에 떨던 페니아는 너무나 풍요롭게 잠들어 있는 포로스를 발견하고 자식을 하나 얻으려고 그 곁에 나란히 누워 사랑을 나눕니다. 이렇게 풍요의 신 포로스와 빈곤의 여신 페니아가 결합하여 낳은 신이 바로 에로스이지요. 그리고 이 에로스는 아프로디테를 좋아하고 추종하여 항상 따라다녔던 것입니다.

"이 에로스에 관한 신화는 처음 듣는데?"
"이런 신화가 있었나?"

아리스토데모스 | 나도 처음 들었습니다. 다시 한 번 말씀 드리자면, 이것은 신화가 아니라 디오티마가 한 이야기를 소크라테스가 전해준 것입니다.

소크라테스 | 이렇게 태어난 에로스는 아버지와 어머니의 모든 성품을 다

이어받았습니다. 어머니의 성품을 이어받은 에로스는 무엇보다 항상 가난하고 궁핍합니다. 우리가 생각하는 것처럼 부드럽고 아름다운 것이 아니라, 오히려 딱딱하고 거칠고 신발도 없고 집도 없으며 당연히 이부자리도 없어 항상 땅바닥에 누워 노숙자처럼 문간이나 길에서 잡니다.

반대로 아버지를 닮은 에로스의 성품은 아름답고 선하고 용감하고 저돌적이며 정열적이고 힘센 사냥꾼입니다. 늘 지혜로워 하는 일마다 성공을 거두며 놀라운 마술사이자 독약 조제자이고 궤변가입니다.

아버지와 어머니의 이런 성품을 이어받은 에로스는 죽을 수도 있으며 죽지 않을 수도 있습니다. 그뿐 아니라 풍요롭게 꽃을 피우다가도 금방 시들어 버리곤 합니다. 그리고 궁핍하지도 않고 부유하지도 않습니다. 더 중요한 것은 에로스는 지혜와 무지의 중간이라는 것입니다.

무지한 사람은 아름답지도 선하지도 총명하지도 않으면서 스스로 만족합니다. 왜냐하면 무지한 사람은 모든 것이 부족하여 무엇이 부족한지 몰라 바라는 것이 없기 때문입니다. 에로스는 지혜로운 사람과 무지한 사람의 중간이기 때문에 스스로 지혜로운 자가 되기 위해 바라는 것이 있습니다. 가난한 페니아가 풍요로운 포로스를 갖고자 원했던 것처럼 에로스도 보다 좋은 것을 갖기 원합니다. 마치 지식이나 지혜처럼 말입니다.

인간에게 좋은 것은 사랑이라고 간단하게 말할 수 있습니다. 이것을 다르게 말하면 인간은 좋은 것을 사랑한다고 할 수 있습니다. 그런데 인간은 그 사랑을 그냥 가지기만 하지 않고 영원히 가지기를 원합니다. 그렇다면 결국 사랑이란 에로스와 마찬가지로 좋은 것을 영원히 자기 자신의 것으로 가지기를 원하는 것입니다. 지혜나 지식도 마찬가지겠죠. 사람들은 지혜나 지식을 영원히 갖길 원하니까요.

"사랑이, 좋은 것을 영원히 갖고자 원하는 것이라면, 나의 반쪽은 좋은 것이고 그것을 영원히 갖는 것이 바로 사랑이지 않은가?"
"맙소사, 당신 아직도 그 타령이야?"
"소크라테스 선생은 그렇게 말하지 않았겠지. 또 정신적 사랑이 이러쿵저러쿵하지 않았겠나?"
"자네 말이 맞네. 바로 그렇게 얘기했을 테지."

취기가 적당히 오른 사람들은 아리스토데모스가 목을 축이는 사이 저마다 한마디씩 하느라 바빴다. 목을 축인 아리스토데모스는 소크라테스가 말한 네 단계의 사랑에 대해 다시 이야기를 시작했다.

소크라테스 | 사랑이란 자기 자신의 반쪽을 찾는 것이라고 아리스토파네스는 말했습니다. 자신의 반쪽이든 전체든 그것이 좋은 것이라면 그것을 찾아 영원히 자신의 것으로 갖는 것도 사랑이라고 할 수 있습니다. 하지만 그런 사랑보다도 더 좋은 것이 있습니다.
첫째는 물론 육체적인 사랑입니다. 육체는 눈으로 볼 수 있는 아름다움을 가졌기 때문입니다. 하지만 육체의 아름다움은 전체의 아름다움에서 보면 극히 작은 부분입니다. 육체의 아름다움보다 더 소중한 것은 바로 정신적인 아름다움입니다. 정신적인 사랑이 바로 두 번째 사랑의 단계입니다. 어떤 사람이 육체보다 정신이 아름다우면 우리는 그 사람에게 만족하고 결혼하여 가정을 꾸려 나갑니다. 이런 아름다운 가정을 꾸린 사람은 육체의 아름다움이 아무것도 아님을 알게 되지요.

세 번째 사랑의 단계는 아름다움의 세계를 터득하는 것입니다. 처음 서로 반쪽이니 전부이니 하면서 사람에게만 얽매였던 사랑에 대한 생각을 사람이 아닌 다른 쪽으로 넓혀나가는 것입니다. 즉, 한 사람이나 가정에 만족하지 않고 더 넓은 아름다움의 세계에 관한 지식을 터득하게 되는 것이지요.

마지막 사랑의 단계는 아름다움 자체를 이해하는 것입니다. 페니아가 그렇게 했듯이 지금까지 바라고 원했던 모든 것이 아름다움 자체에 있다는 것을 알게 되는 것입니다. 아름다움 자체는 영구적이며 변하지 않고 사라지지 않으며 늘어나지도 줄어들지도 않습니다. 뿐만 아니라 아름다움 자체는 장소와 시간에 관계없이 항상 그대로입니다. 어떤 방향으로 보아도 아름다움 자체는 변하지 않습니다. 하지만 이 아름다움 자체는 사람의 눈으로 볼 수 없으며 마음의 눈으로만 볼 수 있습니다. 그렇기 때문에 이 아름다움 자체를 본 사람은 다른 어떤 아름다움이나 사랑을 원하지 않고 오직 그 아름다움 자체만을 원하는 행복한 사람이 됩니다.

여러분, 사랑이란 스스로에게서 부족한 것을 원하고 그것을 찾아 영원히 간직하고 싶은 것입니다. 결국 아름다움 자체를 원하고 간직하고 싶은 것이지요. 하지만 사람의 본성은 이것을 쉽게 받아들이려 하지 않습니다. 그렇기 때문에 더더욱 에로스는 아주 귀중한 것이지요. 그래서 저는 여러분 모두가 이 에로스의 위력과 용기를 찬미하고 귀하게 생각해 주기를 바랍니다.

"역시 소크라테스가 완벽하게 사랑을 이야기했군요."
"어찌 되었건 당신은 나의 반쪽이니 아름다움 자체를 찾기 위해서 당신의 아름다움부터 찾도록 노력해줘."

모두 아리스토데모스의 이야기에 박수로 보답하였다. 하지만 처음부터 끝까지 반쪽을 찾던 친구는 여전히 끈질기게 사랑을 고백하고 있었다.

철학자의 사생활

아리스토데모스 | 소크라테스가 막 사랑에 관한 이야기를 마쳤을 때 알키비아데스가 아가톤의 집으로 왔습니다. 당시 알키비아데스는 소크라테스의 지혜에 반해 있었습니다. 그래서 소크라테스가 가는 곳마다 찾아다니던 알키비아데스는 그날도 소크라테스가 아가톤의 집에 있다는 말을 듣고 찾아왔던 것입니다.

"알키비아데스가 소크라테스를 사랑했다는 말이군요."

"소크라테스의 지혜를 사모했겠지. 설마 소크라테스를 사랑했겠어?"

아리스토데모스 | 아테네의 유명한 집안 출신인 알키비아데스⚜는 아테네 군 지휘관이었던 아버지가 보이오티아 전투에서 죽자 먼 친척이자 후견인이었던 아테네의 정치가 페리클레스에게 맡겨졌습니다. 소크라테스에게 가르침을 받기도 한 알키비아데스는 소크라테스의 강한 윤리관과 예리한 정신에 큰 감동을 받았으며, 소크라테스 역시 알키비아데스의 준수한 외모와 지적인 소양에 매혹되었습니다. 알키비아데스는 소크라테스와 군대 생활을 같이했기 때문에 소크라테스의 사생활에 대해서 아는 것이 많았습니다. 그날도 알키비아데스는 소크라테스를 옆에 두고 찬양을 시작했습니다.

"알키비아데스와 소크라테스가 군대 생활을 같이했다고?"

"소크라테스도 군대에 갔었나?"

"두 사람의 나이가 20살 차이나 나는데 어떻게 함께 군대 생활을 했답니까?"

⚜ 저자 주: 잘생기고 기지 넘치는 청년 알키비아데스는 사치스럽고 무책임하며 자기중심적으로 자랐지만, 펠로폰네소스 전쟁으로 페리클레스가 죽자 그 뒤를 이어 아테네의 최고지도자가 되었다. 총명하지만 조심성이 없었던 알키비아데스는 아테네에 극한 정치적 분쟁을 불러일으켜 펠로폰네소스 전쟁을 패배로 이끄는 원인을 만들기도 하였다

"소크라테스의 군대 생활? 그것참 재미있겠군."

알키비아데스 | 소크라테스 선생님에 대해서는 내가 가장 잘 알고 있습니다. 그의 군대 생활부터 말입니다. 나보다 더 가까이에서 소크라테스를 본 사람도 없으며, 나보다 더 소크라테스를 사랑한 사람도 없을 것입니다. 내 얘기를 들어보면 모두들 그렇다고 고개를 끄덕일 것입니다.

소크라테스의 외모에 대해서는 내가 더 설명할 필요가 없으리라 생각합니다. ― 자, 모두들 직접 보십시오! ― 그 모습을 한 번 본 사람은 절대로 잊을 수 없을 정도로 특이하기 때문입니다. 하지만 보기와는 다르게 소크라테스 선생님은 아주 장난꾸러기이며 피리의 대가였습니다. 그가 피리를 불면 애간장이 다 녹아내릴 정도로 사람들은 황홀경에 빠졌습니다.

소크라테스의 웅변은 또 어떻습니까? 페리클레스보다 뛰어난 그의 웅변은 한 번 들은 사람이라면 눈물과 콧물을 흘리면서 뛰는 심장을 억제할 방법을 찾지 못합니다. 매혹적이고 훌륭한 그에 반한 나는 그가 죽을 때까지 따라다닐 것입니다.

소크라테스가 돈을 싫어하고 부에 가치를 두지 않으며 경멸하는 것을 여러분은 잘 알고 있을 것입니다. 이런 그를 나는 너무나 좋아하여 그와 함께 밤을 새워 이야기 나눈 것이 한두 번이 아닙니다. 그때마다 신령스러운 그의 마음과 황금처럼 아름답게 빛나는 그의 행동에 나는 항상 매혹되곤 했습니다.

아리스토데모스 | 알키비아데스가 여기까지 말하자 소크라테스의 사생활이 궁금했던 사람들은 더 이상 참지 못하고 여기저기서 소크라테스의 군대 이야기를 해달라고 졸랐습니다. 사실 아테네 시민이라면 누구나 국방의 의무를 다해야 하지만, 소크라테스는 네 번이나 군대에 다녀왔다고 알려져 있었으니까요.

알키비아데스 | 물론 그때 나는 소크라테스를 몰랐습니다. 포테이다이아 전투는 정말 대단했습니다. 그리스 북쪽에 있는 그곳은 정말로 추운 도시였고, 전쟁 기간이었기 때문에 먹을 것도 부족했습니다. 우리는 굶기를 마치 밥 먹듯이 했습니다. 모두들 배가 고파 어쩔 줄을 몰랐지요. 이 전투에서 내가 소크라테스로부터 배운 것은 참을성입니다. 모두가 배고파했지만 소크라테스는 어떤 내색도 하지 않았습니다.

그뿐 아니라 군인들은 모두 추위에 떨었습니다. 매섭게 추운 날이면 어떤 누구도 밖으로 나가지 않았습니다. 혹 나간다고 해도 엄청나게 껴입고 구두를 신고 그것도 모자라 발을 담요와 털가죽으로 싸맨 다음에야 나갔답니다. 하지만 소크라테스는 항상 속옷도 입지 않은 채 키톤 하나만 걸치고 맨발로 얼음 위를 걸어다녔습니다.

그다음 내가 소크라테스로부터 배운 것은 즐기는 방법입니다. 소크라테스 역시 많이 굶었지만 조금도 배고픈 것을 내색하지 않았습니다. 그러다 어쩌다 음식이 생기면 아주 즐겁게 먹었습니다. 또한 평소에는 술을 한 잔도 하지 않지만 남이 권하는 술은 절대로 거절하지 않고 철저하게 즐겼습니다. 우리가 지금 향연을 즐기듯이 말입니다. 그래서 우리는 그의 주량이 얼마나 되는지 알지 못합니다. 무엇보다 중요한 것은 바로 이 전투에서 소크라테스가 나를 살린 은인이라는 것입니다. 전투 중 나는 큰 부상을 입고 말에서 떨어졌습니다. 그러나 아무도 나를 발견하지 못했습니다. 하지만 소크라테스가 나를 발견했습니다. 그가 부상당한 나를 발견하지 못했다면 아마도 나는 이 자리에 없었을 것입니다!

"소크라테스 선생님이 속옷도 없이 맨발로 얼음 위를 걸어다녔다고?"

"생각만 해도 춥군."

"이 자리에 없다?"

"말에서 떨어져 큰 부상을 입었다고 하니, 소크라테스를 만나지 않았다면 죽었을 거란 말 아니겠나?"

알키비아데스 | 세 번째 소크라테스가 군대에 간 것은 펠로폰네소스 전쟁이 한창일 때, 보이오티아 지방의 전투에서였습니다. 이 전투에서도 소크라테스는 보병으로, 그리고 나는 귀족답게 기병으로 참가했습니다. 스파르타의 공격을 막지 못한 아테네 사람들은 전쟁이 시작되자마자 대부분 도망쳤으나 소크라테스는 후퇴라는 급박한 상황에서도 침착하게 다른 사람들을 돌보면서 후퇴하는 아테네 사람들을 도왔습니다. 소크라테스 덕분에 우리

는 모두 아무 탈 없이 후퇴할 수 있었습니다.

마지막으로 소크라테스가 전투에 참여한 것은 군인이 아니라 민방위대원으로였습니다. 그리스 북쪽 트라키아 지방의 암피폴리스도 펠로폰네소스 전쟁이 한창일 때 아테네로부터 독립하고자 했습니다. 아테네는 이를 막기 위해서 군인을 파견했는데 이때도 소크라테스는 조금의 망설임 없이 조국을 위해 참전하였습니다. 이렇게 국가를 위해서 목숨을 아끼지 않는 소크라테스를 내가 죽을 때까지 은인이자 스승으로 모시는 것은 당연한 것 아니겠습니까?

알키비아데스는 정치가다운 힘 있는 연설을 하였다. 알키비아데스의 연설을 그대로 전한 아리스토데모스는 힘이 들었는지 잠시 술잔을 들어 목을 축였다.

모두들 조용했다. 정말 쥐 죽은 듯이 조용했다. 향연의 시작, 그 왁자지껄함은 다 어디로 갔는가. 더 이상 시끄럽게 이야기하는 사람도, 반쪽을 찾는 이들도 모두 술과 이야기에 취해 기분 좋게 늘어져 있다.

아리스토데모스 | 그날도 알키비아데스가 나타나면서 좌중의 술잔은 더 빨리 돌았습니다. 모두들 너무나 많이 마셔 정신을 차리지 못했습니다. 하지만 밤새 마신 소크라테스는 조금도 취하지 않았습니다.

새벽까지 많은 양의 음식과 술을 먹고 마신 소크라테스는 한숨도 자지 않고 밤새 이야기를 나누었습니다. 그리고 새벽이 오자 소크라테스는 함께 있던 사람들을 바로 눕히고 이불을 덮어준 다음 평소처럼 목욕탕으로 향했습니다. 목욕을 마친 소크라테스는 하루 종일 아고라에서 사람들과 이야기를 나눈 다음 밤에 집으로 돌아가 잠들었습니다.

"아리스토데모스 선생님도 소크라테스와 함께했습니까??"

아리스토데모스 | 나도 물론 소크라테스와 함께했습니다. 그렇지 않으면 그때 일을 어떻게 기억하고 있겠습니까?

"그럼 선생님도 소크라테스만큼 즐겼습니까?"

아리스토데모스 | 나는 스스로 소크라테스의 영원한 제자라고 생각합니다. 소크라테스만큼은 아니지만, 어느 정도는 나도 즐기는 방법을 잘 알고 있습니다.

아침이 밝았다. 오늘도 그날처럼 아침이 밝았다.
향연의 즐거움이 이런 것이구나 하는 기쁨이 밀려온다. 밤새 우리는 너무나 많은 이야기를 듣고 나누었다. 사랑이 무엇인지 이제 조금은 알 것 같다. 아마도 이런 기분으로 소크라테스는 아침을 맞이했을 것이다.

읽어두면 좋을 이야기

동성애, 그 고귀한 쾌락을 위하여

고대 그리스의 연대를 추정하는 방법 중 대표적인 것 하나는 고대 그리스 올림픽이며, 다른 하나는 매년 3월 디오니소스 대축제에서 열리는 비극경연대회이다. 플라톤의 《향연》이 언제 저술되었는지 정확하지 않지만, 작품 내용에 나오는 상황을 쫓아보면 기원전 416년경으로 굳어진다. 기원전 445년경에 태어난 아가톤이 디오니소스 대축제에서 우승을 차지한 것이 기원전 416년이기 때문이다. 훗날 아리스토텔레스는 아가톤의 연극이 당시로써는 혁신적이었다고 평가하였다. 그리고 소크라테스를 풍자한 것으로 유명한 풍자시인 아리스토파네스는 친구로부터 몹시 사랑받는 시인이라고도 극찬하였다.

사랑을 주제로 소크라테스가 중심이 된 많은 사람들이 밤을 새우면서 이야기한 내용이 담겨 있는 플라톤의 《향연》, 그 향연이 있었던 장소는 아가톤의 집이다. 아가톤은 비극경연대회에서의 우승을 자축하고자 여러 사람을 자신의 집으로 초대하는데, 이때 소크라테스와 그를 항상 추종하던 제자 아리스토데모스가 함께 나타난다. 이때 소크라테스의 나이는 45살이었고, 플라톤의 나이는 12살이었다.

플라톤의 《향연》은 아폴로도로스가 아리스토데모스에게서 들은 이야기를 친구 글라우콘에게 들려주는 형식으로 구성되어 있다. 아마도 아폴로도로스는 꽤 많은 시간이 지난 후에 아리스토데모스로부터 들은 이야기를 친구에게 한 것으로 보인다. 그것이 소크라테스가 죽기 전인 것만은 틀림없지만 언제 어디에서 들려주었는지, 글라우콘이 어떤 인물인지에 대해서는 알려져 있지 않다. 그래서 일반적으로 아폴로도로스가 이름을 알 수 없는 친구에게 들려주는 이야기라고도 한다. 하지만 그 밖에 《향연》에 등장하는 모든 사람들은 실재했던 역사적 인물들이다. 아폴로도로스나 아리스토데모스는 말할 것도 없고, 알키비아데스를 비롯한 모든 등장인물들은 아테네의 상류계층이었다. 그래서 우리는 이 작품을 통해 이들 상류계층의 생활이 어떠했는지 엿볼 수 있다. 특히나 대화의 마지막 부분에 등장하는 알키비아데스의 경우 뛰어난 능력을 갖춘데다가 매력적이지만 부끄러움을 모르는 성품을 가진 사람으로 묘사되고 있는데, 아마도 당시 대부분 상류계층 사람들이 알키비아데스와 같지 않았을까 추측해 볼 수 있다.

또 하나 플라톤의 《향연》을 읽으면서 관심 있게 볼 것은 소크라테스를 비롯한 대화에 참여한 모든 사람들이 남자 간의 동성애를 당연하게 받아들이고 있다는 점이다. 심지어 그들은 동성애만이 인간의 높고 고귀한 정신적 쾌락을 충족시킬 수 있다고 생각하고 있다. 남녀가 나누는 사랑의 유일한 목적은 출산을 위한 육체적인 접촉뿐이라는 것이다.

아테네뿐 아니라 고대 그리스에서 여자들은 공적인 일에 전혀 참여하지 않았다. 남자들이 시민으로서 거의 모든 시간을 밖에서 보내는 동안, 여자들은 집에서 살림만 하였다. 남녀 간의 정열적인 사랑이 불가능할 수밖에 없는 상황이라고는 하지만, 도덕이나 관습을 무시하고 남자 간의 동성애가 주는 정신적인 쾌락 때문에 그것이 자리를 잡았다는 것은 지나친 해석일 것이다. 하지만 분명한 것은 이런저런 논란에도 당시 여유 있는 계급 사이에서는 동성애가 크게 유행하였던 것이 사실이다.

《향연》의 주제는 사랑이며 핵심은 물론 소크라테스가 말하는 사랑이다. 그러나 소크라테스가 말하기 전에 몇몇 사람이 앞서 사랑을 이야기한다.

파이드로스는 에로스를 신들 중에서 나이가 가장 많은 늙은 여신으로 묘사하고 있다. 비겁하거나 천박한 행동으로 사랑을 취하고자 하는 사람은 없을 것이기 때문에 파이드로스는 고귀한 명예와 희생정신을 추구하는 것이 에로스라고 주장한다. 반면 파우사니아스의 생각은 조금 다르다. 그는 에로스가 둘이라고 주장한다. 하나는 고상한 에로스이며 다른 하나는 천박한 에로스이다. 천박한 에로스는 관능적인 에로스로 쾌락을 만족시키는 에로스이며, 이 천박한 에로스는 여자와 어린 소년에게서 사랑을 찾는다. 파우사니아스는 이런 에로스는 당연히 금지되어야 한다고 말한다. 그러나 고상한 에로스의 상대는 오직 젊고 씩씩한 청년이다. 이런 청년과의 사랑이야말로 선한 결과를 얻을 수 있다고 파우사니아스는 주장한다.

두 사람의 뒤를 이어 사랑에 관해 이야기한 사람은 의사인 에뤼크시마코스이다. 그는 의사답게 사랑도 건강한 상태의 사랑과 병든 상태의 사랑으로 나누었다. 하지만 이런 식의 구별은 파우사니아스를 흉내 낸듯한 인상을 버릴 수없다.

플라톤은 《향연》에서 아리스토파네스와 아가톤의 입장을 중심으로 사랑을 서술한다. 우리가 잘 알고 있는 것처럼 아리스토파네스는 풍자시인 혹은 희극시인이며, 아가톤은 비극시인이다. 그리고 아가톤이 디오니소스 대축제에서 비극으로 우승한 것을 기념하여 마련된 잔치가 이 작품의 배경이다.

아리스토파네스는 희극시인답게 매우 단순하고 꾸밈없이 에로스를 설명한다. 특히 인간을 남성, 여성, 그리고 남녀성으로 구별하는 부분에서는 아리스토파네스가 진지하게 이야기한 것인지 아니면 희극적인 표현인지 구별하기 어렵다. 분명한 것은 아리스토파네스의 주장이 강하고 순수하다는 점이다.

반면 아가톤은 파이드로스가 주장한 늙은 여신 에로스를 인정하지 않는다. 에로스는 사람들의 마음과 영혼에 쉽게 깃들어야 하기 때문에 늙은 몸으로는 어려우며, 따라서 부드럽고 날씬한 몸매의 젊은 신이어야 한다는 것이다. 이렇게 아가톤은 비극시인답게 조심스럽고도 정교한 방법으로 에로스를 묘사하고 있다. 하지만 이 모든 주장들은 결국 소크라테스가 이야기하고자 하는 내용에 집중하기 위한 전제에 불과하다. 소크라테스는 만티네이아에서 만났다는 예언하는 여자 디오티마를 앞세워 에로스에 대해 이야기한다. 여기서 문제가 되는 것은 디오티마라는 여자다. 어쩌면 소크라테스는 가상의 인물 디오티마를 앞세워 자신의 뜻을 드러냈는지도 모른다.

플라톤은 《향연》에서 디오티마를 중심으로 에로스의 문제를 신화와 연결함으로써 영혼과 운명의 문제까지 끌어들이고 있다. 가난의 여신 페니아와 풍요의 신 포로스 사이에서 부모의 성질을 모두 갖고 태어난 에로스는 어머니의 가난에서 아버지의 풍요로움을 찾고자 했기에, 부족한 것을 충족시킬 수 있는 것이라면 무엇이든 갖고자 하였다. 소크라테스는 바로 이것이 사랑이며 지혜라고 하였다. 알지 못하기 때문에 알고자 하는 것, 없기 때문에 갖고자 하는 것, 이 모든 것을 사랑과 지혜의 본성으로 보았다. 즉 플라톤은 사랑이란 모르는 것을 알고자 하는 것이라고 결론지으며 지혜 또한 이와 같은 것이라고 주장한다.

향연의 마지막에는 알키비아데스가 나타나 잔치의 흥을 더욱 고조시킨다. 아테네의 유명한 정치가 알키비아데스는 소크라테스를 영원한 애인으로 생각하며 따라다녔다는데, 그 이유에 대해서 알키비아데스는 소크라테스와 함께 생활했던 군대 이야기를 들려준다. 그뿐 아니라 소크라테스가 없었다면 자신은 죽었을지도 모른다며 소크라테스를 평생의 은인으로 그리고 애인으로 좋아하고 존경한다고 주장함으로써 소크라테스의 인기를 짐작하게 한다.

앞에서도 밝혔듯이 원전에서는 아폴로도로스가 아리스토데모스로부터 들은 이야기를 친구에게 다시 들려주는 것으로 이야기가 진행되지만 그 친구가 누구인지 분명하지 않다. 지금 이 책을 읽는 독자들도 술과 음식이 가득한 흥겨운 향연의 한 자리에서 옛사람들의 사랑 이야기를 듣는다고 생각해보면 좋을 듯싶다.

CLASSICAL PHILOSOPHY

PHILOSOPHY

완벽한 정치가를 만드는 방법

_플라톤《국가》

글라우콘 *Glaukon*

플라톤의 둘째 형. 아데이만토스의 제자로 소피스트적인 도덕관을 갖고 있지만, 비교적 온건한 실용주의 사상가였다. 형제들과 함께 메가라 전투(기원전 424)에 참여하여 용맹을 떨쳤다. 이 대화에 참석할 당시 18살이 넘은 것으로 보인다.

케팔로스 *Kephalos*, 기원전 ~430?

소크라테스의 친구로 시라쿠사에서 이주해온 대사업가였다. 30년 이상 아테네에서 방패제조업에 종사하며 많은 부를 축적하였다. 전통적 도덕관을 가진 보수적 인물이지만 공정한 처세가로 알려졌다.

폴레마르코스 *Polemarkos*

케팔로스의 장남. 과도기적인 사상가로 알려져 있으며, 30인 전제체제 당시 암살당했고 재산도 모두 몰수당했다. 소크라테스의 추종자로 보이지만 자기 자신의 이론적 반성을 할 만한 능력이 부족한 사람이었다.

트라시마코스 *Thrasymakos*

흑해 입구 칼케돈 출신으로 기원전 5세기 후반의 새로운 사상가를 대표하는 변론가이며 소피스트였다. 당시 변론술의 역사에 등장할 정도로 유명한 사람이었다. 소크라테스보다 약 10년 연하로 알려져 있으며, 자신의 주장은 있지만 주장을 뒷받침해 줄 이론을 마련하지 못했던 인물이다.

아데이만토스 *Adeimantos*

플라톤의 형이자 글라우콘의 동생. 형과 함께 전쟁에 참여하여 용맹함을 자랑했다.

소크라테스가 정의^{定義}하는 정의^{正義}

소크라테스 │ 그렇습니다. 정의란 남에게 옳지 못한 일을 행하면서도 벌을 받지 않는 가장 좋은 경우와 자기가 옳지 않은 일을 당하면서도 보복할 힘이 없어서 못하는 가장 나쁜 경우의 중간적인 것입니다. 비록 벌을 받지 않는다고 하여도 남에게 옳지 못한 일을 행하는 것은 결코 선이 아니라 악입니다. 그리고 자기가 옳지 못한 일을 당하고도 보복을 하지 못한다면 이것 또한 악입니다. 그러므로 중간적인 정의란 결국 선이라기보다는 악이라고 보아야 할 것입니다. 그렇다면 선량한 사람이나 불량한 사람이나 모두 행복하기 위해서 악을 저지른다는 결과가 나옵니다. 바로 여기에 법률이 필요하며, 정의의 길이 드러나는 것입니다.

'정의正義'를 정의定義하다

정말 어렵다. 아니, 정말 모르겠다.

나는 분명 세계가 놀랄만한 한 권의 책을 쓰고 있다. 책을 쓴다는 것이 쉽지 않지만, 나는 반드시 그것을 완성할 것이다.

내가 지금 살고 있는 도시는 인구 20만이 조금 넘는 아주 작은 도시이다. 그중 이곳에 잠시 머무는 사람들과 노예들을 제외하면 약 11만 명 정도가 이 도시 인구의 전부이다. 이 도시가 어떻게 만들어졌는지는 아무도 모른다. 이 도시 긴설에 내한 한 가지 전설만이 전해지고 있을 뿐이다.

내 책은 어린 시절, 한 부자의 집에서 이루어진 토론으로 시작한다.

.
.
.

"여기 계시는 이분이 오늘 우리를 초대한 케팔로스 어르신입니다!"

언제나처럼 나는 오늘도 지혜에 목말라 여기저기를 기웃거리고 있다.

우리 도시에는 돈 많은 사람들이 참 많다. 그들은 자식을 위해서 소피스트를 집으로 초대한다. 그리고는 한 가지 주제로 밤을 새워가며 이야기한다. 우리 도시의 젊은이들이라면 누구나 그런 집을 찾아가면 된다. 주인이 주는 음식과 술을 즐길 수 있으며, 소피스트가 들려주는 철학을 마음 놓고 들을 수 있으니 말이다. 나는 지금 케팔로스 어르신께서 아들들을 위해 명성이 자자한 소피스트를 초대하였다는 소문을 듣고 이곳에 막 도착한 길이다.

차려진 음식을 어느 정도 먹고 나자 누군가 앞으로 나와 케팔로스 어른을 소개하였다. 큰 무기 공장을 경영하는 케팔로스는 많은 돈을 벌었다. 케팔로스는 좌우로 아들을 거느리고 앉아 좌중에 인사했고, 우리는 모두 케팔로스에게 경의를 표하였다. 나는 어떤 사람들이 오늘 이 자리에 초대되었는지 궁금해서 좌중을 둘러보았다. 그중에는 눈에 익은 사람도 있고, 그렇지 못한 사람도 있었다. 그러나 누구보다 눈에 띄는 사람은 바로 저 사람, 우리 도시에서 가장 못생겼지만 가장 인기 있는 사람, 바로 소크라테스 선생님이다!

케팔로스 | 여러분, 이렇게 누추한 집을 방문해 주셔서 감사합니다. 오늘은 저의 아들들에게 정의가 무엇인지에 대해서 들려주기 위해 유명한 소피스트 트라시마코스 선생님을 모셨습니다. 음식과 술은 충분히 준비했으니 늦게까지 드

시면서 좋은 이야기 많이 나누시기 바라며, 저의 아들들에게도 많은 가르침을 부탁합니다.

정의? 정의란 무엇일까? 케팔로스가 주제를 말하자마자 내 옆에 앉아 있던 소크라테스가 먼저 시모니데스의 입장을 빌어 정의가 무엇인지 설명했다.

소크라테스 | 시인 시모니데스는 거짓말을 하지 않고, 빌린 물건은 반드시 돌려주는 것을 정의라고 말했습니다.

거짓말을 하지 않는다고? 빌린 물건은 꼭 돌려주어야 한다고?

살다 보면 어쩔 수 없이 거짓말을 하는 경우가 있다. 어떤 사람이 몹시 나쁜 병에 걸렸다. 의사의 말에 의하면 그 사람은 한 달도 못 살고 죽을 것 같다. 이 경우에도 반드시 가족들은 환자에게 있는 그대로 말해야 할까?

두 번째 경우도 마찬가지일 것이다. 내가 어떤 사람으로부터 아주 위험한 무기를 빌렸다. 약속한 날짜에 무기를 돌려주려 하니 그 사람이 정신 이상자가 되어 있었다. 나는 과연 이 위험한 무기를 그 사람에게 돌려주어야 할까? 아니면 그 사람이 다시 정상적인 생활을 할 때까지 그 무기를 보관하고 있어야 할까? 만약 전쟁이 나서 무기를 빌려준 친구와 적이 되었다고 해도 나는 그 친구에게 그 무기를 돌려주어야 할까? 이런 경우 시모니데스의 정의에는 분명히 문제가 있다. 결국 정의는 상황에 따라서 달라질 수 있는 것 아닌가?

폴레마르코스 | 시모니데스가 한 말에 조금 문제가 있다면, 이렇게 바꾸면 어떨까요? 정의란 친구에게는 선을 베풀고 적에게는 해를 끼치는 것입니다. 군대에서는 아군과 적군이 있습니다. 불쌍한 환자는 당연히 우리 편입니다. 우리 편이란 곧 친구입니다. 그렇기 때문에 그들에게 참말이나 거짓말을 해서 해를 입혀서는 안 됩니다. 때때로 사람들은 거짓말을 하여 우리 편에게 이익, 즉 선을 베풀게 되는 것입니다.

소크라테스 | 빌린 것을 돌려주는 것은 옳은 일이지만, 친구에게 이익을 주기 위해서 적을 해치는 것은 정의로운 사람의 행동이 아닙니다.

내 생각을 읽기라도 한 듯 케팔로스의 장남 폴레마르코스는 시모니데스의 말을 조금 바꾸어, 아군에게 이익 혹은 선을 베푸는 것이 정의라고 주장하였다. 하지만 폴레마르코스는 실수를 하였다. 그는 아직 소크라테스를 잘 모르는 것 같다. 소크라테스는 선한 사람이다. 아무리 적이라 해도 해를 끼쳐서는 안 된다고 생각하는 것이 선한 사람들의 공통점이다. 시모니데스, 폴레마르코스, 그리고 소크라테스의 주장도 모두 아니라면, 과연 정의는 무엇일까?

순간 나의 눈은 케팔로스가 초대한 소피스트 트라시마코스로 향했다. 그는 다른 사람들의 말을 조용히 듣고만 있었다. 하지만 무엇인가 할 말이 있다는 듯이 말할 기회를 노리는 듯했다.

트라시마코스 | 정의란 힘이 센 사람의 이익입니다.

"뭐라고? 힘센 사람의 이익이 정의라고?"

케팔로스의 집에 있던 모든 사람들은 약속이라도 한 듯이 동시에 놀라 소리쳤다. 우리의 놀람은 곧 여러분의 놀람으로 이어질 것이다.

지금쯤 여러분은 나의 정체와 이 도시가 궁금할 것이다. 나의 정체는 다음에 이야기하기로 하고 우선 이 도시에 대해서 이야기하자면,

모든 신 중 최고의 신인 제우스는 그의 첫 번째 부인인 여신 메티스와의 사이에서 태어난 아들이 세상을 지배할 것이라는 신탁에 놀라 임신한 메티스를 삼켜버린다. 그러나 메티스의 딸은 제우스의 뱃속에서 무럭무럭 자라 제우스의 머리를 뚫고 태어나는데, 이렇게 태어난 제우스의 딸이 바로 지혜의 여신인 아테나이다.

그리스에서는 신들이 자신을 섬기는 도시를 갖고자 하였다. 그리스의 중심 도시를 두고 아테나와 바다의 신인 포세이돈이 서로 자신의 도시로 만들겠다고 다투었는데, 두 신은 그 도시 사람들에게 각각 소금물과 올리브 나무를 선사하였다. 그 도시 사람들은 올리브 나무를 준 아테나에게 도시를 바쳤고, 그래서 이 도시는 아테네라고 불리게 되었다. 우리는 지금 이 아테네의 부자 케팔로스의 집에서 정의에 대한 토론을 하고 있는 것이다.

트라시마코스 | 우리가 살고 있는 이 아테네는 민주주의 도시국가입니다. 민주주의 국가에서 가장 중요한 것은 무엇입니까? 그것은 법입니다.

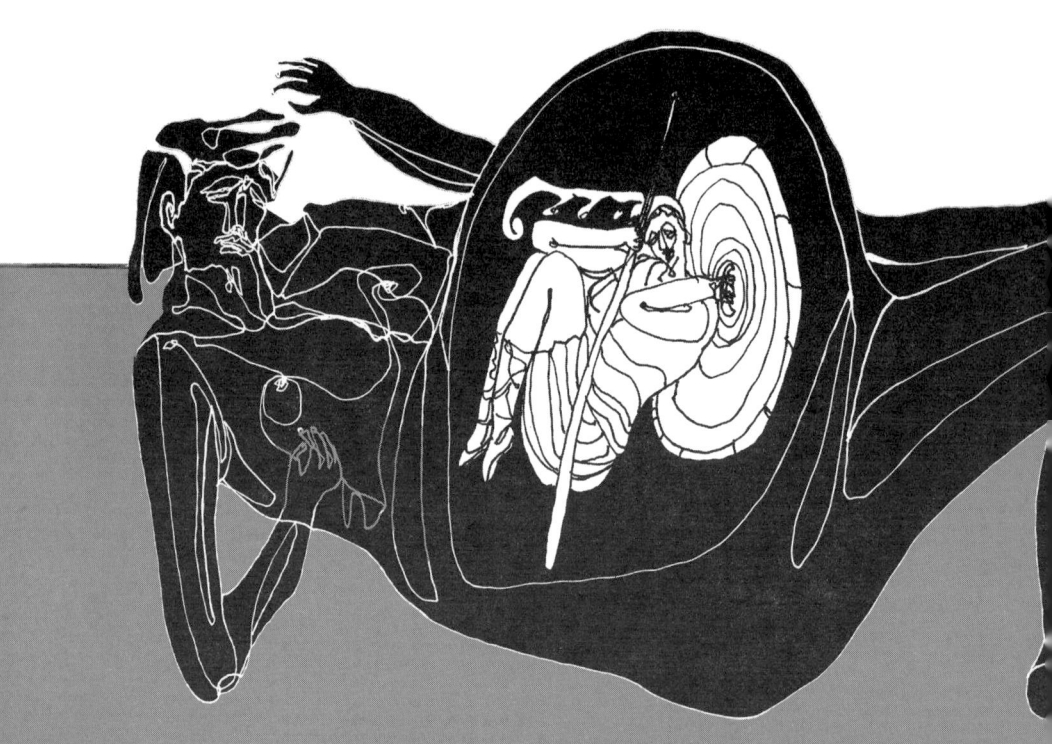

그럼 이 법은 누가 만듭니까? 그것은 당연히 한 나라를 다스리는 정치가들입니다. 바로 이런 정치가가 법을 만들고, 이 법을 만드는 정치가들은 강자입니다.

소크라테스 | 힘센 강자가 자신의 이익에 따라 법을 만든다고 생각합니까?

트라시마코스 | 물론입니다.

소크라테스 | 정치가들은 실수를 할까요? 아니면 전혀 하지 않을까요? 아무리 강자라도 사람은 실수를 합니다. 결국 강자도 잘못을 저지르는 것입니다. 만약 강자가 실수를 한다면 그들은 자신들에게 이익이 되는 법을 만들지, 손해가 되는 법은 절대로 만들지 않을 것입니다. 정의가 강자의 이익이라면 강자는 자신들의 이익만 챙기고 일반 시민들의 이익은 나 몰라라 하지 않을까요?

트라시마코스 | 물론 사람은 실수를 합니다. 하지만 강자는 절대로 실수를 하지 않습니다. 잘못을 저지르는 사람은 결코 강자가 될 수 없습니다. 정의로운 사람은 절대로 나쁜 짓을 하거나 남에게 해를 끼치지 않지만, 정의롭지 못한 사람은 남에게 해를 끼칠 수 있습니다.

소크라테스 | 하지만 국가는 정의로운 사람과 정의롭지 못한 사람이 함께 살아갑니다. 이때 정의롭지 못한 사람은 정의로운 사람에게 늘 손해를 끼칠 것입니다. 이런 경우는 어떻게 해야 합니까?

트라시마코스 | 강자는 때에 따라서는 자신보다 약한 사람들에게 손해를 입히는 일을 할 수도 있습니다. 그래서 정의란 강자의 이익이지만, 불의란 약자의 이익이라고 봅니다.

소크라테스 | 사람은 누구나 실수를 할 수 있습니다. 아무리 훌륭한 정치가라도 실수로 백성들에게 손해를 입히는 일이 있습니다. 정치가는 약한 사람에게 손해를 입히고, 실수도 한다고 하셨습니다. 이 두 가지 이유 때문에 강자는 절대로 완전한 사람이 아닙니다. 그렇다면 정의란 강자의 이익이라고 한 말도 틀렸습니다.

정말로 소크라테스가 원하는 것처럼 완전한 강자 혹은 완전한 정치가가 있을까? 정말로 실수하지 않고 약한 사람에게 손해를 입히지 않으며, 자신의 이익에 따라 법을 정하지 않는 그런 정치가가, 이 세상에 정말로 있을까?

소크라테스 | 완전한 정치가를 만들려면 어떻게 해야 할까요? 많은 사람들이 좋은 아이디어를 내고 좋은 교육 방법을 동원하면 됩니다. 이렇게 많은 사람들의 방법을 통해 길러진 정치가는 무엇보다 자신이 아닌 자신이 지배하는 사람들을 위해서 최선을 다할 것입니다. 이런 정치가는 자신의 이익을 위해서 사는 것이 아니라 다른 사람의 이익을 위해서 살아야만 합니다. 정의란 숭고하고 선량한 것이기 때문에 교육을 통하여 정의와 불의를 엄격하게 구분할 수 있는 능력을 갖춘 사람이 정치가가 되어야 하며, 그런 사람만이 가장 정의로운 사람이 될 수 있습니다.

또한 이들은 우수한 정신을 가지고 있기 때문에 덕을 잘 행할 수 있습니다. 사람은 정신의 고유한 덕인 우수성을 상실하면 악을 저지릅니다. 악한 정신으로 악을 저지르고 선한 정신으로는 덕을 행하는 것입니다.

트라시마코스 | 정의로운 사람은 선량하고 행복한 사람이며 덕을 행하는 사람입니다. 그러나 정의롭지 못한 사람은 불량하고 불행하며 악덕을 행하는 사람입니다. 만약 선량하지 못한 사람과 선량한 사람이 같이 일을 할 경우 항상 손해를 보는 사람은 선량하고 정의로운 사람이 아닙니까? 왜냐하면 불량한 사람은 수단과 방법을 가리지 않고 자신에게 이익이 되는 일만 할 것이고, 그렇게 해서 원하는 모든 것을 얻을 수 있기 때문에 절대로 불행한 사람이 될 수 없을 것입니다. 그러나 정의로운 사람은 결코 남에게 손해를 끼치는 일은 할 수가 없기 때문에 늘 손해만 보고 원하는 것도 얻을 수 없어 결국 불행한 사람이 되고 말 것입니다. 만약 정의가 이런 것이라면 정의는 덕이 아니라 오히려 악입니다. 정의를 지닌 사람이 행복한 사람입니까? 아니면 불행한 사람입니까?

양치기 기게스의 반지

소크라테스와 트라시마코스는 정의에 대해 자신들의 의견만 주장할 뿐 결론을 내리지 못했다. 결국 정의에 대해서 누구보다 더 잘 알고 있다는 소피스트 트라시마코스는 자신의 뜻을 굽히지 않고 케팔로스의 집에서 나가버렸고, 소크라테스가 정의에 대한 결론을 내릴 수밖에 없는 상황이 되었다. 하지만 소크라테스는 정의에 대한 결론을 내리지 않고 우리에게 선에 관해서 물었다.

소크라테스 | 정의란 선량한 것이며 덕입니다. 그럼 선이란 무엇일까요? 일반적으로 남에게 옳지 못한 일을 하고 내게 필요한 것을 얻었을 때, 사람들은 선이라고 합니다. 그리고 다른 사람으로부터 손해를 입거나 부정한 일을 당했을 때 우리는 악이라고 합니다. 여러분은 이 중 어떤 것이 더 억울합니까?

"그거야 당연히 내가 부정한 일을 당했을 때 받는 악이 내가 남에게 부정한 일을 하고 얻는 선보다 더 억울하지 않겠습니까?"

소크라테스 | 그렇습니다. 여기 있는 모든 분들의 생각이 같을 것입니다. 결국 사람들은 억울한 일을 당하지 않기 위해 열심히 다른 사람에게 나쁜 짓을 합니다. 이런 일들이 계속해서 일어나면 사회가 어떻게 될까요? 결국 사회는 혼란에 빠지고 서로 믿지 못할 것입니다.

옛날 리디아에 기게스라는 양치기가 살았습니다. 기게스는 우연한 기회에 투명인간이 될 수 있는 반지 한 개를 얻었는데, 반지의 힘으로 투명인간이 된 그는 왕비와 짜고 왕을 죽인 후 자신이 왕이 되었습니다.

이 기게스의 반지를 한 번은 선량한 사람이 끼고, 다른 한 번은 악한 사람이 끼었다고 가정해 봅시다. 어떤 일이 생길까요? 악한 사람이 이 반지를 낀다면 기게스처럼 몹시 나쁜 짓을 할 것입니다. 그러나 마음씨 착하고 선량한 사람이 이 반지를 끼면 어떻게 될까요? 투명인간이 된 후에도 정의의 편에 서서 남의 물건에는 전혀 손을 대지 않는 강철 같은 지조를 보여줄까요? 아니면 기게스처럼 나쁜 짓을 하게 될까요?

"아무리 선량한 사람이라도 나쁜 짓을 하지 않는다고 보장할 수는 없겠죠."

소크라테스 | 그렇습니다. 정의란 남에게 옳지 못한 일을 행하면서도 벌을 받지 않는 가장 좋은 경우와 자기가 옳지 않은 일을 당하면서도 보복할 힘이 없어서 못하는 가장 나쁜 경우의 중간적인 것입니다. 비록 벌을 받지 않는다고 하여도 남에게 옳지 못한 일을 행하는 것은 결코 선이 아니라 악입니다. 그리고 자기가 옳지 못한 일을 당하고도 보복을 하지 못한다면 이것 또한 악입니다. 그러므로 중간적인 정의란 결국 선이라기보다는 악이라고 보아야 할 것입니다. 자, 그렇다면 선량한 사람이나 불량한 사람이나 모두 행복하기 위해서 악을 저지른다는 결과가 나옵니다. 바로 여기에 법률이 필요하며, 정의의 길이 드러나는 것입니다.

결코 자발적으로는 선량한 사람이 될 수 없다는 말인가? 우리는 선량한 사람인 척하면서 살아갈 뿐이란 말인가? 결국 이렇게 정의야말로 최대의 선이며 불의야말로 최대의 악이란 말인가? 소크라테스는 최대의 선이라고 할 수 있는 정의는 개인에게만 적용되는 것이 아니라고 주장했다. 정의는 한 국가에도 적용된다는 뜻이다. 국가가 개인보다 크기 때문에 결국 국가의 정의를 먼저 알아야 개인의 정의도 알 수 있을 것이다.

이상국가의 통치자

이쯤에서 내가 누군지 밝혀야겠다. 한 국가를 건설하고자 하는 사람, 하나의 폴리스를 만들려고 하는 사람, 나를 설명하기 위해서는 신화가 필요하다.

'아테네'라는 이름은 아테나를 섬기는 도시라는 뜻이다. 그리고 그 아테네를 건설한 사람은 테세우스이다. 이 테세우스는 많은 일화를 남겼는데, 그중 한 가지는 나와 깊은 관계가 있다.

테세우스의 나이 50세에 12세의 헬레나를 만났다. 헬레나의 아버지는 다른 사람이 헬레나를 탐내 데려가지 못하도록 테세우스에게 헬레나의 보호를 부탁하였다. 그러나 테세우스가 헬레나를 유괴했다고 생각한 헬레나의 쌍둥이 오빠 카스토르와 폴리데우케스는 헬레나를 내놓지 않으면 아테네를 공격하겠다고 협박하였다.

카스토르와 폴리데우케스의 공격으로 아테네는 완전히 파괴될 위기에 몰렸다. 이때 아카데모스라는 영웅이 나타나 헬레나의 오빠를 잘 설득하여 아테네를 위기로부터 구했고, 이후 아테네 사람들은 아테네 북서쪽에 아카데모스를 위한 신전을 세웠다. 나는 바로 이 아카데모스 신전 옆에 철학을 가르치는 대학교를 세웠고, 사람들은 내가 세운 이 대학교 이름을 아카데모스의 이름을 따 아카데미아라고 불렀다.

이제 내가 누군지 모르는 사람은 없을 것이다. 내가 바로 그 아카데미아 철학대학의 총장 플라톤이다. 그럼 내가 세우려는 이 나라가 어떤 나라인지도 금방 알 것이다. 그렇다. 바로 이상국가이다. 내가 바라는 이상국가는 그렇게 크지 않다. 나는 인구 약 2만 명 정도가 살 수 있는 폴리스, 즉 도시국가를 건설하려고 한다. 20만이 넘는 인구가 살고 있는 아테네는 규모가 너무 크기 때문에 내가 원하는 이상국가가 될 수 없다.

이상국가, 즉 유토피아에 꼭 필요한 사람은 의식주를 해결해 줄 사람, 그리고 이상국가를 다른 나라로부터 보호할 군인, 마지막으로 이상국가를 통치할 통치가이다.

소크라테스 | 한 나라의 노동자도 중요하고 군인도 중요하지만 가장 중요한 사람은 역시 통치자입니다.

글라우콘 | 그럼 어떤 사람이 통치자가 되어야 합니까? 그리고 그런 사람을 어떻게 찾을 수 있습니까?

소크라테스 | 통치자를 찾는 방법에 대해서는 나중에 이야기하기로 하고, 우선 통치자의 조건에 대해서 이야기하겠습니다. 통치자는 누구보다 강한 체력과 강한 정신을 갖고 있는 철학자여야 합니다.

글라우콘 | 철학자가 통치자가 되어야 한다고요?

소크라테스 | 강한 정신의 소유자는 온화한 성품과 대담성 그리고 무엇보다

도 철학자여야 하며 민첩성을 겸비해야 합니다.

철학자가 통치자가 되어야 한다는 말에 모두가 놀랐다. 그 놀람 속에서 지금까지 침묵하던 글라우콘 형이 소크라테스와 대화를 시작했다. 아테네 왕의 후손인 나의 아버지와 그 유명한 솔론의 후손인 나의 어머니는 4남매를 두었다. 나는 셋째이며, 위로 글라우콘과 아데이만토스, 아래로 여동생 포토네가 있다. 나는 두 형과 함께 소크라테스가 있는 곳이라면 어디라도 따라다녔다.

소크라테스는 통치자는 철학자여야 하고, 그 철학자는 강한 정신을 가져야 한다고 이야기했다. 그 이유는 철학자란 지혜를 사랑하는 사람이며 무엇보다도 많은 사람을 상대하는 통치자는 다른 사람을 부드럽게 대할 줄 알아야 하는데 그것은 곧 지식과 지혜를 사랑하는 천성이 있는 사람만 가능하기 때문이다.

소크라테스 | 우리의 이상국가에 필요한 통치자가 될 사람은 다음 네 가지 조건을 갖추어야 합니다.

첫째, 어릴 때부터 좋은 음악 교육을 받고 자라야 합니다. 둘째, 강한 정신력으로 외부의 어떤 영향에도 흔들리지 않는 영혼을 갖고 있어야 합니다. 셋째, 악한 생각이나 불량한 생각은 절대로 해서는 안 됩니다. 넷째, 만약 외부로부터 영향을 받아 영혼이 변한다고 하여도 나쁜 쪽이 아닌 좋은 쪽으로 변해야 합니다. 이상의 조건을 갖춘다고 해도 누가 통치자가 될 소질이 있고, 자격을 갖추고 있는지 우리는 알 수 없습니다. 그렇기 때문에 어릴 때부터 용기를 길러주는 것이 중요합니다. 그리고 이 용기 외에도 필요한 것이 있습니다.

첫째, 무엇보다 죽음을 두려워해서는 안 됩니다. 전쟁의 두려움은 죽음입니다. 백성이 아닌 통치자가 죽음을 두려워하면 전쟁을 할 수가 없고 나라를 지킬 수 없기 때문입니다.

둘째, 소유욕을 버려야 합니다. 통치자는 사적인 재산이 있어서는 안 됩니다.

셋째, 웃음을 비롯한 감정에 약해서는 안 됩니다. 통치자가 감정에 치우쳐 이성을 잃어버리면 안 되기 때문입니다.

넷째, 거짓말을 해서는 안 됩니다. 거짓말을 하지 않는다는 것은 진리를 존중한다는 뜻입니다. 하지만 국가의 안위를 위해서 약간의 거짓말은 배워두어야 합니다.

다섯째, 절제와 참을성을 가져야 합니다. 인간은 누구나 욕망과 본능을 갖고 있습니다. 이런 욕망이나 본능을 통치자가 참지 못하면 이상국가는 훌륭한 나라가 될 수 없습니다.

여섯째, 지나친 선물이나 뇌물을 받아서는 안 되며, 반대로 돈에 너무 인색한 수전노가 되어서도 안 됩니다.

일곱째, 노예근성을 가져서는 안 됩니다. 노예근성을 갖고 있는 사람은 자신보다 강한 사람에게 아부할 수밖에 없기 때문입니다.

여덟째, 남을 흉내 내거나 모방해서는 안 됩니다. 하지만 용감한 사람이나 존경할 만한 사람을 모방하는 것은 상관없습니다. 천한 행동이나 말투는 절대로 모방해서는 안 됩니다.

앞에서도 이야기했지만, 이상국가의 통치자가 되기 위해서는 많은 교육을 받아야 합니다. 그럼 지금부터 그 교육에 대해서 이야기해 보겠습니다.

강인한 체력과 건강한 정신을 위해서 체육과 음악은 모든 사람이 받아야 하는 교육의 기본이라고 했습니다. 통치자 역시 이 교육은 꼭 받아야 합니다. 하지만 이 두 가지 교육은 둘 다 인간의 영혼을 위한 교육이기 때문에 어느 한쪽으로 치우쳐서는 안 됩니다. 체육 교육만 열심히 받으면 고집스럽고 난폭해져 사나운 성격으로 변하게 될 것이고, 음악 교육만 지나치게 많이 받으면 너무 나약해지고 온순하기만 할 것입니다. 사람의 영혼이 음악에 매혹되어 기개를 녹여버리기 때문입니다.

이상국가의 통치자가 될 사람은 지나치게 난폭해서도 안 되며, 약해서도 안 됩니다. 이 둘이 영혼에 적절하게 조화를 이루어야 합니다. 음악과 체육 교육을 동시에 받은 사람은 절제를 알고 용감함이 깃들어 있습니다.

글라우콘 | 이상국가에서는 모든 사람에게 음악과 체육 교육을 한다고 하셨습니다. 그렇다면 그중 누가 통치자가 되어야 합니까?

소크라테스 | 나이 많은 사람이 어린 사람을 가르치고 지배하는 것은 당연한 것입니다. 그러므로 연장자 중에서 가장 훌륭한 사람이 통치자가 되어야 합니다. 가장 훌륭한 사람이란 어떤 사람일까요? 우선 통치자는 앞에서 말한 성품 외에 현명하고 유능해야 합니다. 그리고 무엇보다 통치자는 국가에 충성해야 합니다. 사람마다 차이는 있지만 통치자가 될 사람은 나라에 충성하려는 신조가 있어야 합니다. 이런 사람을 찾기 위해서는 어릴 때부터 감시 감독하여 그러한 신조를 어른이 될 때까지 저버리지 않고 지키고 있을만한 사람 중에서 뽑

아야 합니다. 개인의 신조는 유혹에 빠지기 쉽기 때문에 함정도 파고 유혹도 하면서 끝까지 자신의 신조를 굽히지 않는 사람을 찾아야 할 것입니다.

글라우콘 | 이상국가의 통치자가 되기 위해서는 어떤 교육을 받아야 합니까?

소크라테스 | 통치자를 위한 교육보다 이상국가의 백성들이 받아야 할 전체적인 교육에 대해서 설명하는 것이 옳을 것 같습니다. 여러분은 마라톤 전쟁에 대해서 알고 있습니까?

소크라테스는 이상국가의 교육을 이야기하다가 갑자기 마라톤 전쟁에 대해 물었다.

그리스의 식민지였지만 독립을 꿈꾸던 이오니아 사람들이 반란을 일으키자 식민지를 확장하려던 그리스와 지중해를 차지하려던 페르시아는 전쟁을 하게 되었는데, 이것이 2차에 걸친 페르시아전쟁이다. 제1차 페르시아 전쟁^{기원전 490}은 이오니아 지방의 반란을 진압하기 위해 그리스에서 군대를 파견하자 페르시아의 왕 다리우스가 그리스 본토를 공격하면서 시작되었다. 이 전쟁은 아테네 북동쪽 약 40km에 있는 마라톤 평원에서 벌어졌기 때문에 마라톤 전쟁이라고 불린다. 접전 끝에 페르시아 함대는 퇴각하고, 다리우스가 죽은 다음 그의 아들 크세르크세스 1세는 육군과 해군을 동원하여 그리스를 침공하였으나 그 유명한 살라미스 해전 역시 그리스의 승리로 전쟁은 끝나고 만다.^{기원전 481} 소크라테스는 왜 이 전쟁에 대해 물었을까?

소크라테스 | 마라톤에서 그리스가 강대국 페르시아를 물리칠 수 있었던 가장 큰 이유가 무엇이라고 생각합니까?

"그야 우리 그리스 군대가 잘 싸웠으니까 그렇죠."

"그리스 지휘관이 페르시아 지휘관보다 뛰어난 전술을 갖고 있었던 것 아닙니까?"

"그리스의 젊은이가 더 용감하니 당연한 거죠."

소크라테스 | 물론 지휘관의 전술 능력과 군인의 용기가 전쟁의 승패를 좌우하는 것은 당연합니다. 그렇다면 그런 전술 능력과 용기는 어디에서 나올까요?

글라우콘 | 선생님은 그 모든 것이 교육에서 나온다고 생각하십니까?

소크라테스 | 그렇습니다. 국가의 힘은 교육입니다. 이상국가에서는 남녀를 구별하지 않고 교육합니다. 물론 남자와 여자는 성격도 다르고 신체적인 차이가 있으며 지적 수준도 다릅니다. 능력이 뛰어난 여자도 있고 무능한 남자도 있습니다. 그렇기 때문에 남자와 여자의 차이만으로 직업을 나눌 수는 없는 것입니다. 남녀 모두 같은 직업을 가질 수 있고, 따라서 여자도 나라를 지키는 통치자가 될 수 있습니다. 의사, 음악가, 철학자, 운동선수, 군사 훈련 등도 마찬가지입니다. 그러기 위해서는 모든 사람들에게 동등한 교육을 해야 하며, 무엇보다 중요한 것은 현장실습입니다.

글라우콘 | 현장실습?

소크라테스 | 군사를 위한 전쟁 교육을 한 번 생각해 보십시오. 현장실습 없이 전쟁을 잘 치를 수 있겠습니까?

글라우콘 | 그렇기는 하지만 학생들을 데리고 전쟁터로 나갈 수는 없지 않습니까?

소크라테스 | 학생들이나 어린아이들을 데리고 전쟁터로 나가는 어른의 심정은 어떨까요? 특히 그 어린아이들의 부모라면 말입니다.

글라우콘 | 마음이 무척 아프겠죠. 그리고 반드시 전쟁에서 이기기 위해 용감하게 싸우겠죠.

왜 소크라테스가 마라톤 전쟁을 이야기했는지 알 것 같다. 이상국가의 여러 가지 교육 중 전쟁을 위한 실습에 대한 이야기에는 모두가 놀라는 눈치였지만 그 실습이 없다면 전쟁의 승리도 없을 것이라는 데에는 모두가 동의하는 듯했다.

국가와 개인의 정의에 관하여

아데이만토스 | 소크라테스 선생님! 우리는 시모니데스와 트라시마코스가 이야기하던 정의에 대해서 아직 답을 얻지 못했습니다. 죄송하지만 이상국가 교육은 잠시 접어두고 그 이야기를 끝내는 것이 어떻겠습니까?

모인 사람들 모두 내심 정의에 대한 답을 기대하고 있었다. 하지만 소크라테스는 빙긋이 웃을 뿐 이야기는 계속되었다.

소크라테스 | 이상국가의 통치자는 매우 가난하게 살아야 합니다.

"뜬금없이 통치자는 가난하게 살아야 한다고?"
"아니, 요즘 젊은이들이야 출세를 위해 정치를 하려는 것인데 가난해야 한다니, 그럼 누가 통치자가 되겠습니까?"

소크라테스 | 예를 들어서 놋그릇 장인이 자신의 일을 하지 않고 매일같이 논다고 생각해 봅시다. 기술은 점점 녹슬고 손님은 더 이상 찾아오지 않아 가정이 파탄 날 것입니다. 마찬가지로 통치자가 자신의 맡은 일을 하지 않으면 어떻게 될까요? 나라가 망하고 말 것입니다.

기술자가 게을러지는 가장 큰 이유는 재물과 가난입니다. 돈이 너무 많거나 너무 가난하면 기술자는 자신의 일을 계속하고 싶지 않을 것입니다. 통치자도 마찬가지입니다. 재물과 가난은 모든 사람을 게으른 사람으로 만듭니다. 특히 재물은 사치와 게으름, 그리고 공명심을 초래해 결국 노예근성과 약한 성품을 갖게 합니다. 이런 사람은 통치자가 될 자격이 없습니다.

이상국가에 필요한 통치자를 길러 내기 위해서 국가가 꼭 지켜야 할 몇 가지가 있습니다.

첫 번째로 교육제도가 변해서는 안 된다고 소크라테스는 주장했다. 특히 음악과 놀이교육이 중요한데, 우리가 놀이를 배우는 가장 큰 이유는 지는 것을 배우기 위해서이기 때문에 어려서는 놀이와 음악교육만으로 충분하다는 것이다.

둘째는 윤리, 도덕교육이다. 지적교육보다 인성교육이 더 중요하다는 것이다. 이상국가에서 이 모든 것은 법으로 정해진다.

소크라테스 | 어린 시절 이런 교육을 받은 사람들이 우리 이상국가의 백성입니다. 그리고 이 백성들은 자신의 능력에 맞는 직업을 갖게 됩니다. 우리는 바로 이런 국가와 개인에 정의가 필요하다고 생각합니다. 그럼 다시 처음의 질문으로 되돌아왔군요. 정의란 무엇일까요?

먼저 국가의 정의를 살펴봅시다. 우리가 세울 이상국가는 완벽한 국가입니다. 바로 이 완벽한 국가에는 지혜, 용기, 절제, 그리고 우리가 찾는 정의까지 네 가지의 덕이 있습니다. 이제 이 네 가지 덕 중에서 지혜, 용기, 절제 이렇게 세 가지를 찾으면 정의의 덕은 자동으로 찾아지겠지요.

지혜의 덕은 분별력이다. 분별력은 곧 앎이다. 사람이 분별할 줄 안다는 것은 무엇인가를 알기 때문에 가능하다. 다양한 지식으로 가득 차 있는 국가는 지혜로운 국가이며, 이런 지혜로운 국가를 이끌어 갈 사람은 기술자나 농부와 같은 사람이 아니라 통치자와 같은 나라의 지배자이다. 이렇게 지혜로운 몇 사람에 의해서 지혜로운 나라가 만들어지는데, 지혜를 사랑하는 사람을 철학자라고 하므로 이 지혜는 철학자이자 통치자인 이들이 가져야 할 덕 중의 하나이다.

소크라테스 ǀ 용기란 용감한 사람이 가진 덕입니다. 용감성과 비겁함은 나라를 지키기 위해 싸움터로 나가는 사람들이 가져야 할 마음가짐입니다. 전쟁터의 군인이 용감하지 못하면 그 나라는 망하고 말 것입니다. 용감성 역시 교육을 통해 길러지는데 나라를 지배하는 사람들이 이를 가르쳐야 합니다. 어릴 때부터 교육을 통하여 두려운 것과 두렵지 않은 것을 분명히 가르쳐 용감성과 비겁함을 몸에 간직하도록 해야 합니다. 바로 이렇게 두려운 것과 두렵지 않은 것을 올바로 지키는 힘을 용기라고 합니다.

용기는 군인들이 가져야 할 덕입니다. 하지만 가르치는 사람이 용기가 없으면 어떻게 될까요? 결코 다른 사람에게 용기를 가르칠 수 없을 것입니다. 그러므로 용기는 통치자와 지배자, 그리고 나라를 지키는 군인이 가져야 할 덕입니다.

절제는 음악에서의 하모니와 같은 것, 즉 질서입니다. 절제는 쾌락이나 욕망을 극복하는 어떤 힘인 것이지요. 교육을 많이 받은 사람이나 적게 받은 사람이나 상관없이 이성으로 쾌락이나 욕망을 다스릴 수 있는 사람은 많지 않습니다. 이상국가에서는 이성으로 자신의 욕망을 다스릴 수 있는 교육을 받게 되는데, 바로 이렇게 이성으로 자신의 쾌락이나 욕망을 잘 다스릴 수 있는 능력이 절제입니다. 나라에는 강한 사람도 있고 약한 사람도 있으며, 생각이 깊은 사람과 그렇지 못한 사람도 있습니다. 이런 것과 관계없이 한마음이 되는 것이 바로 절제입니다. 이렇게 다양한 사람들이 한목소리로 좋은 하모니를 이루는 것, 이상국가에 사는 모든 사람들이 가져야 할 덕이 곧 절제인 것입니다.

이제 마지막으로 남은 정의의 덕에 대해서 알아보겠습니다. 우리는 처음부터 이 정의를 찾으려고 노력했습니다. 그러나 우리는 정의를 너무나 가까이에 두고 찾지 못한 것은 아닐까요? 나라를 세우고 각자 자기가 맡은 임무를 다하는 것, 바로 이것이 정의 아닐까요? 자신의 임무를 다하여 자기가 맡은 일을 올바로 하는 것, 바로 그것이 정의입니다.

우리는 지혜, 용기, 절제의 덕을 먼저 찾고 나머지를 정의라고 했습니다. 그러나 실질적으로 바로 이 정의가 지혜, 용기, 절제의 덕을 낳는 원동력입니다. 이 중에서 어떤 것이 훌륭한 국가를 만드는 데 가장 큰 영향을 미칠까요? 아마도 쉽게 어떤 것 하나를 말할 수는 없을 것입니다. 하지만 한 가지 분명한 것은 있습니다. 백성 모두가 자기가 맡은 일에 최선을 다하고 올바로 행하는 것, 즉 백성 모두가 정의를 실현한다면 지혜, 용기, 절제 등과 겨룰 만한 힘을 갖게 될 것입니다.

아데이만토스 | 정의란 시모니데스의 생각도 트라시마코스의 생각도 아닌 국가 전체의 덕에 이바지하면서 통치자의 지혜, 군인의 용기, 일반 백성들의 절제에 견줄만한 것이라는 말이군요. 그럼 개인의 정의는 무엇입니까?

소크라테스 | 우리는 어렵게 국가의 정의를 찾았습니다. 이 국가의 정의를 개인의 정의에 적용시키면 어떨까요? 국가와 개인의 차이는 크기의 차이입니

다. 그렇다면 국가의 정의나 개인의 정의를 같다고 볼 수 있지 않을까요? 국가의 네 가지 덕을 개인의 네 가지 덕으로 바꾸어 보겠습니다.

사람들의 성격은 다양합니다. 향학열에 불타는 사람, 용감한 사람, 비겁한 사람, 고집이 센 사람, 돈에 인색한 사람, 욕심이 많은 사람 등등. 하지만 아무리 다양한 성격의 사람들이 있다 하여도 결국 사람의 성격은 지혜로운 사람, 용기 있는 사람, 절제할 줄 아는 사람으로 구분할 수 있을 것입니다.

욕심은 바라는 것이 있기 때문에 생깁니다. 물론 바라는 것은 희망이기도 하지만 욕망일 수도 있습니다. 이렇게 쾌락이나 고통, 혹은 욕망을 마음먹은 대로 따를 수 있는 것이 바로 개인이 가진 용기의 덕입니다.

사람은 자신의 욕망대로 행동했을 때 그것이 자신에게 어떤 이익이 되는지 생각합니다. 이렇게 자기에게 돌아올 이익을 생각하는 능력이 개인이 가진 지혜의 덕입니다. 아무리 지혜롭다고 해도 욕망에 따라 행동한 것이 이익이 되지 않을 수도 있습니다. 어떻게 하면 이런 문제를 해결할 수 있을까요? 처음부터 욕망을 지배하는 힘이 있으면 될 것입니다. 바로 이런 힘이 절제입니다. 많은 사람들이 욕심, 욕망, 그리고 정열 때문에 악을 저지릅니다. 욕심과 정열이 분수를 지켜 자신의 일에 충실할 수 있다면, 이 세상에는 악에 빠져 나쁜 일을 저지르는 사람은 없을 것입니다.

이렇게 개인이 가진 정의의 덕이 잘 나타나려면 먼저 절제로 욕망을 억눌러야 합니다. 다음으로는 용기를 갖고 좋은 생각으로 욕망을 따라오게 합니다. 마지막으로 그 욕망이 개인에게 이익이 되도록 지혜로운 판단을 하는 것입니다.

그러므로 절제, 용기, 지혜가 조화를 이룰 때 국가의 정의처럼 개인의 정의가 나타납니다. 만족스러운 대답이 되었는지 모르겠지만, 나는 이것이 곧 국가와 개인의 정의라고 생각합니다.

아데이만토스 | 결국 한 국가, 혹은 한 개인의 행복한 삶을 위해서 국가나 개인이 자신을 잘 다스리는 것이 정의로군요. 그럼 그런 정의의 힘을 어떻게 가질 수 있습니까? 어떻게 하면 절제, 용기, 지혜가 잘 조화를 이룰 수 있죠?

소크라테스 | 그것 역시 교육의 힘입니다. 그럼 조금 전에 끝내지 못한 이상 국가의 교육에 대해서 이야기해 볼까요? 아, 그전에 뭔가를 좀 먹었으면 좋겠는데.

소크라테스는 잠시 하던 이야기를 멈추고 음식을 찾았다. 케팔로스의 아들 폴레마르코스가 하인을 불렀고, 잠시 후 식탁은 다시 먹을 것으로 가득 채워졌다.

소크라테스 | 여러분들은 델포이 신전에 가보았습니까? 그곳에는 그리스의 훌륭한 현인들이 각자 자신의 좌우명을 신전 벽에 새겨두었습니다. 그중에서도 나는 정치가 킬론의 "너 자신을 알라"라는 말에 감명을 받아 나의 좌우명으로 삼았습니다. 나는 이 말이 교육하는 사람의 자세를 말해준다고 생각합니다. 우리는 스스로 아는 것이 없다는 것을 인식하고 배움의 자세를 가져야 합니다. 이 상국가는 모든 백성에게 이것을 요구합니다. 즉 백성은 아는 것이 없어서 국가에서 교육을 해야 한다는 것입니다.

국가의 이데아 찾기

소크라테스 | 이상국가의 모든 아이들은 유아기부터 체육과 음악교육을 받습니다. 10살이 되기 전까지 아이들은 부모에게서 멀리 떨어져 기숙 생활을 하면서 교육을 받는데, 전쟁터에서 견학과 실습을 할 나이가 되면 몇 명씩 무리를 지어 전쟁터로 나갑니다. 이때 어른들은 아이들을 잘 감시하여 군인으로 자랄 가능성이 없는 아이들은 더 이상 교육을 하지 않습니다.

전쟁터의 견학과 실습으로 선발된 아이들은 2년에서 3년 정도의 체력보강 훈련을 받게 됩니다. 이렇게 훈련을 받은 아이들 중에서 엄격한 심사를 거쳐 다시 탈락자를 가려내는데, 이런 훈련 기간을 통하여 선발된 스무 살 정도의 젊은이들은 서른 살이 될 때까지 철학, 수학, 군사훈련, 법률 등의 통치자 교육을 받게 됩니다. 이 교육이 끝나면 엄격한 심사를 통하여 다시 유능한 사람들만이 선발되며 탈락한 사람들은 더 이상 교육을 받지 않고 군인으로 남게 됩니다. 선발된 사람들은 5년 동안 변증법을 배우고, 변증법 교육을 마친 사람들은 다시 심사를 통하여 탈락한 사람과 선발된 사람으로 나누어집니다. 탈락한 사람들은 역시 더 이상 교육을 받지 않고 군인 장교가 됩니다.

변증법 교육을 받고 선발된 사람은 15년 동안 군인을 지휘하고 관리하는 교육을 받습니다. 이때는 실무를 보게 되는데, 지휘관으로 교육자로 혹은 철학자로 일하게 됩니다. 이렇게 50세가 될 때까지 모든 교육을 무사히 마친 사람만이 이상국가 교육의 최종 목표에 도달한 사람입니다. 이렇게 선발된 사람에게는 '철학자-통치가'가 될 수 있는 자격이 주어집니다. 다행히 한 사람만이 이 모든 교육 과정을 마쳤다면 그 사람은 바로 통치가가 될 것입니다. 그러나 만약 여러 명이 철학 통치자 교육과정을 모두 마쳤다면 그들은 순번을 정해서 차례로 철학자-통치자가 될 것입니다.

글라우콘 | 이상국가의 통치자가 해야 할 공부가 참 많군요. 모든 백성들은 기본적으로 음악과 체육을 배우고 그다음 기술을 배운다고 했습니다. 더 이상 공부를 하지 않는 사람은 농사, 공업, 그리고 상업에 종사하는 사람이겠군요. 그리고 더 많은 공부를 한 사람은 군인계급이 되고, 군인보다 더 많은 공부를 한 사람이 통치자가 된다는 말씀이군요.

소크라테스 | 그렇습니다. 이상국가에서는 모든 사람이 똑같이 공부할 필요는 없습니다. 하지만 통치자가 해야 할 공부는 참 많습니다.

글라우콘 | 선생님, 그런데 철학자-통치자란 무엇입니까?

소크라테스 | 철학자-통치자란 철학을 공부한 철학자가 통치자가 되는 것을 말합니다. 왜냐하면 철학자는 지혜를 사랑하는 사람이며, 진실을 볼 줄 아는 사람이기 때문입니다. 그렇다면 진실이란 무엇일까요? 우리가 앞에서 논의한 정의와 불의, 선과 악은 그 자체로는 하나지만 여러 가지 행위와 연결되어 있습니다. 진실을 사랑한다는 것은 이렇게 '결합하여 밖으로 나타나지 않는 것을 찾아내어 아는 것'을 말합니다. 철학자란 항상 변하지 않는 것을 파악할 줄 아는 사람입니다.

과연 누가 나라를 다스리는 통치자가 되어야 할까요? 한 가지 분명한 것은 통치자로서의 능력을 갖추고 있으며 자신의 임무를 다하는 사람이어야 한다는 것입니다. 그뿐 아니라 변하지 않는 진실 혹은 본질, 즉 이데아를 분명히 이해하는 사람이어야 합니다. 그리고 모든 사물의 생성과 소멸에 현혹되지 않고, 지혜를 가지고 이데아를 찾는 데 열의를 보여주는 사람이어야 합니다.

"변하지 않는 진실이나 본질?"

"이데아? 그건 또 뭐람?"

소크라테스 | 이데아라는 단어는 쉽게 설명할 수 있는 단어가 아닙니다. 한 가지 예를 들어보겠습니다.

아주 깊은 동굴이 하나 있습니다. 동굴 벽은 흰색입니다. 그 동굴 속에는 죄수들이 있는데 그들은 고개도 돌리지 못하게 묶여 있기 때문에 어릴 때부터 흰 벽만 보고 살았습니다. 그 죄수들 뒤에는 높은 담이 있고 그 담 위로 사람들이 오갑니다. 사람들은 수레를 끌고 가기도 하고 가축들을 끌고 지나가기도 합니다. 동굴 입구에 걸린 횃불이 동굴 전체를 비추기 때문에 죄수들은 흰 벽에 비친 사람이나 동물의 그림자만 볼 수 있습니다. 동굴 속이라 소리가 울려 정확하게 알아들을 수는 없지만 뒤에서 들려오는 사람들의 목소리도 들을 수 있습니다. 이렇게 죄수들은 흰 벽에 비친 그림자와 정확하지 않은 소리를 들으면서 그들이 보고 있는 것이 무엇인지 대충 짐작할 뿐입니다.

자, 이제 동굴 속의 죄수 중 한 사람을 풀어 준다고 가정해 봅시다. 처음으로 태양 아래 선 그 사람은 눈이 부셔 동굴 밖의 모습을 제대로 볼 수 없을 것입니다. 그러나 어느 정도 밝은 빛에 적응되면 사물을 하나하나 볼 수 있을 것이고, 자신이 지금까지 본 것과 지금 보고 있는 것이 다르다는 것을 금방 깨닫게 될 것입니다. 그 죄수는 지금까지 자신이 본 것을 실재라고 믿었을 것입니다. 그러나 이제 그것이 실재가 아니라는 것을 알게 되었습니다.

　동굴 안의 흰 벽에 비친 그림자의 모습은 우리가 감각으로 파악하고 이해하는 세계의 모습, 즉 우리가 지금까지 보고 알고 있는 사물입니다. 그러므로 진정한 지식은 사물의 본질인 이데아를 보지만, 인간의 감각은 사람의 생각에 불과한 것입니다. 동굴의 비유에서 동굴 벽에 비친 그림자는 우리가 보는 현상세계입니다. 그리고 동굴 밖으로 나가서 본 세계는 우리가 지성에 의해서 알 수 있는 이데아의 세계입니다. 철학을 한다는 것은 바로 이 이데아를 아는 것입니다. 물론 이것을 안다는 것은 결코 쉬운 일이 아닙니다. 이것은 체계적이고 참된 철학 교육이 없이는 불가능한 일입니다. 그래서 철학자-통치자는 체계적인 교육을 통해 이데아를 알게 되는 것입니다.

　"아무리 들어도 이데아란 무엇인지 잘 모르겠군."

　소크라테스 | 자, 앞에 있는 청년과 여러분, 모두 손으로 정삼각형을 그려보십시오. 우리가 일반적으로 정삼각형이라고 부르는 것들에는 모든 정삼각형에

서 찾아지는 일반적인 성질이나 특징이 있습니다. 여러분 모두 제각각 정삼각형을 그렸지만 어떤 누가 그려도 정삼각형이라는 일반적인 특성은 변하지 않는다는 것입니다. 이렇게 이데아의 첫 번째 의미는 절대로 변하지 않는 어떤 것입니다.

이데아의 두 번째 의미는 이상형과 같은 것입니다. 이상형이란 정말로 있는 것이 아니라 "있을 수 있는 것" 혹은 "원하는 어떤 것"입니다. 바로 이런 이상형이 이데아입니다. "정삼각형의 이데아"는 이 세상에 있는 정삼각형 중에서 가장 완벽하고 완전하며 절대로 변하지 않는 영원한 정삼각형일 것입니다. 그외에 우리가 보는 모든 정삼각형은 바로 이 정삼각형의 이데아에서 생겨 나온 것입니다. 그렇기 때문에 하나하나 그려진 정삼각형을 보면 완전하지 못하고 어딘가 비뚤어지고 각도 잘 맞지 않는 것입니다.

"나의 이상형인 그 소년은 아름답다"라고 누군가 말한다면, 그 소년이 늙어 아름다움이 변하더라도 아름다움이라는 이데아 혹은 아름다움 그 자체는 결코 변하지 않는다는 것입니다.

동굴의 비유에서 보듯이 이데아의 세계는 분명히 있습니다. 그리고 이러한 이데아의 세계에도 질서가 있습니다. 이데아 중에서도 가장 중요하고 높은 이데아는 착한 이데아, 즉 선의 이데아입니다. 이 선의 이데아는 아름다움, 정의, 사랑, 선함 등과 같이 도덕, 윤리와 관계있는 이데아입니다. 그다음의 이데아는 숫자, 크기, 도형, 직선 등과 같은 수학적인 이데아입니다. 마지막 이데아는 생겨나고 사라지는 물건에 대한 이데아입니다. 예를 들어서 우리가 감각으로 알 수 있는 모든 것, 나무, 사람, 꽃, 책상, 애완용 개 등이 여기에 속하는 이데아입니다. 이렇게 이데아는 사람의 다섯 가지 감각으로 파악할 수 있는 사물과는 구별되는 어떤 것입니다.

글라우콘 | 바로 이렇게 절대로 변하지 않는 본질을 파악할 줄 아는 사람이 철학자이고, 이런 철학자가 통치자가 되어야 하는군요.

소크라테스 | 우리의 이상국가에서 왜 철학자가 통치자가 되어야 하는지 이해하시겠습니까? 통치자는 그 나라에서 일어나는 모든 것을 알아야 합니다. 철학자는 지혜를 사랑하고 진실을 볼 줄 압니다. 철학자는 그 국가에서 일어나는 모든 것을 알고자 합니다. 모든 것을 아는 철학자가 왕이나 통치자가 되면, 백성들이 원하는 모든 것을 이해하고 함께 일하게 될 것입니다.

글라우콘 | 그런 통치자에게 조금의 사유재산도 허용하지 않는다면 누가 통치자가 되려고 하겠습니까?

소크라테스 | 이상국가에서는 통치자뿐 아니라 모든 사람들의 사유재산을 인정하지 않습니다. 모든 게 공동소유입니다. 공동소유와 공동생활을 하는 이상국가의 백성들은 모두 부모와 자식의 관계입니다.

글라우콘 | 가족까지도 공동소유라고요?

소크라테스 | 이상국가에서는 부인과 자식을 공동으로 소유하므로 부모와 자식 사이에 누가 부모이고 자식인지 알 수 없습니다. 이상국가에서는 남자와 여자가 같은 장소에서 먹고 자고 공동으로 생활하므로 남자와 여자 사이에 누

가 누구를 소유할 수 없습니다. 이들은 성년이 되면 자연스럽게 결혼을 하고 아기를 낳는데, 결혼은 나이에 관계없이 성숙한 사람이면 할 수 있습니다. 아기를 능력 있고 훌륭한 사람으로 키우기 위해서 부모들이 가장 주의할 것은 엄마의 젖으로 키우는 일입니다. 이렇게 자란 아이들 역시 성년이 되면 결혼을 하는데 그 시기는 대개 남자는 30세, 여자는 20세입니다. 출산 시기는 여자는 20세부터 40세까지이며, 남자는 혈기왕성할 때부터 55세까지입니다.

이상국가에서 가장 중요시하는 것은 무엇보다 배우자와 자식을 공동으로 소유하는 것입니다. 한 국가가 분열되는 것과 통일되는 것 중 어떤 것이 좋을까요? 나라 안에 있는 많은 물건을 나의 것 혹은 너의 것으로 나눈다는 것은 곧 분열을 의미합니다. 모든 백성들이 나누지 않고 공동으로 사용한다면 그것은 아주 좋은 공동체입니다. 나쁜 일이 생겨도 마찬가지입니다. 혼자 나쁜 일로 괴로워하는 것보다는 국민 전체가 한마음이 되어 어려운 일을 이겨내는 것이 훨씬 쉬울 것입니다. 그러므로 이상국가의 모든 백성들은 개인의 일이 곧 국가 전체의 일입니다. 그래서 함께 느끼고, 기뻐하고, 슬퍼하면서 모든 역경을 이겨낼 수 있습니다. 마찬가지로 참된 지배자가 되려면 개인소유의 집, 넓은 땅, 그리고 어떤 귀한 물건도 가져서는 안 되며 공동으로 소유해야 합니다. 개인 재산이 없기 때문에 부자도 가난뱅이도 없는 이상국가에서는 모두가 부자로 잘살게 될 것입니다.

"아무리 그래도 가족의 공동소유는 조금 문제가 있을 것 같은데."

"아니야. 소크라테스 선생님의 말씀이 백번 옳아!"

"그렇고말고. 백성 모두가 하나가 되어야 국가가 힘이 생기고 다른 나라의 침입이나 전쟁에서도 이길 수 있지."

아데이만토스 | 조금 지나치긴 합니다만, 가족까지도 함께하는 이상국가의 공동소유와 통치자의 가난한 생활에 대해 이해할 수 있을 것 같습니다. 그런데 과연 그런 나라가 가능할까요?

모두들 소크라테스의 말에 반신반의하며 웅성거렸다. 잠자코 있던 아데이만토스 형이 참지 못하고 입을 열었다.

소크라테스 | 아데이만토스, 지금까지 우리 그리스는 어떤 국가였습니까?

그리스의 국가 형태

1. 크레타식, 스파르타식 정치 형태(귀족 정치 형태)

2. 과두 정체(부자와 가난한 사람이 서로 다른 정치체제를 가진 정치 형태)

3. 민주주의 정치 형태

4. 참주 정체(전제주의 국가 형태)

5. 세습군주제도

아데이만토스는 소크라테스의 질문에 또박또박 대답했다.

소크라테스 | 그럼 이렇게 국가 형태가 계속해서 바뀐 이유는 무엇이라고 생각합니까?

크레타와 스파르타를 중심으로 발달한 국가 형태가 바로 귀족 중심 정치였습니다. 귀족들은 사람들이 태어날 때, 철, 동, 은, 금의 핏줄을 타고 태어난다고 주장합니다. 귀족은 이 중에서 금의 핏줄을 타고 태어났기 때문에 재물이나 부보다 명예를 중요하게 생각합니다. 반면 귀족으로 태어나지 못한 사람은 귀족들과는 다르게 돈과 재물에 뜻을 두고 부자가 됩니다. 부자가 된 이들은 돈으로 많은 사람들을 자기편으로 만든 다음, 귀족을 몰아내고 스스로 권력을 잡습니다. 이렇게 부자가 권력을 잡은 국가 형태가 바로 과두 정치입니다. 과두 정치가들은 돈의 중요성을 강조하기 때문에 인색하고, 명예를 중요하게 생각하지 않기 때문에 교양이 없으며, 수전노와 같은 사람들입니다. 과두정부의 백성들은 몇몇 정치가만 제외하고는 모두 가난합니다. 그들은 끊임없이 많은 세금과 부역으로 백성을 괴롭힙니다. 결국 백성들은 참지 못하고 내란을 일으켜 권력을 차지하고 부자들을 쫓아낸 다음, 투표를 통해 통치자를 선출합니다. 이것이 바로 민주주의 국가입니다.

민주주의 국가의 가장 큰 특징은 자유와 평등입니다. 하지만 이 자유와 평등은 민주주의를 무너뜨리는 또 다른 특징을 갖고 있습니다. 모두가 자유와 평등을 강조하기 때문에 민주주의 국가에 살고 있는 사람들이 정치에 참여하는 것도 자유입니다. 어쩌다 무능한 사람이 정치에 관심을 두고 스스로 통치자라고 칭할 수도 있습니다. 하지만 백성들은 이런 일에는 도통 관심이 없습니다. 왜냐 하면 그것도 자유이기 때문입니다. 이 나쁜 통치자가 스스로 왕이라 칭하고 전제주의 정치를 하게 되면 민주주의 국가는 전제주의 국가가 되어버립니다. 이렇게 무능한 왕이지만 전제주의를 표방하는 이 통치자가 계속해서 자신의 아들에게 왕위를 계승하는 것이 바로 세습군주제 형식의 국가정치체제입니다. 그렇다면 왕이 되지 못한 아들들은 귀족으로 남을 것이고, 이렇게 등장한 귀족들이 다시 힘을 갖게 됨으로써 귀족 중심 국가 형태가 만들어지는 것입니다.

이렇게 지금까지 국가 형태는 계속 반복되었습니다. 이상국가야말로 이런 반복되는 고리를 끊을 수 있는 유일한 국가 형태입니다.

지식을 사랑하는 철학자는 육체에 길든 야수와 같은 쾌락을 억제하며 정신과 조화를 이루도록 육체를 조절할 것입니다. 이렇게 정신적 조화를 이룬 지식을 사랑하는 철학자는 돈이 생겨도 결코 지나침 없이 질서에 따라 조화롭게 돈을 쓸 것입니다. 또한 다른 사람에 현혹되어 헛되이 돈을 모으는 일도 하지 않습니다. 지식을 사랑하기 때문에 자신의 정신 속에 지나친 것과 부족함을 깨닫고 스스로 무질서한 삶을 살지 않을 것입니다. 자신의 재산을 조절하고 수입과 지출을 철저하게 관리할 것입니다. 명예에 관해서도 자신의 생활에 혼란을 가져다줄 명예는 결코 받아들이지 않을 것입니다.

그러나 안타깝게도 이러한 우리의 이상국가는 아직은 하늘에 있습니다. 이상국가는 단지 국가의 이데아일 뿐입니다. 하늘에 있는 국가의 모형 이상국가는 원하는 사람의 눈에는 보일 것입니다. 그 나라가 보이면 그 나라에서 살 수 있습니다. 이 이상국가가 "실제로 있는가?" 혹은 "앞으로 있을 것인가?"하는 것은 아무 문제가 되지 않습니다. 지식을 사랑하는 철학자-통치자는 단지 이런 나라에서만 정치를 합니다. 그는 다른 나라에서는 결코 정치를 하지 않습니다.

글라우콘 ⏐ 이상국가가 정말로 있습니까? 이상국가는 국가의 이데아가 맞습니까?

소크라테스 ⏐ 여러분은 정신이나 영혼이 불멸한다고 생각합니까?

"사람이 죽으면 그만이지 영혼이 어디 있습니까?"
"아니! 영혼은 불멸합니다. 사람이 죽으면 천당도 가고 지옥도 간다고 신화에서 말하고 있잖아요."

소크라테스 ⏐ 여러분은 '에르'가 누군지 아십니까?

"죽었다가 살아났다는 그 사람 말입니까?"
"에르라면 호메로스의 《오디세이》에 나오는 전쟁 영웅 아닌가?"

소크라테스 ⏐ 그렇습니다. 바로 그 에르 말입니다. 우리는 이 에르를 통하여 정신이나 영혼이 불멸한다는 것을 알 수 있습니다.

호메로스는 《오디세이》에서 에르 신화를 이야기하고 있습니다. 영웅 에르가 전쟁에서 죽은 지 12일 만에 시체가 발견되자 화장을 위해 고향으로 시체를 옮기게 되었습니다. 그런데 갑자기 에르가 살아났고, 그동안 있었던 일들을 주위 사람들에게 설명하기 시작했습니다.

에르가 창에 맞아 죽자, 에르의 영혼은 육체를 떠나 이상한 곳으로 갔습니다. 그곳에 있던 재판관은 에르에게, 살아서 돌아가면 여기서 본 것들을 사람들에게 자세히 전하라고 말했습니다. 그곳에는 에르처럼 죽은 영혼들이 모여 있었는데, 그 영혼들은 세상에서 산 기간의 10배에 해당하는 기간 벌을 받는다고 했습니다. 100년을 살고 죽은 영혼은 1000년 동안 그곳에 있어야 하는 것입니다.

영혼이 지은 죄에 해당하는 형벌을 받은 다음에는 새로운 생명으로 다시 태어나는데, 이 영혼들은 항상 다른 모습으로 태어납니다. 그들에게 주어지는 다음 삶은 제비뽑기로 정해지는데 여러 가지 생명이 있는 제비를 뽑아 새로운 모습으로 다시 태어나는 것입니다. 새로 태어나는 생명에는 동물의 생명도 있고, 사람의 생명도 있습니다. 왕도 있고, 노예도 있습니다. 이 모든 것을 에르는 구경만 하였습니다.

남자, 여자, 신분이 높은 사람, 낮은 사람, 독수리, 사자 등등 새로운 생명을 얻은 영혼들은 여신을 따라 아메레스강으로 갑니다. 모든 영혼들은 그 강물을 정해진 양만큼 마시고 잠을 잡니다. 그런데 갑자기 천둥과 지진이 일어났고 잠자던 영혼들은 모두 유성처럼 어디론가 날아가 도착한 곳에서 새로운 생명으로 다시 태어났습니다. 제비뽑기를 하지 않은 에르의 영혼이 어떻게 고향으로 다시 돌아왔는지는 아무도 모릅니다. 눈을 뜨니 나뭇더미 위에 누워 있었던 것입니다.

여러분은 호메로스가 들려주는 에르 신화를 믿을 수 있습니까? 이 신화를 믿는다면 우리의 영혼은 절대로 죽지 않는다는 것을 알게 될 것입니다. 지금까지 우리는 철학자-통치자가 다스리는 이상국가를 건설하였습니다. 그러나 안타깝게도 우리의 이상국가는 지금 어디에도 없습니다. 하지만 우리의 이상국가는 국가의 이데아입니다. 그리고 이 이데아는 에르가 이야기한 영혼처럼 영원히 죽지 않고 언젠가 다시 새로운 생명을 얻습니다. 그 이상국가는 아직도 새로운 생명을 얻지 못하고 영혼의 세계에 있나 봅니다. 우리 모두의 소원은 이상국가가 새로운 생명을 얻는 것입니다. 그날은 꼭 올 것입니다.

케팔로스의 초대를 받은 사람들은 음식과 이야기에 취해 흥청거렸다. 시간이 지나면서 그들은 소크라테스의 이야기에 매료되었고, 이제는 아무 말도 하지 않는다. 글라우콘과 아데이만토스 형도 더 이상 소크라테스에게 질문하지 않는다. 결국 소크라테스의 마지막 말에 우리는 모두 입을 닫고 말았다. 하지만 우리 가슴 속에는 여전히 이상국가에 대한 의문이 남아 있다.

이상국가란 정말 있을까? 지금 우리가 사는 이곳이 이상국가일까? 이상국가를 건설할 사람은 바로 나, 그리고 우리가 아닐까?

The end

지혜를 사랑하는 철학자 – 통치자를 기다리며

　일반적으로 우리가 "국가"라고 번역하는 플라톤 저서의 원제는 "폴리테이아 Politeia"이다. 고대 그리스 사람들이 생각하는 국가는 폴리스였는데 플라톤이 살았던 시절 아테네 인구는 노예까지 포함해서 모두 20만 명 정도였다고 한다. 플라톤은《법률》이라는 책에서 훌륭한 국가의 인구를 약 5,000세대로 잡았다. 한 세대를 4명으로 잡으면 2만 명 정도가 플라톤이 생각한 폴리스라고 할 수 있는데, 플라톤이《법률》에서 언급한 이상적인 인구로 볼 때 아테네는 지나치게 큰 도시였던 것이다.

　이상국가라 칭하는 플라톤의《국가》도 소크라테스를 중심으로 대화를 나눈 시기와 플라톤에 의해서 저술된 시기가 다르다. 플라톤 연구자들은 많은 연구를 통해 플라톤 연보를 완성하였는데, 연보에 따르면 이 책은 기원전 380년대 이후에 완성된 것이다. 이는 기원전 367년 플라톤이 시칠리아의 시라쿠사로 초청되었을 때 자신의 이상국가의 모형을 시라쿠사로 삼고 실현하려 했기 때문에 이 저서가 그전에 이미 완성되었다고 보는 것이다. 내용 면에서도《국가》

는 소크라테스적인 생각보다는 플라톤적인 사상으로 완성된 저서라고 할 수 있다.

플라톤의 이상국가, 즉 유토피아의 모형을 이 책에서 찾는다면 유토피아는 인구 2만의 조그마한 독립국을 의미한다. 유토피아에서는 모든 것을 공유한다. 부인, 남편, 그리고 자식을 공유하고, 통치자의 사유재산을 인정하지 않았다. 우리가 볼 때 이러한 이상국가는 실현 가능성이 거의 없어 보인다. 그래서 유토피아인지도 모르겠다. 하지만 이런 내용을 오늘날 우리의 지방자치제에 적용시켜 본다면 어느 정도 이해 가는 면도 있다.

플라톤은 《국가》에서 구체적인 공유에 관한 의미와 통치자의 사유재산에 대해서는 언급하지 않았으나, 《법률》에서는 이 문제들을 다시 다루면서 사유재산의 한계를 정하고 있다. 플라톤은 사유재산을 못 가진 자의 4배까지만 허용하고 있는데, 이런 플라톤의 생각을 오늘날 사회주의 국가에서 찾아본다면 고수입자에 부가되는 고율의 세금을 떠올리면 될 것이다. 그리고 그것이 지방자치제를 위한 중요한 재원이라는 점을 고려할 때 그의 생각이 현실화될 수도 있음을 알 수 있다.

모두 10권으로 나누어진 《국가》에서 플라톤은 정치, 윤리, 예술, 인식론, 형이상학, 심리학, 교육학 등 다양한 주제를 다룬다. 무기상을 하여 많은 돈을 번 케팔로스는 자식들에게 정의가 무엇인지를 가르치기 위해서 소피스트 트라시마코스를 초대하였고 여기에 소크라테스가 함께하게 된다.

1권에서는 정의가 무엇인지를 다룬다. 트라시마코스는 정의가 무엇인지를 가장 잘 알고 있는 소피스트였는데, "강자의 이익"이라는 트라시마코스의 정의에 대한 정의는 오늘날까지도 논의의 대상으로 남아 있을 만큼 중요한 내용이다. 후세 사람들이 《국가》 1권과 다른 아홉 권을 나누어서 설명할 정도로 1권이 갖고 있는 내용의 특별함은 남다르다.

소크라테스가 트라시마코스의 생각에 동의하지 않자 화가 난 트라시마코스는 케팔로스의 집에서 나가버리고, 이후 플라톤의 형들인 글라우콘과 아데이만토스가 계속해서 소크라테스와 함께 정의에 대해서 이야기를 나눈다. 소크라테스는 ─ 그의 입을 빌려 플라톤은 ─ 개인의 정의와 국가의 정의를 알기 위해서 먼저 국가의 정의를 이야기하는데, 국가의 이론적인 형성을 위해서는 철학자-통치자를 비롯한 군인 계급과 서민 계급이 필요함을 역설한다.

각 계급에 맞는 사람을 찾으려면 교육이 필요한데, 교육을 통해서 개개인의 소질이 드러나고 그 소질에 따라 직업과 계급이 정해진다. 결국 나라를 구성하는 세 계급은 통치자 계급, 군인 계급, 그리고 서민 계급으로 플라톤은 이들 계급의 역할에 따라서 국가의 덕인 지혜, 용기, 절제, 그리고 정의를 각각 규정지었다. 개인의 영혼 역시 마찬가지다.

새로운 국가를 위해서 철학을 공부한 통치자가 필요하다고 판단한 플라톤은 철학자가 무엇인지 밝히는데, "지혜를 사랑하는 사람이 철학자"라는 플라톤의 설명은 오늘날까지 철학이 무엇인가를 설명할 때 빠지지 않고 등장하는 개념이다. 물론 철학자-통치자를 길러내는 것이 결코 쉬운 일은 아니다. 하지만 플라톤은 이런 통치자가 국가를 통치해야 이상국가가 실현될 수 있다고 주장한다.

플라톤이 말하는 철학자-통치자는 선의 이데아를 알아야 한다. 플라톤은 동굴의 비유를 통해서 이데아가 무엇인지 자세하게 설명하고 있는데, 이렇게 철학자-통치자가 지배하는 국가인 이상국가도 정치체제에 따라 흥할 수도 망할 수도 있다고 경고한다. 마지막으로 플라톤은 에르장군의 예를 들어서 영혼을 설명하는데, 이상국가는 여러 개로 분리된 나라가 아니라 하나의 나라임을 다시 한 번 강조하는 것이다.

플라톤이 생각하고 있는 이상국가란 무엇인가? 그것은 무엇보다 분리되지 않은 나라이다. 인구 2만의 사람이 각자 자신의 임무와 주어진 책임을 다할 때 그 국가는 유토피아가 되는 것이다. 만약 사람들이 주어진 임무를 다 하지 않는다면, 결국 그 나라는 분리되고 다른 나라의 지배를 받게 될 것이다.

플라톤은 페리클레스의 아테네가 어떻게 망했으며, 소크라테스가 어떻게 죽었는지 똑똑히 보았다. 아테네의 정치 형태가 귀족 정체, 민주 정체 혹은 과두 정체로 바뀌는 것을 플라톤은 보고 자랐다. 그때마다 아테네는 많은 희생을 감수해야 했다. 플라톤은 이렇게 정치 형태가 바뀌는 것을 곧 나라가 분리되는 것으로 보았을 수도 있다. 그래서 변하지 않는 정치체제를 원했고, '정체'라는 의미의 《폴리테이아》를 아테네 사람뿐 아니라 모든 나라의 사람들을 위해서 저술했는지도 모르겠다.

플라톤은 자신이 구상한 이상국가를 실현하기 위해서 직접 정치에도 참여하였으나, 그의 나이 마흔 무렵부터 세 차례에 걸친 시도가 모두 실패로 끝나자 시칠리아로 떠났다. 그곳에는 그리스 출신의 평범한 디오니시오스 1세가 절대적인 지배권을 행사하며 시라쿠사 대제국을 이루고 있었고, 플라톤은 이곳을 이상국가의 실험 무대로 삼았다.

플라톤은 그곳에서 궁중 생활의 사치와 악습에 실망하기도 했지만 디오니시오스 1세의 처남 디온과는 좋은 관계를 유지하였는데, 디온은 소크라테스의 철학에 흠뻑 취해있던 스무 살의 젊은이로 플라톤을 아주 좋아하였다. 하지만 디오니시오스와 그의 귀족들은 플라톤을 좋아하지 않았고, 결국 플라톤은 그곳에서 추방당해 여러 차례 죽을 고비를 넘기고서 아테네로 돌아올 수 있었다. 하지만 디온은 플라톤의 철학과 이상국가 실현에 대한 꿈을 잊지 않고 플라톤의 나이 60세에 다시 플라톤을 초대하여 디오니시오스 2세의 교육을 부탁했다. 그러나 디온의 부탁을 거절하지 못하고 시라쿠사로 간 플라톤은 이번에도 역시 디온의 반대파에 의해 모함을 받고 감금당했다가 겨우 탈출하게 된다. 이 일로 디온과 디오니시오스 2세의 관계는 급속도로 나빠졌고, 결국 플라톤은 둘 사이의 관계를 해결하기 위해 66세에 세 번째로 시칠리아를 방문하게 되었다. 하지만 디온과 디오니시오스 2세의 사이는 더욱 악화되었고, 디오니시오스와 플라톤 사이에 격렬한 말싸움까지 벌어져 신변의 위험을 느낀 플라톤은 겨우 아테네로 탈출하게 된다. 이후 디온은 디오니시오스 2세를 쫓아내고 시라쿠사를 지배하였지만, 몇 년 후 자신도 암살당하고 말았다.

이렇게 플라톤은 이론적으로 정치체제를 세우고 직접 정치에도 관여하여 이상국가를 실현하려고 애썼으나 끝내 그 뜻을 이루지 못했다. 철학자-통치자가 이상국가를 만들 수 있다고 믿었지만 스스로는 실패한 것이다. 하지만 언젠가 또 다른 철인 정치가가 그 일을 할 수 있을 것이라고 플라톤은 굳게 믿었다.

《국가》의 내용이 워낙 방대하고 그 분량이 많아 — 분량 면에서는 플라톤이 남긴 저서 중 약 20%가 《국가》이다 — 어떤 플라톤 연구가는 《국가》의 각 권이 하나의 새로운 저서로 발전하였다고도 한다. 여기서는 이런 내용을 바탕으로 이상국가, 이데아, 영혼불멸에 관한 내용을 주로 다루려고 노력하였다.

PHILOSOPHY

어슬렁거리며 세상의 윤리를 논하다

_아리스토텔레스 《니코마코스 윤리학》

니코마코스

아리스토텔레스의 아들이라는 것 외에 별로 알려진 것이 없다.

세상에서 가장 행복한 철학자

만약 우리가 생각하고 있는 것처럼 신이 인간의 여러 가지 일을 조금이라도 관여한다면, 자신의 이성을 최선으로 유지하고 가꾸는 사람을 사랑하고 무엇인가 보답해 줄 것이다. 아버지는 이렇게 자신을 사랑하고 이성을 가꾸는 속성을 가장 많이 갖고 있는 사람을 철학자라고 했으니 결국 신으로부터 가장 사랑받는 사람은 철학자인 것이다. 또한 이성의 지속적인 활동으로부터 행복이 오며, 이성을 가장 잘 가꾸는 사람이 철학자이므로 세상에서 가장 행복한 사람도 역시 철학자인 셈이다.

_니코마코스

행복을 법으로 정하다

아리스토텔레스 | 오늘의 주제는 윤리학이다.

"윤리학이요?"

아리스토텔레스 | 그래, 윤리학. 윤리학은 교양 있고, 삶에 대한 다양한 경험을 가진 사람들이라면 꼭 알아야 할 학문이다.

"플라톤의 생각과는 조금 다르군요."

아리스토텔레스 | 나의 스승 플라톤은 윤리학을 이야기할 때 너무나 신비

적이고 종교적인 측면을 강조하였지. 하지만 나의 생각은 다르다. 윤리란 사람들이 살아가는 데 필요한 어떤 것이다. 사람들이 살아가는 데 일반적인 원칙이나 규칙이 필요할까? 그렇지 않을까?

"당연히 필요하겠죠."

아리스토텔레스 | 그렇다면 이런 삶에 대한 규칙이나 원칙은 당연히 삶의 경험에서 나올 수밖에 없는 것이다. 결코 신비적인 것이나 종교적, 비전통적일 수 없지. 사람들은 살아가면서 많은 것을 추구하고 탐구하고 행동한다. 사람들의 이런 모든 활동에는 분명한 목표나 목적이 있겠지? 인간이 하는 모든 활동의 궁극적인 목표는 선[善]이다. 그러나 사람마다 목표에는 차이가 있으니, 어떤 경우는 활동 자체가 목표이지만, 또 어떤 경우에는 성과가 목표일 수 있지.

"음, 조금 더 쉽게 설명해 주십시오."

아리스토텔레스 | 의술을 중요하게 생각하는 의사의 목적은 무엇일까?

"당연히 건강이겠지요."

아리스토텔레스 | 병법의 목적이나 경제학의 목적은 무엇일까?

"병법의 목적은 전쟁의 승리이며, 경제학의 목적은 부자 백성, 부유한 국가를 만드는 것입니다."

아리스토텔레스 | 의술은 건강, 병법은 전쟁의 승리. 이처럼 한 가지 기술에는 한 가지 목적이 있다. 하지만 몇 가지 기술이 한 가지 목적에 결부되어 있을 수도 있겠지?

"어떤 경우입니까?"

아리스토텔레스 | 결코 어려운 것이 아니다. 잘 생각해보면 알 수 있을 것이다. 니코마코스!

갑자기 뒷목이 뻣뻣해 온다. 왜 갑자기 내 이름을 크게 부르실까. 그냥 대답해 주시기는 싫다는 것이다. 내 이름은 니코마코스, 그리고 아리스토텔레스는 나의 아버지이다. 오늘도 나는 아버지와 마주 앉아 윤리학을 공부하고 있다.

더 생각하지 않아도 나는 이미 알고 있다. 예를 들어 전쟁에 이기기 위한 병법을 생각해 보자. 전쟁에는 여러 가지 물건들이 동원된다. 특히 말은 빼놓을 수 없는 전쟁 필수품이다. 말을 이용하기 위해서는 말을 다루는 기술, 안장 기술, 말발굽 기술, 그리고 수레를 만드는 기술 등을 알아야 한다. 이렇게 전쟁을 위해 필요한 기마의 목적에는 여러 가지 기술이 들어간다. 한 가지 기술에 한 가지 목적이든 여러 가지 기술에 한 가지 목적이든, 인간은 자신이 추구하고 행동하는 목적이 최고이기를 바란다. 즉 인간이 추구하는 모든 목표는 선인 것이다.

아리스토텔레스 | 이렇게 인간의 모든 지식과 모든 목표는 선을 추구한다. 그리고 전쟁을 위한 기마술의 예에서 보았듯이 한 가지 기술이 한 가지 목표를 달성하고 나면 그것은 또 다른 기술을 달성하기 위한 수단이되기도 하지. 우리 인간이 달성할 수 있는 모든 선 가운데 최고의 선은 행복이다.

니코마코스 | 행복!

아리스토텔레스 | 그래. 인간이 달성하고자 하는 최고의 선은 행복이다. 그런데 문제는 이 행복이 무엇인지 잘 모른다는 것이지. 하지만 한 가지 분명한 것은 이런 행복은 좋은 교육을 통해서만 얻어질 수 있다는 것이다.

니코마코스 | 행복은 일반적으로 우리가 얘기하는 쾌락, 명예 혹은 부와 같은 것이라고 할 수 있습니까?

아리스토텔레스 | 그런 것들은 통속적인 행복에 불과하지. 쾌락이 행복이라면 향락적인 쾌락도 결국 행복이라는 결론이 나오는데 향락적인 쾌락은

결코 행복이라고 할 수 없다. 명예는 또 어떨까? 명예는 내가 쟁취하거나 얻는 것이 아니라 누군가가 나에게 주어야 하는 것이다. 그렇다면 명예 역시 철저하게 다른 사람 손에 달려 있는 것인데, 이렇게 남에게 의존해 있는 것이 과연 행복일까? 마찬가지로 부도 결코 행복이 될 수 없다. 사람들이 부를 추구하는 것은 살기 위한 방편일 뿐, 돈이 없으면 경제적으로 궁핍하기 때문에 돈을 버는 것이다. 하지만 부의 한계는 존재하지 않는다. 얼마나 많은 돈이 있으면 행복하고 없으면 불행하다는 기준이 없지. 그렇기 때문에 부자나 가난한 사람이나 상관없이 돈을 벌기 위해서 피나는 노력을 하는 것이다. 이것을 두고 우리는 결코 행복이라고 하지 않는다.

니코마코스 | 그렇다면 행복은 무엇입니까?

아리스토텔레스 | 예를 들어서 한 채의 집이 완성되기 위해서는 수많은 기술이 필요하겠지. 토목 기술자, 상하수도 기술자, 설계 기술자 등등. 그 기술자들이 분야마다 자신들의 최고의 기술을 발휘할 때 한 채의 집이 완성될 수 있다. 각자의 기술에서 목표를 달성한다는 것은 맡은 바 일을 완벽하게 마무리하였다는 뜻이겠지. 각 분야에서 완벽하게 일을 끝냈다는 것은 궁극적인 목표이다. 한 채의 집을 설계하고 감리한 사람의 목표가 이루어졌다는 것은 분야마다 목표가 이루어졌고, 만족스럽다는 뜻이고. 이는 자족적인 것이다. 설계사나 감리사가 한 채의 완성된 집을 보고 행복해하는 것, 이럴 경우 우리는 최고의 선이 이루어졌다고 말한다. 그렇기 때문에 선의 궁극적이고도 자족적인 목표는 곧 행복이다.

니코마코스 | 선의 궁극적이고 자족적인 목표?

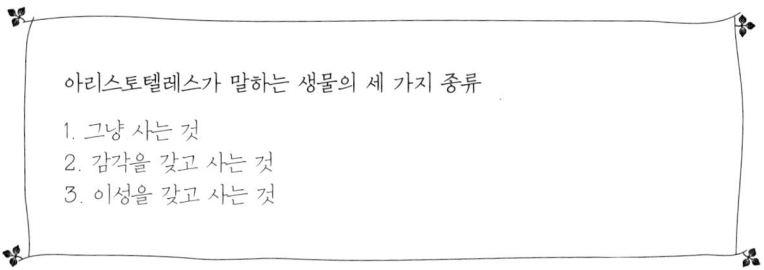

아리스토텔레스가 말하는 생물의 세 가지 종류

1. 그냥 사는 것
2. 감각을 갖고 사는 것
3. 이성을 갖고 사는 것

아리스토텔레스 | '그냥 사는 것'은 식물, 동물, 그리고 인간, 이렇게 모든 생명체의 특징이다. 그러나 식물은 감각이 없으며, 동물과 사람만이 있다. 그럼 이성이 있는 생명체는 무엇일까? 그것은 바로 인간만의 특징이다. 만약 살아 있는 모든 것에 영혼이 있다면 다시 다음과 같이 나눌 수 있을 것이다.

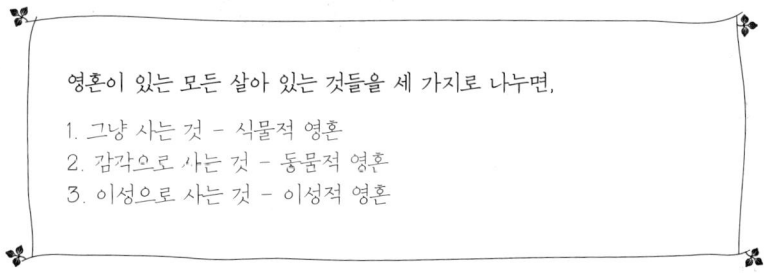

영혼이 있는 모든 살아 있는 것들을 세 가지로 나누면,

1. 그냥 사는 것 – 식물적 영혼
2. 감각으로 사는 것 – 동물적 영혼
3. 이성으로 사는 것 – 이성적 영혼

니코마코스 | 이성적인 영혼을 가진 인간만이 선의 궁극적이고 자족적인 목표인 행복을 얻을 수 있겠군요.

또한 이성 활동인 교육이나 학습도 필요한 것이고요.

아리스토텔레스 | 그래. 행복이란 누군가가 만들어준다거나 신이 보내주는 것이라는 생각은 버려야 한다. 행복은 우리 인간의 이성 활동을 통해서만 얻을 수 있기 때문에 학습이나 사회적인 관습을 통해서 얻게 되는 것이다.

니코마코스 | 선의 궁극적이고 자족적인 목표가 행복이라고 하셨습니다. 궁극적이란 마지막을 뜻하지 않습니까? 그렇다면 인간은 살아 있는 동안 아무런 행복도 얻을 수 없다는 뜻입니까?

아리스토텔레스 | 시인 솔론은 "최후를 보아야만 우리는 모든 것을 알 수 있는가?"라고 물었다. 그리고 나는 행복을 학습과 사회적인 관습에 따른 행위로써 목표가 달성되었을 때 얻는 것이라고 했다. 그렇다면 아무도 살아 있는 동안은 행복할 수 없는 것이 아니냐는 의문이 제기되는 것은 당연하다.

우리에게는 살아 있는 동안 여러 가지 일들이 생긴다. 그리고 우리는 살아 있는 동안 선과 악이라고 할 수 있는 많은 행동을 한다. 이 모든 것은 행복의 요인이라고 할 수 있는 주위 환경과도 깊은 관계가 있다. 자식과 자손들에게 명예로운 일들과 불명예스러운 일, 태어나서 죽을 때까지 닥칠 여러 가지 일들을 놓고 사람들은 행복한 삶과 불행한 삶을 저울질한다. 그리고 어떤 사람이 죽으면 그 사람은 행복한 삶을 살았다고 이야기하거나 불행한 삶을 살다가 죽었다고 말한다. 즉 어떤 사람의 행복과 불행은 그 사람만의 문제가 아니라 주변의 일들과 연관되어 있는 것이다. 그렇기 때문에 살아 있는 동안은 '저 사람은 참 행복한 사람이다' 혹은 '이 사람은 참 불행한 사람이다'라고 말할 수 없다. 왜냐하면 앞으로 그 사람에게 어떤 변화가 일어날지 모르기 때문이다. 그래서 사람들은 비로소 그 사람이 죽은 후에 그가 행복한 삶 혹은 불행한 삶을 살았다고 이야기하는 것이다. 바로 이런 사람들의 일반적인 생각 때문에 솔론이나 다른 여러 사람들은 살아 있는 사람에게 행복이라는 말의 사용을 꺼렸던 것이다.

니코마코스 | 그렇다면 아버지는 그 말이 잘못되었다고 생각하시는 겁니까?

아리스토텔레스 | 물론 잘못되었다. 행복은 우리의 일상에서 일어나는 것이다. 죽고 난 다음 행복은 우리의 일상과 관계가 없다. 우리의 행복을 차지하는 외적인 것은 아무것도 없다. 외적인 행복은 결코 행복이 아니다.

궁극적이라는 말은 인간이 정한 목표를 달성한 때를 말하는데, 그 목표를 달성하기까지 우리 주변에서는 크고 작은 여러 가지 사건들이 일어난다. 그런 사건들이 우리가 목표를 성취하는 데 방해가 될 수도 있겠지.

니코마코스 | 아주 작은 사건이지만 우리가 목표를 향해 가는데 불리하게 작용할 수도 있고, 반대로 아주 작은 사건 하나가 우리의 목표를 달성하는 데 절대적인 역할을 할 수도 있습니다. 즉 행복과 불행을 판가름해주는 사건은 아주 작은 일일 수도 있고, 엄청나게 큰일일 수도 있는 것입니다.

아리스토텔레스 | 물론 그렇지. 하지만 우리는 아무리 큰 불행이나 고통

이 있다 하여도 정신의 고귀함과 위대함으로 이 모든 것을 극복할 수 있다. 이것이 곧 자족적인 것이다. 학습과 관습의 중요성이 여기에 있다. 외적인 조건이 행복을 좌우할 수 없다면, 행복을 결정하는 것은 결국 내적인 것인데 바로 이 내적인 자족성, 혹은 만족은 이성 활동을 통한 관습을 바탕으로 하는 학습을 통해서만 가능한 것이다. 그렇다면 사람들은 왜 행복을 추구할까? 사람들은 행복이 가진 어떤 성질 때문에 행복을 추구하는데 그것이 바로 덕이다.

의로운 사람, 용감한 사람, 선한 사람들은 모두에게 칭송받으며 행복한 사람들로 통하는데 그건 그들이 남들에게는 없는 덕을 갖고 있기 때문이다. 물론 행복은 덕을 초월해 있는 것이기 때문에 그 자체로 좋은 것이지만 그만큼 덕은 중요한 것이다. 이 덕에는 두 가지 종류가 있는데, 하나는 지적인 덕이고 다른 하나는 도덕적인 덕이다.

니코마코스 | 지적인 덕과 도덕적인 덕은 어떻게 다릅니까?

아리스토텔레스 | 세상에는 참으로 다양한 사람들이 있는데, 스스로 자제할 줄 아는 사람과 그렇지 못한 사람들을 예로 들어 보자. 신체의 경우 자신을 자제할 줄 모르는 사람은 눈에 보이지만, 이성이나 정신의 경우 눈에 보이지 않을 경우가 많다.

니코마코스 | 만약 자신의 이성이나 정신을 자제하지 못하는 사람이라면 우리는 그를 덕 있는 사람이라고 할 수 없지 않습니까?

아리스토텔레스 | 그래, 네 말이 옳다. 그렇다면 스스로의 이성이나 정신

을 자제하지 못하는 사람이 철학적 지혜나 이해력으로 현명하게 판단할 수 있게 된다면 어떨까?

니코마코스 | 그렇게 된다면 덕 있는 사람이라고 할 수 있겠군요.

아리스토텔레스 | 바로 이런 관점에서 덕의 종류를 둘로 나눈 것이다. 비록 스스로 정신을 자제하지 못하는 사람이라도 철학적 지혜나 이해력으로 현명하게 판단할 수 있다면 이것은 지적인 덕이라고 할 수 있으며, 처음부터 온화하고 자신을 자제할 줄 아는 사람은 도덕적인 덕을 가지고 있다고 해야 할 것이다.

도덕적인 덕

아리스토텔레스 | 온화한 성격으로 자신을 자제할 줄 아는 사람이 가진 덕을 도덕적인 덕, 자제력은 조금 부족하지만 철학적인 지혜와 이해력으로 자신을 자제할 수 있는 덕을 지적인 덕이라 했다. 그렇다면 행복한 사람만이 갖고 있다는 덕은 어떻게 생기는 것일까?

덕은 우리 인간이 가진 기술과 같은 것이다. 기술은 학습을 통해서 얻을 수 있는 것이니 덕 또한 학습을 통해서 얻을 수 있는 것이고, 행복도 학습을 통해서 얻을 수 있다고 했으니, 결국 덕이 행복의 성질이라면 학습을 통해 얻은 덕이 곧 행복에 이르는 길이 되는 것이다.

기술을 습득하기 위해서는 꾸준한 반복과 연습이 중요하다. 그렇다면 덕도 끊임없는 학습을 통해 쌓을 수 있겠지? 의료나 항해술과 같은 기술에는 어떤 대상이 있지만 덕의 대상은 무엇일까? 분명한 것은 덕이 꾸준히 학습해야 할 대상은 기술과 다르게 명확하지 않다는 점이다. 하지만 그것이 인간의 행위인 것만은 분명하다. 즉 도덕이 꾸준히 학습해야 하는 것은 인간의 행위란 것이다. 이때 주의해야 할 것은 이런 행위를 함에 지나치게 과하거나 부족해서는 안 된다는 것이다.

니코마코스 | 기술을 습득하기 위한 학습은 지나치게 많은 것이 부족한 것보다 좋습니다. 하지만 도덕적인 덕을 위해서는 인간의 행위가 과해도 안 되고 부족해도 안 된다는 것은 무슨 뜻입니까?

아리스토텔레스 | 물론 기술을 습득하려면 많은 학습이 필요하다. 하지만 잘못된 학습을 아무리 많이 한다고 좋은 기술이 생기는 것은 아니다. 덕도 마찬가지이다. 음식을 무조건 많이 먹는다고 좋은 체력을 갖게 되는 것은 아니며 건강을 유지하기 위해서는 좋은 음식을 적절하게 먹어야 하는 것처럼 말이다. 마찬가지로 쾌락을 멀리함으로써 우리는 절제를 하게 된다. 그렇다고 무조건 쾌락을 멀리해서는 안 되겠지. 무서움이 사라져야 용기 있는 사람이 된다고 해서 무서움을 대수롭지 않게 생각해서는 안 되는 것처럼 말이다.

너무 과하지도, 부족하지도 않은 것이 바로 중용이다. 이 중용이야말로 덕을 가진 사람의 행위이지. 이 행위는 쉽게 얻어지는 것이 아니다. 그래서 기술처럼 이 덕도 수없이 많은 학습이 필요한 것이다.

지나치게 공손한 행동을 하는 사람이 있다. 그런가 하면 지나치게 교만한 사람도 있지. 너무 공손하지도 않고 교만하지도 않은 사람을 우리는 진실한 행동을 하는 사람이라고 말한다. 마찬가지로 다른 사람에게 쉽게 성내는 사람이 있는가 하면, 아주 무감각한 사람도 있다. 이런 두 행동의 중용은 온순함이다.

아버지는 도덕적인 덕을 모두 여섯 가지로 나누었다. 덕과 비슷하나 덕이 채 되지 못하는 덕까지 합하면 도덕적인 덕은 모두 일곱 가지이다. 이 일곱 가지 덕은 다시 열한 가지 덕으로 분류되었다.

덕의 종류	지나칠 경우	중용	모자랄 경우
용기의 덕	만용	용감함	비겁함
절제의 덕	무절제	절제	우둔함
돈의 덕	낭비	관대함	인색함
	사치스러움	호탕	쩨쩨함
명예의 덕	허영	긍지	겸손
	이익	정의	손해
노여움의 덕	성냄	온순함	무감각함
	비굴	상냥함	아첨
사교의 덕	공손함	진실	교만
	우스꽝스러움	재치	촌스러움
덕이 채 되지 못한 덕	뻔뻔스러움	정숙함	수줍음

니코마코스 │ 이제 도덕적인 덕을 위한 중용의 덕이 무엇인지, 그리고 왜 학습이 중요한지 알았습니다.

아리스토텔레스 │ 한 가지 더 주의해야 할 것이 있다. 이러한 중용의 덕을 갖기 위해서는 학습만큼이나 습관도 중요한데, 좋은 습관이란 공부를 통해서 배울 수 있는 것이 아니고 태어날 때 갖고 나오는 것도 아니기 때문이다. 좋은 습관이야말로 행동을 통해서 얻어지는 것이다. 여기서 내가 말하는 습관이란 생활습관과 같은 것을 말하는 것이 아니다. 습관이란 선택을 의미한다. 우리가 어떤 행동을 하고자 할 때 우리는 선택의 길에 놓이게 되는데 바로 이런 행동의 선택을 습관이라고 말할 수 있다.

평소에 운동을 많이 한 사람이 순발력이 필요한 순간에 바로 행동할 수 있는 것처럼 우리는 살면서 순간적으로 아주 중요한 것을 선택해야 하는 상황을 만나는데, 바로 이런 상황에서 평소의 습관이 나타나 순간적인 우리의 행동을 결정짓는 것이다. 결국 좋은 습관이란 올바른 선택을 말한다. 도덕적이지 못한 사람들은 나쁜 습관을 갖고 있으며 어떤 행동을 할 때 꼭 잘못된 선택을 한다. 반면에 도덕적인 사람들은 좋은 습관을 갖고 있기 때문에 항상 올바른 선택을 한다.

너뿐 아니라 대다수의 아이들은 어릴 때부터 강제적으로 올바른 행동을 하도록 교육을 받고 자란다. 사람의 올바른 행동은 오래 익혀 몸에 밴 좋은 습관에서 나오기 때문이다. 우리는 늘 착한 일을 하라고 배웠다. 왜냐하면 좋은 습관이란 어릴 때부터 강제로 교육을 받고 잔소리를 들으며 익혀야만 온전히 내 것이 되기 때문이다. 이렇게 좋은 습관이 몸에 배어야 올바른 선택을 할 수 있다. 우리가 할 수 있는 행동이란 바로 이런 올바른 선택을 하는 것이며, 이런 행동이 중용의 행동이자 중용에 따른 덕을 실현하는 것이다.

지^知적인 덕

니코마코스 | 중용은 결국 인간의 정신적인 덕 중에서 도덕적인 덕을 위해 필요한 것이군요. 하지만 이 중용이 모든 것에 적용되는 것은 아니라고 생각합니다. 너무 지나치지도 않고 과하지도 않은 것이 중용이고, 그것은 인간의 습관이나 사회적인 관습에 따라 학업을 통해서 꾸준히 노력해 얻는 것이라고 했습니다. 하지만 학문적인 분야는 예외라고 생각합니다. 꾸준히 연구를 계속하여 학문을 쌓아가는 사람에게는 중용이 필요하지 않다고 생각합니다. 아니, 이런 경우에는 중용을 적용해서는 안 된다고 생각합니다.

아리스토텔레스 | 그래, 너의 말이 옳다. 학문의 연구에 몰두한 사람에게 너무 지나친 공부도 하지 말고 부족한 공부도 하지 말고 중용을 지켜 공부하라고 하면 그것은 당연히 모순이다. 지식만 가진 사람에게는 중용을 요구할 것이 아니라 당연히 끊임없이 노력하여 좋은 성과를 얻으라고 독

러해야 할 것이다.

니코마코스 | 그렇다면 중용의 덕이 아니지 않습니까?

아리스토텔레스 | 너의 말이 옳다. 우리는 앞에서 인간 정신의 덕을 둘로 나누었다.

니코마코스 | 네, 하나는 도덕적인 덕이고, 다른 하나는 지적인 덕입니다.

아리스토텔레스 | 그래. 인간의 성품에 해당하는 것은 도덕적인 덕이고, 지능이나 지식에 해당하는 것은 지적인 덕이었지. 하나는 이치를 따지는 이성적인 부분이고 다른 하나는 비이성적인 부분이다. 정신의 덕을 둘로 나눈 것은 바로 이 이성적인 것과 비이성적인 정신의 역할에 따른 것이다. 도덕적인 덕은 바로 이 비이성적인 부분을 담당하는데 사람들은 수없는 노력과 연습으로 중용의 덕을 통해 정신의 비이성적인 부분을 절제하려고 노력한다. 하지만 정신의 이성적인 부분은 조금 다르지. 정신 안에는 인간의 행동과 진리를 다루는 감성, 이성, 그리고 욕망이 있는데 짐승의 속성인 감성은 인간의 행동이나 행위에 아무런 영향을 주지 못한다. 인간은 욕망 때문에 언제나 무언가를 원하지만 그때는 선택의 방법도, 욕망도 바른 것이어야 한다.

니코마코스 | 그래서 중용의 덕으로서 도덕적인 덕이 필요하군요.

아리스토텔레스 | 그렇다. 중용의 덕은 결국 실천의 덕이기 때문에 좋은 상태란 곧 올바른 선택과 바른 욕망을 가진 상태를 말한다.

니코마코스 | 인간의 욕망은 도덕적인 덕인 중용으로 다스릴 수 있다는

말씀이군요. 그렇다면 이성을 다스리는 데에는 아마도 지적인 덕이 필요하겠군요?

아리스토텔레스 | 그래. 인간의 정신 중 이성이 원하는 것은 진리를 알고자 하는 것이다. 진리를 알고자 하는 것을 곧 진리인식이라고 하지. 그렇기 때문에 지적인 덕이 필요한 것이다. 지적인 덕은 모두 다섯 가지로 나눌 수 있는데, 첫 번째 지적인 덕은 학문이다.

학문에 진리가 있을까? 학문에 진리가 있든 없든 학문은 인간의 관찰 범위를 벗어날 수 없다. 누군가가 학문을 관찰하고 정립하면 그것은 진리이다. 이 진리는 새로운 이론이 나와 반박당하기 전까지는 진리로 남을 것이다. 이렇게 학문적인 인식은 관찰자와 연구자의 범위 안에서 항상 진리로 남아 있다.

이렇게 진리가 된 학문은 다른 사람에게 배우고 가르칠 수 있다. 그럼 무엇을 가르치고 배워야 할까? 무엇보다 먼저 '이미 알려진 것'을 가르쳐야겠지. 그리고 그 방법은 연역演繹이다. 즉 우리는 이미 알려진 학문적인 지식을 연역적인 방법으로 남에게 가르치고 배울 수 있는 것이다. 또한 학문은 논증이 가능해야 남에게 가르칠 수 있다. 논증이 될 수 없는 우연한 학문은 진리라고 할 수 없다. 진리가 아닌 학문을 배우고자 하는 사람도 없겠지만, 그것은 남에게 가르칠 수도 없다. 이렇게 지적인 덕인 학문은 이미 알려진 것을 논증을 통해서 남에게 가르칠 수 있는 진리이다. 두 번째 지적인 덕은 기술이다.

니코마코스 | 집을 짓는다거나 배를 만드는 그런 기술을 말합니까?

아리스토텔레스 | 그래. 바로 그런 기술도 지적인 덕 중 하나이다. 우리는 어떤 행동을 할 때 이치에 따라야 한다. 이 이치는 학문에 의해서 완성되는데, 이런 이치를 실생활에 적용하려면 기술이 필요하겠지. 예를 들어서 사람들이 어떤 집을 지을 것인가에 대해서 생각한다고 하자. 이것은 학문의 영역이다. 사람마다 자신들이 가장 편안하고 안락하게 살 집에 대해서 연구하고 논의한 후에 제작 과정을 거쳐 집을 완성할 것이다. 이 제작과정이 생각했던 내용과 일치하려면 꼭 필요한 것이 바로 기술이며, 이 기술은 본질적으로 참된 이치를 따르는 것이다. 지적인 덕으로써 기술이 부족하다면 결국 이치에 그릇된 집이 완성될 것이며, 기술이 있다면 생각했던 집이 지어질 것이다. 그렇기 때문에 지적인 덕으로써 기술은 매우 중요한 것이다.

세 번째 지적인 덕은 실생활에서의 지혜이다. 지혜로운 사람이 지혜로운 삶을 사는 것은 당연한 것이겠지? 지혜로운 사람은 먼저 자기 자신에게 유익할 것이고, 자신에게 좋은 것을 잘 살펴 꼭 필요한 것을 가질 수 있을 것이다. 또한 자신에게 좋은 것이 무엇인지 아는 사람은 당연히 다른 사람에게 무엇이 좋은지도 알 수 있을 것이다. 따라서 실생활에 필요한 지혜의 덕을 가진 사람은 인간에게 좋은 것과 나쁜 것을 알고 참된 이치에 맞게 행동할 수 있는 상태에 놓여 있다고 볼 수 있다.

아버지 아리스토텔레스는 아테네의 유명한 정치인이었던 페리클레스야말로 실생활에서 지혜로운 사람이라고 했다. 페리클레스는 자신을 위해서 좋은 것과 아테네 시민을 위해서 좋은 것이 무엇인지 아는 사람이었기 때문에 집안일이나 나랏일 모두를 잘 다스렸다고 한다. 그리고 바로 여기서 기술과 실생활에서의 지혜의 차이점이 나타난다고 했다.

　기술에는 우수한 기술과 그렇지 못한 기술이 있다. 우수한 기술을 가진 사람이나 잘못을 덜 저지르는 사람은 좋은 기술자이며, 그렇지 못한 사람은 부족한 기술자라 할 수 있을 것이다. 하지만 실생활에서의 지혜는 다르다. 실생활에서 사람은 인간적인 선을 기준으로 참된 이치에 따라 행동하며 이러한 이치는 또한 사람마다 다르기 때문에 실생활에서 요구되는 지혜의 덕은 기술과 다르게 우수하다거나 부족하다거나 하는 식으로 말할 수 없다는 것이다.

아리스토텔레스 | 다음으로 생각해볼 지적인 덕은 직관적 이성이다.

니코마코스 | 이성이 담당하는 것은 지적인 덕이라고 하셨습니다. 그렇다면 직관적 이성은 무엇입니까?

아리스토텔레스 | 학문은 관찰자의 능력에 따라 그 범위가 정해진다. 그 범위와 관계없이 관찰자의 바른 방법과 논리적인 논증을 통해 얻어진 학문이라면, 우리는 그것을 진리라고 할 수 있다. 그리고 이러한 진리는 보편적이고 필연적이기 때문에 남에게 가르칠 수 있다. 그렇다면 관찰하고 논증하고 남에게 가르칠 수 있는 이러한 학문의 전제는 과연 무엇일까?

일반적으로 학문을 연구한다는 것은 연구 대상이 있기에 가능한 것이다. 그렇다면 연구 대상은 무엇인가? 연구 대상은 각 학문의 전제라고 할 수 있는 근본 원리이다. 학문의 근본 원리로서 전제는 학문적 인식도, 기술도, 실천지도 아니다. 학문의 근본 원리로서 전제를 파악할 수 있는 것은 직관적 이성이다. 학문의 보편성과 필연성은 직관적 이성에 의해 파악되기 때문에 진리이며 다른 사람에게 가르칠 수 있는 것이다. 지적인 덕의 마지막은 철학적 지혜이다.

니코마코스 | 실생활에서의 지혜와 철학적 지혜는 다릅니까?

아리스토텔레스 | 철학적 지혜는 실생활에서의 지혜와 다를 뿐 아니라 지금까지 이야기한 네 가지의 지적인 덕과도 다르다.

니코마코스 | 그렇다면 철학적 지혜란 지적인 덕 중에서 가장 고귀하고 좋은 것이겠군요.

아리스토텔레스 | 그래. 지혜의 덕이야말로 본성상 가장 고귀한 것들에 관한 것이지. 실생활에서의 덕과 기술 같은 것은 사실상 우리 인간의 실천에 관계되는 덕이기 때문에 실천 지혜 혹은 실천지식이란 의미의 '실천지'라 부른다. 좋은 고기는 소화도 잘되고 건강에도 좋다. 이런 것 또한 실천지의 좋은 예가 되겠지. 하지만 어떤 고기가 좋은 고기이며 소화가 잘되는 고기일까?

니코마코스 | 이제 알았습니다. 소화가 잘되고 건강에 좋은 고기를 고르는 것이 바로 철학적 지혜군요. 철학적 지혜는 실천적 지혜보다 한 단계

높은 지혜를 말하는 것입니다.

지금까지 아버지는 다섯 가지의 지적인 덕에 대해 말씀하셨다. 그 외에도 인간의 행위에 관계되는 몇 가지의 덕이 있으나 그렇게 중요한 것은 아니므로 이러한 덕을 '작은 지적인 덕'으로 부르셨는데, 그중 첫 번째 덕은 이해력이다. 이해력은 어떤 행위를 하는 데 필요한 판단력이다. 실천지는 꼭 해야 하는 인간의 행위와 행동이지만, 이해력은 이 실천지를 위해서 내리는 판단에 불과하다. 그렇기 때문에 이해력이 지적인 덕에 꼭 필요한 것은 아니라는 것이다.

다음은 판단이다. 옳은 행동과 그른 행동을 하는 데 필요한 판단은 실천지를 행동으로 옮기는 데에도 반드시 필요하다. 즉 이해력과 판단은 옳은 행위나 행동을 하는 데에 꼭 필요한 것이기 때문에 지적인 덕이지만 부수적으로 주어지는 것이기 때문에 작은 지적인 덕인 것이다.

행복이란 무엇인가?

아리스토텔레스 | 인간에게는 여섯 종류의 성품이 있다. 그게 무엇인지 아느냐?

니코마코스 | 인간의 성품이요?

아리스토텔레스 | 인간의 정신에는 두 가지 덕이 있다고 했지?

니코마코스 | 네. 도덕적인 덕과 지적인 덕입니다.

아리스토텔레스 | 그리고 인간이 바라는 최고의 선은 행복이라고 했다. 모든 사람들은 행복이 가진 어떤 성질 때문에 행복하길 바란다고도 했지.

니코마코스 | 그 성질은 덕이라고 했습니다.

아리스토텔레스 | 그래. 이 덕은 학습이나 관습을 통해서 얻어지는 것이기에 사람들로부터 칭송을 받을 수 있지만 행복은 칭송 그 자체를 초월해 있다고 했다.

니코마코스 | 이제 알았습니다. 인간의 성품에 따라 사람들은 덕을 쌓을 수도 그렇지 못할 수도 있을 것입니다. 성품이 선하고 착한 사람은 학습을 통해서 덕을 쌓아 행복의 세계로 들어가겠지만, 그렇지 못하면 행복이 무엇인지 모르고 살게 될 것입니다.

아리스토텔레스 | 그래. 인간은 여섯 종류의 성품으로 나누어진다. 덕 있는 사람과 악덕한 사람, 자제력이 있는 사람과 자제력이 없는 사람, 그리고 초인간적 혹은 영웅적이고 신적인 성질의 사람과 금수와 같은 사람, 이렇게 모두 여섯 종류인 것이다. 이 여섯 가지 성품 중에서 가장 문제가 되는 것은 자제력이 없는 것이다. 자제력을 잃은 사람은 방종에 빠지고 결국 병적으로 금수와 같은 행동을 하게 된다. 자제력을 잃은 사람이나 금수와 같은 사람은 결국 덕과 악덕을 구별하지 못하고 쾌락에 빠져 고통받게 되는 것이다.

니코마코스 | 자제력이 있는 사람은 절대로 쾌락에 빠지지 않는다는 말입니까?

아리스토텔레스 | 물론 자제력이 있는 사람이라고 육체적 쾌락에 빠지지 않는 것은 아니다. 육체적인 쾌락이란 식욕과 성욕 같은 아주 기본적인 욕망이다. 이런 욕망 외에도 앞서 말한 승리, 돈, 명예와 같이 인간에게 좋은 쾌감을 주는 쾌락도 있는데 자제력이 있는 사람이든 없는 사람이든 육체적인 쾌락에 대한 욕망은 모두 갖고 있다. 하지만 인간에게 좋은 쾌감을 주는 쾌락에 대해 자제력이 있는 사람과 없는 사람은 분명 차이가 있다.

니코마코스 | 인간에게 쾌감을 주는 쾌락을 어떻게 선택하느냐에 따라 자제력이 있는 사람도 되고, 자제력이 없는 사람도 된다는 뜻이군요. 그렇다면 쾌락이 곧 덕을 가져다줄 수 있다는 뜻이 됩니다. 쾌락이 덕을 가져다준다면, 쾌락은 선이 될 수 있다는 겁니까?

아리스토텔레스 | 여기서 우리는 쾌락에 대한 세 가지 견해를 생각해 보아야 한다.

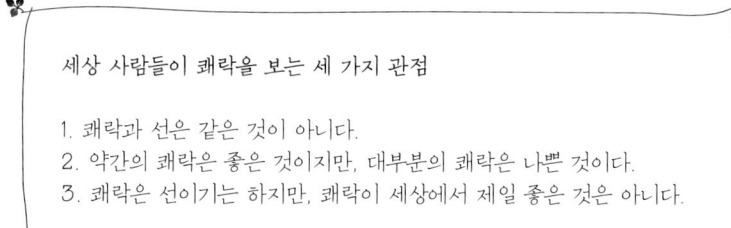

세상 사람들이 쾌락을 보는 세 가지 관점

1. 쾌락과 선은 같은 것이 아니다.
2. 약간의 쾌락은 좋은 것이지만, 대부분의 쾌락은 나쁜 것이다.
3. 쾌락은 선이기는 하지만, 쾌락이 세상에서 제일 좋은 것은 아니다.

쾌락이 사람에게 좋은 감정을 주는 것은 틀림없다. 사람에게 좋은 감정을 주는 것을 우리는 선이라고 할 수 있을까? 만약 이것이 선이라면, 사람에게 좋은 감정을 주는 쾌락도 행복이라고 할 수 있을 것이다. 쾌락이 행복이 아니라면 쾌락이 결코 선이 아님이 증명되어야 하겠지?

선의 궁극적이고 자족적인 것을 우리는 행복이라고 했다. 하지만 쾌락은 과정이다. 즉 쾌락은 선에 이르기 위한 과정이지, 결코 궁극적인 것이 아니다. 자제력 있는 사람들 또한 모두가 쾌락을 원하는 것은 아니다.

쾌락이 결코 선일 수 없는 또 다른 이유는 쾌락은 기술이 아니라는 점이다. 쾌락이 지적인 덕이 되려면 쾌락 역시 기술이어야 한다. 하지만 쾌락은 결코 기술이 될 수 없다. 무엇보다 중요한 것은 이성이 없는 동물도 쾌락을 느낄 수 있다는 점이다. 지적인 덕은 인간의 이성이 없으면 얻을 수 없는 것이기에 쾌락은 절대 선이 될 수 없는 것이다.

니코마코스 | 하지만 쾌락이 선이라고 주장한 사람도 많지 않습니까?

아리스토텔레스 | 가장 대표적인 사람은 수학자이며 천문학자인 에우독소스다. 그는 이성적이거나 비이성적인 모든 것이 쾌락을 목표로 삼고 있다고 믿었지. 이 세상에서 가장 바람직한 것은 선이기 때문에 만물은 선을 목표로 삼지 절대로 고통을 목표로 삼지 않는다는 것이다. 우리는 모두 고통의 반대인 쾌락을 원하니까 말이다. 이런 에우독소스의 생각을 많은 사람들이 받아들인 것은 그의 이론보다도 그의 성격 때문이었다. 에우독소스는 자제력 있고 훌륭한 사람으로 평가받았기 때문에 쾌락에 대한 그

의 생각도 그 같은 평가를 받았던 것이다.

니코마코스 | 그렇지만 아버지의 생각은 에우독소스와 달리 쾌락은 결코 선이 될 수 없다는 것이군요.

아리스토텔레스 | 만물이 선을 목표로 삼는다는 것은 만물의 움직임이 가장 바람직하다는 뜻이다. 가장 바람직한 것은 선택되는 것이 아니라 그 자체로 있는 것이다. 쾌락이 곧 선이라면 쾌락 그 자체로 존재해야지 누구한테 선택되어서는 안 된다. 하지만 에우독소스는 고통은 만물이 회피하는 것이기 때문에 만물이 선택한 것은 쾌락이라고 하였지. 만약 쾌락이 선이라면, 여러 선 중에서 사람들이 가장 바라는 선일 것이다. 에우독소스의 생각은 결국 쾌락은 여러 선 가운데 하나요, 다른 어떤 선보다 더 나은 것이 아님을 보여 주는 것이다.

쾌락에 지혜가 곁들여지면 어떨까? 아마도 더 좋은 쾌락이 될 것이다. 반대로 지혜가 부족한 쾌락은 질적으로 부족한 쾌락이 될 것이다. 그렇다면 선은 어떨까? 선에 다른 어떤 것이 곁들어졌다고 해서 더 좋은 선이 될 수 있을까? 결코 그렇지 않을 것이다. 선이란 쾌락과 달리 지혜나 다른 어떤 것이 곁들어졌다고 해서 더 좋은 선이 되지는 않는다. 반대로 부족하다고 해서 나쁜 선이 되는 것도 아니다. 선이란 그 자체로 좋은 것이며 바람직한 것이기 때문이다. 이제 쾌락이 결코 선이 될 수 없음을 잘 알겠느냐? 그럼 이제 행복의 본성에 대해서 이야기해 보자.

니코마코스 | 드디어 행복이란 무엇인지 알게 되겠군요. 덕과 쾌락에 대

해 이야기한 것도 모두 행복을 이야기하기 위해서였고요.

아리스토텔레스 | 먼저 한 가지 묻겠다. 행복은 움직이지 않는 상태일까? 아니면 움직이는 활동일까? 그래, 행복은 당연히 활동이어야 한다. 만약 행복이 움직이지 않는 상태라면, 어떤 경우에 행복을 경험한 사람은 그 상태 외에는 행복하지 않을 것이다. 행복은 활동이기 때문에 우리에게 일어나는 모든 일에는 행복과 불행이 함께 따른다. 행복은 궁극적이고 자족하는 것이라고 했다. 만약 행복이 움직이지 않는 상태라면 한 번의 행복이 곧 궁극적인 행복이 되어야 할 것이다. 하지만 궁극적인 행복이란 존재하지 않는다. 행복이란 항상 상황에 따라 조금씩 변하고 움직여 언젠가 궁극적인 행복에 도달하게 되는 것이다.

행복의 자족성 역시 마찬가지다. 자족성이란 그 자체 더 이상 바라는 게 없는 것을 말한다. 만약 행복이 움직이지 않는 상태라면 더 이상 바라는 것이 있어서는 안 된다. 하지만 자족성은 자체의 만족을 위해서 끊임없이 무엇인가를 바라는 것이기에 행복은 결코 상태가 될 수 없다. 이렇게 행복은 궁극적인 행복과 자족적인 행복을 위해서 끊임없이 움직이는 활동이어야 하는 것이다.

인간이 바라는 최고의 선은 행복이며 그 성질은 덕이라고 했다. 사람은 성품에 따라 덕을 쌓을 수도 있고 그렇지 않을 수도 있다. 결국 행복할 수도 있고 불행할 수도 있다는 뜻이다. 최고의 선이 행복이고 그 행복의 성질이 덕이라면, 결국 인간은 행복을 위해서 최고의 덕을 쌓을 수밖에 없겠지?

니코마코스 | 최고의 덕?

아리스토텔레스 | 최고의 덕이란 관조적인 생활이다. 우리는 정신을 이성과 비이성적인 것으로 나누었다. 그중에서 이성적인 활동이야말로 대상을 인식하기에 가장 좋은 것이다. 이러한 이성 활동을 최고조에 이르게 하기 위해서 꼭 필요한 것이 바로 관조이다. 지적인 덕을 통해서 우리는 진리를 얻는다고 했다. 이 진리를 얻기 위해 필요한 것이 또한 관조이다.

자제력 있는 사람, 용기 있는 사람과 같은 의인들이 의인으로 드러나려면 상대가 필요하다. 즉 용기없는 사람이 있기 때문에 용기 있는 사람이 있으며, 자제력 없는 사람이 있기 때문에 자제력 있는 사람이 드러나는 것이다. 이렇게 의인은 혼자가 아닌 다른 사람들을 통해서 자신의 진리를 얻는 것이다.

니코마코스 | 스스로 진리를 관조하는 사람은 없습니까?

아리스토텔레스 | 왜 없겠느냐? 그가 바로 철학자다. 철학자는 관조를 통해서 진리를 얻는다. 철학자는 스스로의 이성으로 진리를 얻는다. 자족적이고 지혜로운 철학자는 진리를 관조하기에 가장 적합한 사람인 것이다. 권력과 명예와 같은 쾌락을 우리는 행복이라고 하지 않았다. 그 이유는 권력과 명예를 가진 사람들은 그것을 지키기 위해 끊임없이 노력하기 때문에 여유로움을 느낄 수 없기 때문이다. 우리가 열심히 일하고 전쟁을 하는 이유가 무엇일까?

니코마코스 | 사람마다 다르겠지만 대부분의 사람들은 쉬기 위해서 일을

하고, 평화를 누리기 위해서 전쟁을 합니다. 결국 권력과 명예는 결코 여유롭지 못한 상태이기 때문에 행복이 아니라 쾌락이라는 뜻이군요.

아리스토텔레스 | 그렇다. 여유로움 없는 행복은 생각할 수 없겠지?

니코마코스 | 그렇습니다. 행복은 여유로움에 깃들어 있군요.

아리스토텔레스 | 그렇다면 그런 여유는 어디에서 올까? 행복은 이성에서 나오고, 여유로움에 의존해 있다. 그리고 이 여유로움은 바로 관조에서 온다. 관조적인 이성 활동은 그 자신의 고유한 쾌락을 추구하기 때문에 이성 활동은 자족성, 여유로움, 그리고 싫증을 느끼지 않는 성질을 갖고 있다. 이러한 이성의 활동이야말로 인간의 가장 궁극적인 행복이라고 할 수 있다. 그러나 이러한 관조적인 생활은 인간에게는 너무나 높은 경지이다. 어쩌면 이것은 인간 속에 깃들어 있는 신적인 요소인지도 모른다.

하지만 생각을 달리해 보면 어떨까? 즉 인간 속의 신적인 요소라기보다 인간의 행복을 좌지우지하는 이성을 신적이라고 한다면? 이성을 신적이라고 하면 이성에 따른 생활은 인간적인 생활보다는 신적인 생활에 가까워지는 것이다.

니코마코스 | 사람이 행복하기 위해서는 인간이니, 인간적인 일이니 따위는 잊어야 한다는 말이군요.

아리스토텔레스 | 인간적인 일을 잊는다거나 버리라는 것이 아니라 우리 자신 속에 있는 최선의 것을 따라 살도록 온 힘을 기울여야 한다는 뜻이다.

니코마코스 | 결국 자신의 삶을 살라는 말이군요.

아리스토텔레스 | 그렇다. 명예니 권력이니 하는 쾌락은 자신의 삶을 사는 것이 아니라 다른 사람의 삶을 살고 있는 것과 같은 것이다. 어떤 것이든 고유한 것이 본성상 가장 좋은 것이지. 사람이 자신의 삶을 택하지 않고 다른 어떤 삶을 택한다는 것은 스스로 불행을 자초하는 것이니까 말이다.

니코마코스 | 결국 이성에 따른 삶이 가장 좋고 즐거운 삶이군요.

아리스토텔레스 | 음, 이제 더는 들려줄 이야기가 없구나. 이성은 무엇보다 인간을 인간답게 하기 때문에 이성적인 삶이야말로 가장 행복한 삶이란다.

행복하실까?

나에게 행복이 무엇인지 이야기해 준 아버지는 지금 행복하실까? 아버지는 행복에 대한 모든 것을 나에게 이야기해 주신 걸까?

아버지는 비이성적인 부분은 중용의 덕을 발휘하고, 이성적인 덕과 철학적인 지혜를 중심으로 관조적인 삶을 사는 것이야말로 최고의 행복이라고 했다. 그러기 위해서 인간의 이성은 신적이어야 한다. 결국 이성에 따라 행동하고 이성을 가꾸고 자라게 하는 사람이야말로 최선의 상태로 이성을 유지하고 있는 사람인 것이다.

만약 우리가 생각하고 있는 것처럼 신이 인간의 여러 가지 일을 조금이라도 관여한다면 자신의 이성을 최선으로 유지하고 가꾸는 사람을 사랑하고 무엇인가 보답해 줄 것이다. 아버지는 이렇게 자신을 사랑하고 이성을 가꾸는 속성을 가장 많이 가진 사람을 철학자라고 했으니 결국 신으로부터 가장 사랑받는 사람은 철학자인 것이다. 또한 이성의 지속적인 활동으로부터 행복이 오며, 이성을 가장 잘 가꾸는 사람이 철학자이므로 세상에서 가장 행복한 사람도 역시 철학자인 셈이다.

니코마코스 ǀ 정말 철학자가 가장 행복한 사람입니까?

아리스토텔레스 ǀ 지금까지 우리가 한 말에 의하면 그렇게 되겠지.

니코마코스 ǀ 아버지와 나는 철학자죠?

아리스토텔레스 ǀ 그래. 우리는 철학자다.

니코마코스 ǀ 그렇다면 우리는 가장 행복한 사람이군요.

아리스토텔레스 ǀ 말로만 그렇게 해서는 안 되겠지.

니코마코스 ǀ 그럼 어떻게 해야 할까요?

아리스토텔레스 ǀ 법으로 정하면 어떨까? 입법을 통해서 가장 행복한 사람이 어떤 사람인지 정해두자는 것이다. 우리의 목적이 달성되려면 입법이 꼭 필요하단다.

행복이 무엇인지 법으로 정하자고? 과연 그것이 가능할까? 플라톤뿐 아니라 아버지도 무엇이든 법으로 정하는 것을 좋아한다. 법이 아무리 좋다지만 과연 이런 것도 법으로 정할 수 있을까?

읽어두면 좋을 이야기

나를 위한 행복만 생각하라

이탈리아 르네상스를 대표하는 사상가 단테는 아리스토텔레스를 최고의 지자知者로 꼽았다. 그 이유는 아리스토텔레스가 자신보다 앞선 철학자들의 지식을 완전히 이해하고 있었고, 또한 자신보다 뒤에 나타난 철학자들에게 큰 영향을 미쳤기 때문이다. 플라톤과 아리스토텔레스 이후 많은 철학자들이 나타났고, 그중 어떤 철학자는 플라톤의 영향을, 또 어떤 철학자는 아리스토텔레스의 영향을 받았다. 물론 두 사람의 영향을 모두 받은 철학자들도 있다. 아리스토텔레스가 선대의 철학을 이해하고, 후대에 영향을 준 데에는 《니코마코스 윤리학》이 매우 중요한 역할을 했다.

언제부터 윤리학이 생겼는지는 모르지만 아리스토텔레스가 선대의 사상을 모두 이해했다는 것은 선대의 윤리학을 모두 이해했다는 뜻을 포함한다. 아리스토텔레스의 《니코마코스 윤리학》에 그 내용이 고스란히 담겨 있다. 또한 아리스토텔레스 후대의 윤리학자들은 그들의 윤리 사상의 기초를 모두 《니코마코스 윤리학》에서 찾았다. 이런 점에서 단테는 아리스토텔레스를 지자 중에서도 최고의 인물로 꼽은 것이다.

아리스토텔레스가 죽은 후 그의 제자들은 윤리학에 관한 책 세 권을 남겼는데, 아리스토텔레스와 그의 제자들이 함께 논의한 내용이 담긴 《대논리학》, 아리스토텔레스의 제자 중 누구 못지않게 윤리학에 관심을 가졌던 에우데모스가 정리한 《에우데모스 윤리학》, 그리고 마지막으로 아리스토텔레스의 아들인 니코마코스가 그의 생각을 정리한 책인 《니코마코스 윤리학》이 그것이다. 앞의 두 권의 경우 《니코마코스 윤리학》과 중복되는 내용이 많아 중요하게 다루어지지 않고 있다.

아리스토텔레스는 여러 분야에 걸쳐 다양한 저서들을 남겼는데, 그의 저서를 크게 둘로 나누면 하나는 이론적인 내용이 중심이고 다른 하나는 실천적인 내용이 중심이 된다. 《형이상학》, 《자연철학》, 《천체론》 등과 같은 것은 이론적인 내용이며, 《정치학》과 《니코마코스 윤리학》은 실천학에 속한다. 물론 아리스토텔레스의 이론학과 실천학은 연구의 문제에서 비슷한 부분이 많다. 그러나 그 목적에서는 확연하게 다르다. 아리스토텔레스의 이론학은 '무엇을 생각하고, 정의하고, 인식하는가'에 그 목적을 두고 있으나, 실천학은 이론학과 다르게 '무엇을 행하고 만드는가'에 그 목적이 있다. 그렇기 때문에 이론학은 어떤 사물이나 대상을 정확하고 엄밀하게 정의하고 실천학은 그런 면이 부족하다. 실천학은 주로 인간이 습득하거나 상실할 수 있는 습관이나 관습을 다루기 때문이다.

플라톤은 소크라테스의 생각들 — "거짓말을 하지 마라", "남의 물건은 반드시 돌려주어라" — 을 행복의 시작으로 설정했다. 소크라테스에 따르면 어떤 경우에도 거짓말을 해서는 안 되며, 남의 물건은 반드시 돌려주어야 한다. 이러한 절대적인 윤리를 지키는 사람만이 행복이라는 최고의 선에 도달할 수 있다고 소크라테스는 말한다. 반면 아리스토텔레스는 스스로 정한 목표 달성과 자기만족을 행복이라고 말한다. 결국 아리스토텔레스의 윤리는 상대적이며, 최고의 선인 행복 역시 상대적인 것이다.

아리스토텔레스는 알렉산드로스의 스승으로 잘 알려져 있다. 아리스토텔레스의 할아버지와 아버지는 마케도니아 왕궁의 시의侍醫였는데, 아버지를 따라 어릴 때부터 왕궁에 드나들던 아리스토텔레스는 필리포스 2세의 부탁으로 그의 아들 알렉산드로스의 스승이 되었다.

아리스토텔레스가 의술에 관심이 있었는지 없었는지는 모르지만, 자연과학에는 누구보다 깊은 관심을 가졌다고 알려져 있다. 알렉산드로스는 그런 스승의 뜻을 받들어 정복지에서 얻은 많은 자연과학 자료들을 보내 주었고, 아리스토텔레스가 아테네에 동물원과 식물원을 세울 정도로 알렉산드로스가 보내준 동식물 표본은 넘쳐났다. 그뿐 아니라 아리스토텔레스가 개교한 철학 학교 리케이온의 학생들은 플라톤의 아카데미아 학생들과는 다르게 주로 들과 산에서 수업하였다고 하니, 자연 관찰과 실험을 중요하게 여긴 아리스토텔레스의 생각을 잘 보여 주는 교육 방법이라고 하겠다. 또한 윤리학은 인간의 삶에 관한 학문이기 때문에 실천학이며, 실천학의 가장 큰 특징은 인간의 삶과 직결되어 있다는 점이다. 따라서 인간의 삶에서는 이성적인 사고방식이나 이론도 중요하지만 감각과 경험 또한 중요한 것이다.

"인간은 폴리스적 동물."

아리스토텔레스가 남긴 이 유명한 말에서 폴리스는 여러 가지로 설명이 가능하지만, 아리스토텔레스가 하고 싶었던 말은 인간이 인간다우려면 정치에 참여해야 한다는 뜻일 것이다. 즉 인간의 자아실현이란 사회 속에서 윤리적이고 도덕적인 생활을 할 때만 가능하다는 것이다. 아리스토텔레스는 혼자 사는 인간은 존재하지 않으며, 사회 밖에서 사는 것은 동물과 신만이 가능하다고 생각하였다.

인간이 사회 안에서 윤리와 도덕을 지키고 선을 행하며 행복하게 살기 위해서는 국가나 사회가 가장 좋은 제도와 법으로 보호해 주어야 한다. 이러한 인간의 삶에 관계된 학문이 실천학이다. 그렇기 때문에 우리는 아리스토텔레스의 윤리학을 실천학이라고 부르는 것이다.

아리스토텔레스는 자신의 윤리학을 '중용의 덕'이라고 말한다. 중용이란 극단으로 치우치지 않고 스스로 마음을 잘 다스려 이성에 따라 능력을 발휘하는 것이다. 이성으로 아는 것과 실천하는 것이 늘 일치하는 것은 아닌데, 특히 그것이 욕구와 욕망과 같은 인간의 행복에 관련된 것이라면 더욱 그렇다. 이성으로 알고 있는 것을 외부의 충동이나 감정에 의해 어느 한 쪽으로 치우치지 않도록 하는 것이 중용의 덕인데, 이를 실천으로 옮긴다는 것은 결코 쉬운 일이 아니다. 아리스토텔레스도 그 사실을 잘 알기에 "한 마리의 제비가 왔다고 봄이 온 것은 아니다"라는 명언을 남긴 것 아니겠는가. 즉 하루 혹은 짧은 기간의 실천으로 중용의 덕을 얻을 수 없음을 보여 주는 대목일 것이다. 그래서 아리스토텔레스는 교육을 강조했다. 교육을 통하여 습관처럼 중용의 덕을 몸에 배도록 익히고 또 익혀야 한다는 것이다. 또한 《니코마코스 윤리학》에서 도덕 문제는 개개 사람들의 능력과 성품에 따라 다르게 교육이 되어야 한다고 말한다.

이렇듯 인간은 이성을 중심으로 도덕적인 삶을 살 때 행복하다. 행복을 얻기 위해서 인간은 덕 있는 사람들과 친교를 맺고, 이러한 친교는 개인의 지적인 덕을 발전시킨다. 또한 인간은 중용이라는 덕을 행하기 위해, 즉 행복을 위해 명상 혹은 관조적인 생활을 해야 하는데, 이런 생활을 통해 인간은 최고의 선을 얻을 것이며 행복할 것이다.

의사였던 아버지의 영향을 받은 아리스토텔레스는 인문학보다는 자연과학에 더 많은 관심을 가졌다. 윤리학 역시 자연과학이라기보다는 인문학이지만 이론학이 아니라 실천학이라는 점에서 《니코마코스 윤리학》은 자연과학과 실천학의 측면에서 접근해야 더 쉽게 이해할 수 있는 고전이라 하겠다.

PHILOSOPHY

테이레시아스, 비극을 예언하다

_소포클레스《비극_오이디푸스 왕과 안티고네》

오이디푸스 왕 | 테베의 왕 라이오스는 왕비 이오카스테와의 사이에서 태어

난 아이가 아버지를 죽이고 어머니와 결혼할 것이라는 신탁을 받고 아이가 태어나
자 하인을 시켜 버리게 한다. 아이를 불쌍히 여긴 하인은 코린트의 가신에게 맡겼
고, 아이는 왕가의 왕자로 성장한다. 그가 바로 오이디푸스이다.

양아버지를 친아버지로 알고 성장한 오이디푸스 역시 같은 내용의 신탁을 듣고 비
극을 막기 위해 코린트를 떠난다. 여행 도중 낯선 노인 일행과 시비가 붙어 싸우게
된 오이디푸스는 한 사람을 제외하고 노인과 그 일행 모두를 죽이는데, 이 노인이
바로 그의 친아버지 라이오스 왕이다. 테베에 도착한 오이디푸스는 괴물 스핑크스
를 죽이고 라이오스의 미망인 이오카스테와 결혼하여 왕위에 올랐고 네 명의 자식
을 두었다. 쌍둥이 아들 폴리네이케스와 에테오클레스, 그리고 두 딸 안티고네와
이스메네가 그들이다.

하지만 테베는 역병과 흉년 등으로 고통받고 있었고, 앞 못 보는 예언자 테이레시
아스는 그 이유가 아버지를 죽이고 어머니와 살고 있는 사람이 테베에 있기 때문이
라고 말한다. 오이디푸스 왕은 테베를 구하기 위해 그 패륜아를 찾을 것을 명령하
였고, 그것이 자신이라는 사실을 알게 된다.

이오카스테 | 그리스 신화에 나오는 테베 왕 라이오스의 왕비. 라이오스 왕이 죽은 후 동생 크레온과 함께 테베를 통치했고, 스핑크스가 나타나 나라를 어지럽히자 괴물을 물리친 사람과 결혼하여 왕으로 삼겠다고 공언한다. 테베의 괴물을 죽인 오이디푸스가 자신의 아들임을 알지 못하고 결혼한다.

크레온 | 테베의 왕비 이오카스테의 남동생. 이오카스테가 자살하고 오이디푸스가 스스로 유배의 길을 떠나자 테베의 왕이 되었다.

안티고네 | 오이디푸스 왕과 어머니 이오카스테 사이에서 태어난 큰딸. 그리스 신화에 나오는 여성 중 가장 고상한 성격의 소유자로 알려져 있다. 오이디푸스가 죽을 때까지 옆에서 시중을 들었고, 아버지가 죽자 테베로 돌아와 여동생과 함께 살았다. 오빠인 폴리네이케스의 무덤에서 죽는다.

이스메네 | 안티고네의 동생. 오이디푸스의 자식 중 유일하게 살아남는다.

하이몬 | 크레온의 아들이며 안티고네의 약혼자. 부모의 명령이나 입장보다 사랑을 더 중요하게 생각했던 당시 젊은이들의 모습을 엿볼 수 있다.

세상에서 가장 지독한 저주

어머니와 결혼한 아들, 그들의 죄로 태어난 우리 남매. 우리 가족에게 저주가 내리는 것은 어쩌면 지극히 당연한 결과가 아닐까? 비록 아버지이며 오빠인 오이디푸스의 결혼이 안티고네와 그녀의 결혼을 망쳤고, 태어나 자란 나라로부터 버림받게 하였지만, 죽은 자를 찬양하는 것은 본래 백성들의 미덕이다. 그리고 그 죽음은 우리 스스로 택한 것이니, 죽음 또한 우리 스스로 불러들인 것이다.

이제 안티고네는 사랑도 탄식도 노래도 없는 영원한 침묵만이 존재하는 곳으로 갈 것이다. 차가운 바위굴이 그녀의 신방이 될 것이며, 그곳에서 혼령들을 만날 것이다. 아버지 오이디푸스를 만날 것이고, 어머니 이오카스테도 만날 것이다. 그리고 무엇보다 자신의 손으로 시신을 씻어주고 술잔을 따라준 가장 깨끗한 영혼의 폴리네이케스도 만날 것이다.

_이스메네

이 이야기는 우리 집안의 비극에 관한 이야기이다.

슬프고도 아름다운 이야기, 신에의 복종을 가르쳐준 이야기······.

테이레시아스의 수수께끼

사람이 무섭다.

오늘은 또 어떤 사람들이 찾아와서 아버지를 괴롭힐까?

"땅의 곡식들은 열매를 맺지 못하고 메말라가고 있습니다!"

"풀을 뜯던 가축들이 들판에서 죽어가고 있습니다!"

"우리 집사람이 낳은 아기가 죽어 고통에 시달리고 있습니다!"

"무서운 전염병이 테베를 뒤덮고 있습니다!"

"죽음의 신은 우리 백성들의 탄식과 통곡으로 살찌고 있습니다!"

오늘도 어김없이 아침 일찍부터 사람들이 궁중 뜰로 모여와 아버지가 무엇인가 해 주기를 바라며 통곡하고 있다.

 "왕이시여! 우리는 당신이 신이 아니라는 것을 너무나 잘 알고 있습니다. 하지만 신이 당신을 돕고 있음도 잘 알고 있습니다. 만약 신이 당신을 돕지 않는다면, 당신이 어떻게 괴물 스핑크스를 물리치고 이 나라의 왕이 되었겠습니까?"
 "당신을 도와준 그 신에게 부탁하여 우리를 구해주십시오!"

 오이디푸스 왕 | 아, 그대들은 어찌 내 마음을 이리도 모른단 말인가! 그대들은 그대들 한 몸만 괴로우면 되지만, 난 나 자신뿐 아니라 나의 백성들 모두에 대해서도 괴로워하고 슬퍼하고 있다오. 부디 진정들 하기 바라오. 그나저나 델피의 신전으로 신탁을 들으러 간 처남 크레온은 아직 소식이 없는가?
 제관 | 마마, 그렇지 않아도 크레온이 막 국경을 넘었다는 전갈이 있었습니다.
 오이디푸스 왕 | 그것참 다행이군. 크레온이 분명 아폴론의 뜻을 가지고 올 것이오. 아폴론의 뜻을 내가 꼭 이루어 여러분들을 이 고통에서 벗어나게 해 주겠소. 조금만 참아 주시오.

 또 신탁 타령이다. 왜 사람들은 늘 신탁에 관한 이야기만 할까. 지금 테베가 이렇게 된 것도 알고 보면 모두 신탁 때문인데, 그런데도 모두들 신탁 타령뿐이다.

오이디푸스 왕 | 그대는 아폴론의 신탁을 듣고 왔는가?

크레온 | 그러하옵니다. 아폴론은 테베가 이렇게 병과 가난으로 시달리는 것은 라이오스 왕을 피살한 사람 때문이라고 말하였습니다.

오이디푸스 왕 | 라이오스 왕은 나보다 앞서 이 테베를 통치한 아주 훌륭한 왕이라고 들었소. 그런데 신탁을 받으러 가던 중 피살되었지. 그런데 아직도 그 범인을 잡지 못했다니 도대체 그자가 누구란 말인가?

크레온 | 범인은 라이오스 왕의 일행 중 한 사람만을 남기고 모두 죽였기 때문에 도저히 찾을 수가 없습니다. 남은 자의 말에 따르면 라이오스 왕 일행은 도둑 떼에 피살되었다고 합니다. 무엇보다도 나라에 여러 가지 우환이 생기고 해결해야 할 중요한 일들이 생기면서 라이오스 왕을 죽인 범인을 찾는 일에 소홀할 수밖에 없었습니다.

오이디푸스 왕 | 왕을 죽인 범인을 찾는 것보다 더 중요한 일이 무엇이란 말이오?

크레온 | 왕께서 해결하신 스핑크스 때문이었습니다. 스핑크스의 등장으로 나라가 어수선했고, 왕의 자리가 비어 있었기 때문에 무엇보다 새로운 왕을 모시는 것이 급했습니다.

오이디푸스 왕 | 물론 그런 상황은 알고 있소. 하지만 더는 나라가 혼란

스러운 것을 참을 수 없소. 그 범인이 누구든 내가 꼭 찾아 낼 것이오. 하지만 난 그 범인을 사형에 처하지는 않겠소. 단지 이 나라를 떠나게 할 것이오. 그리고 범인을 숨기는 자도 범인과 같이 이 나라를 떠나게 할 것이오. 그 외에는 어떤 벌도 내리지 않겠소.

그러니 그대들, 그대들이 혹 범인이거나 범인을 알고 있다면 내게 말해 주시오. 라이오스 왕과 아폴론의 저주가 풀려야 테베도 옛날처럼 다시 부유하고 좋은 나라가 될 것이오.

내가 살고 있는 테베는 아테네 북서쪽 보이오티아 동부에 있는 도시국가이다. 전설에 따르면 테베의 성체인 카드메아는 에우로파*의 오빠 카드모스의 이름을 따서 지은 것이고 성벽은 암피온**이 세웠다고 한다.

이런 전설을 가진 우리 테베의 왕, 그리고 나의 아버지 오이디푸스의 결심은 단호해 보였다. 서릿발 같은 그의 말투는 듣는 사람으로 하여금 오금을 펴지 못하게 하였다. 그는 테베가 어려움에 부닥친 원인을 라이오스 왕의 시해자 때문이라고 믿고 있다. 그리고 그 범인을 잡아 처벌하기만 하면, 지금 처해 있는 모든 나쁜 일에서 벗어날 수 있다고 굳게 믿고 있다. 사실 라이오스 왕을 시해한 범인을 알고 있는 사람이 한 사람 있긴 하다. 그는 바로 앞 못 보는 예언자 테이레시아스이다. 그러나 크레온이 이미 여

✽ 그리스 신화에 등장하는 페니키아의 공주. 유럽(Europe)이라는 이름도 거기서 나왔다.
✽✽ 그리스 신화에 나오는 제우스와 안티오페의 아들로 테베의 왕이 된 그가 리라를 불자 돌이 움직여 저절로 성벽이 완성되었다고 한다.

러 차례 테이레시아스를 찾아가 범인에 대해 물었으나 무슨 이유인지 테이레시아스는 어떤 대답도 하지 않았다. 백성을 누구보다 사랑하는 아버지는 더 이상 참지 못하고 테이레시아스에게 명령하였다. 나라를 구할 수 있는 일이라면 무엇이든 할 수 있는 아버지의 성품을 잘 알고 있는 테이레시아스는 더 이상 버티지 못하고 왕궁으로 들어섰다.

오이디푸스 왕 | 어서 오시오. 테이레시아스여, 그대를 기다렸소. 그대의 지혜로 절망 속에 묻힌 이 나라를 구해주시오.

테이레시아스 | 때로는 지혜가 아무 소용이 없을 수도 있습니다. 아무리 번득이는 지혜를 가지고 있다고 해도 말할 수 없는 상황이 있습니다.

오이디푸스 왕 | 그게 무슨 말이오. 지금 테베를 구할 수 있는 일이라면 모든 백성이 지혜를 모아야 하오. 그러니 당신도 보탬이 되어야 할 것이오.

테이레시아스 | 라이오스 왕의 죽음과 당신 사이에는 무서운 비밀이 있습니다. 하지만 나는 이 무서운 비밀, 아니 당신의 비밀을 밝힐 수가 없습니다. 나는 아무 말도 하지 않을 것입니다.

오이디푸스 왕 | 그대는 마치 내가 라이오스 왕을 시해라도 한 것처럼 말하는구려. 그대가 그렇게 말하는 것으로 보아 내 생각에는 그대야말로 라이오스 왕의 살인 음모를 꾸민 자 같군. 내 짐작이 맞았다면 그대는 크레온과 짜고 라이오스 왕을 죽인 것이 틀림없다. 그렇지 않은가?

지혜로운 예언자로 유명한 그대는 스핑크스 때문에 곤경에 처한 테베를 위해 아무런 해답도 내놓지 않았다. 그때부터 그대는 이 나라가 망하기를 기다린 것 아닌가?

아버지의 추리는 예리했다. 스핑크스의 수수께끼를 풀 정도의 추리력을 가진 아버지이다. 테이레시아스를 추궁하는 아버지의 말에도 일리가 있다. 테이레시아스 또한 스핑크스의 수수께끼를 풀지 못할 만큼 지혜롭지 못한 예언자가 결코 아니다. 하지만 테이레시아스 역시 무엇인가 분명히 알고 있다는 투로 아버지에 맞섰다. 더욱이 테이레시아스는 우리 가족의 파멸을 예언했다.

테이레시아스 ｜ 당신 말이 옳습니다. 살아 있는 사람 가운데 당신보다 더 수수께끼를 잘 푸는 사람은 없습니다. 그리고 당신은 자신의 능력으로 그 자리까지 올라갔습니다. 이제 내가 내는 수수께끼를 풀어 이 나라를 다시 한 번 고통에서 구하시기 바랍니다.

오이디푸스 왕 ｜ 좋을 대로 나를 모욕하거라! 하지만 오히려 그것이 나를 더 위대한 사람으로 만들어 줄 것이다.

테이레시아스 ｜ 어차피 결과는 당신이 받아들여야 할 몫입니다. 내 수수께끼는 이렇습니다. "그는 장님이 되고 거지가 되어 낯선 땅을 방황할 것입니다. 지금 함께 살고 있는 자식들의 형제이자 아버지임이 드러날 것입니다. 아버지의 살인자이며, 그 부인의 남편임이 밝혀질 것입니다."

부디 당신의 그 현명한 지혜로 내가 한 말을 곰곰이 생각해 보십시오. 그리고 라이오스 왕을 시해한 범인을 찾으십시오.

테이레시아스는 아버지의 노여움을 뒤로한 채 시동의 손에 끌려나가고 말았다. 지혜로운 예언자 테이레시아스의 말은 아버지뿐 아니라 모든 사람들을 공포와 혼란으로 몰아넣었다. 그의 말에 누구도 꼼짝할 수 없었다.

아버지를 비롯한 모든 사람들은 테이레시아스가 라이오스 왕을 시해한 범인을 알고 있다는 말에 희망을 품었지만, 범인을 말할 수 없다는 테이레시아스의 말과 우리 가족에 대한 예언으로 다시금 공포에 휩싸였다. 이러한 분위기를 깬 사람은 바로 크레온이었다. 자신이 테이레시아스와 짜고 아버지를 해치려고 했다는 말을 전해 들은 크레온이 놀라 한걸음에 달려온 것이었다.

크레온 | 내가 테이레시아스와 공모해 오이디푸스 왕을 몰아내기로 했다는 말에 너무 분하고 억울해서 찾아왔습니다.

오이디푸스 왕 | 크레온, 그대는 정말 뻔뻔스러운 사람이오. 내 목숨을 빼앗고 왕관을 차지하려는 그대의 음모가 밝혀졌는데도 아직 할 말이 있소?

크레온 | 나는 결코 왕의 자리를 탐할 이유가 없습니다. 왕께서 왕비와 결혼할 때, 우리 세 사람은 동등한 자격으로 나라를 다스리기로 했습니다. 이 약속으로 나는 왕은 아니지만 왕과 같은 권력을 갖고 있습니다. 지

금도 나는 원하는 모든 것을 얻을 수 있습니다. 절대 권력자는 언제 자신이 다른 사람에 의해 쫓겨날지 모른다는 공포에 떨어야 합니다. 나는 지금의 권력과 권위를 왕관과 바꿀 만큼 어리석은 사람이 결코 아닙니다. 만약 내가 테이레시아스와 공모하여 당신을 모함했다면 사형 선고를 내리십시오. 물론 이때도 왕비와 나와 함께 상의해야 할 것입니다. 그리고 나는 순순히 당신의 뜻에 동의할 것입니다. 하지만 선과 악을 구별하지 못하는 잘못을 저지르지 마시기 바랍니다.

오이디푸스 왕 | 당연히 그렇게 할 것이오. 그대는 타고난 반역자이기 때문에 그 죄는 분명히 밝혀지고 말 것이오. 그리고 만약 그대의 죄가 드러나면 나는 그대를 사형시킬 것이오.

크레온 | 이 나라는 당신과 왕비의 나라이기도 하지만, 나의 나라이기도 합니다. 나는 당신을 모함할 이유가 전혀 없는 사람입니다!

신탁

아버지와 크레온, 과연 누구의 말이 옳을까? 두 사람이 서로 결백을 주장하고 있는 사이 나의 어머니, 왕비 이오카스테가 나타났다. 어머니는 남편인 오이디푸스와 남동생인 크레온이 싸우는 것에 마음 아파하며 두 사람을 겨우 진정시켰고, 크레온을 돌려보낸 후 두 사람이 다툰 이유를 물었다. 아버지는 여전히 흥분한 상태로 크레온이 예언자 테이레시아스를 내세워 자신을 모함했다고 말하였다. 그러나 예언자라는 말에 어머니는 크게 웃으며 예언이야말로 부질없는 것이라고 이야기하였다.

이오카스테 | 왕이시여, 너무 걱정하지 마십시오. 옛날에도 비슷한 예언이 있었습니다만, 결코 이루어지지 않았습니다.

오이디푸스 왕 | 어떤 예언인지 어서 말해 보시오.

이오카스테 | 아주 오래전에 있었던 예언에 의하면, 나와 라이오스 왕 사이에서 태어난 아들이 라이오스 왕을 죽인다고 했습니다. 라이오스 왕이 세 갈래의 갈림길에서 도둑에 의해 살해된다는 내용이었는데, 라이오스 왕은 그 예언을 듣고 우리가 낳은 사내아이의 두 발목을 묶어 인적이 없는 산에 갖다 버리도록 했습니다.

오이디푸스 왕 | 더 자세하게 말해보시오.

이오카스테 | 다 지나간 일입니다. 말도 안 되는 예언에 왜 그렇게 놀라 관심을 두십니까?

오이디푸스 왕 | 왕비의 그 말이 나의 영혼까지 흔들어 놓고 있습니다. 부디 부탁하오니 더 자세하게 말해 주시오.

어머니는 라이오스 왕의 죽음에 대해 상세하게 이야기했다. 아니, 이야기하지 않으면 안 되는 상황이었다.

라이오스 왕은 신탁을 듣고자 다섯 명의 신하와 함께 델피로 가던 중 세 갈래의 갈림길에서 도둑에게 죽임을 당했고, 그것은 예언과 같았다. 라이오스 왕이 죽은 곳은 포카스인데 그곳은 델피, 다울리스, 그리고 테베로 가는 세 갈래의 갈림길이었던 것이다. 라이오스 왕은 체구가 큰 초로의 신사였고, 무엇보다 중요한 것은 라이오스 왕의 생김새와 오이디푸스 왕의 생김새가 너무 많이 닮았다는 것이다. 당시 라이오스 왕을 수행한 신하 중 유일하게 살아남은 한 사람은 나의 아버지 오이디푸스가 왕이 된 것을 보고는 조용히 시골에서 살 수 있도록 배려해달라고 어머니 이오카스테에게 부탁했고, 어머니는 그의 부탁을 받아들여 그에게 양 떼를 주어 농촌에서 조용히 살 수 있도록 해 주었다고 한다.

여기까지 들은 아버지는 어머니에게 그 사람을 볼 수 있게 불러달라고 부탁했고, 영문을 몰라 어리둥절한 어머니는 아버지의 뜻대로 하겠다고 약속했다.

이오카스테 ㅣ 그전에 내가 알아야 할 것이 있습니다. 왕께서는 왜 그자를 만나고자 합니까?

오이디푸스 왕 ㅣ 나의 아버지는 코린트의 왕 폴리보스이고 어머니는 메로페요. 오래전 나는 술자리에서 듣지 못할 말을 들었소. 어떤 술 취한 사람이 나의 부모가 친부모가 아니라며 떠들어댔소. 무언가 이상한 기분이 들었던 나는 사실을 알기 위해서 델피로 갔소. 신탁이 분명 그 사실을 밝혀

주리라 믿었기 때문이오. 그러나 델피에서 신탁은 내게 부모님에 관한 이야기는 하지 않고, 나의 미래에 대해 말해 주었소. 신탁에 따르면 내가 친아버지를 죽이고 친어머니와 결혼해서 산다는 것이오. 그 이야기를 들은 나는 놀라지 않을 수 없었소. 곰곰이 생각한 끝에 나는 친아버지를 죽이지 않고 친어머니와 결혼하지 않는 방법은 코린트를 떠나는 것뿐이라는 결론을 얻었소. 코린트로부터 가능한 한 멀리 떨어진 곳으로 도망가던 나는 왕비가 말한 그 세 갈래의 갈림길에서 마차를 타고 가던 일행을 만났는데, 그 마부가 나에게 무례한 행동을 했고 화가 난 나는 그 마부를 때리게 되었소. 그때 마차에 타고 있던 사람이 이지창으로 나의 머리를 치려 하자 나도 모르게 그만 지팡이로 그 사람을 죽이고 말았소. 그뿐 아니라 나머지 사람도 모두 죽였다오. 만약 내가 죽인 그 사람이 라이오스 왕의 일행이라면 나보다 더 불행한 사람은 이 세상에 없을 것이오. 친아버지를 죽이지 않고 친어머니와 결혼하지 않으려고 코린트에서 도망쳤음에도 결과는 그렇게 되었으니 말이오.

이오카스테 | 오, 분명히 아닐 겁니다. 당시 살아남은 자는 그들이 분명 노둑떼라고 밀했습니다. 니뿐 아니라 모든 신하들이 들었습니다. 하지만 당신은 당신 혼자서 그들을 죽였다고 했습니다. 분명 다른 사람일 것입니다.

오이디푸스 왕 | 그러니 어서 빨리 그자를 불러주시오. 답답해서 숨을 쉴 수가 없소!

앞이 캄캄하다.

아무것도 보이지 않는다.

아버지는 자신이 라이오스 왕을 죽인 자임이 틀림없다고 생각하고 있다. 그뿐 아니라 어머니가, 나의 어머니이자 아버지의 아내인 이오카스테가 자신의 아내이며 어머니라고 굳게 믿고 있다. 앞 못 보는 예언자 테이레시아스는 라이오스 왕을 시해한 사람뿐 아니라 그 부인과 자식들까지도 용서받지 못할 것이라고 했다. 자식들까지도…… .

아버지는 라이오스 왕의 아내, 나의 어머니 이오카스테와 결혼하여 쌍둥이 아들과 두 딸을 낳았다. 언니는 안티고네이고 둘째딸이 바로 나, 이스메네이다. 내 위로는 큰오빠 폴리네이케스와 작은 오빠 에테오클레스가 있다.

경악스럽고 고통스러운 일이다. 만약 테이레시아스의 예언이 맞는다면, 오이디푸스 왕은 나의 아버지이자 동시에 나의 오빠가 된다. 이것만으로 나에게는 충분히 고통스러운 일이다. 그런데 테이레시아스는 더 큰 고통이 있을 것이라고 했다. 생각하고 싶지 않다.

하지만 아직 한 가지 희망은 남아 있다. 살아남은 양치기는 분명 도둑 떼에게 라이오스 왕이 죽었다고 했다. 그리고 아버지는 혼자서 라이오스 일행을 죽였다고 하지 않았던가?

코린트의 전령 | 나는 코린트에서 온 전령입니다. 오이디푸스 왕에게 전할

말이 있으니, 뵙게 해 주십시오.

　이오카스테 ┃ 왕은 곧 나올 것이니 왕비인 나에게 고하시오.

　코린트의 전령 ┃ 한 가지는 기쁜 소식이며, 다른 한 가지는 슬픈 소식입니다.

　이오카스테 ┃ 기쁜 소식부터 듣겠소.

　코린트의 전령 ┃ 코린트 사람들은 오이디푸스를 코린트의 왕으로 모시기를 원합니다.

　이오카스테 ┃ 오이디푸스를 코린트의 왕으로 모신다는 것은 폴리보스 왕이 죽었다는 말인가? 폴리보스 왕이 어떻게 죽었소? 혹 암살을 당한 것은 아니오?

　코린트의 전령 ┃ 암살이라니요. 폴리보스 왕은 노환으로 돌아가셨습니다.

　오이디푸스 ┃ 그게 사실이오? 아버지가 노환으로 돌아가셨단 말이오? 혹시나 내가 아버지를 죽일까 봐 이렇게 멀리 떨어져 살고 있었는데, 정말 다행이구나.

　이오카스테 ┃ 내가 뭐라고 했습니까? 예언이나 신탁은 믿을 것이 못 된다고 했지 않습니까?

　오이디푸스 ┃ 하지만 아직도 한 가지 해결되지 않은 것이 있소. 어머니와 내가 결혼한다는 신탁 말이오.

어머니 이오카스테는 폴리보스 왕이 죽었다는 말에 안도했다. 하지만 아버지 오이디푸스는 여전히 두려워하고 있다. 어머니 이오카스테는 만약 자식이 어머니와 결혼한다고 한들 문제 될 것은 없다며 아버지를 설득했지만 아버지는 아직 코린트에 살아 있는 메로페에 대한 걱정을 버리지 못했다.

그때 두 사람의 이야기를 듣고 있던 코린트에서 온 늙은 전령이 아버지에게 그런 걱정은 하지 않아도 된다고 말하였다. 그것은 나의 아버지 오이디푸스가 폴리보스 왕의 아들이 아니기 때문이라는 것이다. 그러니 코린트로 돌아간다고 해도 신탁의 예언처럼 메로페와 결혼하게 되지는 않는다는 것이다.

늙은 전령은 자신이 젊었을 때 카타이론 깊은 산골짜기에서 양치기를 했는데 그때 다른 양치기로부터 내 아버지를 얻어 자식이 없던 폴리보스에게 주었다며 걱정하지 말라고 웃어 보였다. 늙은 전령은 아기였던 내 아버지의 발목에 상처를 보고, 발목이 잘록하다는 뜻의 오이디푸스라는 이름을 지었다고 말했다. 하지만 늙은 전령은 자신에게 그 아기를 데려온 다른 양치기의 이름은 알지 못한다고 했다. 다만 한 가지 분명한 것은 그 양치기가 라이오스 왕의 양치기라는 것이다.

오이디푸스 왕 | 이오카스테여, 어서 그 양치기를 찾으시오!

이오카스테 | 한 가지 확실한 건…… 당신을 저 늙은 전령에게 준 양치기는 라이오스 왕이 시해당할 때 살아남은 바로 그 하인이 틀림없다는 것입

니다.

오이디푸스 왕 │ 그렇다면 그대가 양 떼를 주어 농촌에서 양을 치고 있다던 그 양치기가 나를 저 늙은 전령에게 넘겨준 바로 그 양치기란 말인가?

이오카스테 │ 그렇습니다. 하지만 그런 것들이 지금 와서 무슨 소용이 있단 말입니까? 당신은 정말, 불운한 사람입니다. 나는 진정 당신이 누구인지 영영 밝혀지지 않기를 바랄 뿐입니다.

오이디푸스 왕 │ 양치기를 데리러 간 사람은 왜 이렇게 오지 않는단 말인가?

코린트의 전령 │ 저기 오는 사람이 바로 그 양치기인 것 같습니다. 그는 비록 늙었지만 한눈에 알아볼 수 있습니다.

오이디푸스 왕 │ 저 사람이 틀림없소? 저 사람이 나를 당신에게 주었단 말이오?

코린트의 전령 │ 그렇습니다. 저 사람이 틀림없습니다.

나는 진정 양치기가 나타나지 않기를 바랐다. 하지만 양치기는 호위병의 부축을 받으며 나타났다. 불쌍한 어머니! 그리고 불쌍한 아버지! 이제 나의 운명이 아니라 그들의 운명을 가늠할 수 없게 되었다.

아버지는 양치기를 보자마자 전령을 아느냐고 물었다. 그리고 어디에서 양을 치고 있느냐고도 물었다. 양치기는 자신은 카타이론 산에서 양 떼를 몰고 있다고 말한 다음, 이미 늙어버린 전령을 어렵게 알아보았다. 그리고 그 사람에게 자신이 아기를 주었다고 힘겹게 말을 꺼냈다. 아버지는 그 아들이 누구의 아들이냐고 다그쳐 물었다.

라이오스 왕과 어머니 이오카스테는 아들을 얻었다. 하지만 신탁은 그 아들이 아버지를 죽이고 자신의 어머니와 결혼을 하게 된다고 하였다. 겁이 난 라이오스 왕은 바로 이 양치기에게 그 아들을 죽일 것을 명령하였고, 이오카스테로부터 아기를 건네받은 양치기는 자신이 양을 기르던 카타이론 산까지 그 아기를 데리고 갔다. 하지만 불쌍한 마음에 도저히 죽이지 못하고 같이 양을 치던 전령에게 라이오스의 아들을 주었던 것이다. 누구의 자식인지도 모르고 전령은 당시 자식이 없던 코린트의 왕 폴리보스에게 그 아기를 바쳤고, 영문도 모른 채 폴리보스는 그 아기를 훌륭하게 키운 것이었다.

오이디푸스 왕 | 오, 이제 모든 것이 사실이 되었구나! 빛이여, 내가 그대를 마지막으로 보게 하여 주오. 나의 정체가 밝혀졌다. 나는 비참하게 태어났고, 인륜에 어긋난 살인을 하였으며, 수치스럽게 결혼을 하였다. 그리고 도저히 얻어서는 안 될 자식까지 얻었다.

코린트의 전령 | 오이디푸스 왕이여! 어디로 가십니까? 나와 함께 코린트로 가서 왕위를 계승해야 합니다.

오이디푸스 왕 | 나보고 왕이 되라고? 난 지금도 왕이다. 하지만 이제 더는 나의 삶은 아무런 의미가 없다.

오이디푸스 왕, 나의 아버지는 몸서리를 치면서 방안으로 뛰어들어갔다. 우리는 그의 비장한 모습에 전율했다. 모두들 얼어붙은 사람처럼 꼼짝도 하지 못했다. 잠시 후 왕의 전령이 달려나왔다. 나는 직감적으로 오이디푸스와 어머니 이오카스테에게 무슨 일이 생겼다는 것을 알 수 있었다.

테베의 전령 ｜ 테베 백성 여러분! 왕궁에서 일어난 슬픈 소식을 전하는 나를 용서해 주십시오. 조금 전 이오카스테 왕비께서 돌아가셨습니다. 이오카스테는 오이디푸스 왕과 말다툼을 한 후 침실로 들어가 자신의 머리채를 쥐어뜯었습니다. 그리고 울부짖으며 라이오스 왕의 이름을 여러 번 불렀습니다. 왕비가 침실로 들어간 후 침실문이 닫혔기 때문에 우리는 더는 아무것도 볼 수가 없었습니다. 잠시 후 침실은 쥐죽은 듯 조용했습니다. 그리고 얼마 후 오이디푸스 왕이 들어왔습니다. 왕은 급히 왕비를 찾았습니다. 침실에 왕비가 있다는 말을 전해 들은 왕은 급히 침실문을 열었습니다. 그때 이미 우리는 왕비가 목을 매어 죽었다는 사실을 직감할 수 있었습니다.

왕은 왕비의 목에 걸려있던 밧줄을 풀어주며 끊임없이 울었습니다. 잠시 후 그 울음은 신음으로 바뀌었습니다. 그 소리에 놀라 달려간 우리는 왕을 보고 너무 놀라 입을 다물지 못했습니다. 왕은…… 왕비의 옷에 꽂혀 있던 황금 핀을 뽑아 자신의 두 눈을 찔렀습니다. 왕은 보아서는 안 될 것을 보았고, 꼭 알아보기를 갈망하던 사람을 알아보지 못한 두 눈은 필요 없다며 두 눈을 계속해서 찔렀습니다. 왕의 두 눈에서는 검은 피가 쏟아져 나왔습니다. 오이디푸스 왕은 계속해서 "아버지를 죽인 살인자, 어머니와 함께 동침한 패륜아"라고 외쳤습니다. 그리고 자기 입으로 선언한 저주를 받고 스스로 이 나라에서 추방되겠다고 하였습니다.

경악스럽다. 아니 고통스럽다.

아무리 아픈 사연이라고 하여도 이렇게 아버지와 어머니가 스스로를 단죄하다니. 아버지는 계속해서 자신을 빨리 죽이든지 아니면 테베에서 추방하라고 요구하였다. 하지만 어떤 누구도 그를 추방할 자격은 없다.

테베는 아버지, 어머니, 그리고 외삼촌 크레온이 동시에 다스렸다. 어머니는 자살하였고, 아버지는 스스로 두 눈을 멀게 했다. 그렇다면 이제 크레온만이 유일하게 이 나라 테베를 다스릴 수 있다. 아버지에 대한 모든 결정은 크레온에 달렸다.

오이디푸스 | 운명이여! 나를 어디로 끌고 가려고 합니까? 상대할 수 없고 말로 표현할 수 없는 어둠이여! 내가 눈을 가져서 무엇하겠습니까? 내가 볼 것이 무엇이 있으며, 내가 나눌 기쁨이 또 무엇이 있습니까? 빨리 나를 이 나라에서 추방하여 주십시오.

오, 카타이론 산이여! 왜 나를 그때 그곳에서 죽게 하지 않았습니까? 그때 죽었다면, 나를 사랑하는 사람들에게 나는 결코 아픔을 가져다주지 않았을 것입니다. 그때 죽었다면, 나는 아버지도 죽이지 않았을 것이며, 어머니와 결혼하지도 않았을 것입니다. 어찌 내가 내 자식을 볼 수 있겠습니까? 그들이 어떻게 태어났는지 나는 너무나 잘 알고 있습니다. 나는 내 눈으로 내 자식들을 결코 볼 수가 없습니다.

여러분, 어서 나를 테베 밖으로 추방해 주시오. 아니면 나를 죽여주시오. 여러분이 나를 다시는 볼 수 없게 깊은 바다에 던져도 상관없소.

나의 모든 희망은 물거품이 되었다. 아버지는 크레온 외삼촌이 앞 못 보는 예언자 테이레시아스와 짜고 라이오스 왕을 시해했다고 말했다. 그런 모욕을 받은 외삼촌이 이제 이 나라 테베를 다스리는 유일한 권력자가 되었다. 이제는 방법이 없다. 아버지는 라이오스 왕을 죽였고, 신탁의 예언은 정확하게 맞아떨어졌다. 유일하게 이 나라의 권력자가 된 크레온 외삼촌이 과연 아버지 오이디푸스에게 관용을 베풀어 줄까?

크레온 | 빨리 오이디푸스 왕을 궁 안으로 모셔라. 이것은 부끄러운 집안 이야기다. 결코 떳떳하지 못한 일들을 많은 사람들이 알아서 좋을 것이 없다.

오이디푸스 왕 | 크레온이 나에게 관용을 베풀어 주는구나. 나의 청 또한 들어줄 것이다.

크레온 | 오이디푸스, 당신이 원하는 것이 무엇입니까? 내가 당신을 위해

무엇을 할 수 있습니까?

오이디푸스 왕 | 제발, 나를 이 나라에서 추방하여 주오. 나는 원래 카타이론 산에서 죽어야 했던 운명이오. 이제 나를 그곳으로 보내 그곳에서 죽게 하여 주오.

크레온 | 그것은 나의 소관이 아닙니다. 나는 아폴론 신에게 물을 것입니다. 그리고 신탁에 따라 당신을 처벌할 것입니다. 그러니 신탁이 나올 때까지 기다려 주십시오.

오이디푸스 왕 | 신탁 또한 분명히 나를 이 나라에서 추방하라고 할 것이오. 그러니 신탁을 기다릴 필요 없이 빨리 나를 추방해 주시오.

크레온 | 안 됩니다. 당신은 신탁이나 예언을 믿지 않았습니다. 신탁에 따라 처벌해야 당신도 신탁을 믿게 될 것입니다.

오이디푸스 왕 | 알겠소. 그렇게 하겠소. 하지만 그 전에 한 가지 소원이 있소. 나에게는 네 명의 자식이 있소. 아들 둘은 이미 장성했으니 자신의 길을 충분히 갈 수 있지만 아직 어린 두 딸은 그렇지 않소. 내가 바라는 것은 크레온, 당신이 그 두 딸을 책임지고 양육해 주는 것이오. 그리고 또 다른 부탁은, 당신의 누이이며 나의 어머니인 이오카스테의 장례 문제요. 비록 운명이 기구하여 목을 매어 자살했지만, 이오카스테 왕비에 대한 마지막 길이 쓸쓸하지 않게 해 주시오.

스핑크스로부터 테베를 보호했던 사람, 질병과 흉년으로 고통받던 테베를 구하기 위해 예언자를 불렀던 사람, 테베가 다시 강한 나라가 될 수 있다면 어떤 고통도 감수하겠다던 사람. 바로 그 사람이 나의 아버지 오이디푸스 왕이다.

아버지는 자신이 친아버지를 죽이고 친어머니와 결혼한다는 신탁을 들은 순간 천륜을 어기는 일을 해서는 안 된다는 생각에 고향이라 믿었던 코린트를 떠났다. 그러다가 여행 도중 자신을 죽이려는 사람을 죽이게 되었고, 고향 코린트와 가능한 한 멀리 떨어지기 위해 테베까지 온 것이다.

당시 테베는 사람의 머리, 사자의 몸, 그리고 독수리의 날개를 가진 괴물 스핑크스 때문에 고통받고 있었다. 스핑크스는 지나가는 사람에게 수수께끼를 내 맞히면 살려주고, 못 맞히면 잡아먹었는데 아버지는 스핑크스가 낸 수수께끼 —아침에는 네 발, 점심에는 두 발, 그리고 저녁에는 세 발로 움직이는 것이 무엇이냐? —를 쉽게 풀었고, 화가 난 스핑크스는 이집트까지 날아가 그곳에서 죽었다고 한다.

왕이 도둑 떼에 살해당하고 스핑크스의 횡포로 어수선한 상태였던 테베에서는 왕비였던 어머니가 테베를 위해 스핑크스를 몰아낸 사람과 결혼하여 왕으로 모시겠다고 공언하였고, 수수께끼를 푼 아버지는 나의 어머니, 그리고 그 자신의 어머니인 이오카스테와 결혼하여 테베의 왕이 된 것이다. 테베를 구하고 동시에 테베를 망하게 한 사람, 이 사람이 바로 나의 아버지 오이디푸스 왕이다. 아니, 어쩌면 테베를 위해서 모든 것을 바친 사람이 바로 오이디푸스 왕이다.

크레온 | 백성들은 내가 하는 말을 잘 들으시오. 지금까지 테베는 오이디푸스 왕과 그의 왕비 그리고 나, 이렇게 세 사람이 함께 다스렸소. 하지만 이오카스테 왕비는 자살하였고, 오이디푸스 왕은 자신의 두 눈을 찔러 스스로 추방의 길을 택함으로써 라이오스 왕을 죽인 죄를 달게 받고자 하였소. 이제 테베를 다스릴 사람은 법에 따라 오이디푸스의 쌍둥이 아들들이오. 오이디푸스의 두 아들은 일 년씩 번갈아 가면서 왕이 되기로 하였소. 자, 두 사람의 결정에 따라 오이디푸스의 둘째 아들 에테오클레스가 테베의 왕이 되었음을 선포한다! 모든 백성들은 에테오클레스 왕의 지시를 따르시오!

안티고네와 이스메네

어머니 이오카스테는 자살하였고, 아버지 오이디푸스는 잘못을 인정하고 스스로를 단죄했다. 그 뒤를 이어 오빠들은 서로 타협하였고, 에테오클레스가 테베의 왕으로 즉위하여 모든 일이 순조롭게 흘러가는 듯 보였다. 그러나 비극은 끝나지 않았다.

먼저 동생에게 왕위를 양보한 폴리네이케스 오빠는 테베를 떠나 아르고스로 향하던 중 아드라스토스의 공주 아르게이아와 결혼하였고, 일 년이 지나 약속대로 왕위를 돌려받기 위해 테베로 돌아왔지만 에테오클레스 오빠는 약속을 지키지 않고 폴리네이케스 오빠를 추방했다. 이 사실을 안 아드라스토스 왕은 군사를 동원하여 폴리네이케스와 함께 테베를 공격하였고, 이 전투에서 그만 폴리네이케스와 에테오클레스는 서로 심장에 칼을 겨누고 말았다.

그 옛날, 아버지 오이디푸스 왕은 앞 못 보는 예언자 테이레시아스에게 라이오스 왕을 시해한 자가 누군가를 물었고, 테이레시아스는 라이오스 왕을 죽인 자의 가족에게 큰 재앙이 닥칠 것을 예언하였다. 테이레시아스의 저주는 정확하게 맞아떨어져, 결국 오이디푸스의 뒤를 이어 테베를 다스릴 후손은 없게 된 것이다. 결국 테베는 외삼촌 크레온의 손에 넘어가게 되는 것인가.

크레온 | 테베 백성 여러분, 나는 오늘 다시 한 번 슬픈 소식을 전해야만 합니다. 오이디푸스 왕의 아들 폴리네이케스가 아드라스토스의 왕과 함께 테베를 공격했습니다. 이 사실을 알고 에테오클레스 왕은 군대를 파견하여 적의 공격을 잘 막았습니다. 하지만 안타깝게도 에테오클레스 왕은 폴리네이케스의 칼에 찔려 산화^{散華}하고 말았습니다. 테베에서 태어났으나 테베를 파멸하려 했던 폴리네이케스도 에테오클레스 왕의 칼에 찔려 함께 죽었습니다.

테베의 법에 따라 왕과 가장 가까운 핏줄을 이어받은 나는 왕위를 계승하였습니다. 왕으로서 나는 여러분에게 말합니다. 나는 무엇보다 우정을 중요하게 생각합니다. 그렇기 때문에 테베의 백성을 적대시하는 사람을 나는 결코 용서하지 않을 것입니다. 특히 테베를 위험에 빠뜨리는 일은 어떤 경우에도 용서하지 않을 것임을 나는 맹세합니다.

조국을 위해 싸우다 당당히 죽은 에테오클레스 왕에게는 영웅의 죽음에 따른 모든 의식을 갖추어 명예롭고도 엄숙하며, 거룩한 국장이 치러질 것입니다. 그뿐 아니라 호화로운 무덤을 만들어 영웅의 삶이 후세에까지 길이 빛나도록 하겠습니다. 하지만 그의 형인 폴리네이케스는 추방당한 신세임에도 다시 돌아와 자신의 조국을 불과 칼로 짓밟으려 했습니다. 그뿐 아니라 자신과 피를 나눈 동포로 하여금 피를 흘리게 했으며, 노예로 삼으려 했습니다. 그렇기 때문에 그의 시신은 매장될 수 없습니다. 누구도 그의 시신에 손을 대서는 안 되며, 어떤 축복도 내려서는 안 됩니다. 나는 그를 들판에 내버려두어 새와 들개의 먹이가 되도록 할 것입니다. 만약 누구든 이 시신을 땅에 묻거나 흙으로 덮어준다면, 그 사람을 여러분이 보는 앞에서 돌로 쳐 죽일 것입니다. 나의 말은 곧 국법임을 다시 한 번 강조합니다.

테베뿐 아니라 그리스에서는 사람이 죽으면 땅에 묻는다. 땅에 묻을 상황이 되지 않으면 최소한 흙으로라도 덮어주어야 한다. 그래야 죽은 사람의 영혼이 땅속의 명부로 갈 수 있다고 믿기 때문이다. 지하의 명부에 들지 못한 영혼은 계속 지상을 떠돌게 될 것이고, 그런 영혼은 다시 태어날 수 없기 때문이다. 사람의 시신을 내버려두어 새나 들개 등 들짐승의 먹이가 되게 하는 것은 결코 신의 뜻이 아니다. 신의 뜻이란 곧 신의 법을 말하는 것이다. 우리의 신들은 사람이 죽으면 지하의 명부에 들게 했다. 이것이 곧 신의 법이다.

신은 사람이 죽으면 땅에 묻어야 한다고 했고, 인간 크레온은 나의 오빠 폴리네이케스가 역적이기 때문에 땅에 묻어서는 안 된다고 명령했다. 크레온의 말은 국법이다. 신의 법과 국법 중 어떤 것이 더 중요한가?

안티고네 | 이스메네, 내 말 잘 들어. 난 국법보다 신의 법이 더 중요하다고 생각해.

이스메네 | 언니, 무슨 뜻이야? 이해할 수 없어. 좀 더 자세하게 말해 줄 수 없어?

안티고네 | 작은오빠의 시신은 테베에서 성대하게 장례를 치렀어. 하지만 큰오빠의 시신은 들판에서 새와 들짐승의 먹이가 되고 있어. 난 도저히 그냥 지켜볼 수가 없어.

이스메네 | 하지만 크레온 외삼촌은 누구라도 오빠의 시신을 수습하는 사람은 국법으로 다스리겠다고 했잖아. 난 너무 무서워.

안티고네 | 우리 가족 모두는 신의 저주를 받았어. 그보다 더 무서운 일이 어디 있겠니. 난 외삼촌의 명령 같은 것은 하나도 무섭지 않아.

이스메네 | 그럼 언니는 큰 오빠의 시신을 수습해서 매장하겠다는 거야?

난 도저히…… 자신이 없어.

안티고네 | 네가 도와줄 수 없다면 나 혼자라도 할 거야.

이스메네 | 그러다 크레온 외삼촌에게 들켜 언니마저 죽으면, 난 어떻게 살아?

안티고네 | 난 아무렇게나 되어도 상관없어. 내가 생각하는 것은 오직 신의 법이야. 사람이 죽으면 땅에 묻어주어야 한다는 신의 법 말이야. 그러니 너는 내 생각을 알고만 있으렴.

크레온 왕은 폴리네이케스 오빠의 시신을 누군가가 매장하거나 흙으로 덮어 줄까 잠도 자지 못하고 걱정하고 있었다. 그리고 그 걱정은 현실로 나타났다. 이른 아침 폴리네이케스 오빠의 시신을 지키던 파수병 중 한 사람이 헐레벌떡 뛰어와서는 왕에게 고한 것이다. 아침에 일어났더니 폴리네이케스의 시신이 흙으로 덮여 있었다는 것이다. 그런데 시신의 주위에는 흙을 판 흔적이나 마차 바퀴, 사람이 지나간 흔적이 전혀 없었다고 했다.

파수병들은 아침에 교대한 후 이 사실을 알고 서로 의심하였지만 범인을 찾을 수가 없었다. 하지만 이 사실을 왕에게 알리긴 알려야 하고, 왕이 이 사실을 알면 분명 파수병의 목부터 베고 볼 것이 뻔했기에 어쩔 수 없이 왕에게 사실을 알릴 사람을 제비뽑기로 정했던 것이다.

아니나 다를까. 크레온 왕은 폴리네이케스의 시신이 흙에 덮였다는 보고를 받자마자 누군가가 자신을 파멸하려고 돈으로 파수병을 매수하였다며 노발대발하였다. 신이 폴리네이케스를 불쌍히 여겨 그렇게 하지 않았겠느냐는 어느 신하의 주장에 크레온은 더욱 화가 났고, 폴리네이케스는 조국을 멸망시키려 했을 뿐 아니라 신전마저 파괴하려 했던 역적이라며 신의 도움은 있을 수 없다고 소리쳤다.

기분이 좋았다. 크레온 왕은 폴리네이케스 오빠의 시신을 흙으로 덮은 사람은 분명 그에 해당하는 벌을 받을 것이라며 노발대발하였지만, 나의 기분은 날아갈 듯 좋았다. 오빠의 시신에 흙이 덮였다는 사실, 그것만으로 나는 행복했다. 하지만 그 행복은 오래가지 못했다.

파수병 | 크레온 왕이시여. 폴리네이케스의 시신에 흙을 덮은 범인을 잡아왔습니다.

크레온 | 오, 고생이 많았다. 저기 저 고개를 숙인 자인가? 어떻게 된 일인지 자세히 보고하라.

파수병 | 왕의 명령을 받고 우리는 폴리네이케스에게 덮여 있던 흙을 모두 치웠습니다. 그런데 얼마 지나지 않아 회오리바람이 불었고, 그 바람이 걷힐 때 우리는 모두 놀라 입을 다물지 못했습니다. 바로 이 여인이 폴리네이케스의 시신을 다시 매장하려고 몰래 그곳으로 다가왔기 때문입니다. 이 여인은 반항하지 않고 우리에게 붙잡혔습니다.

크레온 | 여인은 고개를 들고 나를 보라. 너는 나의 명령을 듣지 않았는가? 아니, 너는 안티고네가 아니냐?

안티고네 | 그렇습니다. 나는 안티고네입니다. 물론 나는 당신의 명령을 들었습니다. 하지만 당신의 명령은 유한한 인간의 명령이지 신의 명령이 아닙니다. 신은 사람이 죽으면 그 시신을 매장하라고 말했습니다. 나는 단지 유한한 인간의 명령이 아닌 무한한 신의 명령에 따라 행동했을 뿐입니다. 그리고 동생이 오빠의 시신을 수습하여 무덤을 만들어 주는 것이 어찌 죄가 된단 말입니까?

크레온 | 에테오클레스는 생각하지 않았는가? 역적 폴리네이케스와 영웅 에테오클레스를 같이 취급해도 된다는 말인가?

안티고네 | 폴리네이케스가 비록 역적일지는 모르나 분명 그들은 형제입니다. 그렇기 때문에 에테오클레스도 나의 행동을 이해해 줄 것입니다. 아니 오히려 칭찬해 줄 것입니다.

크레온 | 이번 일은 너 혼자 결정한 것이 아니다. 너의 동생 이스메네도 분명 공범일 것이다. 여봐라, 어서 가서 이스메네를 끌고 오라!

이스메네 | 당신의 명령이 없이도 이미 나는 여기에 왔습니다.

안티고네 | 크레온 왕이시여, 이스메네는 이번 일과 아무런 관계가 없습니다. 단지 나 혼자만의 범행입니다. 그러니 동생을 이 일과 연관시키지 마십시오.

이스메네 | 언니, 내 생각이 짧았어. 언니 말이 옳아. 에테오클레스 오빠도 폴리네이케스를 매장하고자 했던 언니의 행동을 이해할 거야. 외삼촌, 저도 이 일에 동참하였으니 함께 벌해주세요.

처음 언니인 안티고네가 폴리네이케스 오빠의 무덤을 만들자고 했을 때 나는 국법을 들어 반대했다. 하지만 지금은 누가 옳고 그르고를 떠나 함께 행동해야 한다. 결국 아버지의 저주처럼 우리 남매는 모두 죽을 것인가? 안티고네는 어떻게 하든지 나를 살리려고 했다. 하지만 나에게도 죽은 자를 공경할 자격이 있다.

다행인지 불행인지 크레온은 나를 벌하려 하지 않았다. 하지만 나는 안티고네의 약혼자이자 크레온의 아들인 하이몬을 설득해 안티고네를 살리고자 했다. 다행히 나뿐 아니라 다른 신하들도 하이몬을 앞세워 크레온을 설득하였지만, 크레온의 생각에는 조금도 흔들림이 없었다. 크레온은 안티고네를 가두라고 명령하고 도망치지 못하게 감시하도록 했다. 과연 하이몬이 안티고네를 살릴 수 있을까?

크레온 | 하이몬이 나를 이해해 줄까?

신하 | 마침 저기 오십니다.

크레온 | 오, 하이몬, 너는 나의 행동에 증오심을 가질 수 있느냐? 아니면 내가 무슨 일을 하든 사랑과 존경으로 믿고 따르겠느냐?

하이몬 | 저는 아버지의 아들입니다. 누가 뭐래도 전 아버지를 위해서라면 무엇이든 할 것입니다.

크레온 | 고맙다. 나는 이미 알고 있었다. 내가 안티고네를 죽일 수밖에 없음을 네가 이해하리라고 말이다.

하이몬 | 그 문제는 다릅니다. 저는 아버지를 위해서 무엇이든 할 수 있습니다. 그러나 백성들의 생각이 문제입니다. 아버지는 듣지 못하셨습니까? 저는 지금 막 그들의 이야기를 듣고 오는 길입니다.

크레온 | 백성들의 이야기라고?

하이몬 | 그렇습니다. 그들은 오빠의 시신을 덮어준 것이 왜 죄가 되느냐고 불평을 늘어놓고 있습니다. 그뿐 아니라 들짐승과 새들로부터 오빠의 시신을 지킨 안티고네를 존경은 못할망정 사형이라니 말도 안 된다며 수군거리고 있습니다.

크레온 | 난 단지 나의 법을 집행하는 강한 왕일 뿐이다. 나는 백성들의 말에 좌지우지될 만큼 나약한 왕이 아니야.

하이몬 | 자신보다 뛰어난 이성을 가진 사람들의 말을 듣는 것도 군주의 도리라고 배웠습니다. 이성에 굴복하지 않는 이성은 결코 이성이 될 수 없습니다.

크레온 | 나를 가르치려 하지 마라! 너는 나의 말에 따르면 그만이다.

하이몬 | 하지만 안티고네는 나의 약혼자입니다. 그렇기 때문에 그녀의 일은 곧 나의 일이기도 합니다.

크레온 | 지금은 아니다. 안티고네는 나의 명령을 어긴 죄인일 뿐이며, 이제 그 약혼도 유효하지 않다. 그러니 나의 뜻을 굽힐 생각은 절대로 하지 마라.

하이몬 | 아버지의 생각이 정 그러하시다면, 아버지는 또 다른 죽음을 보

시게 될 것입니다.

크레온 | 네가 지금 나를 협박하느냐? 안티고네는 범죄를 저질렀고, 너는 아니다.

하이몬 | 테베의 어떤 누구도 그녀가 범죄를 저질렀다고 생각하지 않습니다.

크레온 | 누가 뭐래도 안티고네는 저 멀리 황량한 벌판으로 가 산 채로 바위 굴속에 갇히게 될 것이다. 물론 법에 따라 음식은 제공될 것이나 얼마나 오래 살고 못 살고는 그녀의 의지에 달렸다. 너의 생각이 어떻든 난 그렇게 할 것이다.

아, 가슴이 무너진다.

크레온 외삼촌이 나만은 살려준다고 한다. 언니 안티고네는 천만다행이라고 했지만 나의 생각은 그렇지 않다. 모든 사람들이 나와 안티고네에게 연민의 정을 보여 줄 것이다. 하지만 당당한 죽음을 맞이하는 안티고네는 결코 그들이 걱정하거나 연민하는 것처럼 죽지는 않을 것이다. 보다 큰 영광 속에서 찬양을 받으며 죽은 자들 가운데로 들 것이다.

어머니와 결혼한 아들, 그들의 죄로 태어난 우리 남매. 우리 가족에게 저주가 내리는 것은 어쩌면 지극히 당연한 결과가 아닐까? 비록 아버지이며 오빠인 오이디푸스의 결혼이 안티고네와 그녀의 결혼을 망쳤고 태어나 자란 나라로부터 버림받게 하였지만, 죽은 자를 찬양하는 것은 본래 백성들의 미덕이다. 그리고 그 죽음은 우리 스스로 택한 것이니, 죽음 또한 우리 스스로 불러들인 것이다.

이제 안티고네는 사랑도 탄식도 노래도 없는 영원한 침묵만이 존재하는 곳으로 간다. 차가운 바위굴이 그녀의 신방이 될 것이며, 그곳에서 혼령들을 만날 것이다. 아버지 오이디푸스를 만날 것이고, 어머니 이오카스테도 만날 것이다. 그리고 무엇보다 자신의 손으로 시신을 씻어주고 술잔을 따라준 가장 깨끗한 영혼의 폴리네이케스도 만날 것이다.

크레온이 뭐라 하든 안티고네와 내가 신 앞에 아무런 잘못도 저지르지 않았다는 것을 테베의 모든 사람들은 알고 있을 것이다. 안티고네는 테베의 조상신들에게 마지막 기도를 드렸다. 그들은 테베의 불행한 왕가의 딸이 죽음으로 이끌려가는 것을 보게 될 것이다. 또한 그들은 안티고네의 앞길을 잘 인도해 줄 것이다.

또 다른 예언

테이레시아스 | 크레온 왕이시여, 나의 이야기를 들어주십시오.

크레온 | 그대는 앞 못 보는 예언자 테이레시아스가 아닌가! 내게 할 이야기가 있소?

테이레시아스 | 지금까지 나의 예언은 단 한 번도 틀린 적이 없습니다. 그

것은 크레온 왕께서도 잘 알고 있으리라 생각됩니다.

크레온 | 알고 있소. 당신의 예언은 단 한 번도 틀린 적이 없지.

테이레시아스 | 그렇다면 이제 나의 예언을 들어주셔야겠습니다. 안티고네에게 내린 왕의 결정은 또 다른 재앙을 불러올 것입니다. 사람은 누구나 실수를 합니다. 하지만 정의로운 사람은 자신의 실수를 인정하고 바로 잡을 줄도 알아야 합니다.

크레온 | 답답한 이야기는 그만 하고, 하고 싶은 이야기를 하시오.

테이레시아스 | 부디 내가 하는 말에 화내지 마시기 바랍니다. 왕께서는 죽은 시신과 싸우지 마십시오. 이미 죽은 사람을 다시 죽이는 것에 무슨 영광이 있겠습니까? 왕께서는 자신을 위해서 굴복할 줄도 알아야 합니다. 지혜는 어떤 것보다 값지다는 말을 함께 기억해 주시기 바랍니다.

당신은 지하의 신들에게 가야 할 시신을 보내주지 않았습니다. 살아 있는 사람을 무덤에 넣었고, 죽은 사람에게 무덤을 허락하지 않았습니다. 이것은 분명히 죄악입니다. 그래서 복수의 신들과 지옥의 신들이 당신에게 보복하려 하고 있습니다. 당신에게는 무서운 재앙이 내릴 것입니다. 당신이 저의 예언을 거역하게 되면, 당신께서는 당신 몸으로 낳은 자의 시체로 그 죄를 갚아야 할 것입니다. 머지않아 당신의 집은 통곡하는 소리로 가득 찰 것입니다. 당신은 매장도 되지 않은 당신의 자식들을 테베 성문 앞에서 보게 될 것입니다. 당신의 머리가 맑아지고 현명한 혀를 가질 날이 오기를 기대하며, 이 몸은 물러가겠습니다.

크레온 | 당신의 예언이 틀린 적은 한 번도 없었소. 당신의 말을 듣지 않으면, 당신의 저주대로 이루어지겠지? 아, 그래, 지금 당장 신하들에게 안티고네를 풀어주라고 명령하겠소.

테이레시아스 | 안 됩니다. 신하들이 해야 할 일이 아니라 왕께서 직접 하셔야 할 일입니다.

얼마나 괴로울까.

크레온 외삼촌은 앞 못 보는 예언자 테이레시아스의 말에 벌벌 떨고 있다. 자신의 말이 곧 법이며 국가라고 소리친 지 불과 몇 시간도 지나지 않았다. 자신의 명령이 신의 법보다 우선이라며 안티고네의 죄를 물어 바위 동굴에 가두었는데, 이제 자신과 자신의 가족을 살리기 위해 안티고네를 스스로 풀어주어야 한다니. 신들의 명령은 불가항력이라는 걸 크레온도 이제 분명히 알았을 것이다. 하지만 테이레시아스의 예언은 이미 진행되고 있었다.

아버지의 결정을 비난하며 안티고네가 갇혀 있는 동굴로 향한 하이몬은 스스로 목을 맨 후 이미 차디차게 식어 누워 있는 안티고네를 보고 말았다. 하이몬은 북받치는 설움을 참지 못하고 소리쳤다.

크레온 | 이게 무슨 소리인가? 어디서 나는 소리인가?

신하 | 안티고네의 바위굴에서 나는 소리 같습니다.

크레온 | 나는 예언자 테이레시아스의 지시에 따라 폴리네이케스의 시신을 잘 수습하여 주었다. 비록 시신 일부는 들짐승에게 파 먹혀 부패하였지만, 정성껏 기름을 바르고 유골을 잘 수습하여 주었지 않는가? 그리고 안티고네를 바위굴에서 석방하러 가는 길이 아닌가?

어서 가서 보아라. 그 비명이 안티고네의 것인지 아니면, 아니길 바라지만 하이몬의 것인지, 어서 가서 보아라!

하이몬 | 아버지, 당신은 나의 신부를 빼앗아 갔습니다. 나는 당신을 죽이고 안티고네와 함께 이곳에서 영원히 살 것입니다!

크레온 | 하이몬, 오해다. 나는 지금 폴리네이케스의 무덤을 만들고 안티고네를 석방하기 위해 온 것이다. 그러니 제발 흥분을 가라앉히고 내 말을 들어라.

그러나 하이몬은 더 이상 크레온의 말을 듣지 않았다. 아니, 들으려 하지 않았다. 하이몬은 자신의 칼을 뽑아 크레온을 찌르려 했다. 다행히도 크레온은 하이몬의 칼을 잘 피했지만 그 칼은 크레온을 피해 하이몬의 옆구리에 박히고 말았다. 크레온 왕, 나의 외삼촌, 하이몬의 아버지는 통곡했다.

크레온 외삼촌과 하이몬 사이에 있었던 일을 들은 에우리디케 외숙모는 조용히 궁궐 안으로 들어갔다. 피눈물을 흘리며 아들을 죽게 한 남편을 원망하던 에우리디케는 제단 앞에 엎드려 기도한 다음 칼로 자신의 가슴을 찔렀다.

모든 것이 끝났다. 크레온은 더는 태양을 보지 않겠다며 자신을 죽여
달라고 외쳤다. 어떤 누구도 정해진 운명에서 벗어날 수 없다. 지혜가 없
는 곳에는 행복도 없다. 오만한 자는 모든 일이 끝난 다음에 지혜를 배운
다. 크레온은 이 사실을 너무 늦게 깨우쳤다.

그럼 나는? 나는 이제 이 사실을 어떻게 받아들여야 할까?

읽어두면 좋을 이야기

이보다 완벽한 비극은 없다

소포클레스가 《오이디푸스 왕》을 비극으로 탄생시킨 것은 기원전 430년경이다. 《안티고네》는 《오이디푸스 왕》보다 1년 먼저 쓰였지만, 그 내용은 《오이디푸스 왕》보다 뒤에 일어난 사건을 다루고 있다. 오늘날까지도 소포클레스의 이 두 작품은 비극의 전형적인 모델로서 서양과 동양을 막론하고 상연되고 읽힌다. 그 이유가 무엇일까?

신화에 그 근거를 두는 《오이디푸스 왕》과 《안티고네》를 신화를 바탕으로 한 비극이라고 이야기하는 사람은 없다. 이 작품을 연구하는 많은 사람들은 이 작품 자체가 하나의 신화라는 것에 아무런 이견을 갖고 있지 않을 것이다. 《오이디푸스 왕》과 《안티고네》는 인간의 운명이 어떻게 결정되고 바뀌는가에 대한 전형적인 모습을 신이라는 매체를 통해 보여 준다. 무엇보다 이런 이유 때문에 2400년이 지난 지금까지도 두 작품의 인기는 식지 않는 것이다.

기원전 496년, 부유한 집안의 갑옷 제조업자에게서 태어난 소포클레스는 고등교육을 받고 귀족들과 허물없이 지내며 많은 친구를 두었는데, 그중에는 역사학자 헤로도투스도 포함되어 있었다.

소포클레스의 나이 16세에 살라미스 해전을 축하하는 찬가를 지휘했는데 그것은 소포클레스가 미래에 유명인이 될 수 있도록 보장받은 사건이기도 하다. 이후 소포클레스는 페리클레스의 신임을 얻어 그의 측근으로 혹은 동료로 아테네를 위해 많은 업적을 남겼다. 젊었을 때부터 음악과 예술에 뛰어난 능력을 발휘한 소포클레스는 아테네가 스파르타에 최종적으로 항복한 기원전 401년보다 3년 먼저 세상을 떠남으로써 행복한 사람으로 남았다. 그는 모두 123편의 희곡을 남긴 것으로 알려져 있지만, 현재 남아 있는 것은 단지 일곱 편뿐이다.

완벽한 비극의 원형인 《오이디푸스 왕》의 가장 큰 특징은 오이디푸스가 자신이 누군지 알아가는 과정과 그의 운명이 바뀌는 시점이 서로 일치한다는 것이다. 소포클레스가 이것을 우연한 일치로 처리하고 싶었는지, 아니면 필연적인 상황으로 끌고 가려고 했는지는 분명하지 않지만 어찌 되었건 독자는 결과를 알고도 극 속으로 빠져들 수밖에 없는 상황과 마주하게 된다.

오이디푸스의 운명을 생각하면 인간 삶의 비극이 무엇인지 충분히 공감할 수 있다. 바로 여기서 소포클레스의 상황 묘사가 돋보인다. 오이디푸스는 운명을 피하려고 노력하지만 오히려 그것이 오이디푸스의 운명임을 우리는 너무나 잘 알고 있다. 오이디푸스는 운명의 주인공이 자신이 아니라는 확실한 자신감을 갖고 있었기 때문에 사실을 듣는 일을 피하지 않았다. 이것이 그의 자만이며 불 같은 기질이다. 오이디푸스가 자신이 살기 위해서 아버지를 죽인 일은 어쩌면 지극히 인간적인 일이다. 그것은 인간의 힘으로는 어쩔 수 없는 과실이었다. 하지만 그에게 닥친 파멸과 고통은 필연적이며, 이러한 인간의 숙명은 결국 신으로부터 시작된다.

신탁을 접한 오이디푸스는 매우 신중하게 운명을 피할 수 있는 안전한 방법을 고민했다. 많은 고민 끝에 오이디푸스는 코린트를 떠났지만 너무나 인간적인 이 생각이 결국 그의 비극을 실현하는 계기가 되었다. 여기서 묻는다. 만약 오이디푸스가 코린트를 떠나지 않았다면 어떻게 되었을까? 결과는 마찬가지였을까? 달라졌을까?

그러나 우리는 지금 여기서 이런 질문을 할 수 없다. 인간의 운명은 인간이 결정하는 것이 아니라 신이 결정한다는 고대 그리스의 사고방식을 우리는 거절도 거부도 할 수 없기 때문이다. 《오이디푸스 왕》에서 오이디푸스가 운명을 받아들이는 태도는 우리로 하여금 소포클레스의 또 다른 매력을 발견하게 하는 부분이다. 신탁의 주인공이 자신임을 안 오이디푸스는 신에 대한 저주도 거부도 없이 신탁을 받아들인다. 한 번쯤 신에게 무죄임을 호소하고 용서를 빌 만도 하지만, 어떤 구차한 변명도 없이 모든 것을 받아들이는 것이다.

마찬가지로 안티고네도 아버지의 기질을 그대로 물려받은 것으로 보인다. 오이디푸스가 자신의 두 눈을 찔러 시각장애인이 된 후 추방의 길을 나서자 오이디푸스의 두 아들이 일 년씩 번갈아가며 테베를 통치하기로 약속하게 된다. 이 약속에 따라 먼저 에테오클레스가 테베의 왕이 되었으나, 일 년 후 폴리네이케스가 약속대로 왕위를 이어받지 못하자 둘은 전쟁을 일으켜 서로 죽이고 만다. 그리고 결국 테베는 안티고네의 외삼촌 크레온이 통치하게 된다. 그러나 크레온은 테베를 위해 죽은 왕 에테오클레스의 시신은 잘 수습하여 장례를 치르고, 테베를 공격한 폴리네이케스는 전쟁터에서 들짐승의 먹이가 되게 그냥 둘 것을 명령하였을 뿐 아니라 폴리네이케스의 시신을 만지거나 무덤을 만들어 주는 사람에게도 죽음의 벌을 내리겠노라 공포하였다.

고대 그리스 사람들은 사람이 죽으면 무덤을 쓰거나 최소한 흙이라도 덮어 주어야 영원한 안식처인 지상세계로 들어갈 수 있다고 믿었다. 그래서 그들은 죽은 사람들이 영원한 안식을 얻도록 무덤을 꼭 만들어 주었고, 그러한 행동은 인간의 법이 아닌 신의 명령을 따르는 것과 같았다.

신은 죽은 사람에게 무덤을 만들어 주라고 명령했다. 그러나 인간 크레온은 무덤을 만들지 말라고 명령했다. 누구의 명령이 먼저일까? 신의 법? 아니면 인간의 법? 안티고네의 고뇌는 여기서 시작된다. 안티고네는 결국 신의 법을 따를 것을 결정하는데, 여기서 우리는 오이디푸스 집안사람들의 고집과 꺾이지 않는 의지를 볼 수 있다. 오이디푸스가 파멸의 길을 스스로 찾아간 것처럼 그의 두 아들 역시 스스로 파멸의 길을 걸었고, 안티고네도 예외는 아니었다. 우리는 여기서 고집스러운 오이디푸스가*의 모습을 찾아볼 수 있다. 물론 이스메네의 행동만은 예외였다. 유일하게 살아남은 오이디푸스가의 사람이 이스메네임을 우리는 잘 알고 있다. 왕의 권위에 도전하려는 안티고네의 행동이 현실적으로 불가능하다는 것을 알고 있었던 이스메네의 태도에서 우리는 어떤 결정이 옳은 것인가를 생각하게 된다.

《안티고네》에서 우리가 연민을 느끼는 사람 역시 안티고네이다. 신의 법이 인간의 명령 위에 있다고 판단하고 믿은 안티고네는 신의 법을 실천하기 위해서 앞뒤 가리지 않고 뛰어드는 한 마리의 불나방이다. 그녀의 태도는 어떤 이론이나 논리로도 설명할 수 없다. 동굴에서 죽어가는 그녀의 모습에서 우리는 너무나 인간적인 연민의 정을 느낄 수밖에 없는 것이다.

소포클레스의 《안티고네》에서 가장 극적이고 또 다른 의미에서 인간적인 사람은 크레온이다. 크레온 역시 오이디푸스처럼 자신 앞에 주어진 운명을 쫓아가 파멸하는 한 사람이다. 스스로 내린 명령 때문에 스스로 파멸할 수밖에 없었던 인물이 바로 그이기 때문이다.

인간은 누구나 잘못을 저지른다. 하지만 그 잘못을 깨달았을 때 어떻게 대처하고 행동하느냐에 따라 지혜롭고 현명한 인간과 그렇지 못한 인간으로 구별된다. 크레온은 어떻게 행동하고 살아가는 것이 지혜롭고 현명한 삶인지를 우리에게 보여 주는 것 같다.

본 장에서는 소포클레스의 《오이디푸스 왕》과 《안티고네》를 함께 묶어보았다. 소포클레스의 저술 순으로 본다면 《안티고네》가 먼저이지만, 사건 형식으로 볼 때 《오이디푸스 왕》이 먼저 나와야 힐 것 같아서 그렇게 하였다. 읽을 때 참고하기 바란다.

PHILOSOPHY

높은 담 안에서 벌어지는
평정심의 쾌락

_에피쿠로스 《쾌락》

알아둘 인물

메노이케우스 | 메노이케우스에 대해서는 알려진 것이 없다. 하지만 에피쿠로스가 자신의 윤리학에 관한 내용을 《메노이케우스에게 보내는 편지》에 남겨둔 것이 있다. 이것으로 보아 그가 총애한 제자로 보인다. 《헤로도투스에게 보내는 편지》와 다르게 내용은 일반 독자를 대상으로 하고 있다.

헤로도투스 | 에피쿠로스의 제자라는 것 외에는 알려진 것이 거의 없다. 《에피쿠로스의 젊은 시절》이라는 책을 남겼다고 전해진다. 에피쿠로스가 남긴 《헤로도투스에게 보내는 편지》는 에피쿠로스가 자신의 자연학 체계를 요약한 것으로 에피쿠로스학파의 이론을 이해하고 있는 사람을 대상으로 한 것이며, 그 내용은 매우 어렵다.

퓌토클레스 | 젊고 아름다운 청년 퓌토클레스는 에피쿠로스가 《퓌토클레스에게 보내는 편지》를 직접 쓸 만큼 매우 사랑했던 제자로 알려져 있다.

죽음의 윤리학

죽음은 아무것도 아니다.

에피쿠로스 선생님은 "죽음은 아무것도 아니다"라는 믿음에 익숙해져야 한다고 주장한다. 왜냐하면 모든 좋고 나쁨은 감각에 있는데, 죽으면 감각도 사라지기 때문이다. 그러므로 죽음이 두려운 일이 아니라는 사실을 진정으로 깨달은 사람은 살아가면서 두려워할 것이 없다.

죽음이라는 상황을 예상하여 고통스러워하는 것 또한 헛된 일이다. 죽음 자체는 아무것도 아니다. 우리가 존재하는 한 죽음은 우리와 함께 있지 않고, 죽으면 이미 우리는 존재하지 않기 때문이다. 그렇다면 죽음은 산 사람이나 죽은 사람 모두와 아무런 상관이 없는 것이다.

_메노이케우스

6. 높은 담 안에서 벌어지는 평정심의 쾌락

_에피쿠로스 《쾌락》

높다.

아니, 까마득하다. 매일 보는 담장이지만 오늘따라 더 높아 보인다. 오늘도 우리에게는 물과 빵 하나가 주어지겠지. 배가 고파도 이것만으로 오늘 하루를 보내야 한다. 우린 왜 이곳에 있을까? 모두들 여러 가지 이유를 말하지만 어떤 이유도 나에게는 타당하게 들리지 않는다. 하지만 모두에게 분명한 목적 하나는 철학이다.

철학은 어렵다. 아니, 어렵다기보다 이상하다. 플라톤은 철학이란 지혜를 사랑하는 것이라고 했다. 하지만 플라톤 이후 많은 철학자들이 다른 정의를 내리지 못하고 있다. 철학은 한마디로 이상한 학문이다. 물론 이 말은 내 말이 아니라 에피쿠로스 선생님의 말이다.

에피쿠로스 | 철학을 나보다 먼저 시작한 사람들은 자연현상과 천체현

상, 윤리학, 논리학, 존재론, 혹은 인식론 등 우리가 생각할 수 있는 모든 문제를 다루었습니다. 그리고 그것을 철학이라고 말했습니다. 하지만 모든 철학자들이 모든 학문 분야에 관심을 둔 것은 아닙니다. 그들 철학자 중에는 특별히 한 분야에 관심이 있고 깊이 연구한 사람도 있습니다. 예를 들자면 소크라테스는 윤리학에 많은 관심을 가졌고, 플라톤과 아리스토텔레스는 모든 분야를 연구하였지만 특히 인식론과 존재론에 깊은 관심을 보였습니다.

"그렇다면 선생님은 어떤 분야에 관심이 있습니까?"

에피쿠로스 | 나도 분명히 다른 철학자들처럼 모든 분야에 관심이 있지.

"그래도 선생님이 관심이 있고 더 깊이 연구하는 분야가 있지 않습니까?"

에피쿠로스 | 나는 소크라테스와 데모크리토스의 철학을 좋아한다. 메노이케우스! 그렇다면 내가 관심 있는 철학 분야가 무엇인지 알겠지?

소크라테스는 윤리학을 정립한 철학자라고 선생님은 늘 말했다. 데모크리토스는 자연 철학이나 천체에 관심이 많았다. 그렇다면 선생님의 관심 분야는 윤리학과 자연과학이다.

오늘도 선생님의 학교는 철학을 공부하려는 다양한 사람들로 붐빈다. 메노이케우스는 내 이름이다. 나는 에피쿠로스 선생님이 아끼는 제자 중 한 명이다. 특히 선생님은 나에게 한 장의 편지를 보내셨는데, 그 내용은 나뿐 아니라 누구라도 쉽게 이해할 수 있는 윤리학에 관한 것이다.

우정, 욕망, 쾌락 그리고 죽음의 윤리학

에피쿠로스 | 메노이케우스, 네가 생각한 것처럼 나는 요즘 윤리학과 자연 철학에 많은 관심을 두고 있다. 그런데 윤리란 무엇이지?

메노이케우스 | 윤리란 인간의 행위나 말에 대해서 옳고 그름을 판단할 수 있는 능력과 의식입니다.

에피쿠로스 | 그렇다면 윤리는 인간이 사는 사회에 꼭 필요한 것이겠구나.

메노이케우스 | 그렇습니다. 그렇기 때문에 사람들은 윤리적인 삶을 위해 의무와 본분을 다해야 합니다. 우리가 선생님이 세운 이 학교에서 공동체 생활을 하며 할 일과 해서는 안 되는 일을 구분하는 것 또한 공동체 생활에서 필요한 윤리를 지키려는 것입니다.

에피쿠로스 | 아테네에서는 이곳이 아니더라도 철학을 배울 수 있는 곳이 많다. 너는 왜 이곳을 택했지?

메노이케우스 | 좋아서입니다. 나뿐 아니라 모든 사람들이 자신이 좋은 대로 택했으리라 생각합니다.

에피쿠로스 | 좋아서라. 그렇다면 자신의 즐거움과 행복을 위해서라는 말이로군.

메노이케우스 | 선생님, 저는 제 행복과 즐거움을 위해서 이 학교를 택했습니다. 그럼 개인의 행복과 즐거움에 관련된 것도 윤리입니까?

에피쿠로스 | 소크라테스였다면 그런 것을 윤리라고 하지 않았겠지. 하지만 나는 그런 것도 윤리라고 생각하네. 인간은 누구나 행복하고 즐거울 권리가 있으니까.

메노이케우스 | 어떤 공동체나 사회 안에서의 행복이나 즐거움이 아닌 개인의 행복이나 즐거움에 대해 말씀하시는 겁니까?

에피쿠로스 | 그래. 우리는 모두 즐거움과 행복을 추구하는 개인일 뿐이야. 나는 소크라테스가 말하는 윤리의 의무나 본분이 우리 개인의 행복이나 즐거움을 방해할 아무런 이유가 없다고 생각한다.

메노이케우스 | 공동체 생활에도 같은 윤리가 적용됩니까?

에피쿠로스 | 그렇지. 인간이 반드시 공동체의 일원이 되어야 할 이유는 없어. 공동체와 관계없이 행복할 수도 있고 불행할 수도 있지.

메노이케우스 | 하지만 우리는 공동체 생활을 하고 있습니다. 그리고 그 공동체 생활에서는 서로 지켜야 할 것이 있습니다. 그런 것이 윤리 아닙니까?

에피쿠로스 ┃ 물론 그런 것이 윤리이지. 하지만 그런 윤리를 모두 지키려면 개인의 행복이나 즐거움은 추구할 수 없지 않겠나?

자유롭다.

이곳에서의 생활은 매우 자유롭다. 아니, 자유롭다기보다는 에피쿠로스 선생님은 우리의 행동이나 말에 간섭하지 않는다. 이것은 에피쿠로스만의 윤리학이다. 그렇기 때문에 선생님의 윤리학은 다른 철학자의 것과 많이 다르다. 선생님은 윤리학과 자연학에 관심을 두고 있지만, 인간의 행복이나 즐거움이 더 중요하다고 생각하기에 윤리학을 더 우위에 두는 것이다.

에피쿠로스 ┃ 나는 개인의 행복이나 즐거움을 위해서는 우정, 욕망, 쾌락, 그리고 죽음이 꼭 필요하다고 생각한다.

메노이케우스 ┃ 욕망이나 쾌락이 개인의 행복과 즐거움을 위해서 꼭 필요하다는 것은 인정합니다. 하지만 우정과 죽음은 왜 필요한지 잘 모르겠습니다.

에피쿠로스 ┃ 그래? 나는 나의 윤리에 우정과 죽음을 추가할 것이다.

메노이케우스 ┃ 우정, 욕망, 쾌락, 그리고 죽음에 관한 윤리학?

에피쿠로스 ┃ 그래. 이 네 가지 중에서도 나는 우정이야말로 가장 중요한 것이라고 생각한다. 우리 인간이 가진 지혜 중에서 가장 값진 것이 바로 우정이거든.

메노이케우스 ｜ 선생님께서는 우정을 무엇이라고 생각하기에 선생님의 윤리학 중에서 우정이 가장 중요하다고 말씀하십니까? 한 사회가 형성되려면 무엇보다 그들의 공동체를 유지하는 것이 중요한 것 아닙니까?

그리고 그 공동체를 유지하려면 무엇보다 규율이나 법과 같은 사회적인 정의가 필요하다고 생각합니다. 이런 사회적인 정의가 바로 윤리의 시작이며 공동체를 이끌어 나가는 기본입니다. 그런데 선생님께서는 공동체를 위해서 우정을 강조하십니다. 과연 우정이 공동체를 형성해 줄 수 있다고 믿으십니까?

에피쿠로스 ｜ 만약 우정이 없다면 우리는 대화를 할 수 없겠지? 대화는 사람들 간의 소통 수단인데 우정이 없다면 이러한 소통 수단도 사라질 것이고 그렇다면 우리는 어떠한 행복이나 즐거움도 느끼지 못할 것이다. 즐거움이나 쾌락을 느끼지 못하는 사람은 공동체를 원치 않겠지? 그래서 나는 우정이 우리 사회와 공동체를 구성하는 가장 중요한 것이며 기본이라고 생각한다. 지혜로운 사람만이 우정을 바탕으로 사회를 형성하리라고 말이지.

혈연, 지연, 학연, 모두 가족 중심사회의 부정적인 용어들이지만 분명 이것들은 또 다른 힘을 갖고 있다. 가족중심사회가 가진 힘을 전적으로 무시할 수 있을까? 내가 얼마나 많은 사람과 우정을 쌓았느냐에 따라 나의 행복도 즐거움도 달라질 수 있지 않을까? 그렇다면 우리는 끊임없이 새로운 우정을 맺어야 할 것이다.

가능한 많은 우정을 쌓을수록 행복도 즐거움도 늘어날 테니 말이다. 우리는 힘들고 어려운 일이 있을 때, 병중이거나 전쟁 등 고통의 상황에 있을 때 친구를, 우정을 찾는다. 정말 진정한 친구라면 이런 상황에서 더더욱 곁에 있어 주겠지? 우리에게 닥친 끔찍한 일들은 언젠가 사라지겠지만 우정은 영원히 남을 것이다. 하지만 중요한 것은 우정을 지키려면 항상 노력해야 한다는 것이다. 우정은 어떤 이익을 근거로 하지 않으면 이루어질 수 없기 때문이지.

메노이케우스 | 우정이 이익을 근거로 한다고 말씀하셨습니까?

에피쿠로스 | 놀랐느냐? 메노이케우스, 너는 일방적인 우정이 가능하다고 생각하느냐?

메노이케우스 | 물론 일방적인 우정은 가능하지 않습니다. 하지만 우정에 이익이 따른다는 말은 좀 그렇습니다.

에피쿠로스 | 우정은 서로 주고받는 것이다. 우정이 일방적이 아니라 쌍방적이라면 아무것도 주는 것 없이 받기만 하는 우정은 존재하지 않는다는 것 아니냐? 좋은 우정을 원하면 끊임없이 노력해야 하는 것이다.

우정을 유지하기 위해서 돈을 사용하는 사람도 있고, 무력을 사용하는 사람도 있지만 대부분의 사람들은 정신적인 교류를 하려고 하지. 돈이나 힘 또는 정신적인 노력 없는 우정은 존재하지 않는 것이니까. 내가 어려운 처지에 놓이면 친구들의 숫자는 늘어날까, 아니면 줄어들까? 물론 내가 줄 수 있는 것이 아무것도 없고, 도움만 받을 처지에 놓여 있다 해도 곁에 남아 있는 친구는 있을 것이다. 그런데 과연 그런 친구들이 몇이나 있을까?

메노이케우스 | 만약 그런 친구가 있다면, 그들은 친구 그 이상일 것입니다.

에피쿠로스 | 그래. 언제 찾아가도 나를 반겨줄 친구, 우정은 함께 슬퍼하는 것이 아니라 서로 도움을 주는 것이다.

왜 우정이 행복과 쾌락을 주는 에피쿠로스 선생님의 윤리학에서 빼놓을 수 없는 중요한 개념인지 알 것 같다.

에피쿠로스 선생님이 다음으로 중요하게 생각한 개념은 욕망이다. 사실 이 욕망은 모든 윤리학자에게 언제나 중요한 개념이지만 선생님에게는 더 특별한 이유가 있을 것이다. 욕망이 없는 삶은 과연 어떨까? 우리를 즐겁게도, 따분하게도 하는 욕망이란 과연 무엇일까?

인간이 갖고 싶은 것을 다 가지게 된다면 아마도 욕망이란 말이 필요 없을 것이다. 욕망이란 말 속에는 우리 인간이 갖고 싶은 것을 다 가질 수 없다는 의미가 포함되어 있는지도 모르겠다. 인간의 욕심이 끝이 없다면, 욕망을 채울 방법은 영원히 없는 것 아닐까?

에피쿠로스 | 어떤 것을 원하느냐에 따라서 달라질 수 있지.

메노이케우스 | 인간이 무엇을 원하느냐에 따라 욕망을 채울 수도 있다는 이야기입니까?

에피쿠로스 | 물론.

메노이케우스 | 역시 선생님의 윤리학은 최고입니다! 인간이 가지고 싶은 모든 것을 갖게 된다면 그것보다 더 행복한 일이 어디 있겠습니까? 그것이야말로 최고의 윤리입니다.

에피쿠로스 | 나는 인간의 욕망을 자연적인 것과 필연적인 것, 이렇게 둘로 나누었지. 자연적이면서 필연적인 것, 자연적이지만 필연적이지 않는 것, 자연적이지도 않고 필연적이지도 않은 것. 우리에게 자연적이면서도 필연적인 것은 무엇일까?

메노이케우스 | 인간의 욕망 중에서 자연적인 것은 무엇이며 필연적인 것은 또 무엇입니까?

에피쿠로스 | 그렇군. 그것에 대해 설명을 하지 않았군. 자연적이라는 것은 인간이 살아가는 데 필요한 최소한의 것을 말하며, 필연적인 것은 인간의 감각을 위해서 필요한 최소의 것을 말하네.

메노이케우스 | 그렇다면 인간의 자연적이면서 필연적인 욕망은 의식주가 될 것입니다. 물론 살아가는 데 필요한 최소의 의식주 말입니다.

에피쿠로스 | 그렇지. 인간의 자연적이고도 필연적인 욕망은 하루 세끼 식사와 추위를 피할 수 있는 잠자리, 몸을 보호할 수 있는 옷 정도일 것이네.

메노이케우스 | 그렇다면 자연적이지만 필연적이지 않은 욕망은 인간의 감각을 즐겁게 해주는 의식주를 뜻하는 것입니까?

에피쿠로스 | 그렇지. 인간은 살아가는 데 필요한 음식과 물 그리고 옷과 잠자리가 충족되면 다른 것을 원하게 되지. 음식 중에서도 고급스러운

음식, 마실 것 중에서도 고급스러운 포도주, 옷 중에서도 비단옷 같은 것 말이야.

메노이케우스 | 그런 것들이 많아지면 도둑이 들까 봐 높이 담을 쌓게 되겠군요.

에피쿠로스 | 그래. 바로 이런 욕망이 자연스럽지만 필연적이지 않은 욕망이네. 그렇다면 자연적이지도 필연적이지도 않은 욕망이 무엇인지 알겠지?

메노이케우스 | 네, 너무나 잘 알았습니다.

많은 사람들이 자신의 욕망을 채우기 위해 노력한다. 더 좋은 음식을 먹고 더 좋은 옷을 입고 더 좋은 집에서 살기를 원한다. 에피쿠로스 선생님은 바로 이런 점을 우리에게 경고하고 있다. 끊임없이 노력하여 좋은 음식을 먹는 것보다는 허기만 면하는 음식을 먹는 것이 더 행복하다는 것이다.

에피쿠로스 | 먼 곳에 있는 것에 대한 욕망 때문에 가까이 있는 것을 무시하지 말아야 한다. 지금 너의 가까이 있는 것도 한때는 네가 갈망하고 원했던 것이니까 말이다.

메노이케우스 | 끊임없이 욕심을 부리지 말라는 뜻이군요.

에피쿠로스 | 그래. 사람들은 자신의 행복과 즐거움을 위해서 무언가를 원하고 그것을 얻으면 또 다른 것을 원하지. 그것이 바로 인간의 욕망이야.

메노이케우스 | 선생님은 그 모든 것이 아무런 의미가 없다고 생각하시는

군요.

에피쿠로스 | 아무런 의미가 없는 것은 아니지. 단지 자연적이고 필연적인 욕망이면 될 것을, 자연적이지도 필연적이지도 않은 욕망을 추구하느라 경쟁하고 자신을 괴롭히게 된다는 것이다. 우리는 스스로 물어보아야 한다. 만약 내가 원하는 욕망이 충족되면 어떻게 될 것이며, 충족되지 않으면 또 어떻게 될 것인가 하고 말이다. 이 욕망을 따르는 것이 좋은 것인지 아니면 나쁜 것인지도.

에피쿠로스 선생님의 욕망은 아주 간단하다. 선생님의 말처럼 한다면, 우리는 어떤 욕망도 다 충족시킬 수 있다. 선생님이 욕망에 대해 조언한 몇 가지는 이렇다.

에피쿠로스가 말하는 욕망을 충족시키는 법

첫째, 부유한 사람이 되고 싶다면 더 많은 재물을 얻으려 하지 마라. 분모인 욕망을 줄여야만 분자인 재물의 양과 관계없이 더 큰 행복을 얻게 될 것이다.

둘째, 검소하게 살라. 항상 부족하고 가난해야 얻는 것에 대해 더이상 걱정하지 않게 될 것이다.

셋째, 욕망을 얻기 위해 선을 버리지 마라. 선이란 모든 사람이 갖고 있는 확실한 것이다. 하지만 욕망을 얻는다는 것은 내가 가진 확실한 것이 아니다. 욕망이란 내가 얻을 수도 있고 얻지 못할 수도 있기 때문에 우리가 갖고 있는 확실한 선과 우리가 원하는 욕망을 바꾸어서는 안 된다.

에피쿠로스 | 인간의 욕망은 확실하지 않은 것이다. 하지만 행복, 선, 그리고 재물과 같은 것은 인간이 얻을 수 있는 확실한 것이지. 결국 확실하지 않은 욕망 때문에 확실한 것들을 잃을 수도 있는 것이다.

메노이케우스 | 사람들이 끊임없이 새로운 목표를 세우는 것도 욕망 때문입니까?

에피쿠로스 | 그래. 하지만 모든 도전이 이루어질 수는 없지. 새로운 목표가 달성되지 않을 수도 있어. 목표를 달성하지 못하거나 도전에 실패하면 사람들은 불행해질 것이다. 그렇다고 새로운 목표를 세우지 말라거나 도전을 하지 말라는 뜻은 아니다. 단지 그 방법이 문제인 것이지.

메노이케우스 | 욕망을 줄여 행복의 값을 구하는 방법을 말씀하시는 거로군요.

에피쿠로스 | 그래. 행복과 즐거움을 위해 욕망을 줄이는 것은 매우 중요한 방법이다.

에피쿠로스 선생님은 쾌락을 이야기하기 전에 잠시 머뭇거렸다. 이 쾌락이야말로 에피쿠로스 선생님의 윤리학에서 가장 중요한 개념이다.

사람은 이성적이고 고상하게, 그리고 정의롭게 살고 싶어 한다. 에피쿠로스 선생님은 쾌락이란 바로 이성적이고 고상하고 정의롭게 살 때 생긴다고 이야기했다. 반대로 이성적이고 고상하고 정의로운 삶을 살지 않는다면 쾌락도 없다는 것이다. 이성적이고 고상하고 정의롭게 살 때 쾌락을 얻을 수 있다면, 진정한 쾌락이란 우리의 영혼 전체가 느끼는 쾌락이어야 한다. 좋은 옷과 음식은 우리의 눈과 입 등 오감을 즐겁게 하지만, 마음이 즐겁지 못하면 영혼이 느끼는 쾌락이 될 수 없다. 결국 에피쿠로스의 쾌락은 감각적인 쾌락이 아니라 이성적인 사고와 행동에 따른 쾌락인 것이다.

메노이케우스 | 선생님이 말씀하시는 쾌락이란 일반적으로 우리가 알고 있는 방탕하고 향락적인 쾌락이 아니군요.

에피쿠로스 | 나는 고통이 따르는 쾌락은 진정한 쾌락이 아니라고 생각한다. 하지만 일반적으로 말하는 방탕하고 향락적인 쾌락에는 항상 고통이 따르지. 바로 소유욕이 그것이다. 고통이 따르는 쾌락은 결코 자연적이고도 필연적인 욕망이 아니기에, 육체는 고통스러워하지 않아야 하며, 영혼은 번민에 사로잡히지 않는 것만이 진정한 쾌락이다.

메노이케우스 | 일반적으로 우리는 쾌락을 나쁜 것 혹은 악이라고 표현합니다. 하지만 선생님의 쾌락은 그런 것하고는 다르군요.

에피쿠로스 선생님은 사람이 느끼는 행복이나 즐거움을 쾌락이라고 말한다. 그리고 그 쾌락은 결코 나쁜 것이나 악이 아니라고 했다. 우리의 일상은 여러 종류의 쾌락으로 가득 차 있다. 온갖 종류의 쾌락이 끊임없이 주어진다면, 우리는 더 이상 어떤 쾌락으로 내가 행복하고 즐거운지, 또 어떤 쾌락으로 괴로워하는지 알 수 없을 것이다.

에피쿠로스 선생님은 최대의 쾌락이란 모든 고통이 사라질 때 가능하다고 했다. 고통은 감각의 몫이다. 반면 행복이나 즐거움을 말하는 쾌락은 이성과 영혼의 몫이다. 최대의 쾌락은 바로 움직임이 없는 영혼과 같아서 작은 것에 쉽게 흔들리거나 변화를 일으키는 감각적인 것은 결코 쾌락이라 할 수 없다.

에피쿠로스 | 최대의 쾌락이란 모든 혼란스러운 삶에서 벗어나 육체적으로나 정신적으로 어떤 고통도 아무런 동요도 없는 아주 평화로운 상태를 말한다. 이런 상태를 바로 평정심_{Ataraxia, 아타락시아}이라고 부르지.

메노이케우스 | 마음이 가장 평화로운 상태를 말하는 것입니까?

에피쿠로스 | 자신뿐만 아니라 다른 사람에게도 절대 방해가 되지 않는 상태를 말한다.

메노이케우스 | 잘 이해되지 않습니다.

에피쿠로스 | 일반적으로 육체적 쾌락이란 감각적인 것이기 때문에 실제로 경험하는 동안에만 느낄 수 있다. 하지만 경험이 사라지면 이런 쾌락도 소멸하겠지. 이런 쾌락을 나는 '운동의 쾌락'이라고 말한다. 반면 이성

적이고도 정신적인, 어떠한 욕망에도 흔들리지 않고 언제나 마음을 평화롭게 하는 쾌락이야말로 진정한 쾌락인 것이니, 나는 이것을 운동의 쾌락에 반대되는 '정지의 쾌락'이라고 부른다. 바로 이런 평화롭고도 사람의 마음을 움직이지 않는 잔잔한 정신적 쾌락이야말로 우리가 추구해야 할 쾌락이며 이러한 쾌락의 경지가 바로 평정심인 것이다. 이러한 평정심은 욕망과 우정에도 필요하지.

우리 육체는 끊임없이 우리에게 먹을 것, 마실 것, 그리고 입을 것을 요구한다. 이러한 자연적이고도 필연적인 욕망을 충족시킬 수 있는 확실한 희망을 품은 사람이 있다면 그야말로 제우스를 비롯한 어떤 신보다도 더 행복한 사람이겠지. 우정 역시 마찬가지다. 언제 만나도 항상 반갑고 어려운 일이 생기면 늘 도와줄 수 있는 그런 친구 사이를 우리는 우정이라고 부르지. 지금이 아니라 변함없이 반갑고 좋은 사이가 바로 우정이다. 결국 욕망이든 우정이든 언제 어디서나 그 값어치가 변하지 않아야 하는 것이지. 이런 마음 상태야말로 아타락시아, 즉 평정심이라고 할 수 있는 것이다.

메노이케우스 | 최대의 쾌락이 이성적이고도 정신적인 쾌락이라면, 육체적이고도 감각적인 쾌락으로는 결코 최대의 쾌락에 이를 수 없겠군요.

에피쿠로스 | 평정심이야말로 가장 좋은 쾌락, 즉 최대의 쾌락이지. 이런 최대의 쾌락은 신에 비유할 수 있다.

메노이케우스 | 평정심이 얼마나 좋은 것이기에 그것을 신에 비유합니까?

에피쿠로스 | 신들에게도 분노가 있으며 호의가 있을까?

메노이케우스 | 신화에서는 신들이 호의도 베풀고, 심지어 화를 내는 것도 보았습니다.

에피쿠로스 | 아니, 나는 그렇게 생각하지 않는다. 만약 신이 분노나 호의를 갖고 있다면 우리 인간과 다를 것이 없지. 분노나 호의를 갖고 있다면 그것은 신이 곧 인간의 모든 행동과 사사로운 일에 관여한다는 뜻인데, 나는 신이 인간 문제로 동요하지 않는다고 생각한다.

최대의 쾌락을 누리는 신은 지극히 행복한 불멸의 존재로 괴로움을 지니지도 않고 다른 이에게 괴로움을 주지도 않지. 또한 약한 자의 분노나 호의도 알지 못한다. 그러므로 신은 최고의 정신적 쾌락을 누리는 최고로 행복한 존재인 것이지. 우리 인간은 바로 이런 신의 경지에 이르기 위해 평정심을 가져야 하는 것이다. 즉 인간이 평정심을 가지려면 신처럼 어떤 일에도 분노하지 않고, 동요되지 않아야 하는 것이지. 평정심이야말로 인간을 최고의 정신적 쾌락에 이를 수 있게 해 주는 것이니까 말이다. 자, 이제 나의 윤리학에 있어서 가장 중요한 개념인 죽음에 대해 이야기해 볼까?

메노이케우스 | 쾌락이 비록 선생님 윤리학의 기본 개념이긴 하지만, 쾌락과 죽음이 어떤 관계인지는 쉽게 이해가 되지 않습니다.

에피쿠로스 | 그래? 하지만 한 가지 분명한 것은 최대의 정신적 쾌락을 위해서 죽음은 생각하지 말아야 한다는 것이야. 많은 사람들이 죽음을 두려워하지. 죽음을 행복하게 받아들이는 사람이 있을까?

메노이케우스 | 아, 알 것 같습니다. 죽음을 두려워하는 마음을 갖는다면 그것은 결코 평정심이라고 할 수 없기 때문에 최대의 쾌락이 불가능하다는 것입니다.

에피쿠로스 | 그래. 지나친 욕망이 우리의 평정심을 흐리게 하듯이 죽음에 대한 두려움도 우리의 정신적 쾌락을 방해한다.

죽음은 아무것도 아니다.

에피쿠로스 선생님은 "죽음은 아무것도 아니다"라는 믿음에 익숙해져야 한다고 주장한다. 왜냐하면 모든 좋고 나쁨은 감각에 있는데, 죽으면 감각도 사라지기 때문이다. 그러므로 죽음이 두려운 일이 아니라는 사실을 진정으로 깨달은 사람은 살아가면서 두려워할 것이 없다.

죽음이라는 상황을 예상하여 고통스러워하는 것 또한 헛된 일이다. 죽음 자체는 아무것도 아니다. 우리가 존재하는 한 죽음은 우리와 함께 있지 않고, 죽으면 이미 우리는 존재하지 않기 때문이다. 그렇다면 죽음은 산 사람이나 죽은 사람 모두와 아무런 상관이 없는 것이다.

메노이케우스 | 하지만 때로는 죽음을 가장 큰 악이라고 생각하여 많은 사람들이 두려워하는 것이 사실 아닙니까? 그뿐 아니라 죽음이 그동안 저지른 모든 악을 중지시켜준다고 오히려 죽음을 열망하는 사람도 있습니다.

에피쿠로스 | 현자의 삶을 보아라. 현자는 삶에서 도피하려고 하지 않으

며 삶의 중단, 즉 죽음을 두려워하지도 않는다. 삶이 현자에게 아무런 해도 주지 않고, 죽음이 어떤 악도 아니라고 생각하기 때문이지. 이렇게 현자는 단순히 긴 삶이 아니라 가장 즐거운 삶을 원하는 자이다. 현자는 가장 긴 시간이 아니라 가장 즐거운 시간을 누리고자 하는 자이다. 현자의 이러한 삶의 태도로 미루어 볼 때, 죽음은 결코 두려운 것도 아니며 무서운 것도 아니지 않겠느냐?

메노이케우스 | 젊은 사람에게는 잘살라고 충고하면서 늙은 사람에게는 인생을 잘 끝내라고 충고하는 사람도 있습니다. 이런 사람들의 생각은 어떻게 받아들여야 합니까?

에피쿠로스 | 그들의 생각은 한마디로 어리석다. 삶 자체는 아주 바람직한 것이다. 잘 사는 것을 연습하는 것은 잘 죽는 것을 연습하는 것과 같지. 젊은이에게 잘사는 것을 충고할 필요도 없지만, 노인들에게 인생을 잘 끝내라고 몰아세울 필요도 없다.

메노이케우스 | 처음부터 태어나지 않는 것이 좋다고 말하는 사람도 있습니다. 그리고 일단 태어났으면 서둘러 죽음의 문을 통과하라고 말하는 사람도 있습니다.

에피쿠로스 | 그렇게 확신이 있다면, 왜 그 사람은 이 세상을 떠나지 않고 있는 것이냐? 우리의 삶에는 참으로 많은 기회가 주어져 있는데 그들은 그것을 이용하지 않는 자들이다. 그렇기 때문에 그들은 몹시 나쁜 사람들이지.

미래는 정말 존재할까?

만약 미래가 있다면, 그 미래는 우리의 것일까? 에피쿠로스 선생님은 미래는 우리의 것이 아니며 그렇다고 완전히 아닌 것도 아니라고 말한다. 왜냐하면 미래가 분명히 올 것으로 생각해서도 안 되고, 그렇다고 미래가 올 가능성이 전혀 없다고 생각해서 기대를 버리고 살아서도 안 되기 때문이라는 것이다. 마찬가지로 좋은 것과 나쁜 것은 어떨까?

미래가 불분명하듯 선과 악도 우연히 우리에게 주어진다. 정확하게 표현하면 에피쿠로스 선생님은 선과 악이 우연히 주어지는 것이 아니라, 선과 악의 기회가 우연히 주어진다고 했다. 그 기회를 잡고 못 잡고는 그 사람의 능력이다. 이런 기회가 왔을 때 비이성적인 방법으로 큰 성과를 이루는 것보다는 이성적으로 숙고했으나 좋은 결과를 얻지 못한 편이 낫다는 것이다. 왜냐하면 잘못된 판단을 내렸으나 우연 때문에 성공하는 것보다는, 옳게 판단했음에도 불구하고 행동으로 자신의 판단을 입증하지 못한 편이 낫기 때문이다.

에피쿠로스 선생님은 이런 사실을 깊이 깨닫고 밤낮으로 생각하라고 가르친다. 그러면 우리는 자나깨나 고통받지 않게 될 것이며, 사람들 사이에서 살면서도 신과 함께 사는 것처럼 행복할 것이라고 한다. 불멸하는 신들 속에서 사는 사람은 사멸하는 존재들과는 다르기 때문이다.

자연법칙, 그리고 아타락시아!

"선생님, 메노이케우스와 윤리학에 관한 이야기는 그만 하시고, 이제 저의 관심사에 대해서도 말씀해 주십시오."

헤로도투스다.

내가 선생님과 이야기하는 동안 계속 지루한 표정을 짓고 있던 헤로도투스는 선생님의 이야기가 끝나기 무섭게 끼어들었다. 나와 다르게 헤로도투스는 퓌토클레스와 함께 자연학이나 천체 현상에 관심이 아주 많은 친구다. 그들은 내가 윤리학에 관해서 이야기하면 설레설레 고개를 흔들다가도 자연현상에 관한 이야기만 나오면 눈을 반짝이곤 한다. 하지만 나는 천체나 우주에 관해서는 별로 관심이 없다. 사람이 사는데 과연 자연이 영향을 미칠까? 천체 현상을 알게 된다고 사람들이 쾌락을 느낄까?

무엇보다 자연을 파악하기 위한 우리 인간의 능력에는 한계가 있다. 사람의 얼굴을 보면 그 사람이 기뻐하는지 슬퍼하는지 즐거운지 고통스러운지 쉽게 알 수 있지만, 하늘의 별을 보고 올해 풍년이 들지 내년에 가뭄이 들지 않다는 것은 결코 쉬운 일이 아니다. 그러나 헤로도투스, 퓌토클레스, 그리고 에피쿠로스 선생님은 자연현상에 관한 이야기만 나오면 내가 그러하듯이 끊임없는 토론을 이어간다.

에피쿠로스 | 헤로도투스, 너의 관심사인 자연현상을 안다는 것은 결코 쉬운 일이 아니다. 약간의 기초 이론이 필요한 일이거든. 하지만 너는 어느 정도 자연현상에 관한 기초 이론을 익혔기 때문에 쉽게 나의 이야기를 이해하리라 생각한다. 잘 기억하고 있다가 다른 사람들도 유익하게 이용할 수 있도록 네가 더 발전시키기 바란다.

헤로도투스 | 선생님의 뜻을 잘 헤아려 자연현상에 관한 더 많은 연구를 하도록 하겠습니다.

에피쿠로스 | 명심해야 할 것은 말이 지칭하는 대상을 이해하는 것이다. 우리의 마음은 감각이 느끼는 것을 받아들여 추론하지만 잘못된 추론을 할 수도 있기 때문에 감각에 의해서 다시 검증을 해야 하는 것이지. 이렇게 감각적 추론과 검증이 반복되면서 일반적인 개념이 생기는데 이런 개념은 감각으로부터 나오기 때문에 감각과 마찬가지로 진리라고 할 수 있다.

에피쿠로스 선생님은 감각에 의존하여 모든 탐구를 진행해야 한다고 주장한다. 처음 감각에 의해서 알려진 것은 불분명하기 때문에 진리가 될 수 없고, 계속적인 추론과 검증을 거쳐야만 하나의 탐구 대상이나 진리로 확증된다는 것이다. 반면 아무리 감각과 추론, 다시 감각을 통해 탐구 대상을 조사하여도 불분명하게 남는 것이 있는데, 이런 불분명한 것의 대표적인 예가 바로 자연현상과 같은 천체 현상이다.

자연현상들은 과연 불분명한 것일까? 선생님은 이 문제를 해결하기 위해 존재하지 않는 것으로부터는 아무것도 나올 수 없음을 분명히 밝히셨다. 그럼 현재 존재하고 있는 우주는 어떨까?

에피쿠로스 | 먼저 몇 가지 자연현상에 관한 개념을 정리해볼까. 우주는 물체와 허공으로 구성되어 있다. 물체가 존재한다는 것은 우리의 감각으로 증명할 수 있지. 허공이나 장소와 같은 것은 감각으로 존재한다는 것을 증명하기 어렵지만 추론으로 파악할 수 있다. 물체는 어디에 있지?

헤로도투스 | 당연히 공간 안에 있습니다.

에피쿠로스 | 그래. 물체는 공간 안에 있다. 즉 물체는 장소가 있어야 존재한다는 추론을 통해 우리는 공간이 존재한다는 것을 알 수 있지. 물체는 다른 것의 구성 요소이기 때문에 나누어질 수 있으나 어느 순간 아무리 분해하고 나누어도 더 이상 나누어지지 않는 물질이 나타난다. 그것이 바로 원자^{atom, 아톰}이다. 그러나 우주는 한계가 없지. 우주는 한계가 없기 때문에 우주 안에 있는 물체의 수나 허공의 크기도 무한하다.

우리가 보는 다양한 사물은 다양한 모양의 원자들로 구성되어 있고 이들 다양한 원자들은 영원히 운동하는데, 어떤 원자는 아래로 곧장 떨어지고 어떤 것들은 비스듬히 떨어지며 다른 것들은 충돌해서 위로 튕기기도 한다. 그리고 튕겨나간 것 중에 어떤 것들은 서로 멀리 떨어지고, 어떤 것들은 다른 원자들과 엉키거나 주위를 둘러싼 원자들에 갇히기도 하지.

우리는 종종 신기루와 아지랑이를 본다. 이 신기루와 아지랑이는 그 모양이 실재하는 것처럼 보이지만 실은 영상과 같은 것이다. 이런 영상들은 대상에게서 떨어져 나온 후 공기를 통과해서 우리 망막에 부딪힘으로써 우리 눈에 보이는 것이다. 영상은 외부 대상의 표면에서 떨어져 나온 매우 얇은 막인데, 또한 이것은 외부 대상과 모양이 똑같아서 속은 비어 있지만 외부만큼은 실제 대상과 같은 것이다.

　반면 신*과 같이 우리 눈에 보이지는 않지만 존재하고, 그 영상 역시 눈에 보이지 않을 정도로 미세한 경우에는 눈에는 영향을 미치지 못하고 마음에 직접 영향을 미치기 때문에 믿어야 한다. 신은 여타 외부 대상이나 물건과 다르게 인간과 외부 대상 사이에 있는 공기를 통해 자신의 고유한 색이나 모양을 드러내지 않는다. 그뿐 아니라 인간으로부터 흘러나오는 광선이나 다른 유출에 의해서 나타나는 것도 아니다. 이렇게 외부 대상처럼 큰 영상은 눈에 영향을 주고, 신과 같이 미세한 영상은 마음에 영향을 미친다. 그리고 이 영상은 그 움직임이 빠르고 영속적으로 우리 눈에 부딪혀야 그 대상을 볼 수 있게 되는 것이다.

헤로도투스 | 우주는 물체로 구성되어 있다고 했습니다. 그리고 그 물체는 허공 속에 있습니다. 이런 물체를 우리는 감각과 추론을 통해서 알 수 있는데 감각으로 알 수 없는 아주 미세한 것들은 영상을 통해서 알 수 있다고 하셨습니다. 결국 선생님은 존재하는 모든 물체를 우리가 알 수 있다고 말씀하시는 것 같습니다. 그리고 그 물체를 계속 나누면 더 이상 나

누어지지 않는 원자가 됩니다. 그렇다면 자연 현상인 우주를 형성하고 있는 것은 이 원자라는 이야기입니다. 하지만 원자가 무엇인지에 대해서는 설명하지 않으셨습니다.

에피쿠로스 | 크기, 모양, 무게를 가진 물체는 원자로 이루어져 있다. 그렇기 때문에 원자도 크기, 모양, 그리고 무게라는 속성이 있지. 만약 원자의 크기가 무한하면 어떨까?

헤로도투스 | 원자의 크기가 무한하다면, 우리 눈에 보이게 될까요?

에피쿠로스 | 아니, 원자가 아무리 커진다 해도 우리에게 보이는 것은 물체이지 원자가 아니다. 그렇기 때문에 데모크리토스의 주장처럼 원자가 무한하다는 것은 불합리한 이야기이다. 원자는 다양한 크기를 가지지만 무한한 것은 결코 아니기 때문이다. 또한 물체는 무한히 분할할 수 없기에 원자도 무한히 작아질 수 없다. 원자의 크기가 다양하기 때문에 그 무게도 다양한 것은 틀림없는 사실이겠지. 그렇다면 원자의 모양은 어떨까?

예를 들어서 빨간색 천을 가위로 자른다고 해 보자. 자르고 자르다 보면 천 조각은 너무나 작아져서 색깔을 알아볼 수 없게 되겠지. 하지만 우리는 그렇게 잘린 것이 천 조각이라는 것을 알고 있다. 색깔을 잃은 천이지만 그 모양을 유지하고 있듯이, 원자도 결코 변하지 않고 사물을 식별할 수 있는 모양을 가지고 있다.

원자는 모양, 크기, 무게를 가진 물체의 최소 단위이며 다른 원자들과 충돌하지 않는 한 항상 같은 속도로 움직인다. 일반적으로는 아래에서 위로 움직이는데 어떤 원자들은 비스듬히 움직이기도 하지. 이렇게 비스듬히 운동하는 원자들이 아래위로 움직이는 원자와 충돌하면 잠시 멈추었다가 새로운 방향으로 다시 운동하게 되는데 한 번 충돌한 원자는 이동속도가 느려질 수도 있다. 때에 따라서는 무거운 원자와 가벼운 원자가 충돌할 수도 있겠지. 이런 경우 가벼운 원자는 빨리 움직이게 되고 무거운 원자의 속도에는 큰 변화가 없겠지만, 그래도 원래의 속도보다는 빨라질 수 있을 것이다. 이렇게 독립적으로 존재하는 것은 물질적인 존재인 원자와 비물질적 존재인 허공뿐이다. 하지만 원자와 허공 외에도 존재하는 것이 있긴 하지.

헤로도투스 | 그게 무엇입니까?

에피쿠로스 | 원자는 모양, 크기, 무게라는 속성을 가진다고 했지? 물체가 나누어지면 원자가 되는데 원자가 모인다고 물체가 되는 것은 아니라고 했다.

헤로도투스 | 원자가 모여 물체가 되기 위해서는 속성이 필요하다는 말씀이군요.

에피쿠로스 | 그래, 속성이 없으면 물체의 연속성은 사라지지. 물체의 연속적인 존재를 위해서 속성은 꼭 필요하다.

헤로도투스 | 좀 더 쉽게 설명해 주십시오.

에피쿠로스 | 빨간 토마토에 대해서 이야기해 볼까? 빨간색과 토마토의 관계는 어떻지? 우리는 토마토라는 물체 안에서 빨간색이라는 속성을 본

다. 그러나 반대로 빨간색에서 토마토라는 물체의 속성을 보는 것은 아니지. 그건 토마토의 색깔이 빨간색 하나가 아니기 때문이다. 이렇게 속성은 물체로부터 직접 지각되는 속성이다. 이런 속성이 있어야 원자가 모여 하나의 물체가 될 수 있는 것이지.

신기하다.

헤로도투스는 에피쿠로스 선생님의 이야기를 다 이해하고 있는 것일까?

원자가 모여 물체가 만들어지고, 그 물체는 지구, 해, 달, 별 등등 천체를 만들었다. 그다음 이 천체들은 운동을 통해 회귀선, 일식과 월식 등과 같은 현상들을 만들어낸다. 하지만 이런 천체 현상을 주도하는 것은 신이 아니다. 신은 언제나 고요하고 행복한 존재이기 때문에 천체의 운동이라는 수고스러운 일을 떠맡지 않는다. 원자들이 덩어리로 형성될 때 소용돌이가 생겼고, 이러한 천체의 회전법칙이 생기면서 태양, 달, 그리고 별 등이 법칙에 따라 움직이게 된 것일 뿐이다. 우리 인간이 할 일은 이러한 원인을 정확히 발견하여 자연학을 완성하는 것이다. 그럼에도 천체 운동에 대해 정확한 지식이 있는 점술가들은 신에 의해서 천체가 운동한다는 잘못된 전제를 하고 있기 때문에 신을 두려워한다.

선생님은 우리가 천체 현상에 대해서 정확하게 파악하지 못하는 두 가지 이유를 모든 천체의 물체들은 너무 멀리 떨어져 있기 때문에 확인할 수 없고, 원자는 너무 작아서 그 구조를 파악할 수 없기 때문이라고 하셨다.

"선생님은 두 가지 이유로 천체 현상을 파악할 수 없다고 말씀하셨습니다. 정말 방법이 없습니까?"

젊다. 그리고 아름답다.

누가 봐도 그는 젊고 아름다운 청년이다. 에피쿠로스 선생님의 수제자라면 나, 헤로도투스, 그리고 퓌토클레스다. 그중에서도 가장 총애를 받는 수제자는 지금 질문을 하고 있는 젊고 아름다운 퓌토클레스다. 지금까지 헤로도투스와 선생님의 이야기를 듣고 있던 퓌토클레스가 더 이상 궁금함을 참지 못하고 입을 연 것이다.

에피쿠로스 | 방법이 전혀 없는 것은 아니다.

퓌토클레스 | 그 방법이 무엇입니까?

에피쿠로스 | 우리가 직접 확인할 수 있는 지구 상에서 일어나는 현상들과 견주어 살펴보는 것이지. 지구 상에서 일어나는 일들은 우리가 직접 확인하거나 감각적으로 진리를 추론할 수 있네. 그렇다면 지구 상에서 일어나는 일들을 바탕으로 천체 현상에 대해서도 추론이 가능하겠지. 하지만 먼저 천체 현상을 밝히는 목적에 대해서 한 가지 전제해야 할 것이 있어.

퓌토클레스 | 천체 현상을 밝히는 목적에 전제가 필요하다고요?

에피쿠로스 | 천체 현상에 대한 앎의 목적이 다름 아닌 마음의 평정심과 확고한 믿음 이외에 다른 어떤 것이어서는 안 된다는 것이지. 물론 이것은

다른 모든 학문 분야도 마찬가지겠지. 태양이나 달의 크기는 얼마나 될까?

퓌토클레스 | 글쎄요. 확실한 건, 우리가 보는 것과 실제 크기는 다르냐는 것입니다.

에피쿠로스 | 아니, 나는 그렇게 생각하지 않아. 나는 우리의 감각을 믿기 때문에 우리 감각에 드러나는 모습을 그대로 받아들여야 한다고 생각하네.

퓌토클레스 | 그렇다면 지구에서 관찰된 태양과 달의 크기가 실제 크기와 같다는 말씀입니까?

에피쿠로스 | 우리 지구에 나타난 현상을 중심으로 관찰한다면, 같아야 하네. 우선 태양은 너무 멀리 있기 때문에 가까이 갈 수 없어. 그렇다면 결국 지구에 있는 태양과 유사한 것으로 그 크기를 가늠해야겠지. 그것은 바로 불이다. 우리가 불로부터 멀어지면 그 크기는 점점 작아지고 불의 열기도 느껴지지 않지. 하지만 태양은 어떤가? 태양으로부터 아무리 멀어져도 지구에 있는 우리는 태양의 열기를 느낄 수 있지. 태양이 줄어들지 않았기 때문이야. 그렇기 때문에 태양은 지구 상에서 보는 것과 실제 크기가 같은 것이지.

달도 마찬가지야. 불빛은 크기가 줄어들면 흐릿해진다. 하지만 달은 어떤가? 달은 항상 뚜렷한 불빛을 가지고 있지. 그렇기 때문에 달도 태양과 마찬가지로 우리가 보는 크기와 실제 크기가 같은 것이네.

퓌토클레스 | 태양과 다르게 달은 크기가 변하고 때에 따라서는 사라지

기도 합니다. 특별한 이유가 있습니까?

에피쿠로스 | 내 생각에 태양과 다르게 달 속에는 불과 같이 생긴 것이 들어 있는 것 같네. 그래서 회전을 하면 불빛이 보이는 부분도 있고 보이지 않는 부분도 있는 것이지. 그뿐 아니라 달은 가끔 축축하고 습기가 많은 공간을 통과하는 것 같아. 그렇기 때문에 불의 일부 혹은 전부가 꺼지는 현상이 종종 나타나는 것이지. 그래서 때때로 달을 볼 수 없는 것이야.

퓌토클레스 | 그럼 보이지 않는 별도 있습니까?

에피쿠로스 | 물론. 달의 표면이 어떻지?

퓌토클레스 | 울퉁불퉁합니다.

에피쿠로스 | 그것이 바로 보이지 않는 별이 달을 가렸기 때문에 나타나는 현상이지.

퓌토클레스 | 해가 가려지는 일식이나 달이 가려지는 월식은 불이 꺼지기 때문에 생기는 현상입니까?

에피쿠로스 | 꼭 그런 경우만은 아니야. 때에 따라서 지구나 보이지 않는 별들이 서로 자리바꿈을 할 때가 있는데 불이 꺼져 일식과 월식이 생기기도 하지만, 이렇게 별들과 지구의 자리바꿈 때문에 생기기도 하지.

태양이 빨리 돌 수도 있다? 낮과 밤의 길이가 항상 같은 것은 아니다?

왜 이런 현상이 생기는 것일까? 에피쿠로스 선생님은 그 이유를 태양의 속도가 일정하지 않아 어떤 때는 빨리 움직이고, 또 어떤 때는 느리게 움직이기 때문이라고 했다. 태양의 운동 속도가 변하기 때문이기도 하지만, 태양이 늘 지나던 곳이 아닌 다른 곳을 지나기 때문이기도 하다는 것이다. 그래서 태양이 느리게 혹은 빨리 움직이고, 그 영향으로 낮과 밤의 길이가 다르게 나타나는 것이다.

천체 현상도 지구 현상과 같다?

지구의 대기는 습하다. 이런 습한 대기가 응집된 습한 덩어리가 곧 구름이다. 구름은 높은 구름과 낮은 구름이 있는데, 높은 구름의 압력에 눌린 낮은 구름이 지구로 떨어지는 것이 비다. 또는 태양빛에 의해서 고체인 구름이 액체로 변하여 지구로 떨어지는 것도 비가 된다.

천둥은 호리병 입구를 불면 소리가 나듯이 바람이 구름의 오목한 곳에 갇혀서 생기거나 바람 때문에 불이 구름 안에 갇혀 울려 퍼지기 때문에 생기는 것으로, 구름이 분리되고 찢어질 때 나는 소리이다.

번개는 불을 이루는 입자가 구름과 마찰을 일으켜 생기기도 하고, 섬광을 일으키는 입자가 바람 때문에 구름으로부터 배출되어 생기기도 한다. 번개가 천둥보다 먼저 생기는 이유는 번개를 만드는 입자가 먼저 방출된 다음, 바람이 소용돌이쳐서 울려 퍼지기 때문이다. 그리고 벼락은 바람이 많이 모여서 회전하며 맹렬한 불길로 변한 다음 그 부분이 떨어져 나와 아래쪽으로 세차게 돌진하기 때문에 생긴다.

에피쿠로스 선생님은 이 모든 자연현상들이 우주 현상을 직접 관찰하지 못하고 지구 상에 나타나는 현상들을 중심으로 감각적인 관찰에 의해 추론한 것이기 때문에 분명하지 않을 수도 있다고 했다. 하지만 분명한 것은 벼락이 신의 복수 때문에 생겼다는 이야기는 미신이라는 것이다.

퓌토클레스 | 지구 상에 나타나는 모든 자연현상은 구름 때문에 생기는 것 같군요. 그뿐 아니라 선생님의 말씀에 따르면 정말 지구 상에 나타나는 모든 자연현상은 결국 천체현상과 깊은 관계가 있습니다.

에피쿠로스 | 나는 확실히 관계가 있다고 믿는다. 태풍만 해도 구름이 회오리 모양으로 아래로 돌진해 생기는 것일 수 있지. 그리고 지진은 밖으로부터 온 바람이 땅속에 갇혀 땅에 작은 단층들을 만들어 발생하거나, 땅덩어리가 지하의 동굴로 함몰되어 그 안의 공기를 움직여 바람을 일으켜 발생할 수도 있어.

눈은 적절한 종류의 구름이 바람에 의해 강력하고 지속적으로 압축될 때 구름에 난 구멍을 통해 작은 물 입자들이 배출되어 하강하다가 구름 내부의 지독한 추위에 얼어서 만들어지는 것이며, 이슬은 적절한 입자들이 공기로부터 배출되어 서로 만남으로써 발생하거나, 습한 지역이나 물을 머금은 지역들로부터 입자들이 떠올라서 서로 만나 습기를 만든 후 나중에 다시 땅으로 떨어져 만들어지지.

얼음은 둥근 입자의 물이 밀려나가고 이미 물 안에 있던 삼각형 모양의 입자들이 함께 모여 만들어지며, 무지개는 태양이 습한 공기를 가볍게 비추어서 생겨나거나, 빛과 공기의 특이한 결합 때문에 생길 수 있다.

달무리는 사방에서 외부 공기가 달로 전달되어 생겨나거나, 달의 입자가 유출되는 것을 주변 공기가 균질적으로 막아서 작은 틈도 없이 완전히 둥근 구름의 반지를 만들어 생기는 것이고.

메노이케우스 │ 우주는 넓고 멀어서 지구 상의 자연법칙으로 천체 법칙을 설명한 것은 잘 알았습니다. 하지만 천체 현상을 알려는 목적이 평정심과 확고한 믿음 외에 다른 어떤 것도 아니라는 말씀은 이해가 되지 않습니다.

에피쿠로스 │ 신이 자연법칙이나 우주 법칙에 관여하지 않는 이유가 무엇이라고 했지?

퓌토클레스 │ 신은 그 자체로 행복하기 때문에 우주 법칙에 관여하지 않는다고 하셨습니다.

에피쿠로스 │ 천체 현상은 어떻게 생긴다고 했지?

헤로도투스 │ 천체의 운동은 신 때문이 아니라 자연법칙에 의해서 움직인다고 하셨습니다.

에피쿠로스 │ 그래. 신은 행복하기 때문에 자연법칙에 관여하지 않는다고 했다. 그렇다면 인간이 평정심을 가지려면, 즉 행복하려면 어떻게 해야 할까?

메노이케우스 │ 우리 인간 또한 천체 현상과 우주 법칙을 자연현상으로 보고 관여하지 말아야 행복하다는 뜻입니까? 그런 믿음을 가져야 평정심을 가질 수 있다는 뜻입니까?

미신을 피하면 행복하다.

에피쿠로스 선생님은 우리 인간의 감각을 중심으로 얻은 지식을 추론하여 얻은 것을 진리라고 했다. 그리고 신이 자연현상에 관여하고 있다는 생각은 미신이라고 했다.

자연은 자연법칙에 따라 움직인다. 우주 역시 자연법칙에 따라 움직인다. 인간은 주위에서 일어나는 많은 것에 관심을 둔다. 하지만 인간이 갖는 관심은 잘못된 것이다. 인간의 관심과 상관없이 모든 일들이 일어나기 때문이다. 모든 관심을 버릴 때 쾌락, 즉 행복이 찾아온다. 그러기 위해서 우리는 평정심을 가져야 하는 것이다.

우주 법칙과 평정심.

이것이 인간의 쾌락과 행복을 쥐고 있는 열쇠다!

읽어두면 좋을 이야기

신의 일은 신에게, 인간의 일은 인간에게

쾌락이란 말에 우리는 흔히 두 가지를 생각한다. 하나는 감각적 혹은 육체적 쾌락이며 다른 하나는 정신 혹은 영혼의 쾌락이다. 하지만 대체적으로 후자는 쾌락이라기보다 행복이라고 표현된다.

고대 아테네에는 네 개의 학당이 있었다. 그중 두 개가 기원전 3세기경 아테네에 설립되었는데, 에피쿠로스학파와 스토아학파가 그것이다. 우리는 제논이 이끌었던 스토아학파를 금욕주의라 부르고, 에피쿠로스가 이끌었던 에피쿠로스학파를 쾌락주의라고 부른다. 이 두 개의 학당은 많은 사람들에게 철학을 가르친 매우 유명한 학당들이다.

확인할 길은 없지만 아마도 당시 사람들에게 육체적 쾌락을 추구하라고 가르치기 위해 학당을 만든 철학자는 없을 것이다. 쾌락주의로 대변되는 에피쿠로스학파도 사람들에게 육체적 쾌락을 가르치기 위해 학당을 만들었던 것은 아니다. 그렇다면 에피쿠로스는 어쩌다 쾌락주의자로 불리게 되었을까?

가장 먼저 생각할 수 있는 것은 에피쿠로스의 교육 방법이다. 에피쿠로스는 교외에 학당을 세우고 많은 사람들과 함께 생활하였다고 한다. 특히 에피쿠로스는 높은 담을 쌓고 외부 사람들과의 접촉을 금했는데 교육을 받는 사람들이 외부와 접촉하면서 평정심을 잃을 수 있다고 판단했기 때문이다.

평정심은 에피쿠로스가 자신의 제자들에게 원했던 하나의 수도 방법이다. 육체적 쾌락에 기뻐 날뛰는 모습이 아닌, 호수 표면처럼 잔잔하고 평온한 모습의 정신적 쾌락, 에피쿠로스는 이런 평온하고 잔잔한 마음을 평정심을 통해 얻을 수 있다고 보았고, 이런 마음을 갖기 위해 무엇보다 필요한 것이 바로 외부와 단절된 생활이라고 생각한 것이다. 아마도 이런 외부와의 단절이 가져다준 오해와 곡해가 외부에는 곧 쾌락주의로 비쳤던 것으로 보인다. 그래서 고대 그리스 이후 오늘날까지 에피쿠로스학파는 쾌락주의로 명명되고 있다.

기원전 30년경 그리스의 철학자이자 전문 전기 작가였던 디오게네스 라에르티오스는 에피쿠로스에 관한 많은 글을 남겼다. 그에 따르면 에피쿠로스는 14살 때 이미 철학을 접하였다고 한다. 이후 에피쿠로스는 여러 사람들과 함께 철학을 가르치다가 아테네에 자신의 이름을 딴 학교를 세우고, 철학을 개인적으로 가르쳤다. 이것이 오늘날 우리가 말하는 에피쿠로스학파가 된 것이다.

에피쿠로스의 생애와 행적에 대해서는 많은 서로 다른 의견들이 있다. 에피쿠로스를 가장 뻔뻔스러운 철학자라고 표현한 사람이 있는가 하면, 부모에 대해 깊이 감사할 줄 알고 선행을 베풀며 집안 노예들에 관대한 사람이었다고 말하는 이들도 있다.

에피쿠로스는 아주 많은 양의 저서를 남긴 것으로 알려져 있는데, 그가 남긴 300개 이상의 두루마리는 내용 면에서도 다른 이의 글이나 책을 인용한 것이 전혀 없다고 할 정도로 독창적이었다고 한다. 하지만 현재 남아 있는 것은 디오게네스 라에르티오스가 자신의 책 속에 남긴 것이 전부이다. 우리는 디오게네스 라에르티오스가 남긴 내용을 중심으로 그의 철학을 짚어 볼 수 있다.

디오게네스 라에르티오스는 에피쿠로스의 철학을 규범학, 윤리학, 그리고 자연학으로 분류하고 있다. 하지만 규범학을 논한 《규범》이란 책은 현재 전해지지 않는다. 결국 우리는 남아 있는 저서를 통해 그의 철학을 윤리학과 자연학으로 나누어 볼 수 있을 것이다. 디오게네스 라에르티오스는 그의 저서에 에피쿠로스의 저서 다섯 권을 실었는데 물론 그 내용을 고스란히 실은 것이 아니라 일부는 조각조각 단장으로 전해지고 있다. 이 다섯 권이 에피쿠로스에 관한 저서 전부이며, 그의 사상을 엿볼 수 있는 유일한 단서이다. 《중요한 가르침》, 《단장》, 그리고 《메노이케우스에게 보내는 편지》에서는 그의 윤리학을, 《헤로도투스에게 보내는 편지》와 《퓌토클레스에게 보내는 편지》에서는 자연학이나 우주론에 관한 그의 생각을 읽어 볼 수 있다.

윤리학과 자연학은 전혀 다른 것으로 생각되지만 에피쿠로스에게 있어서 이 둘은 정신적 쾌락을 위해 꼭 필요한 학문이라는 점에서 다르지 않다. 완전한 쾌락의 충족은 가능할까? 인간이 욕망하는 육체적 쾌락에는 한계가 없을 것이고, 따라서 만족 또한 불가능할 것이다. 하지만 정신적 쾌락은 어떨까?

인간의 욕구는 끝이 없지만 이성적 사고를 가졌기에 재산, 명예, 권력이 아닌, 사는 데 가장 기본이 되는 것만으로도 스스로 만족할 수 있는 것이 또한 인

6. 에피쿠로스 《쾌락》 **287**

간이다. 에피쿠로스는 이성을 통해 이런 사실을 아는 것을 진리라고 했다. 진리란 항상 가까이 있는 것이다. 그렇다면 우주 현상이나 자연법칙은 어떨까? 당시 사람들은 그 모든 것을 신의 법칙으로 보았다. 그러나 에피쿠로스는 우주 현상과 자연법칙 역시 나름의 법칙을 가지고 움직이며, 신은 스스로 행복하기 때문에 자연법칙에 관여하지 않는다고 말한다. 자연법칙을 신의 법칙으로 보는 것은 미신이라는 것이다.

행복하려면 어떻게 해야 할까?

미신에서 벗어나야 한다. 우리 인간도 신처럼 행복하려면 전체 현상과 우주 법칙 등을 자연현상으로 보고 관여하지 말아야 한다. 평정심은 어떻게 얻는가? 주위의 어떤 것에도 관심을 두지 말아야 한다. 에피쿠로스가 교외에 학교를 짓고 담을 높이 쌓은 이유도 바로 여기에 있다. 다른 사람들과의 접촉을 피하고 세상 모든 것에서 벗어나 조용히 사는 것만이 평정심을 가진 정신과 영혼을 얻는 방법이다. 이렇게 윤리학과 자연현상은 정신적 쾌락을 얻기 위한 한 가지 수단이다.

에피쿠로스의 인간성은 극단적으로 표현되었다. 하지만 그의 부모에 대한 생각이나 형제들을 대하는 태도는 매우 긍정적이다. 에피쿠로스가 윤리학을 설명하면서 중요하게 생각한 우정, 욕망, 쾌락, 그리고 죽음과 같은 것들은 이런 태도와 무관하지 않다. 사실 에피쿠로스가 자신의 제자들에게 무엇보다 강조한 것은 우정이었다. 에피쿠로스는 이웃과 친구들 간의 우정에 대해 재차 강조한다.

"인간의 지혜가 주는 것 중에서 가장 값진 것은 우정이다."

에피쿠로스학파를 이해하는 가장 중요한 단어로 우정을 꼽는 사람들도 있다. 에피쿠로스학파는 공동체를 이루고 살았다. 공동체란 하나의 작은 사회이다. 하나의 사회가 움직이는데 가장 중요한 것은 무엇일까? 그 사회의 법이나 정의일까? 아니면 우애 혹은 우정일까? 아마도 정의나 법보다는 우정이나 우애에 의해서 움직이는 사회가 더 좋을 것이다.

그리고 죽음. 죽음을 윤리학의 주요 개념으로 둘 만큼 에피쿠로스는 남들과 다른 '죽음관'을 갖고 있었다. 디오게네스 라에르티오스에 따르면 에피쿠로스는 죽기 전에 여러 명의 노예를 해방시켰다. 그다음 이도메네우스에게 "나의 생애 중 이렇게 기쁜 날, 즉 내가 죽으려 하는 날 나는 너에게 편지를 쓴다"라고 말했다. 죽는 날이 가장 기쁜 날이라고 표현할 정도로 에피쿠로스는 평정심을 가진 철학자였다. 사람들에게 평정심을 강조하였을 뿐 아니라 자신도 평정심을 갖고 있었던 철학자 에피쿠로스는 과연 육체적 쾌락을 추구하라고 가르쳤을까? 아니면 그 반대였을까? 독자들은 이런 궁금함을 가지고 이 장을 읽어도 좋을 것이다.

PHILOSOPHY

아버지가 들려주는 황제의 길

_마르쿠스 아우렐리우스 《명상록》

콤모두스 *Lucius A. A. Commodus.* 161~192

마르쿠스 아우렐리우스의 아들로 로마 황제(재위 기간 180~192)였다. 아우렐리우스가 죽은 다음 다뉴브 강 북쪽에 거주하는 게르만족, 사르마트족과 강화를 맺었다. 황제가 된 다음 아우렐리우스의 사람들과 신하를 중심으로 로마 제국을 이끌어 나갔지만 자신이 총애하는 신하에게 정치를 맡김으로써 원로원과의 관계가 나빠졌다.

콤모두스는 정치보다 곡예와 요술 같은 예술에 관심을 두었다. 검투사가 되어 남들 앞에서 다른 검투사와 싸우기도 하였고, 스스로 로마의 헤라클레스라 칭하며 맹수를 상대로 싸우기도 하였다.

결국 믿었던 신하들로부터 배신당한 콤모두스는 검투사 나르키수스의 손에 의해 192년 12월 31일 목욕탕에서 교살되었다. 그가 죽은 다음 원로원에서는 로마 시장을 로마 황제로 선포하였지만, 제국은 내란에 빠지고 말았다.

# 로마 황제 아우렐리우스 를 만든 철학

아우렐리우스 | 인간의 육체는 부패해 있고, 지각은 혼탁하다. 그리고 인간의 영혼은 회오리바람처럼 갈피를 잡지 못하며, 운명을 예측할 수 있는 사람은 아무도 없다. 그렇다면 이런 인간을 바르게 인도할 수 있는 것은 무엇일까? (……)

고통과 쾌락을 초월하여 목적 없이는 어떤 일도 하지 말아야 한다. 허위와 위선을 멀리하여 다른 사람이 어떤 행동을 하여도 상관하지 말아야 한다. 자신의 주변에서 일어나는 모든 일들에 초연해야 한다. 이 모든 것을 가능하게 하는 것이 바로 철학이다.

딱딱하다.

이렇게 차가울 수 없다.

대리석 바닥에 널빤지로 만든 침대. 그리스 사람들의 생활 방식에 단련된 아버지가 생활하시는 장소다. 아버지는 지금까지 어떤 불편함도 이야기하신 적이 없다. 오늘처럼 이야기를 시작한 날은 몇 시간이고 아무렇지 않은 표정으로 앉아 계신다. 어릴 때부터 몸에 밴 생활 습관이니 당연하다. 하지만 우리는 참기 어렵다. 나는 어릴 때부터 아버지와는 다르게 로마 사람들과 생활했고, 푹신한 침대에 카펫이 깔린 곳에서 살았다. 아버지는 나를 교육할 때면 내가 힘들어하거나 괴로운 것은 전혀 고려하지 않고 자신의 공간으로 나를 부른다.

"내가 오늘 너에게 들려 주려는 것은 황제의 길에 관한 열두 가지 이야기이다. 언젠가 너는 나의 뒤를 이어 제국을 통치하는 황제가 될 것이다. 그때 이 이야기를 되새겨 좋은 황제가 되기를 바란다. 알겠느냐, 콤모두스?"

로마의 황제는 세습제가 아니다. 훌륭한 아들이 아버지의 뒤를 이어 황제가 되기도 하지만, 많은 경우 황제는 자신의 뒤를 이을 사람을 양자로 삼아 어릴 때부터 황제 교육을 한다. 아버지는 고모부였던 안토니우스 피우스 황제의 양자로 들어갔다. 그리고 그 뒤를 이어 로마 황제가 되었다.

아버지 또한 나에게 황제의 직위를 넘겨줄지 모른다. 내 이름은 콤모두스, 아버지 아우렐리우스 황제의 양자가 아닌 친아들이다. 하지만 내가 아버지의 뒤를 이어서 황제가 될지 그렇지 않을지는 아무도 모른다. 그 모든 것은 아버지의 결정에 달렸다.

교육

아우렐리우스 | 나는 부모님을 포함한 조상으로부터 소중한 교육을 받았고, 실천하고 있다. 할아버지는 나에게 고상한 성품과 격정을 누르는 참을성을 가르치셨다. 아버지는 겸손과 사내다운 성격을, 어머니는 신앙심, 자비심, 나쁜 행동과 나쁜 생각을 삼가는 절제, 그리고 검소한 생활 태도를 가르치셨다. 마지막으로 증조부는 나에게 황제는 학교 교육보다

는 궁중에서 교육받는 것이 더 좋다고 말씀하셨다. 지금 내가 너를 교육하는 것과 같은 방법으로 말이다.

콤모두스 | 아버지의 검소한 생활 태도는 그리스에서의 생활 습관이 아니라 할머니가 가르쳐 주신 것입니까?

아우렐리우스 | 둘 다 맞다. 나의 검소한 생활 태도는 처음에는 어머니로부터 배웠고, 그다음에는 그리스에서 배운 것이다. 나에게는 참 많은 선생님들이 있었고 그들에게서 배운 것 중 너에게 꼭 들려 주고 싶은 이야기들이 있다.

나에게 미술을 가르쳤던 디오게네투스에게는 주술이나 마술을 믿지 말고, 사소한 일에 마음을 두지 말며, 철학을 꼭 배우고, 맨몸으로 널빤지나 침대에서 자는 그리스식 생활 습관을 익혀야 한다고 배웠다.

철학자 루스티쿠스에게는 농담을 삼가고, 수사학, 시, 정교한 문장을 삼가며, 화를 돋우는 사람과도 화해하고, 수다스러운 사람의 말에는 성급하게 동의하지 말아야 한다고 배웠다.

아폴로니우스에게는 의지의 자유와 확고한 불변의 결의를 배웠고, 모든 것을 이성에 의지하며 아무리 큰 불행이 닥쳐도 한결같은 마음을 가져야 하고, 친구의 호의를 무시하거나 비굴하게 굴지 말라고 배웠다.

섹스투스에게는 아버지 같은 관대함으로 모든 사람을 대하고, 분노와 격정을 나타내지 말라고 배웠으며, 내가 가장 존경한 스승인 프론토에게는 시기심, 표리부동의 마음, 위선에 대해 배웠다.

나의 사돈인 세웨르투스에게는 가족, 진리, 정의를 사랑하는 마음을 배웠고, 나의 용맹한 부하 막시무스에게는 극기심과 쾌활한 마음을 갖는 방법, 관대함과 쉽게 용서하는 방법을 배웠다. 그리고 일을 처리함에 있어서 놀라거나 서두르거나 당황하거나 낙담하지 않는 법에 대해서도 배웠다.

나의 아버지이자 로마의 황제였던 안토니우스 피우스에게는 무엇보다도 친구의 소중함을 배웠다. 앞날의 일을 예견하는 힘과 아주 작은 일에도 늘 준비할 것, 아첨과 아부에 빠지지 말 것을 배웠으며, 무엇보다 한 나라를 다스리는 황제는 재정 면에서 어떤 작은 비밀도 있으면 안 된다고 배웠다.

이렇듯 훌륭한 조상과 스승의 조언과 충고가 없었다면 나는 결코 로마 제국을 다스릴 수 없었을 것이다. 나는 그들의 뜻에 따라 궁중에 살면서도 어떤 종류의 사치품도 탐하지 않았다. 그렇기 때문에 나는 백성들과 똑같은 생활을 하였고, 공공의 이익을 위해 늘 노력하였다. 훌륭한 스승의 도움이 있었기에 나는 철학을 배워 소피스트의 논쟁에도 말려들지 않았다. 이 모든 것이 나에게 스토아 철학을 가르친 스승의 덕이라고 할 수 있다. 무엇보다도 고마운 것은 나에게 가족이 있다는 것이다. 나를 사랑하고 내가 사랑하는 가족이 있었기 때문에 나는 어떤 어려움도 참고 견디어 낼 수 있었다. 나를 아끼는 형제자매, 온순하고 상냥하며 검소한 아내, 많은 스승에게 훌륭한 교육을 받고 있는 사랑스러운 자식들이 있다는 것은 감사한 일이다. 이것에 내가 너에게 들려주는 황제의 길로 가는 데 필요한 첫 번째 길이다.

악^惡

발이 조금씩 저려 온다.
의자 생활에 익숙한 나로서는 아버지의 이런 교육 방식이 익숙지 않다.

아우렐리우스 | 나는 아침에 일어나면 항상 명상에 잠긴다. 그리고 생각한다. 내가 오늘 마주칠 사람들과 만나게 될 사람들은 어떤 이들일까 하고 말이다. 나는 좋은 사람도 만나겠지만, 나쁜 사람도 만나게 될 것이다. 남의 일에 참견하는 사람, 은혜를 모르는 사람, 건방진 사람, 사기꾼, 시기심 많은 사람, 비사회적인 사람.

콤모두스 | 왕이 만나야 하는 사람 중에는 선한 사람도 있고 악한 사람도 있다는 뜻이군요. 그런데 선한 사람과 악한 사람을 어떻게 구별할 수 있습니까?

아우렐리우스 | 나는 선의 본질은 아름답고, 악의 본질은 추하다고 생각하지 않는다. 그리고 좋은 일을 하는 사람이나 나쁜 짓을 저지르는 사람이나 모두 같은 본성을 갖고 있다고 믿는다. 나쁜 짓을 저지르는 사람들은 아마도 선과 악을 구별하지 못하기 때문일 것이다.

콤모두스 | 선인이나 악인이나 모두 같은 종류의 사람이기 때문에 비록 악인을 만나더라도 화를 내거나 미워하지 말라고 하신 거군요.

아우렐리우스 | 내 생각을 아주 잘 읽었다. 내가 악인을 미워하지 않는다면, 그 악인 역시 나를 나쁜 일로 끌어들이지 못할 것이다. 이 모든 것은 자연의 이치이며 우주의 이치이다.

그렇다. 아버지는 아침뿐 아니라 시간이 있을 때마다 명상에 잠기는 것이 버릇처럼 되어 있다. 무슨 생각을 하실까. 항상 궁금했다.

황제는 많은 사람을 만난다. 아버지뿐 아니라 대부분 황제는 칼로 세상을 다스리는 사람들이다. 전쟁에 이기고 지는 것이 결국 황제의 자리를 유지하느냐 못 하느냐를 결정한다. 그러므로 아무리 악인이라 할지라도 적군으로 만들지 않도록 해야 한다. 한 명의 적이 한 나라보다 더 무서울 수 있기 때문이다. 아버지는 아침에 일어나 제일 먼저 악인을 만나면 어떻게 아버지 편으로 만들까를 고민하였던 것이다.

아우렐리우스 | 우리는 모두 육신, 호흡, 그리고 이성에 구속된 하찮은 인간에 불과하다. 육체는 피, 뼈, 그리고 몇 가지 조직으로 만들어진 것에 불과하며, 호흡은 항상 동일하지도 않고, 뱉어내고 빨아들이는 것 외에 아무것도 하지 않는다. 그래서 나는 이 육체와 호흡에 큰 의미를 두지 않는다. 하지만 이성은 다르다. 이성이야말로 우리 인간을 지배하는 것이다.

그러니 이 이성을 노예로 만들지 말고, 비사회적인 운동을 위한 꼭두각시로 만들지 마라. 그리고 이성으로 하여금 현재의 운명에 불만을 품게 하지 말고 미래를 위해 위축되게 만들지도 말기 바란다.

콤모두스 │ 하지만 육체와 호흡은 우리가 살아가는 유일한 방법 아닙니까?

아우렐리우스 │ 그래서 사람들은 악을 저지르는 것이다. 인간의 육체는 부패해 있고, 지각은 혼탁하다. 그리고 인간의 영혼은 회오리바람처럼 갈피를 잡지 못하며, 운명을 예측할 수 있는 사람은 아무도 없다. 그렇다면 이런 인간을 바르게 인도할 수 있는 것은 무엇일까?

콤모두스 │ 그게 무엇입니까?

아우렐리우스 │ 철학이다.

부패한 인간의 육체를 바르게 인도할 수 있는 것이 철학이라고? 아버지의 생각에 따르면 인간의 육체에 속하는 모든 것은 흐르는 물과 같고, 영혼에 속하는 모든 것은 꿈이고 연기와 같은 것이다. 삶, 그 자체는 전쟁이며, 나그네처럼 일시적으로 머무는 것에 불과하다. 그뿐 아니라 우리 인간은 미래를 생각한다. 즉 우리는 미래에 큰 명성을 얻을 것이라는 기대감에 가득 차 있다. 하지만 아버지는 그 명성이란 곧 망각이라고 이야기한다. 이렇듯 육체의 악으로 가득 차 있는 인간을 올바르게 인도하는 것은 철학뿐이라는 것이다.

아우렐리우스 | 사람들은 누구나 자기 안에 신성한 영*을 가지고 있다. 그리고 우리는 그 신성한 영을 모독하거나 상처를 주어서는 안 된다. 고통과 쾌락을 초월하여 목적 없이는 어떤 일도 하지 말아야 한다. 허위와 위선을 멀리하여 다른 사람이 어떤 행동을 하여도 상관하지 말아야 한다. 자신의 주변에서 일어나는 모든 일들에 대해서 초연해야 한다. 이 모든 것을 가능하게 하는 것이 바로 철학이다. 이 모든 것은 자연법칙에 따라 일어난다. 그리고 자연법칙에 따라 일어나는 모든 일에는 악이란 존재하지 않는다. 이것이 네가 황제의 길을 가는 데 필요한 두 번째 길이다.

악이 없다고?

악이 없으면 악인도 없다. 아버지가 호인이라는 것은 모든 사람이 다 알고 있다. 하지만 악인이 없다니. 내가 보기에는 아버지 주위에 있는 사람들이 모두 악인으로 보인다. 아니, 모두는 아니더라도 많은 자들이 그렇게 보인다. 이것이 아버지와 나의 차이인지도 모르겠다.

자연의 조화

아우렐리우스 | 다음으로 내가 너에게 들려 주고 싶은 이야기는 자연의 조화에 대한 것이다. 나는 다른 사람들과 달리 자연의 조화를 우리의 삶

속에서 찾아보고자 한다. 우리가 자연에 따라 만들어졌다면, 우리의 삶은 철저하게 자연과 조화를 이루고 있어야 한다. 저기 빵을 좀 보아라. 어떤 빵은 윗부분이 터졌지? 왜 그렇게 되었을까?

콤모두스 | 빵을 구울 때 생기는 열 때문입니다. 빵이 부풀면서 빵 속에는 증기가 생기고, 그 증기가 빠져나가고자 윗부분이 터진 것입니다.

아우렐리우스 | 그렇지. 빵 굽는 사람의 의도와는 다르게 빵은 종종 저렇게 다른 모양으로 구워지기도 한다. 하지만 어떤 사람은 저렇게 구워진 빵을 보고 오히려 식욕을 느끼거나 더 아름답다고 생각할 수도 있다.

무화과나무 열매도 다 익으면 터진다. 다 자란 올리브 열매도 썩기 직전이 가장 아름답다. 그뿐인가? 고개 숙인 벼 이삭, 사자의 눈썹, 그리고 멧돼지의 입에서 흐르는 거품 등 이 모든 것은 그 자체로만 보면 결코 아름답지 않지만 자연의 조화라는 관점에서 본다면 그것보다 더 아름다운 것은 없을 것이다.

탐스럽게 여물어 고개 숙인 벼를 생각하면 농부의 입가에는 웃음이 절로 나올 것이다. 멧돼지의 입에서 흐르는 거품은 보기 흉하지만, 씩씩거리는 멧돼지의 야성미를 생각하면 자연의 조화가 얼마나 아름다운지 감탄이 절로 나올 것이다. 이렇게 아버지는 자연의 조화를 사물의 한 부분이 아닌 전체에서 찾으라고 말씀하신 것이다.

아우렐리우스 | 네가 좋아하는 영웅은 누구냐?

콤모두스 | 알렉산드로스, 폼페이우스, 가이우스 카이사르와 같이 제국을 완성한 영웅들을 좋아합니다.

아우렐리우스 | 그렇다면 디오게네스, 헤라클레이토스, 소크라테스와 같은 철학자는 어떻게 생각하느냐?

콤모두스 | 그들 철학자도 위대한 것은 사실입니다. 하지만 영웅들은 철학자 위에 군림하면서 그들을 지배하였습니다.

아우렐리우스 | 영웅들이 철학자 위에 군림하면서 그들을 지배하였다? 과연 그들을 지배하였던 것일까?

영웅들은 자신의 잘못이 드러날 때까지 자신의 의지를 굽히지 않은 사람들이다. 그래서 전체의 역사 속에서 영웅, 장군, 그리고 황제들은 철학자 위에 군림하고 그들을 지배하는 것처럼 보였다. 하지만 부분으로 본다면 철학자들은 누구에게도 지배당하지 않았으며, 영웅 역시 누구도 지배하지 못했다. 이것이 바로 자연의 조화인 것이다. 자연의 조화라는 관점에서 본다면 영웅과 철학자는 한 국가의 구성 요소일 뿐이다. 그리고 그들은 각자 그들의 일에 최선을 다하고 있는 사람일 뿐이다. 이것이 내가 너에게 들려 주고자 하는 자연의 조화에 관한 이야기이다. 이것 또한 잘 익혀 훗날 황제의 길에 올랐을 때 도움이 되도록 하라.

휴 休

잠시 쉬고 싶다.

차라도 한 잔 마시면서 편안하게 쉬고 싶은 생각뿐이다.

아우렐리우스 | 콤모두스, 잠시 쉬겠느냐?

콤모두스 | 아닙니다.

아우렐리우스 | 그래? 황제에게도 휴식은 필요하다. 콤모두스, 너는 긴 기간 휴식을 취할 수 있다면 무엇을 하겠느냐?

콤모두스 | 아무도 없는 전원이나 바닷가 혹은 산속에 있는 별장을 찾아가서 혼자만의 시간을 보내고 싶습니다.

아우렐리우스 | 모든 사람이 너와 같은 생각을 할 것이다. 그렇다면 그것은 평범한 휴식에 불과할 것이다.

콤모두스 | 황제는 다른 사람과 같은 휴식을 취하면 안 된다는 말씀입니까?

아우렐리우스 | 아니, 휴식을 취하기 위해서 꼭 조용한 별장이나 바닷가를 찾을 필요가 있느냐는 것이다. 내 생각에는, 필요하다면 언제라도 나 자신 안에서 휴식을 취할 수 있다고 생각한다.

자신 안에서 휴식을 취할 수 있다는 아버지 말씀, 과연 무슨 뜻일까? 아버지는 자신의 영혼 속보다 더 조용한 곳은 없다고 했다. 사람들은 시끄러운 도심이나 일상에서 벗어나 산속의 별장이나 조용한 바닷가를 찾아 휴식을 취하고 싶어 한다. 그러나 자신의 영혼보다 더 조용한 곳이 있을까? 결국 어떤 장소에서든 마음만 먹으면 휴식을 취할 수 있다는 것이다. 즉 아버지는 영혼이라는 조용한 곳에서 황제의 업무와 일상에 찌든 때를 충분히 벗겨 낼 수 있다고 생각하신 것이다. 그뿐 아니라 영혼에 모든 것을 의지하는 것이 어렵지, 한 번 의지하기 시작하면 완전한 평온을 얻을 수 있다는 것이다.

아우렐리우스 | 황제는 항상 바쁜 사람이다. 특히 전쟁 시에는 더 말할 것도 없다. 시간을 쪼개어 조용한 곳을 찾아서 휴식을 취할 여유가 없다. 따라서 마음의 평정이야말로 정신의 훌륭한 질서이며, 정신의 휴식을 통하여 자신을 계속 깨어 있게 하고 쇄신시킬 수 있는 것이다. 주의할 것은 영혼 속에서 정신의 평정을 얻으려면 간결하고 근본적인 생각을 하여야 한다는 점이다. 복잡하고 현실적인 문제를 생각하면 쉽게 정신의 평온함을 잃을 수가 없다. 이것을 주의한다면 영혼은 완전히 정화되어 네가 품었던 불만을 순식간에 씻어 낼 수 있을 것이다.

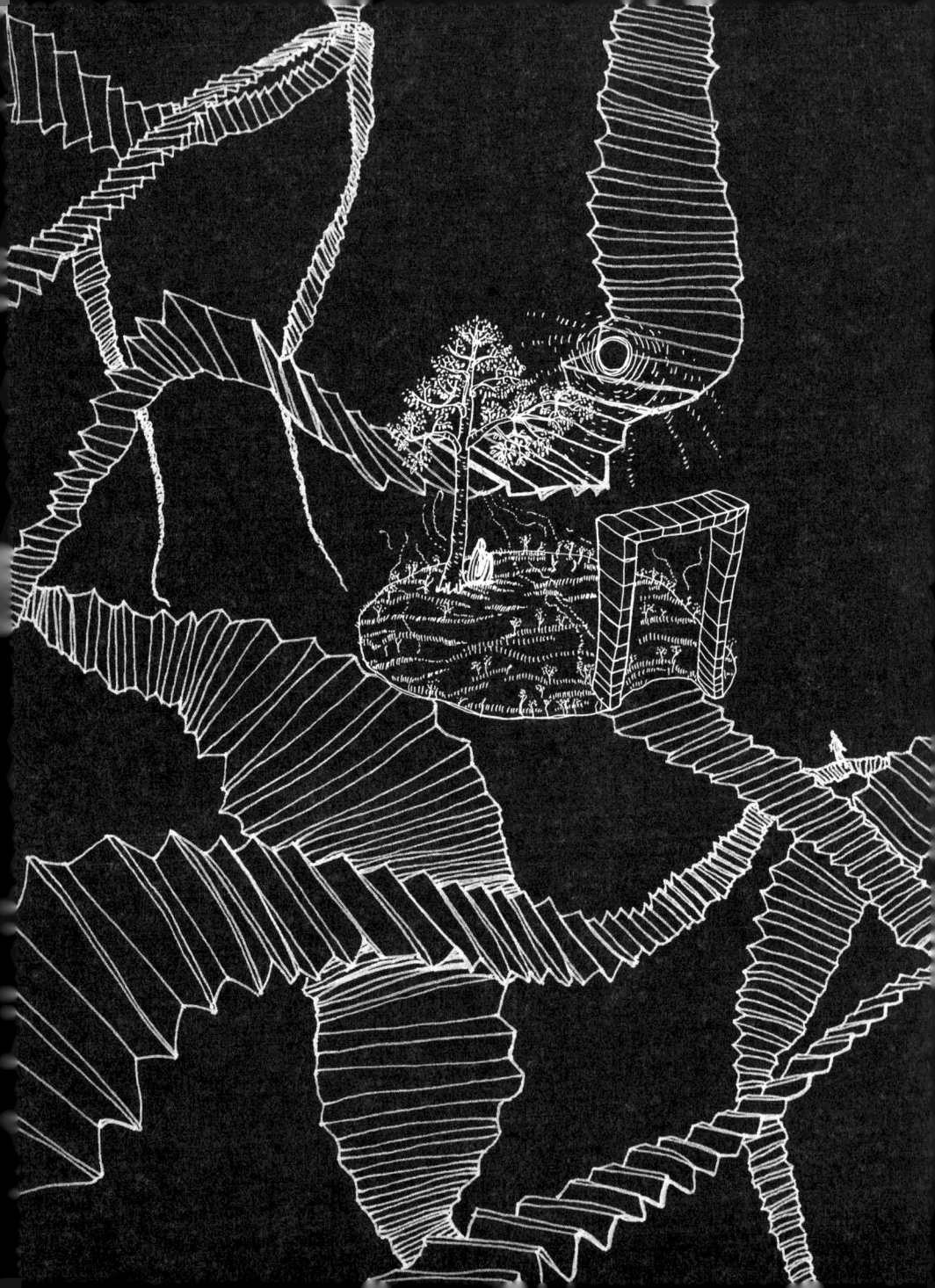

특별한 일이 없으면 서재에서 나오시지 않는 아버지를 이제야 이해할 수 있을 것 같다. 영혼보다 더 조용한 곳은 없다는 아버지. 아버지는 자신이 있는 곳이 어디든 마음만 먹으면 얼마든지 휴식을 취할 수 있고 새로운 마음으로 업무에 전념할 수 있었던 것이다.

과연 아버지에게 영향을 준 스토아학파의 사상은 무엇일까? 아버지의 이야기를 들을수록 신비한 그 사상이 궁금해진다. 아버지가 보통 사람과 다른 것은 바로 스토아 사상에 따라 철저하게 생활한다는 것이다. 황제라는 막중하고도 무거운 짐을 지고 조금의 흐트러짐도 없이 자신의 길을 가는 아버지. 그것의 뿌리에는 분명 스토아라는 철학 사상이 아주 깊이 자리하고 있음이 틀림없다.

인간의무

콤모두스 | 제가 보기에 아버지는 아주 강하신 분입니다. 그러나 나는 아버지만큼 강하지 못합니다. 과연 제가 아버지의 뒤를 이어서 황제가 될 수 있을까요?

아우렐리우스 | 자연은 인간이 할 수 없는 일을 결코 인간에게 주지 않는다는 것이 인간 의무에 대한 나의 생각이다.

콤모두스 | 인간의 의무라고 말씀하셨습니까?

아우렐리우스 | 그래. 내가 다음으로 너에게 들려 주고 싶은 이야기는 자연이 주는 인간의 의무에 관한 이야기이다. 자연은 모든 사람에게 공평하게 의무를 부여한다. 네게 일어날 수 있는 모든 일들이 다른 사람들에게도 일어날 수 있다는 것이다. 하지만 어떤 사람은 그 사실을 알아차리고 어떤 사람은 모르고 지나친다.

많은 사람들은 스스로 '나는 결코 지혜로운 사람이 아니다'라고 말한다. 이런 사람들은 결코 다른 사람들로부터 칭찬받을 만한 재능을 지니고 있지 않다. 하지만 그런 사람들에게도 특별한 성품은 분명 있다. 예를 들자면 성실, 품위, 인내심, 근면, 자제, 자족, 너그러움, 자유, 솔직함과 같은 내부에 자리하고 있는 미덕이 그것이다.

콤모두스 | 자신의 단점을 불평하지 말라는 말씀이군요. 오히려 솔직하고도 신중하게 행동한 말과 행동이 사람들에게 온화하게 보일 수 있으니까요.

아우렐리우스 | 정도의 차이가 있을 뿐 내부의 힘인 미덕은 누구에게나 있다. 미덕을 행한 후 사람들은 다음과 같이 세 가지 반응을 보인다.

자신이 베푼 호의에 대해 즉시 그 보답이 있기를 바라거나, 자신의 호의를 받은 사람으로부터 보답은 바라지 않지만 자신의 호의를 받은 사람을 빚을 진 사람쯤으로 간주하여 자신의 호의를 늘 마음속에 기억하거나, 남들에게 베푼 자신의 호의를 전혀 의식하지 않거나.

포도나무는 그저 열매를 풍성하게 맺으려 할 뿐 포도송이에 신경 쓰지 않는다. 경기장을 달리는 말이나 사냥감을 쫓는 개처럼 사람은 그게 무슨 일이든 자신의 일만 열심히 하면 의식하지 않아도 원하는 것을 얻을 수 있다. 자신이 베푼 호의를 의식하지 않는 사람이야말로 사회와 국가의 공익에 이바지하는 행동을 하는 것이다. 수없이 많은 시행착오와 실천을 통한 노력만이 자신이 베푼 호의를 의식하지 않고 살 수 있게 하여 줄 것이다. 콤모두스, 너도 아침에 일찍 일어나는 것이 싫을 때가 있지?

콤모두스 | 아버지도 그렇단 말씀입니까?

아우렐리우스 | 나도 사람이다. 나를 너무 과대평가하지 마라.

콤모두스 | 하지만 한 번도 아버지가 늦게 일어나시거나 각료들과의 자리에 늦으시는 것을 본 적이 없습니다.

아우렐리우스 | 잠자리에서 일어나기 싫을 때, 나는 인간의 의무를 수행하기 위해서는 지금 일어나야만 한다는 주문을 외운다. 나는 인간의 의무를 수행하기 위해서 태어났다. 그리고 그 의무를 수행할 때, 나는 존재한다고 믿는다. 인간이 창조된 목적은 이불 속에 편안하게 있기 위해서가 아니라 온갖 일을 겪고 경험하기 위함이다.

가까이 있는 자연에 눈을 돌려 보아라. 작은 초목, 새, 개미, 거미, 그리고 벌과 같은 아주 하찮은 자연을 보아라. 그들도 자신의 의무를 수행하고 있다. 하물며 인간인 우리가 자신의 의무를 소홀히 한다면 되겠느냐? 이것이야말로 자연의 질서를 어기는 것이겠지.

인간을 제외한 자연은 언제나 자신의 의무에 충실하다. 포도나무도 자신을 모두 바쳐 포도송이가 충실하게 열리도록 노력할 뿐 어떤 경우에도 자신이 베푼 호의나 노력에 대해 보상받으려 하지 않는다. 인간도 이와 마찬가지여야 한다. 자연과 마찬가지로 인간이 주어진 의무를 수행할 때 우주의 질서는 형성되는 것이다. 결국 우주의 질서가 깨지면 사회의 질서도 무너진다. 사회나 국가의 질서를 유지하기 위해서는 인간부터 자신에게 주어진 의무를 다해야 하고, 그 의무를 다했을 때 비로소 우주의 질서는 지켜지는 것이다.

목적의식

언제부터인가 창틀에 참새 한 마리가 날아와 앉아 있다. 그런데 무엇에 놀랐는지 창틀에 부딪히며 강한 파열음을 남긴 채 순식간에 눈앞에서 사라졌다.

어떤 것은 급히 태어나고, 급히 사라진다. 시간의 흐름이 변치 않고 늘 새로운 시대를 만들듯이 변화의 흐름은 언제나 새로운 모습의 우주를 만든다. 아버지는 그렇게 변하는 세월 속에서 신하들로부터 꾸준히 존경받고 있다. 연기처럼 순식간에 사라지고 소멸하는 이 변화 속에서, 아버지는 어떻게 다른 사람들로부터 지속적인 존경을 받을 수 있었을까?

아우렐리우스 | 우리가 정말로 높이 평가해야 할 것이 무엇이라고 생각하느냐?

콤모두스 | 아버지처럼 다른 사람들로부터 지속적인 존경과 찬사를 받는 것 아니겠습니까?

아우렐리우스 | 아니다. 사람의 입으로 하는 모든 찬사나 존경은 큰 의미가 없다. 우리가 정말 높이 평가해야 할 것은 인간이 창조된 목적에 따라 행동하는 것이다. 이것이 내가 너에게 들려주고자 하는 황제의 길 중 여섯 번째이다.

콤모두스 | 창조된 목적에 따라 행동한다는 것은 무엇을 뜻합니까?

아우렐리우스 | 소나 말처럼 동물들은 자연의 질서에 따라 함께 모여 산다. 그뿐 아니라 사람들 역시 자연의 법칙에 따라 음식을 먹고 영양을 섭취하면서 살아간다. 하지만 이 모든 것은 인간 삶의 일부분에 지나지 않는다. 우리가 정말로 높이 평가할 것은 자연의 법칙에 따라 만들어진 것이, 자연의 목적에 맞도록 하는 것이다.

포도나무를 심는 사람은 탐스러운 포도송이를 수확한다. 말과 개를 훈련하는 사람은 훌륭한 경주용 말과 도둑을 잘 지키는 개를 만든다. 이것이 농부와 조련사의 목적이다. 가정교사와 선생의 노력도 이와 마찬가지다. 이것이야말로 우리가 존중해야 할 소중한 가치이며 목표인 것이다. 이 목표를 이루기 위해서 사람들은 어떤 유혹과 욕망도 버려야 한다. 그렇게 하면 스스로 자신을 지배할 수 있고 다른 모든 것으로부터 자유로워질 수 있으며 모든 격정에서 벗어날 수 있다. 그렇지 않을 때, 우리는 시기심과 질투심이 가득한 의혹에 찬 눈으로 다른 이들을 바라보게 될 것이다. 이런 사람이 바로 창조된 목적을 잃은 사람이다.

고통

고통스럽다.

이제는 앉아 있기도 어려울 정도로 고통스럽다. 하지만 아버지는 조금의 흐트러짐도 없이 편안해 보인다. 고통이란 무엇일까? 이런 고통을 이겨 내는 것도 황제의 길 중 하나일까?

아우렐리우스 ㅣ 불편한 자리에 앉아 있는 것이 고통스럽느냐?

콤모두스 ㅣ ······.

아우렐리우스 ㅣ 고통을 이기는 것도 황제의 길 중 하나다. 만약 너에게 어떤 고통스러운 일이 닥친다면 그와 똑같은 일에 슬퍼하거나 놀리거나 비탄에 잠겼던 사람들을 생각하기 바란다. 그들이 고통스러웠을 때 너는 그들과 어떤 고통도 나누지 않았다. 마찬가지로 네가 고통스러울 때 너의 고통을 나눠 가질 사람 역시 없음을 기억해라.

인간의 내면은 아무리 퍼내어도 마르지 않는 선함으로 가득 차 있다.

이 선함을 남에게 보여 주려면 어떤 행동을 하든 몸가짐을 바로 하여야 한다. 내면에 가득 찬 지혜로움과 우아함이 얼굴에 나타나기를 바란다면 어떤 육체적인 고통도 자제할 줄 알아야 한다.

아버지는 고통을 겪을 때마다 그것이 수치도 아니며, 사람을 지배하는 이성을 타락시키는 것도 아님을 명심하라고 했다. 사람을 지배하는 이성은 어떤 고통으로도 손상을 입지 않는다는 것이다.

아버지라고 고통스러운 일이 없었을까? 하지만 아버지는 고통이란 결코 참을 수 없는 것도 아니며, 끊임없이 계속되는 것도 아니라는 에피쿠로스의 말을 굳건히 믿었다. 에피쿠로스의 생각 덕분에 아버지는 어떤 고통도 잘 참았고, 비록 고통이 덮쳐도 어떤 누구에게도 괴로운 모습을 보이지 않았다. 에피쿠로스도 아버지도 고통에는 한계가 있음을 깨닫고 고통을 참을 것을 말한 것이다. 아버지는 더 나아가 아주 사소한 불쾌한 일들도 고통으로 보고 참을 것을 가르쳤다. 예를 들면 졸음, 더위 혹은 식욕부진과 같은 것은 그저 불쾌한 일처럼 보일지 모르지만, 실질적으로 우리에게 고통을 주는 것이니 또한 참아내고 절대로 내색하지 말아야 한다는 것이다.

콤모두스 | 아버지, 하지만 전쟁을 생각해 보십시오. 그곳에는 고통보다 더한 것이 있습니다. 잘려나간 팔다리, 피묻은 시체, 말로 표현할 수 없는

참혹한 시신들. 이런 고통을 보고도 참아야 한다는 말씀입니까?

아우렐리우스 | 그것은 아무것도 아니다. 그런 고통을 스스로 행하는 사람도 있다.

콤모두스 | 스스로 행하다니요? 자해하는 사람을 말하는 것입니까? 무슨 뜻인지 이해가 되지 않습니다.

아우렐리우스 | 많은 사람들이 자신에게 주어진 운명을 받아들인다. 하지만 그렇지 못한 몇몇 사람들은 자신을 다른 사람들로부터 격리시키기 위해 비사회적인 행동을 하기도 한다. 지극히 이기적인 목적으로 자신을 가능한 한 왜소하게 만들려고 그런 짓을 하는 것이다. 사람들은 스스로 자연의 일부라는 것을 잊고 사는 것 같다. 콤모두스, 스스로 자해하여 자연에 손상을 입히는 것이 가능하다고 생각하느냐?

사람은 자연의 일부이다. 나를 괴롭히는 주위 사물들 또한 자연이다. 그렇다면 결국 주위의 사물들이 나를 괴롭히는 것이 아니라, 내가 주위의 사물들로부터 괴롭힘을 당하고 있다고 믿는 것이다. 주위로부터 당하는 괴로움을 피하고 싶을 때 취하는 극단적인 행동인 자해는 결국 나 자신, 즉 자연의 일부를 손상하는 것이다.

자연의 질서

아우렐리우스 | 저기 있는 사과는 왜 저렇게 내동댕이쳐져 있느냐?

콤모두스 | 먹다가 맛이 없어서 버린 것입니다.

아우렐리우스 | 저 사과뿐 아니라 모든 것이 마찬가지일 것이다. 길을 가다 가시덤불이 있으면 피해 가야 한다. 그때마다 사람들은 왜 이런 것들이 여기 있을까 하고 불평하지만 자연을 탐구하는 사람들이라면 그렇지 않을 것이다.

콤모두스 | 맛없는 사과나 가시덤불도 결국 자연을 구성하는 요소라는 말씀이군요.

아우렐리우스 | 바로 그것이다. 황제가 될 사람은 결코 경박하게 행동해서도 안 되며, 경솔하게 대화를 해서도 안 된다. 갈피를 잡지 못하고 어지러운 생각을 가져서도 안 된다. 고통에 빠지지 말고 쾌락으로 들뜨지도 말며 항상 여유를 가지고 자연을 살펴보아야 한다.

목공소와 가죽 신발 가게에 가면 늘 대팻밥과 자르고 남은 가죽으로 가게 안이 어지럽다. 목수나 제화공은 그들이 쓰다 남은 톱밥이나 쓰레기를 버릴 장소가 있다. 하지만 자연은 어떤가? 자연은 그 자신 외에 아무것도 가지고 있지 않다. 자연은 자신 속에서 부패한 것, 낡은 것, 쓸모없는 것들을 다시 자신으로 변화시켜 새로운 것으로 만들어 낸다. 자연은 자신 이외의 어떤 물질도 필요로 하지 않는다. 쓰다 남은 쓰레기를 버릴 장소도 필요하지 않다. 이런 자연은 스스로 갖고 있는 재능에 만족할 뿐이다. 황제도 이와 같아야 한다. 황제는 어떤 경우에도 자신을 새롭게 할 수 있는 이성적인 사고와 능력을 갖추고 있어야 한다. 맑고 신선한 물이 샘솟는 아름다운 경치에 둘러싸인 호수에서 아무리 욕설을 퍼부어도, 호수는 그 모든 것을 품고 아름다운 자태를 뽐낸다. 마찬가지로 황제는 스스로 선의와 순박함, 자제력과 자유를 지닌 채, 항상 자신을 주의 깊게 살피면서 행동하여야 한다.

죽음

아우렐리우스 | 콤모두스, 죽고 싶다는 말을 하는 사람을 보면 어떤 생각이 드느냐?

콤모두스 | 늙은 사람들이 가장 많이 하는 거짓말 중의 하나가 죽고 싶다는 것 아닙니까?

아우렐리우스 | 그래? 황제는 어떠냐. 황제는 거짓말을 해도 될까?

콤모두스 | 황제는 거짓말을 해서는 안 된다고 생각됩니다.

아우렐리우스 | 그렇다면 황제가 죽고 싶다고 말한다면, 너는 그 말을 어떻게 받아들이겠느냐?

아버지의 얼굴에 비장한 기운이 감돈다. 단순히 농담으로 하시는 말씀이 아니다. 사람이 태어나 성장하고, 결혼해서 가족을 만들고, 나이를 먹어 늙고 죽는 것과 같은 인생의 계절은 아주 자연스러운 것이다. 사람은 이 인생의 계절을 거역할 수도 없고 무관심할 수도 없다. 하지만 사람들은 이 지극히 자연스러운 현상에 비상한 관심을 쏟지 않고 아주 무관심하게 받아들인다. 오죽하면 늙은 사람들이 가장 많이 하는 거짓말이 죽는다는 것일까.

아우렐리우스 | 죽음에 직면한 사람의 맑은 영혼을 생각해 본 적이 있느냐? 우리는 죽음에 분노를 느껴서는 안 되며, 오히려 죽음을 사랑하고 온화한 마음을 가져야 한다. 보잘것없는 동물들을 생각해 보아라. 이성이 없다는 동물들, 꿀벌, 가축, 새와 같은 것들은 그들끼리만 사랑을 나눈다. 그들에게도 영혼이 있기 때문에 이러한 것이 가능한 것이다. 하지만 인간들은 어떤가? 그들에게는 고등 동물만이 가진 사회적인 본능이 있어 친구나 가족과 같은 유대관계를 형성한다. 그런가 하면 서로 반목하고 불신하며 결국 원수로 살아가기도 한다. 이들에게 거짓말은 어떤 의미가 있을까? 이들은 태어나고 죽는 것과 같은 인생의 계절을 인정할까?

아버지 말씀에 따르면 인생의 계절을 받아들이는 죽음이야말로 환영받을 일이다. 특히 황제가 죽는다는 것은 더없는 기쁨이며 행복한 일이다.

많은 사람들은 거짓말을 통해 자신의 죽음을 감추려고 하지만 인간이라면 그 누구도 죽음에서 자유롭지 못하다.

가장 바람직한 삶은 어떤 것일까? 거짓도 모르고 어떤 종류의 허식이나 사치나 오만도 모르는 채 죽는 것 아닐까? 하지만 많은 사람들이 거짓과 시기, 사치와 오만으로부터 싫증을 느끼고 괴로워하며 살다가 죽는다. 거짓된 삶으로부터 자유로운 사람인 황제! 과연 이런 삶이 가능할까? 아버지와의 대화가 길어지면 질수록 나의 가슴은 더욱 무겁고 답답할 뿐이다.

우주의 질서

아우렐리우스 | 우주에는 그 우주를 움직이는 법칙이 있을까?

콤모두스 | 우주의 법칙은 존재한다고 생각합니다. 사람이 태어나거나 죽는 것, 사계절이 있는 것 등 어떤 법칙에 따라 생겨나고 변한다고 생각합니다.

아우렐리우스 | 그래. 모든 사물이 다른 것으로 변화하는 데에는 분명 이떤 규칙적인 과정이 있을 것이다. 어쩌면 우리가 그 변화하는 규칙을 관찰해야 하는 것 아닐까?

콤모두스 | 우주의 변화에 끊임없이 주의를 기울이고 관찰하라는 말씀이시군요.

아우렐리우스 | 황제의 길을 가는 사람에게 우주를 관찰하듯 주변에 일어나는 모든 것을 관찰하는 것은 중요한 일이다. 우주의 변화를 끊임없이 관찰한다면 정신을 고귀하게 하는 데 도움이 될 것이다. 고귀한 정신은 육체의 속박에서 벗어나는 가장 좋은 지름길이기 때문이다.

아버지의 모든 생각은 육체보다 정신에 있다. 육체보다 정신이 고귀한 사람은 다른 사람들이 자신에 대해서 어떻게 생각하든 개의치 않는다.

그뿐 아니라 정신이 고귀한 사람은 모든 행위를 정의롭게 하고, 정의로운 행동을 하기 위해서 모든 것을 수용한다. 또한 법칙에 일치하는 옳은 길을 따르기 위해서 평온을 방해하는 모든 근심과 욕망을 버린다. 법칙에 일치한다는 것은 결국 우주의 법칙과 절대적인 관계를 맺고 있다는 뜻이다. 그래서 아버지는 우주의 법칙을 관찰함에 최선을 다하라고 말씀하신 것이다.

아우렐리우스 | 우주가 무엇으로 만들어져 있는지 생각해 본 적이 있느냐?

콤모두스 | 어떤 사람은 원질을 이야기하고, 또 어떤 철학자는 원자를 이야기했습니다. 하지만 어떤 경우에도 확인할 수 없고, 확인이 되지 않습니다.

아우렐리우스 | 그렇다면 우리는 우리에게 주어져 있는 우주를 인정해야겠지?

콤모두스 | 네, 그 시작이 무엇인지는 모르지만 현재 우리에게 주어져 있는 우주를 인정할 수밖에 없습니다.

아우렐리우스 | 우리에게 주어진 우주를 인정한다면, 나는 두 가지를 더 추가하고 싶다. 첫째는 우주가 원자들로 만들어졌든, 자연의 질서 정연함으로 이루어졌든, 분명한 것은 우리는 자연에 의해서 지배되고 있는 우주의 일부분이라는 것이다. 둘째로 우리가 확신해야 할 것은 내가 우주의 일부인 것처럼 너도 우주의 일부라는 것을 인정하는 것이다. 그리고 너와 나뿐 아니라 우주 속에 있는 모든 것들은 서로서로 밀접한 관계에 있다는 것이다. 우주가 어떻게 생겼는지 아무도 모른다. 하지만 우리는 우리에게 주어져 있는 우주를 인정해야 한다. 우주에 속해 있는 모든 것들은 질서정연하다. 그뿐 아니라 질서정연하게 놓여 있는 우주의 모든 것들은 서로 밀접한 관계를 유지하고 있다. 우주 속에 있는 모든 것은 소멸과 생성을 계속하는 변화 속에 놓여 있다. 우주를 구성하는 모든 것의 변화가 불가피하다면, 모든 것은 우주 전체에 유익한 것으로 변화할 것이다. 즉 우주에 속해 있는 개체에 해를 입히거나 우주 전체가 나쁜 쪽으로 변화하는 일은 없다는 것이다.

아버지에게 있어서 우주의 법칙이 존재하는 이유는 단 한 가지다. 어떤 경우에도 분열이 있어서는 안 된다는 것이다. 물론 이것은 개인뿐 아니라 가족, 사회, 국가에도 해당한다.

고귀한 정신을 가진 사람은 모든 행동에서 정의롭다. 이렇게 정의로운 사람이 살고 있는 우주는 서로서로 밀접한 관계를 유지하면서 결코 분열을 일으키지 않을 것이다. 개인 간의 분열이 일어나지 않는 사회에서 국가의 분열은 상상도 할 수 없다. 이 모든 것을 아버지는 우주의 법칙에서 찾는다. 우주의 법칙과 규칙을 관찰하고 끊임없이 주의를 기울인다면 어떤 분열도 없을 것이다. 황제가 해야 할 일은 바로 분열되지 않는 군건한 국가를 유지하는 것이다. 그러기 위해서는 결국 고귀한 정신으로 우주의 법칙을 관찰하고 끊임없이 주의를 기울여야 할 것이다.

현재를 사랑하라

아우렐리우스 ┃ 황제의 길을 걷는다는 것이 결코 쉽지 않다는 것을 알았느냐?

콤모두스 ┃ 네, 정말 어렵다는 것을 알았습니다.

아우렐리우스 ┃ 아무나 황제가 될 수 없음을 다시 한 번 명심하기 바란다. 황제의 열한 번째 길은 내가 너에게 주는 10가지 교훈이다. 이 교훈을 뮤즈의 여신으로부터 받은 것으로 생각하고 너의 가슴 깊이 새겨두어라.

첫째, 황제는 다른 사람들과 밀접한 관계에 있음을 기억하라. 양 떼를 보호하는 어미 양처럼, 소 떼를 보호하는 황소처럼, 황제는 사람들을 보호하기 위해서 태어났다. 더 나아가 우리는 모두 서로를 위해서 태어났다.

둘째, 황제는 백성들이 식사할 때, 잠을 잘 때, 그리고 그밖에 어떤 행동을 하거나 어떤 경우에 처하더라도 그들이 어떤 종류의 인간인지 생각해야 한다. 그들의 행동이 자만심인지 아니면 적절한 행위인지도 생각해야 한다. 황제는 언제나 백성들의 행동 하나하나에 관심을 두고 지켜보아야 한다.

셋째, 백성들이 그릇된 행동을 하더라도 본래의 의도는 그렇지 않았으리라 생각하고 너그러운 마음을 가져야 한다. 어떤 백성도 이웃 사람들로부터 정의롭지 못한 자, 냉혹한 자, 탐욕스러운 자로 불리는 것을 원치 않기 때문에 일부러 잘못된 행동을 하지는 않을 것이다.

넷째, 황제도 잘못을 저지를 수 있다. 하물며 백성이 잘못을 저지르는 것은 당연하다. 모든 사람에게는 실수나 잘못을 저지를 수 있는 성질이나 성향이 있기 때문이다.

다섯째, 황제는 백성들이 그릇된 행위를 했다고 확신할 수 없음을 명심하라. 인간의 행위는 겉으로 보이는 것과 진심이 항상 일치하는 것은 아니기 때문이다. 백성들의 행동에 대해서 많은 것을 경험하고 검토한 후에야 그들의 행위나 행동을 판단할 수 있을 것이다. 그렇기 때문에 백성의 행동이나 행위에 대해서 성급하게 판단하면 안 된다. 특히 그것이 나쁜 행동일 때는 더더욱 신중해야 한다.

여섯 번째, 황제도 화가 날 때가 있다. 도저히 참을 수 없이 극도로 화가 날 때는 한 가지만 생각하라. 모든 사람은 잠시 이 우주 속에 살고 있으며, 곧 모두가 죽을 것이다. 이것만 생각한다면 아무리 화가 나도 참을 수 있을 것이다.

일곱 번째, 황제를 괴롭히는 것은 백성들의 행위가 아니라, 그 행위에 대한 황제의 생각임을 잊지 마라. 백성들의 행위를 이성적으로 판단해서는 안 된다. 백성들의 행동에 황제가 이성과 판단을 제거한다면, 백성에 대한 분노도 사라질 것이다.

여덟째, 백성의 행동에 화가 나는 것 중에 또 하나는 황제 스스로에 대한 분노이다. 백성들이 무엇인가 잘못된 행동을 할 때, 황제는 때때로 분노할 수 있다. 황제는 바로 자신의 분노를 더 괴로워하고 견디기 어려워한다. 가능한 황제는 분노하지 말아야 한다.

아홉 번째, 악이나 위선이 아닌 순수한 친절함이야말로 어떤 것보다 강하다는 것을 알아야 한다. 아무리 무례한 백성도 온화한 태도와 친절함엔 고개 숙인다. 황제는 어떤 누구에게도 냉소적이거나 비난하는 태도로 대해서는 안 되며 뿐만 아니라 훈계하거나 칭찬을 목적으로 사람을 대해서도 안 된다.

열 번째, 황제는 어리석은 백성이 그릇된 행위를 하지 않기를 바라서는 절대로 안 된다. 어리석은 사람이 그릇된 행위를 하지 않는다는 것은 불가능한 일임을 알아야 한다. 특히 황제는 어리석은 사람들이 다른 사람들에게 그릇된 행위를 하는 것은 인정하면서도, 자신에게 그릇된 행위를 하는 것은 인정하지 않는다. 황제는 이런 경우를 더욱 조심하여야 한다.

어느새 어둠이 밀려왔다. 아버지는 하인을 시키지 않고 몸소 램프에 불을 밝혔다.

아우렐리우스 | 내가 밝힌 저 램프의 불은 꺼질 때까지 그 밝음을 잃지 않겠지?

콤모두스 | 네, 저 램프에 기름이 남아 있는 한 오랫동안 그 밝음을 잃지 않고 빛을 낼 것입니다.

아우렐리우스 | 램프 속의 기름에 해당하는 것을 인간은 갖고 있을까?

콤모두스 | 빛을 내는 기름과 같은 것이라면…… 지혜, 진리, 정의와 같은 것이겠군요.

아우렐리우스 | 저 램프처럼 인간의 내면에 있는 지혜, 진리, 정의가 인간의 생명보다 먼저 꺼질 수는 없겠지?

콤모두스 | 말씀을 듣고 보니 그렇군요. 하지만 지금까지 한 번도 그런 생각을 해 본 적이 없습니다.

아버지는 나에게 황제의 길에 대해 들려 주시며 인간을 구성하는 육체, 호흡, 이성 중 이성이 가장 중요하다고 말씀하셨다.

인간을 괴롭히는 것은 과연 무엇일까? 모든 사람들은 지혜, 진리, 정의를 구현하기 위해서 노력한다. 그리고 그것 때문에 고통스러워한다. 왜 사람들은 지혜를 얻고자 하며 그것으로 진리와 정의를 구현하려고 할까? 기름이 남아 있는 한 램프가 주위를 밝히듯이, 지혜가 있는 한 인간은 진리와 정의를 구현할 수 있을 것이다. 결국 사람은 자신을 포기하지 않는 한 모든 것을 얻을 수 있다는 이야기이다.

아우렐리우스 | 과거는 지나갔지?

콤모두스 | 네, 지나갔습니다. 그렇기 때문에 과거에 얽매일 필요는 없습니다.

아우렐리우스 | 그럼, 미래는?

콤모두스 | 미래는 내가 계획하겠지만, 결국 운명이나 다른 여러 가지 힘들에 맡겨야겠죠.

아우렐리우스 | 그럼 결국 현재만이 존재하는구나.

콤모두스 | 그렇습니다. 사람들에게 가장 중요한 것은 현재라고 생각합니다. 현재를 얼마나 경건하게 받아들이느냐에 따라 그 사람의 모습이 달라진다고 생각합니다.

아우렐리우스 | 사람은 자연의 일부이며 자연의 법칙에 따라 운명 지어져 있다. 과거는 이미 지나간 것이고, 미래는 자연의 법칙에 따른다면, 우리가 가장 경건하게 받아들여야 할 것은 현재이다. 바로 이런 점에서 사람들은 조금의 망설임이나 주저함 없이 정의의 길을 갈 수 있는 것이다. 망설임 없이 정의롭게 진리를 말하고, 법칙에 일치하는 행위를 하며, 가치 있

는 행동을 하는 것이다. 어떤 경우에도 현재의 길이 자신의 길이라고 판단 되면 다른 사람의 생각이나 말에 구애받을 필요는 없는 것이다.

이성적인 사람은 다른 사람의 말과 행동, 그리고 자신의 말과 행동에 하나하나 세심한 주의를 기울인다. 그러나 그렇지 않은 사람들은 미래에 대한 모든 걱정들로 자신을 괴롭힌다. 이 모든 것은 어쩌면 육체와 결부 된 것일지도 모른다. 육체에 관련된 모든 것을 이성적으로 제거한다면, 우리의 이성은 순수하고 자유로워질 수 있을 것이다. 이성은 우리로 하여금 올바른 일을 하게 할 것이며 인간 본연의 삶의 자세로 돌아가게 할 것이 다. 내 주변에서 일어나는 모든 일들을 기꺼이 받아들일 것이며 참된 것을 노래할 것이다. 이렇듯 이성은 현재의 나를 미래와 과거로 연결해 괴롭히기도 하지만, 자유롭게도 하는 것이다.

램프의 불이 빛나는 한 주위는 환할 것이다. 이성이 미래와 과거의 걱정을 끊지 못하고 잡고 있는 한 우리에게 현재의 편안함이나 자유는 보장될 수 없을 것이다. 지혜, 진리, 정의는 우리의 삶이 다할 때까지 함께 한다. 오직 우리가 살고 있는 현재의 삶에 충실히 한다면, 죽는 날까지 평온과 선의 속에서 자신의 내부에 자리하고 있는 이성과 화목하게 지낼 수 있을 것이다.

황제의 열두 번째 길인 현재의 중요성을 이야기한 후 아버지는 램프의 심지를 낮추어 불을 껐다.

아버지가 아들에게 들려주는 황제의 길. 그 길은 정말 험하고도 힘들다. 아버지는 황제로서 훌륭한 길을 걸었다. 아버지는 나 또한 그 길을 걷길 바란다. 내가 잘할 수 있을까? 분명한 것은 황제의 길이 쉽지 않을 것이라는 것뿐이다.

읽어두면 좋을 이야기

철학자와 황제 사이

기원전 380년경 아테네의 철학자 플라톤은 이상국가를 통해 철인 통치자의 필요성을 강조했다(3장. '완벽한 정치가를 만드는 방법_플라톤 《국가》 참조). 그뿐 아니라 자신도 한 국가를 다스리기 위해 정치에 참여하였다. 플라톤은 철학자가 정치를 하면 가장 이상적인 정치가 실현된다고 믿었던 것이다. 그 '이상적인 정치'가 역사적으로는 마르쿠스 아우렐리우스에 의해서 딱 한 번 실현되었다는 것에 모든 역사학자들은 동의한다.

121년 로마에서 태어난 아우렐리우스는 161년 대로마 제국의 황제가 되었다. 오현제五賢帝의 한 사람이던 황제 하드리아누스는 어린 아우렐리우스를 '가장 진실한 사람'이라는 뜻의 베리시무스라 부르며 교육에 힘썼다. 하드리아누스 황제가 죽자 그의 후계자였던 안토니우스 피우스가 황제가 되었고, 아우렐리우스를 양자로 삼아 자신의 후계자로 정한 다음 카이저Kaiser, 카이사르, 즉 황제의 칭호를 주었다. 그뿐 아니라 자신의 딸 파우스티나와 아우렐리우스를 결혼시켜 자신의 국정 운영을 돕게 하였다. 피우스가 죽은 후 대로마 제국의 황제가 된 아우렐리우스는 40년 이상 플라톤의 이상국가 실현을 위해 노력하였다.

내성적이고 관대한 아우렐리우스는 독서와 명상을 좋아하였다. 남달리 책임감이 강했던 그는 온 힘을 다해 자신의 임무를 완수했으며, 자신이 스스로 이상이라고 생각한 모든 것을 이루려고 노력하였다.

로마 제국은 2세기경까지 오랫동안 평화가 유지되었으나 아우렐리우스가 황제로 즉위한 후 복잡한 정국으로 빠져들었다. 게르만족의 침입, 동로마 제국의 반란 등과 같은 전쟁, 티베리스강^{현재의 테베레강}의 홍수, 지진과 같은 재난에 페스트까지 만연한 것이다. 이런 상황에서 아우렐리우스는 전쟁에 참여하기 위해 이곳저곳으로 원정을 다닐 수밖에 없었다.

마르쿠스 아우렐리우스는 평화주의자였으며 철학과 문화를 사랑한 사람이었다. 역사적으로 로마 제국의 황제는 항상 장군이었지만 아우렐리우스는 장군이라기보다는 철학자에 가까웠다. 많은 로마의 장군들은 이점을 우려했고, 이런 우려가 반란과 내란으로 제국의 곳곳에서 나타나 그때마다 아우렐리우스는 원정을 통하여 그들을 굴복시켜야만 했다. 아우렐리우스야말로 참다운 철인통치자였다고 할 수 있을 것이다.

"나 자신에게"라는 부제에서 알 수 있듯이 아우렐리우스가 남긴 《명상록》은 남에게 보여 주기 위해서 쓴 것이 아니라 자신의 삶을 기록한 일기와도 같은 책이다. 아우렐리우스는 대로마 제국의 황제로서 자신에게 주어진 공무를 충실히 수행하였다. 또한 자신의 내면에 있는 철학적인 사색을 매우 중요하게 여겨

생활 속에서 실천하였다.

아우렐리우스는 적의 침입을 막기 위해서 많은 전쟁을 하였고, 내란을 막기 위한 원정도 여러 번 하였다. 철학적인 체계를 바탕으로 철학에 관한 연구를 하고 싶었겠지만 그럴만한 시간이 주어지지 않았을 것이다. 그래서 그는 약간의 틈만 있으면 자신의 철학적 성찰을 메모로 남겨두었다. 이렇게 남아 전해온 것이 《명상록》이다.

그의 철학적 성찰 장소는 궁중, 전쟁터, 원정길 등 일정치 않았고, 글의 내용도 마음에 무언가가 떠오를 때, 좋은 책을 읽었을 때, 스스로 성찰하고 깨우침이 있을 때 등 다양했다. 이렇게 저술된 책이었기 때문에 보존 상태도 좋지 못하고, 남에게 보여 주기 위해 쓴 것이 아니기 때문에 전체의 사상 체계라든가 저술의 체계도 세워지지 않았다. 물론 같은 내용이 반복되는 경우도 종종 발견된다. 아우렐리우스의 《명상록》이 난해하고 이해하기 어려운 것은 바로 이러한 이유에 기인한다. 하지만 《명상록》에는 후기 스토아학파의 사상이 충실하게 반영되어 있다. 기원전 300년경 제논에 의해서 창시된 스토아학파는 아우렐리우스 시대까지 약 400년 이상 이어져 내려왔다. 아우렐리우스는 젊었을 때부터 스토아학파의 사상에 빠져있었는데, 특히 노예였다가 풀려난 스토아힉파의 철학자 에피크테투스의 글을 통해서 스토아철학을 배웠다. 이후 그의 삶과 행동은 그가 스토아학파의 사상에 충실했음을 보여 준다.

스토아학파는 무엇보다 인간의 삶에 필요한 윤리를 강조하였다. 이런 점에서 볼 때 스토아 철학의 특징은 실천윤리이다. 아우렐리우스에 따르면 모든 생명체는 만들어진 목적을 다할 때 의무를 완수했다고 말할 수 있다. 인간을 예로 들자면 이성적으로 만들어진 인간이 이성에 충실하게 살면 만들어진 목적을 이루는 것이다. 인간이 그 만들어진 목적을 달성하기 위해서 이성적으로 살아야 한다면, 인간에게는 반드시 자유가 보장되어야 한다.

이성적인 인간은 자유로운 것과 자유롭지 못한 것을 구별할 수 있어야 하는데 어떤 문제에 대한 의견, 악을 행하느냐 선을 행하느냐 등의 자유로운 판단은 모두 정신적인 부분에서 나오는 것이며 외부에서 일어나는 일들은 인간의 의지대로 되는 것이 아니다. 육체적인 쾌락이나 즐거움, 삶과 죽음, 병들고 늙는 것, 부와 명예와 같은 것은 인간의 정신적인 부분에서 제어할 수 있는 것이 아니라는 뜻이다. 결국 인간의 행복이나 기쁨을 좌우하는 것은 정신적인 부분인데, 스토아철학의 실천윤리에서는 인간의 정신적인 안정이 바로 덕에서 나온다고 보았다. 그럼 덕이란 무엇인가?

스토아철학에서는 덕을 우주와 인간세계를 지배하는 힘이라고 보았다. 그리고 인간은 우주의 질서에 놓여 있고, 그 영향을 받고 있다. 인간의 자유로운 부분인 정신이 이성에 의해서 움직일 때 인간은 덕을 갖게 되고 행복하지만, 인간의 육체적인 부분을 극복하지 못하면 결코 자유롭지 못하다는 것이다.

아우렐리우스는 인간의 육체적인 부분을 동물적인 부분으로 보았다. 이성을 가진 인간이 자유로운 정신을 가지려면 이런 육체적인 부분, 즉 동물적인 부분을 멀리하거나 극복해야 한다. 그러기 위해서 철학적인 사색과 명상이 필요한 것이다. 스토아학파에서는 이런 동물적인 부분을 제거하기 위해 '부동심^{不動}

心, 아파테이아, apatheia'을 요구하였다. 외적인 유혹이나 육체적인 쾌락으로부터 흔들리지 않는 부동심이야말로 스토아학파가 추구한 최고의 경지인 것이다.

스토아학파에 심취한 아우렐리우스는 평화주의자였다. 그런 그가 재위 기간 내내 전쟁을 하였다는 것은 모순이다. 그러나 아우렐리우스는 전쟁은 인간을 불행하게 만들고, 인간에게 불명예를 남긴다는 이유로 꼭 필요한 전쟁 외에는 하지 않는다는 원칙을 갖고 있었다. 한 나라의 황제로서 나라의 재산과 국민을 보호할 의무 때문에 어쩔 수 없이 전쟁을 하게 되었지만 전쟁에 임해서는 최선을 다해 용감하게 싸워 이겨야 한다고 믿었다. 이것이 황제가 백성들에게 할 수 있는 최선의 의무라고 생각하였던 것이다.

그러나 178년 모든 게르만족이 힘을 합쳐 로마 제국을 공격하였고, 아우렐리우스는 아들 콤모두스와 함께 로마 제국을 구하기 위해서 전쟁터로 달려가 전쟁을 승리로 이끌었으나, 귀국길에 전염병에 걸려 죽고 말았다. 42년 동안 덕과 철학으로 로마 제국을 지배한 아우렐리우스는 죽은 후에도 100년 이상 로마 사람들에게 집안의 수호신으로 모셔졌다. 스토아철학을 바탕으로 한 아우렐리우스의 실천적 윤리가 로마 사람들에게 얼마나 많은 영향을 주었는지 보여 주는 대목이다.

《명상록》은 아우렐리우스가 틈틈이 기록한 것이다. 내용 속에 "그대"라는 말이 많이 나오는 것으로 보아 자기 스스로와 나눈 대화라고 보는 것이 좋을 것이다. 모두 12장으로 나누어진 《명상록》은 주제도 일정치 않고, 구성다운 구성도 없어 아우렐리우스에 의해 12장으로 나뉜 것인지도 확실치 않지만, 분명한 것은 철학자 아우렐리우스와 황제 아우렐리우스 사이에 많은 갈등이 있었다는 점이다. 전쟁으로 말미암은 죽음이라는 현실과 삶의 무게가 느껴질 때, 고독과 비애를 벗 삼아 조금씩 자신에게 하고 싶은 이야기를 남겼던 대제국의 황제. 이런 것들을 생각하며 읽는다면, 《명상록》은 또 다른 의미로 다가올 것이다.

CLASSICAL PHILOSOPHY

PHILOSOPHY

사랑이냐, 전쟁이냐,
이것이 문제로다

_아리스토파네스 《뤼시스트라테》

알아둘 인물

뤼시스트라테 *Lysistrate*

아테네를 대표하는 여인

칼로니케 *Kalonike*

보이오티아를 대표하는 여인

뮈르리네 *Myrrhine*

코린토스를 대표하는 여인

람피토 *Lampito*

스파르타를 대표하는 여인

키네시아스 *Kinesias*

뮈르리네의 남편

전쟁 종결을 위한 최후의 방법

칼로니케 ǀ 남편과 사랑을 나누지 말라고요? 전쟁이야 계속되든 말든 난 못해요. 그만 집으로 돌아가겠어요.

뤼시스트라테 ǀ 뮈르리네, 왜 안색이 변해요? 그리고 눈물은 또 뭐예요? 뭘 망설이죠?

뮈르리네 ǀ 전쟁, 그냥 계속 하라고 하세요. 평화와 자유? 나는 그런 것 몰라요.

뤼시스트라테 ǀ 오, 이런 여자들 좀 보게! 금방 어떤 희생을 치르더라도 전쟁을 막고 싶다고, 방법을 알려달라고 했잖아요. 그런데 지금 무슨 말을 하는 거예요!

칼로니케 ǀ 남편과 사랑을 나누는 것만 막지 않는다면, 나는 불속이라도 뛰어들겠어요. 사랑보다 더 좋은 것은 없다고요! 제발, 다른 방법을 가르쳐 줘요.

8. 사랑이냐, 전쟁이냐, 이것이 문제로다

_아리스토파네스 《뤼시스트라테》

오랜 전쟁

힘겹다.

하늘이 노랗다.

남편은 전쟁터에 있고 우리는 내팽개쳐져 있다. 아이들은 아빠를 찾고 먹을 것은 바닥난 지 오래다. 산 입에 거미줄 칠 일은 없겠지만, 오랜 전쟁으로 이제 몸도 마음도 지쳐가고 있다.

결단을 내려야 한다. 무언가 충격적인 결단이 필요하다. 남편을 전쟁터에서 집으로 돌아오게 할 무언가가 필요하다. 나는 약하고 착한 여자에 불과하다. 내가 할 수 있는 일이 무엇이 있을까? 아니, 약하고 착한 여자들이 남편을 집으로 돌아오게 할 방법은 무엇일까……

뤼시스트라테 | 아니, 이 여자들이 왜 아직 아무도 나오지 않은 거야! 여자들이 이렇게 행동하니 남자들이 그 모양이지. 남자들의 생각과 행동을 바꿀 수 있는 정말 좋은 계획이 있으면 뭐한담. 여자들이 내 뜻을 따라 줘야지. 정말 왜들 이러는지 모르겠네!

조금 전부터 뤼시스트라테는 안절부절못하며 이리저리 왔다, 갔다 하고 있다. 뤼시스트라테의 뒤쪽으로는 아테네의 상징인 아크로폴리스가 아름다운 자태를 뽐내고 서 있다.

전쟁이 시작된 지 이미 20년! 아테네 남자든 스파르타 남자든 집을 나와 고생하고 있는 지가 벌써 20년이 지났다는 얘기다. 아테네의 행동에 불만을 품은 펠로폰네소스 반도의 도시국가는 스파르타를 중심으로 뭉쳤고 아테네를 상대로 선전포고하였다.

스파르타를 중심으로 한 펠로폰네소스 연합군은 강했다. 전승에 전승을 거듭하면서 아테네를 공격하였다. 하지만 아테네의 군사력 역시 무시할 수 없었다. 결국 20년이 지난 지금은 서로 지쳐 전쟁은 소강상태에 빠졌고, 아테네 사람들도 스파르타 사람들도 그나미 누리던 평화가 언제 다시 전쟁 때문에 깨질지 몰라 안절부절못하고 있다.

칼로니케 | 뤼시스트라테, 평소와 다르게 왜 그렇게 안절부절못하고 있어요? 더구나 그렇게 이맛살을 찌푸리고 노기를 띠며 말이에요.

뤼시스트라테 | 칼로니케, 내 말 좀 들어 보세요. 남자들이 우리를 교활하다고 하는데 당신이라면 화가 나지 않겠어요?

칼로니케 | 그럴 리가요? 남자들이 어찌 우리 여자들을 교활하다고 할 수 있어요!

뤼시스트라테 | 이번 일만 해도 그래요. 내가 중대한 일을 의논하자고 이곳에 모이라고 했으면 빨리빨리들 나와야 하는 것 아니에요? 나는 오래전부터 나와 기다리고 있는데, 이제 겨우 칼로니케 혼자만 왔잖아요.

칼로니케 | 여자들이 외출한다는 게 어디 쉬운가요? 남편 시중들어야지, 애들 씻기고 밥 챙겨 먹여야지. 일이 좀 많아요?

뤼시스트라테가 아무리 중대한 일을 의논한다 해도 칼로니케의 말처럼 여자들이 약속 시간을 지킨다는 것은 결코 쉽지 않다. 그러면서 칼로니케는 뤼시스트라테에게 무슨 중대한 일로 자신을 불렀느냐는 듯이 추궁했다. 칼로니케의 추궁에 뤼시스트라테는 더 화가 난 듯 보였다. 이 문제를 고민한다고 며칠 동안 잠도 못 잤다는 둥, 아무리 집안일이 급하고 애들이 급해도 이 일보다 더 급한 일은 없다는 둥, 뤼시스트라테의 투정은 점점 심해졌다.

전쟁에 나갔던 남자가 집으로 돌아오면 여자들의 외출은 자연적으로 줄어들 수밖에 없다. 전쟁터에서 고생했던 남자들은 집에서 부인의 융숭한 대접을 받으면서 쉬고 싶을 것이다. 그뿐 아니라 아이들도 오랜만에 모인 가족의 사랑을 받고 싶을 것이다. 그렇다면 자연히 여자들이 집을 빠져나오기는 쉽지 않다. 그런데 뤼시스트라테는 오히려 그것보다 더 중요한 문제를 여자들이 보지 못하고 있다며 역정을 내고 있다. 뤼시스트라테의 중대 발표는 과연 무엇일까?

칼로니케 | 정말 궁금하네요. 도대체 무슨 말을 하려고 이렇게 바쁜 여자들을 모으는 거죠?

뤼시스트라테 | 아마 내 계획을 들으면 깜짝 놀랄 거예요.

칼로니케 | 깜짝 놀랄 일이라고요? 또 전쟁이라도 났단 말이에요?

뤼시스트라테 | 전쟁이라고요? 전쟁보다 더 놀랄 일일 걸요.

칼로니케 | 지금 같은 평화로운 시기에 전쟁 소식보다 더 놀랄 일이 뭐가 있겠어요?

뤼시스트라테 | 칼로니케, 나에게 전쟁을 끝낼 수 있는 좋은 방법이 있어요.

칼로니케 | 전쟁을 끝내는 방법이 있다고요?

뤼시스트라네 | 내 생각대로만 여자들이 움직여 준다면 전쟁을 끝낼 수 있을 뿐만 아니라 그리스 전역에 평화와 자유가 찾아올 기예요.

칼로니케 | 평화와 자유라고요? 전쟁이 끝나고 평화와 자유만 찾아온다면 무슨 일이든 못하겠어요. 그런데 도대체 그 방법이란 뭐죠?

분명 있다.

뤼시스트라테가 이 전쟁을 끝내고 그리스 전역에 평화와 자유를 가져다줄 좋은 계획을 세웠다는 것은 분명 사실인 것처럼 보였다. 그녀의 얼굴에는 비장함마저 감돌았다. 하지만 어떻게 남자들도 끝내지 못하는 전쟁을 여자들이 끝낼 수 있단 말인가?

여자들이 할 수 있는 일은 아무것도 없다. 우리 여자들이 할 수 있는 일이라고는 짙은 화장을 하고 꽃으로 머리를 장식한 다음, 하늘거리는 가운을 입고 비단 구두를 신고 집에 앉아 있는 일이 고작이다. 하지만 뤼시스트라테는 바로 이런 여자들의 일상적인 일이 그리스에 평화를 가져다준다고 말하고 있다! 여자들이 향수를 뿌리면 남자들이 창을 겨누는 일이 없을 것이며, 아름다운 목도리를 두르면 남자들은 방패를 내려놓는다는 것이다. 뿐만 아니라 속이 비치는 옷을 입으면 남자들은 단검을 더 이상 빼지 않을 것이며, 비단 구두를 신으면 남자들은 여자들과 함께 산책하러 나간다는 것이다.

칼로니케 | 그런 좋은 생각을 하고 있는데 왜 여자들이 모이질 않죠?

뮈르리네 | (허겁지겁 달려오며) 아, 우리가 너무 늦은 건 아니죠? 정말 미안해요. 어두운 방안에서 허리띠를 찾지 못했어요. 그렇다고 허리띠 없이 나올 수는 없잖아요? 남편이 깊이 잠들어 있어서 불을 밝힐 수도 없었다고요. 정말 미안해요. 그런데 왜 여기로 나오라고 한 거죠?

뤼시스트라테 | 지금 우리가 얼마나 중요한 일을 하려는지 알기나 해요?

남편 잠든 것이 뭐가 그렇게 대수라고 허리띠를 찾는데 불도 못 켰단 말이에요.

뮈르리네 | 하지만 오랜만에 전쟁터에서 돌아온 남편이 깊이 잠들었는데 어떻게 깨울 수가 있겠어요, 호호호. 미안해요. 그런데 도대체 무슨 일이에요?

뤼시스트라테 | 저 음흉한 웃음 좀 봐. 무슨 일이 있었는지 저 웃음 하나로 다 알 수가 있겠군. 궁금해도 조금만 참아요. 스파르타 여인이 오면 그때 내가 생각하고 계획한 일을 말할 테니.

스파르타 여인이라고? 그렇다면 나잖아. 사실 이미 난 한참 전부터 나와서 그들을 지켜보고 있다. 사실 나도 뤼시스트라테가 왜 우리를 불렀는지 궁금하지만 그들의 이야기를 조금이라도 들어본 후에 그들 무리에 섞여도 좋은지 아닌지를 판단하고 싶었다. 그런데 내가 나타나기 전까지는 이야기하지 않겠다니.

저기 멀리 보이는 아크로폴리스 신전의 주인공은 아테나 여신이다. 그녀를 좋아한 아테네 사람들이 그녀를 이 도시의 신으로 정했고, 그 이름을 따서 이곳의 이름도 아테네가 되었다. 아테나는 시집을 가지 않은 신이다. 시집을 가지 않았기 때문에 우리 여자들의 고통도 모를 것이다. 자식과 남편이 없어서 여자들이 남편과 자식에게 어떻게 행동해야 하는지도 모를 것이다. 이런저런 생각을 하면서 나는 더 이상 숨어 있지 않고 뤼시스트라테 앞으로 나갔다.

뤼시스트라테 | 아! 스파르타의 여인이여! 전쟁을 주도한 스파르타의 여인 람피토가 드디어 나타났군요. 잘 있었어요?

람피토 | 네, 덕분에…… 다들 잘 지내시죠?

뤼시스트라테 | 람피토가 전쟁을 일으킨 것도 아닌데, 그렇게 미안해할 필요 없어요.

람피토 | 스파르타가 전쟁을 일으켜서 미안해하는 것이 아니라, 내가 조금 늦게 온 것 같아서 그래요. 그런데 누가, 그리고 왜 우리를 소집한 거죠?

뮈르리네 | 그래요. 이제 다 모였으니 긴급한 일이 무엇인지, 뤼시스트라테, 말해 봐요.

뤼시스트라테 | 내가 여러분을 이곳에 모은 이유를 말하기 전에, 한 가지만 물어봅시다. 여러분은 남편이 그립지 않나요? 여러분의 남편은 모두 전쟁터에 나가 있어요. 물론 휴가나 다른 이유로 잠시 집에 오긴 하겠지만, 여전히 전쟁터에 있긴 하죠.

여러분이나 아이들은 남편을 기다리지 않나요? 만약 전쟁이 끝나면 어떻게 될까요? 당신들의 남편은 당장 집으로 돌아오겠죠? 여러분, 나와 함께 전쟁을 끝낼 생각 없나요?

뤼시스트라테의 말에 우리는 모두 펠로폰네소스 전쟁이 끝나고 그리스 전역에 평화와 사랑이 찾아온다면 무슨 일이라도 하겠다고 입을 모았다. 하지만 뤼시스트라테는 전쟁을 끝낼 계획이 있다는 말만 되풀이할 뿐 그 방법에 대해서는 말을 아끼고 있다.

20년. 짧다면 짧을 수도 있는 기간이다. 하지만 20년 동안 당신네 나라가 전쟁을 하고 있다고 상상을 해 보시라. 정말 끔찍한 일이 아닐 수 없다. 더 큰 공포는 이 전쟁이 언제 끝날지 모른다는 것이다. 그런데 뤼시스트라테는 이 지긋지긋한 전쟁을 끝낼 방법을 알고 있단다. 누가 솔깃하지 않겠는가! 아니, 우리는 어떤 희생을 치르더라도 그 평화와 자유를 쟁취하고 싶었다.

뤼시스트라테 | 여러분의 생각이 그렇다면, 나도 더 이상 주저할 필요가 없겠어요. 그리스의 평화와 자유 그리고 전쟁의 종결을 위해서, 여러분들은 남편과 사랑을 나누지 마십시오. 아니, 잠깐, 칼로니케! 왜 눈물을 흘리면서 돌아서는 거죠?

칼로니케 | 남편과 사랑을 나누지 말라고요? 전쟁이야 계속되든 말든 난 못해요. 그만 집으로 돌아가겠어요.

뤼시스트라테 | 뮈르리네, 왜 안색이 변해요? 그리고 눈물은 또 뭐에요? 뭘 망설이죠?

뮈르리네 | 전쟁, 그냥 계속 하라고 하세요. 평화와 자유? 나는 그런 것 몰라요.

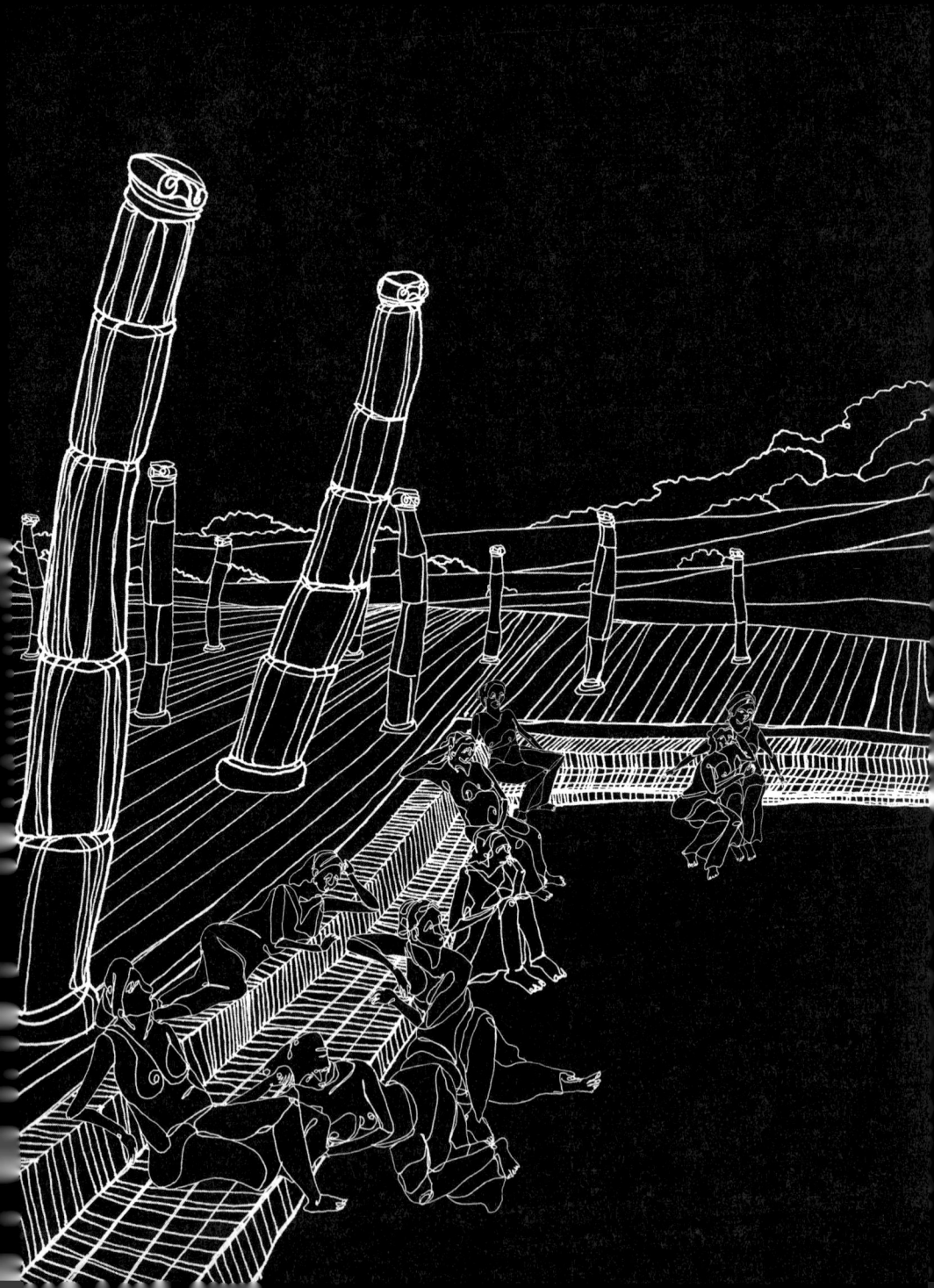

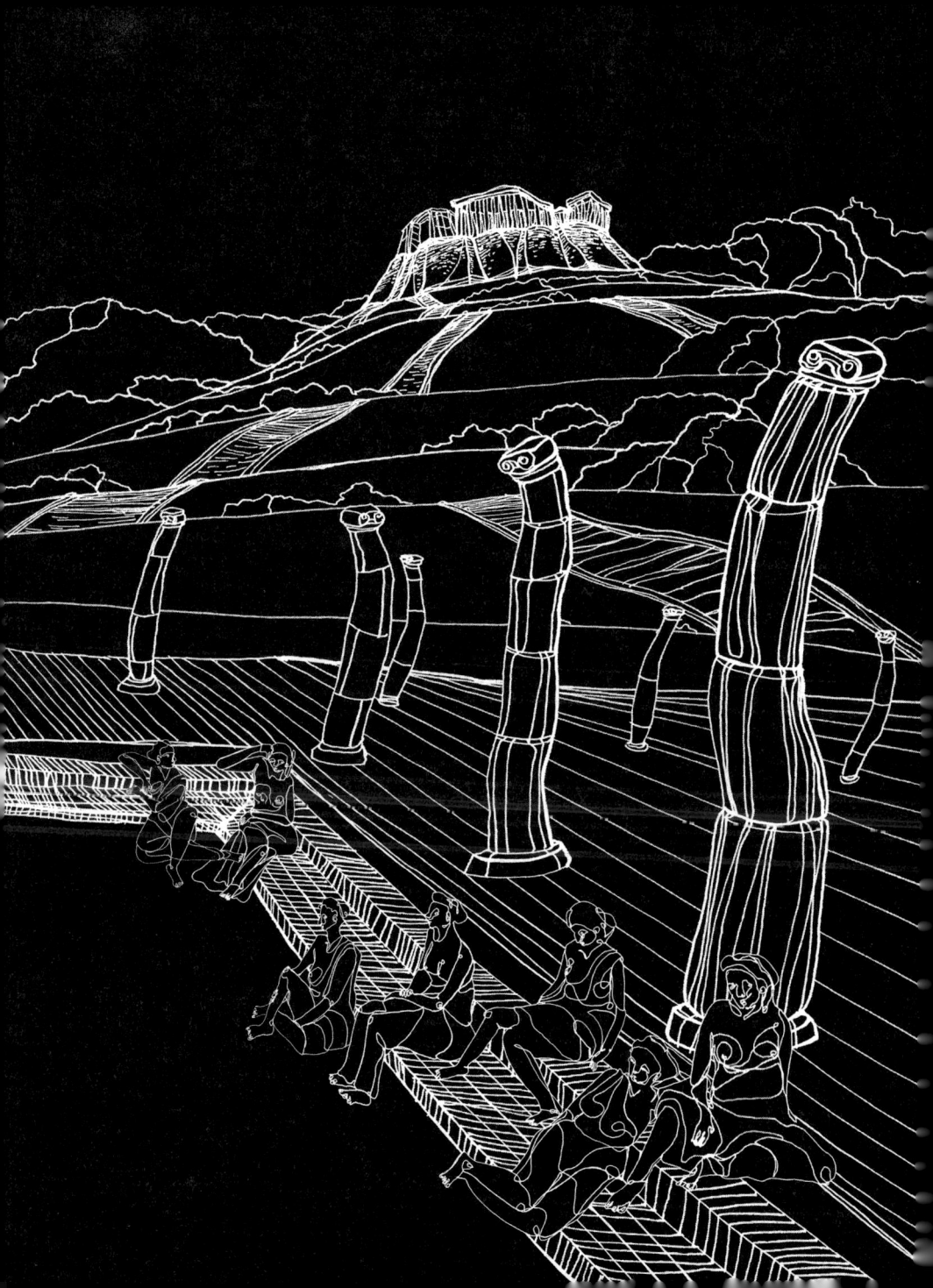

뤼시스트라테 | 오, 이런 여자들 좀 보게! 금방 어떤 희생을 치르더라도 전쟁을 막고 싶다고, 방법을 알려달라고 했잖아요. 그런데 지금 무슨 말을 하는 거예요!

칼로니케 | 남편과 사랑을 나누는 것만 막지 않는다면, 나는 불속이라도 뛰어들겠어요. 사랑보다 더 좋은 것은 없다고요! 제발, 다른 방법을 가르쳐 줘요.

여인들의 맹세

사랑이란 이름에 여자들은 완전히 타락한 것 같다. 여자들을 상대로 남자들은 얼마나 수없이 많은 비극을 남겼던가. 여자들은 남자와 동침하고, 아기를 낳아 기르고 하는 것 외에 할 수 있는 것이 무엇일까? 뤼시스트라테의 탄식이 충분히 이해가 간다.

하지만 결혼한 여자가 남편의 사랑 없이 혼자 잠든다는 것이 결코 쉬운 일은 아니다. 하지만 뤼시스트라테의 뜻이 이루어진다면, 앞으로 영원히 남편과 함께 따뜻한 침대에서 행복한 잠에 들 수가 있다. 잠시 참는 것이 그렇게 어려운 일은 아닐 것이다. 나는 잠시의 고통과 영원한 행복을 바꿀 수 있다고 판단했다. 그런데 남편과 사랑을 나누지 않으려면 어떻게 해야 하는 것일까? 뤼시스트라테는 도대체 무슨 계획을 세운 것일까?

람피토 | 뤼시스트라테, 도대체 어떻게 사랑을 나누지 말라는 거죠? 그 방법을 설명해 줘요.

뤼시스트라테 | 여자들이 짙은 화장을 하고 잠자리 같은 속옷을 입은 다음 남편에게 접근하는 거예요. 그러면 남편은 아내가 사랑을 나누기 위해서 오는 것으로 생각하고 여러분께 다가오겠죠? 이때 여러분들은 남편의 사랑을 아주 차갑고도 냉정하게 거절하는 거예요.

람피토 | 그렇게만 하면 남자들이 방패와 창을 모두 전쟁터에 버리고 집으로 돌아온단 말이에요?

뤼시스트라테 | 그래요. 이 방법을 사용하면 남자들은 서둘러 휴전을 하고 집으로 돌아올 거예요. 이 방법은 절대적으로 분명한 방법이에요.

람피토 | 하긴 스파르타에서는 메넬라오스가 헬레네의 젖가슴을 보고 칼을 던졌다는 이야기가 있죠.

칼로니케 | 그러다가 오히려 남편이 화가 나서 우리를 버리거나, 아니면 때리면서 강제로 침실로 끌고 들어가면 어떻게 하나요?

뤼시스트라테 | 맞으면서까지 사랑을 피할 필요는 없죠. 남자들이 완력으로 사랑을 나누려고 하면, 건성으로 대해 주세요. 남자들도 여자들이 성의없이 사랑하고 있다는 것을 알면 더는 우리에게 사랑을 요구하지 않을 테니까요.

이제 알겠다.

뤼시스트라테가 왜 스파르타, 보이오티아, 코린토스 지방의 여자들을 모두 불러냈는지 그 이유를 알 것 같다. 자신은 아테네 여자들을 설득할 테니, 우리는 우리 지방의 여자들을 설득하라는 뜻이다. 즉 여기 모인 우리들은 각 지역을 대표하는 여자들인 것이다.

하지만 보이오티아의 칼로니케, 코린토스의 뮈르리네, 그리고 스파르타를 대표하는 내가 걱정하는 것은 아테네다. 아테네에는 여러 도시에서 흘러들어온 사람들이 살고 있다. 아테네의 항구에는 세계 여러 나라에서 들어온 상선들에 값비싼 물건들이 가득 쌓여 있다. 그래서 아크로폴리스를 중심으로 아테네에는 부가 넘쳐흐르고 있다. 아테네 사람들이 과연 그들에게 주어진 부와 권력을 포기하려 할까?

뤼시스트라테 | 아테네는 내가 책임집니다. 여러분은 여러분의 책임만 다해 줘요. 여러분, 모두 맹세할 수 있습니까?

람피토 | 맹세하고 말고요. 난 맹세할 수 있어요!

뮈르리네 | 모두가 맹세하면 나도 맹세하겠어요.

뤼시스트라테 | 모두가 내가 계획한 대로 맹세하겠다면 준비를 해야겠죠. 방패를 준비할까요? 아니면 내장을 준비할까요?

뮈르리네 | 전쟁을 못하게 하기 위한 맹세에 방패를 준비하면 어떡해요?

칼로니케 | 그럼 백마를 잡아 내장을 준비할까요?

뮈르리네 | 백마 잡을 시간이 어디 있어요? 그냥 잘 익은 포도주를 제물

로 합시다.

　다들 마음이 바쁘긴 바쁜가 보다. 여자들은 뮈르리네의 말에 모두들 동의했다. 전쟁을 앞둔 사람들이나 큰일을 앞두고 있는 많은 사람들은 자신이 원하는 일이 꼭 이루어지길 바라며 여러 가지 방법으로 제물을 바친다. 전쟁에 나가는 사람들은 전쟁에서 승리하길 바라는 의미에서 방패나 창과 같은 무기에 기도하고 서로 의리를 지킬 것을 맹세한다. 반면 우리 같은 일반인들은 큰일을 앞두고 서로 계획한 일들을 잘 마무리하자는 뜻에서 동물의 내장에 맹세한다. 동물의 뼈와 기름 덩어리는 신들에게 제물로 바치고, 살코기는 의식이 끝난 다음 사람들이 서로 나누어 먹는다. 그리고 그전에 동물 내장의 색깔이나 생김새를 보고 그 계획의 성공 여부나 길흉을 점치곤 한다.

뤼시스트라테 | (준비해 온 술잔을 들며) 자, 이제 모든 것이 준비되었어요. 우리가 제비를 뽑아 결정한 순서에 따라 각자 자신의 맹세를 합시다. 여러분 모두는 내 말을 따라 하세요.

　나는 속이 환히 비치는 잠옷을 입고 짙은 화장을 한 다음 남편이 나와 사랑을 나누길 열망하는 마음이 생기도록 유혹하겠다. 하지만 나는 어떤 경우에도 남편이 요구하는 사랑에 응하지 않는다. 더더욱 내가 자진해서 남편과 사랑을 나누는 일은 없도록 한다. 만일 남편이 강제로 나와 사랑을 나누려 한다면, 나는 아주 무성 의하게 최대한 재미없게 응할 것이다. 나는 이 술잔의 술을 마시는 것처럼 이 맹세 를 지키겠다. 만약 내가 이 맹세를 어기면 이 술잔은 물로 가득 찰 것이다!

뤼시스트라테의 선창에 우리는 모두 결연한 표정으로 제우스신에게 맹 세하였다. 맹세가 끝나자마자 아크로폴리스 쪽에서 여자들의 함성이 들 려왔다. 우리는 모두 어리둥절해서 뤼시스트라테를 쳐다봤다. 하지만 뤼 시스트라테는 아무 일도 아니라는 듯이 미소 지었다. 뤼시스트라테는 이 미 아테네의 여자들에게 자신의 뜻을 알렸고, 그녀와 뜻을 같이한 아테네 의 여자들이 우리의 맹세와 때를 맞추어 아크로폴리스를 점령하고 환호를 지른 것이다.

뤼시스트라테 | 스파르타의 여인이여! 이제 내가 무엇을 원하는지 알겠어 요? 지금 함성이 말해주듯 이미 아테네의 여인들은 나와 뜻을 같이하기로 했어요. 람피토, 당신은 스파르타 여인들을 잘 설득하여 우리와 함께 힘 을 모아 완전한 승리를 이끌어 냅시다.
칼로니케 | 하지만 남자들의 힘을 우리가 너무 과소평가하고 있는 것은 아닐까요?
뤼시스트라테 | 남자들이 아무리 강하게 우리를 위협해도 우리가 원하지 않는다면 그들도 어쩌지 못할 거예요. 아테네와 스파르타 여인들의 명성

이 헛되지 않다는 걸 보여주기 위해서 우리 모두 아크로폴리스로 갑시다! 우리를 기다리는 아테네의 여인들을 실망시킬 수는 없잖아요?

아무도 모른다.

앞으로 어떤 일이 벌어질까? 누구도 알 수 없다. 우리는 엄청난 일을 저질렀다. 남편이 집으로 돌아오고 전쟁이 끝난다는 뤼시스트라테의 말에 우리는 모두 눈과 귀가 멀었다. 그리고 우리는 뤼시스트라테의 말에 무조건 복종할 것을 맹세했다. 우리의 얼굴 가득 희망은 넘쳤지만, 뤼시스트라테를 따라 아크로폴리스의 언덕을 오르는 우리의 다리는 무겁기만 하다.

아크로폴리스 점령

할아버지 1 | 정말 살다 살다 별꼴 다 보겠군. 아무래도 여자들 모두 정신이 나갔나 봐. 여자들이 어떻게 전쟁을 끝내고 남자들을 집에 가두겠다는 거야! 목숨을 건 대가가 겨우 이 정도란 말이야?

할아버지 2 | 정말, 저런 것들을 위해서 우리가 전쟁터에서 목숨을 걸었다니. 한심하다, 한심해! 뭐? 남편과 사랑을 나누지 않겠다고? 그게 어디 말이나 되는 일이야? 난 도저히 이번 일만은 용서할 수 없어. 어디 한 번 두고 보자고. 여자들이 더 잘 참나, 남자들이 더 잘 버티나!

할아버지 3 기다리기는 무엇을 기다려. 빨리 장작을 준비하라고 해! 그리고 이번 일을 계획한 여자들을 모두 장작더미 위에 올려 불태워 버리자고. 그래야 다시는 이런 일을 생각하고 계획하는 일이 없지 않겠나?

우리를 바라보는 노인들의 눈초리가 따갑다.

다른 것은 다 이해할 수 있어도 여자들이 남편과 사랑을 나누지 않겠다는 말은 도저히 이해할 수 없다는 것이다. 노인들의 말도 무시할 수 없다. 여자들은 남자들의 세계를 전혀 이해하지 못한다. 여자들이 이런 계획을 세운 것은 남자들에게 전쟁의 책임이 있다는 뜻이다. 하지만 누구도 그들을 조롱하지는 못할 것이다. 전쟁터에서의 그들의 모습은 어떠했을까! 지난 20년 동안 남자들은 하루도 편하게 집에서 쉰 적이 없다. 무거운 창과 방패는 항상 그들과 함께 했으며, 언제 죽을지 모르는 공포가 그들을 압박했을 것이다. 배고픔과 추위에 떨며 어쩌다 한 번씩 집으로 돌아온 그들의 모습은 또 어떠했는가? 먼지투성이 몸에 면도도 못한 얼굴은 얼마나 우리의 가슴을 아프게 했는가. 하지만 우리 여자들의 따뜻한 보살핌과 사랑을 얻고 그들은 죽음을 각오한 채 또다시 전쟁터로 나갈 수 있었다. 이제 그들은 무엇을 기대하고 집으로 올 것이며, 또 어떤 희망을 안고 전쟁터로 나갈까?

할아버지들이 화가 난 이유도 충분히 이해가 간다. 그들은 목숨을 걸고 이 나라를 지켰고, 이제 그 노후를 보상받고 있다. 하지만 지금 전쟁터에 있는 남자들은 어떤가? 더욱이 이 사실을 그들이 알면 또 어떤 일이 벌어질까? 이번 일을 계획하고 실행하고 있는 우리를 화형 시키겠다는 이야기가 나오지 않을까?

할머니 1 │ 얘기 들었어? 망령 난 할아버지들이 목욕물이라도 데우겠다는 듯이 엄청난 장작을 메고 아크로폴리스로 향하고 있다는구먼.

할머니 2 │ 여자들의 계획이 마음에 들지 않는 게지?

할머니 1 │ 마음에 들지 않는 것으로 끝나지 않고, 여자들을 모두 화형 시키겠다고 장작더미를 쌓고 있다는구먼.

할머니 3 │ 선량하고 신을 두려워하는 남자라면 결코 그런 짓은 하지 않을 것이야. 늙은이들이 드디어 망령 난 게 틀림없어. 우리가 나서서 막을 수밖에. 우리도 젊은 여인들에게 조금이나마 힘이 될 수 있도록 아크로폴리스로 가세.

할아버지 1 │ 몽둥이맛을 보기 싫으면 그냥 집에 가만히 있는 것이 어떻겠소?

할머니 1 │ 몽둥이가 아니라 어떤 것으로도 나를 믹지는 못할 게야. 내가 일찍이 하지 못한 것을 젊은이들이 해 주겠다는데, 돕지는 못할망정 몽둥이를 무서워하겠누?

장작과 물동이!

할아버지들은 늘 그러하듯이 완력으로 할머니들을 막으려 했다. 할머니들 역시 이번만은 안 된다는 듯이 온몸으로 할아버지들을 막았다. 할아버지들은 젊은 여인들을 화형 시키겠다며 장작을 들었고, 할머니들은 할아버지들이 불을 지피면 불을 끄겠다는 각오로 물동이를 들고 앞다투어 아크로폴리스로 향했다.

노인들의 거친 입씨름은 아크로폴리스의 아테네 신전 앞에 다다랐을 때까지도 쉽게 가라앉지 않았다. 신전 앞에서는 신전의 관리인이 경비들에게 큰소리로 호통을 치고 있었다. 뤼시스트라테를 비롯하여 많은 여인들이 신전 안에 들어가 빗장을 걸고 문을 열어 주지 않았기 때문이다.

관리인 ǀ 뤼시스트라테! 관리인으로서 명령한다. 빗장을 풀지 않으면 쇠지레로 문을 부수고 들어갈 것이다. 당장 문을 열어라!

뤼시스트라테 ǀ 들어올 필요도 쇠지레로 문을 부술 필요도 없어요. 내 발로 나갈 테니. 우리에게 필요한 것은 쇠지레가 아니라 이성과 상식이니까 말이에요.

관리인 ǀ 이성과 상식? 난 그런 것 모르오. 당신이 업무를 방해했기 때문에 우리는 당신을 체포할 것이오. 이리 나와서 결박을 받으시오.

할머니 1 ǀ 그 어떤 누구도 그 여인에게 손가락 하나 대지 못할 것이야. 내가 가만있지 않을 테니까.

관리인 ǀ 저 노인부터 결박하라!

할머니 2 | 그 노인네한테 손가락이라도 대면 내가 가만두지 않을 게야.

관리인 | 할머니는 또 왜 이러십니까? 이 노인도 결박하라!

할머니 3 | 그 망구를 결박하기 전에 나부터 해결해야 할걸. 어떤 누구도 저기 있는 저 뤼시스트라테에게 손가락이라도 대는 순간 우리가 가만있지 않을 것이야. 명심해!

다 모였다.

아테네의 모든 여인들이 이곳 신전에 다 모였다. 그들 중 일부는 어쩔 수 없이, 또 일부는 스스로 이곳 아테나 신전으로 온 것이다. 그들은 자식과 남편, 모든 것을 팽개치고 이곳에 와 있다. 뤼시스트라테가 이렇게 아테네 여인들을 모두 이곳 아테나 신전에 모은 것이다. 그리고 이제 드디어 남자들과 여자들의 대결이 시작된 것이다. 관리인을 비롯한 경비들과 할아버지들은 여자들의 결연한 모습에 잠시 할 말을 잃었다. 그때 뤼시스트라테가 여인들을 향해 남자들을 공격할 것을 명령했다. 지금까지 시장에서 생계를 위해 씨앗, 계란, 채소 혹은 마늘이나 빵을 팔던 여자들은 더 이상 가냘픈 여인이 아니었다. 그들의 기세는 부서웠다.

관리인도 할아버지들도 모두 혼비백산했지만, 관리인은 곧 정신을 가다듬고 사건을 해결하기 위해 골똘히 생각에 잠겼다. 여인들은 왜 아크로폴리스를 점령하고 신전에 빗장을 걸었을까? 무슨 목적으로 암벽의 성채까지 와서 목숨을 걸고 남자들과 대치하고 있을까? 생각이 여기까지 이르자 관리인은 뤼시스트라테에게 협상을 요구했다.

관리인 | 뤼시스트라테, 아크로폴리스 신전에 빗장을 건 이유가 무엇이오?

뤼시스트라테 | 돈을 안전하게 보관하여 그대들이 더 이상 전쟁을 하지 못하게 하기 위해서지요.

관리인 | 우리가 돈 때문에 전쟁을 한다고 생각하는 거요?

뤼시스트라테 | 물론. 그리고 돈은 모든 재앙의 원인이기 때문에 이 돈을 한 푼도 손대지 못하게 우리가 관리할 거예요.

관리인 | 어떻게 여인들이 국가의 돈이 보관된 아테나 신전의 금고를 보관하겠다는 거요? 말도 안 되는 소리.

뤼시스트라테 | 집에 있는 금고도 모두 우리가 보관하고 관리하는데, 이런 금고 하나 관리 못 하겠어요?

관리인 | 어허, 그것은 다른 얘기! 가정의 금고는 가정의 생계와 관계있으니 여인들이 관리해도 되지만, 국가의 금고는 전쟁에 아주 중요한 것이오. 여인들은 전쟁에 대해서 모르지 않소?

뤼시스트라테 | 그래서 우리가 금고를 관리하겠다는 거예요. 우리는 전쟁을 끝내고 우리의 남편들을 지킬 것이오!

관리인은 어이없는 표정으로 뤼시스트라테를 쳐다보았다. 남자들이 원하든 아니든 화가 나든 어쨌든 뤼시스트라테는 남자들을 지키고 전쟁을 끝내겠다고 단호하게 말하고 있다.

뤼시스트라테 ｜ 얼마 전만 해도 전시였어요. 이것을 핑계로 남자들은 우리에게 불평도 못하게 했죠. 그때 우리 얌전한 여인들은 남자들이 무슨 짓을 하여도 참았어요. 남자들이 하는 짓이 마음에 들지 않아도 말이에요. 전쟁 중에는 남자들의 마음을 최대한 편하게 해 주고 싶은 게 우리 여인들의 마음이니까요. 하지만 지금은 상황이 많이 달라졌어요. 휴전 조약이 체결되고 여인들은 전쟁이 끝나기를 학수고대하고 있는데, 남자들은 어떻게 하고 있나요? 이 기회를 이용하여 전쟁을 끝내겠다는 것이 아니라 오히려 더 큰 전쟁을 준비하고 있지 않나요?

관리인 ｜ 전쟁은 남자들의 몫! 전쟁을 계속하든 끝내든 우리가 결정하겠소. 그러니 빨리 이 신전에서 나가시오.

뤼시스트라테 ｜ 아니! 우리도 더 이상 참을 수 없어요. 우리의 남자들이 무장한 채 시장을 활보하는 것을 더 이상 보고 있을 수만은 없다는 말씀이에요.

관리인 ｜ 그것이야말로 가장 용감한 남자들의 모습인데, 그런 모습을 싫어하다니. 도저히 이해가 되질 않는군.

뤼시스트라테 ｜ 남자들은 물론 용감하죠. 하지만 한 번 생각해 보세요. 방패를 들고 생선 가게에서 명태를 산다? 한 번 상상해 보시라고요. 투구에 할머니의 죽을 받아먹는 용사? 창을 휘둘러 가게 안주인을 겁주고 무화과를 강탈하는 군인? 그것이 정말 용감한 남자들의 모습인가요?

　　관리인은 말이 없다. 뤼시스트라테의 말에 대답하지 못한다. 하지만 전쟁은 한 도시만의 문제가 아니다. 전쟁이란 여러 나라의 이해관계에서 발발하고, 정치가의 뛰어난 능력과 고도의 외교술로도 풀기 어렵다. 이 문제를 뤼시스트라테는 어떻게 해결하려 하는가. 뤼시스트라테뿐 아니라 어떤 여인들도 정치나 외교에 대해서는 아는 것이 없다. 뤼시스트라테는 단지 남편과 사랑을 나누지 않으면 전쟁은 끝난다고 했다. 그것이 구체적으로 어떻게 가능하다는 것인가?

　　관리인 | 정치도 외교도 모르는 당신이 전쟁과 무슨 상관이 있단 말이오? 그리고 어떻게 전쟁을 끝낸단 말이오?
　　뤼시스트라테 | 우리 여인들이 전쟁과 상관이 없다고요? 전쟁에 나가는 남자들을 낳은 사람이 누군데? 그리고 인생을 즐겨야 할 젊은 나이의 여인들이 남편이 군대 간 사이에 어떻게 지내는지 생각해 본 적 있어요? 우리야 어린 자식들이 있으니 독수공방 신세라지만 처녀들은 또 어떻게 지내는지 상상해 보았나요?
　　관리인 | 전쟁터에서 독수공방하기는 남자들도 마찬가지 아니오? 그리고 남자들도 전쟁터에서 늙어가고 있다오.
　　뤼시스트라테 | 하지만 남자들은 전쟁터에서 돌아오면 젊은 여자와 결혼

하기를 원하죠. 때를 놓친 처녀들은 결혼할 기회조차 얻지 못한다는 것을 당신은 모르고 하는 소리예요?

뤼시스트라테의 논리적인 말에 말문이 막힌 관리인은 화를 내면서 자리를 떴다. 하지만 동료 관리인들과 함께 아테나 신전을 다시 찾겠다는 엄포는 잊지 않았다.

관리인의 말을 들은 남자들이 웅성거리기 시작했다. 여인들이 창과 방패를 이야기하고 전쟁을 들먹였다는 것만으로 그들에겐 도저히 참을 수 없는 모욕이었다. 더욱이 뤼시스트라테는 정치와 외교까지 운운하며 휴전의 부당성까지 이야기했던 것이다. 관리인의 말을 들은 다른 관리인들은 힘으로 여인들을 정복할 것을 결의하고 의기양양하게 나섰다.

신탁

할머니 1 | 아테네의 남성들이여! 그대들이 가정과 국가를 지키기 위해 얼마나 거칠고 힘들게 살아왔는지 모르는 사람은 없을 거요. 하지만 그대들은 한 가지를 모르고 있다오. 바로 아테네의 여인들, 우리 아테네의 여인들도 그대들 못지않게 거칠고 힘들게 살았다오.

할아버지 1 | 아무리 여자들이 힘들게 살았다고 전쟁터의 남자들보다 더

하려고?

할머니 1 | 그러게 내가 인정한다니까. 하지만 우리 여인들의 삶도 만만치만은 않았지. 10살이 되기도 전에 우리는 남자들이 전쟁에서 이기고 돌아오길 바라며 열리는 많은 축제에 참여해야 했어. 열 살도 채 되지 않은 소녀들이 동부 아티케의 브라우론에서 4년마다 열리는 아르테미스 여신을 위한 브라우로니아 축제를 위해 선홍색 옷을 입고 곰으로 분장하여 춤을 추었지.

할머니 2 | 또 아테나 여신을 위한 판 아테나이아 축제에 사용될 의상의 옷감을 짜는데 동원되었고, 10살이 넘은 소녀들은 축제를 위한 케이크를 만들기 위해서 밀가루를 빻아야 했지. 축제 때마다 신성한 행렬을 위해 나이가 조금 더 든 처녀들이 동원되었고, 아기를 낳은 여인들은 목에 무화과 목걸이를 하고 행렬에 참가했어.

할머니 3 | 거의 모든 축제 때마다 동원되었다니까. 남자들도 잘 알겠지만, 대부분 축제는 전쟁터에 나간 남자들의 건강과 승리를 위한 거였지. 우리 여인들 덕분에 남자들이 전쟁터에서 마음 놓고 전쟁을 할 수 있었다는 것도 인정해야 할 게야.

할머니 1 | 이런 여인들의 내조에도 남자들은 전쟁에서 이기기는커녕 오히려 기금이나 탕진하고 나라를 위기로 몰고 있으니. 파멸 위기에 놓인 나라를 우리 여인들이 구하겠다는데 도와주지는 못할망정 오히려 우리를 나쁜 사람으로 몰아가는 이유가 도대체 무엇이야?

여자들의 말을 들은 남자들은 더 이상 화를 참지 못하고 소리쳤다. 하지만 여자들도 이제는 더 이상 남자들의 뜻에 따르지 않겠다고 각오를 단단히 한 상태였다. 여자들은 한 발도 물러나지 않고 남자들과 대치했다.

하지만 상황이 여자들에게 유리하지만은 않았다. 남자들을 전쟁터에서 돌아오게 하는 방법이 있다는 뤼시스트라테의 말에 아테네의 여자들이 모두 이곳 아테나 신전에 모였지만, 그 방법이 남편과 사랑을 나누지 않는 것이라는 이야기를 듣자 여자들의 생각이 달라졌던 것이다. 대부분의 여자들이 남편과 사랑을 나눌 수만 있다면 아무리 전쟁이 길어져도 상관없다는 식이었다. 탈출을 시도하는 여자가 있는가 하면, 집안일을 핑계로 신전을 빠져나가려는 여자, 투구를 배에 넣고 임신했다고 거짓말하는 여자까지, 여자들은 모두 집으로 돌아가 남편과 사랑을 나누고 싶어 했다. 이런 여자들의 행동에 뤼시스트라테는 화가 났다.

뤼시스트라테 | 여러분들이 이런저런 핑계로 이곳을 빠져나가려는 이유는 단 한 가지예요. 남편이 보고 싶고, 남편과 사랑을 나누고 싶은 거죠? 여러분의 남편은 어떨까요? 여러분의 남편도 여러분처럼 혼자 밤을 보내는 것이 결코 쉽지 않을 거예요. 우리 여자들이 남자들보다 더 용감하다는 것을 이번 기회에 확실하게 보여 줍시다. 신탁은 분명히 나에게 말했어요. 우리가 분열만 하지 않으면 이긴다고 말이에요.

여성 1 | 신탁이라고요? 뤼시스트라테, 이 일을 하기 전에 신탁을 들었

다는 말이에요?

뤼시스트라테 | 그리스의 어떤 사람이 델피의 신탁을 듣지도 않고 이렇게 중대한 일을 할 수 있답니까?

여성 2 | 신탁이 무슨 말을 했는지 우리에게 알려 줄 수 있나요?

뤼시스트라테 | 물론. 그렇지 않아도 여러분에게 신탁의 말을 전하려 했어요. 신탁은 이렇게 말했어요.

"매와 수탉을 피해 제비들이 한곳에 모여 사랑을 나누지 않으면 재앙은 사라지고, 제우스가 위에 있는 것을 아래로 내려보낼 것이다. 하지만 제비들이 서로 반목하고 날개를 퍼덕이며 신성한 신전에서 날아가 버리면, 사람들은 제비를 가장 음란한 새로 취급할 것이다."

여성 1 | 결국 우리가 제비라는 뜻이로군.

여성 2 | 이 순간을 참지 못하면 우리가 가장 음란한 여자로 타락한다는 말이군요.

여성 3 | 끝까지 참으면 우리가 남자들 위에서 군림할 수 있다는 말이잖아!

뤼시스트라테 | 당신들 말이 다 옳아요. 우리가 이곳에서 잘 참기만 하면 제우스신은 우리를 도와줄 것이며, 전쟁은 끝나고 우리의 뜻은 이루어질 거예요. 그때 우리는 남편과 끝없는 사랑을 나눌 수 있겠죠. 그러니 여러

분, 제발 조금만 참고 기다려요. 우리 스스로 신탁을 저버린다면 얼마나 창피한 일이겠어요?

　아테네의 남자들 역시 체면을 위해서라면 목숨도 바치는 사람들이다. 한 남자가 자신이 어린 시절 들은 멜라니온이라는 사람의 영웅담이라며 여자를 지긋지긋하게 여긴 멜라니온이 결혼을 피해 산속에 숨어 혼자 편안하게 살았다는 이야기를 들려주었고, 이야기를 들은 남자들은 아이들처럼 환호하며 좋아했다. 아테네의 한 여자 또한 이에 질세라 티몬이라는 남자에 대한 이야기로 응수하였다. 티몬은 일정한 거처도 없이 사람의 발길이 닿지 않는 가시덤불 속에서 얼굴을 가린 채 살았는데, 그 이유는 남자를 미워하였기 때문이라는 것이다. 반면 티몬은 여자를 아주 좋아했다고 한다.

　남자들과 여자들은 서로 비하하며, 심지어 거침없는 음담패설까지 주고받으며 상대를 깎아내리려 혈안이 되어 있었다. 그리고 흥분하여 폭력을 휘두르기 직전의 상황이 되자 뤼시스트라테가 나섰다.

뤼시스트라테 ｜ 저기 달려오는 저 남자가 누군지 아는 사람 있어요?

여인 1 ｜ 사랑의 열정에 사로잡혀 미친 사람처럼 달려오는 저 남자가 도대체 누구야?

뮈르리네 ｜ 저 사람이 드디어 정신을 놓고 말았군요. 저 사람은 하루라도 사랑을 나누지 않으면 못 사는 사람이에요. 세상에, 아이까지 데려오네.

여인 2 ｜ 뮈르리네가 저 남자에 대해서 어떻게 그렇게 잘 알아요?

뮈르리네 ｜ 내 남편이니까요.

뤼시스트라테 ｜ 뮈르리네의 남편이라고? 이제 당신은 우리가 술잔에 맹세한 것처럼 당신 남편을 괴롭히세요. 남편을 감언이설로 유혹하고 잔뜩 흥분시킨 다음, 우리가 계획한 것처럼 결정적인 순간에 사랑을 거절하세요.

뮈르리네의 남편 키네시아스는 신전 앞에서 괴로운 표정을 지으며 서 있었다. 신전에서 보초를 서고 있던 여인은 키네시아스가 무엇을 원하는지 다 알면서도 심문을 하였다. 괴로움에 떨던 키네시아스는 뮈르리네를 불러 달라고 보초에게 애걸하였다. 보초는 내심 쾌재를 불렀지만 모르는 척 뤼시스트라테에게 알려야 한다며 자리를 비웠다.

잠시 후 뤼시스트라테가 나타나 키네시아스의 마음을 흔들기 시작했다. 뮈르리네가 키네시아스를 너무나 사랑한다는 말부터, 음식을 먹을 때뿐 아니라 다른 남자 이야기가 나와도 키네시아스야말로 최고의 남편이라며 우긴다는 둥 짐짓 거짓을 늘어놓았다. 뤼시스트라테의 말을 전해 들은 키네시아스는 더 이상 흥분을 가라앉히지 못하고 뮈르리네가 자신을 사랑하고 있다는 것을 확신하였다. 키네시아스의 생각이 여기에까지 이르자 더 이상 참지 못하고 부인을 만날 수 있게 도와 달라고 뤼시스트라테에게 애걸하기 시작하였다.

뤼시스트라테 | 뮈르리네를 만나게 해 주면, 당신은 우리에게 무엇을 줄수 있나요?

키네시아스 | 제우스의 이름을 걸고 당신이 원하는 것이라면 무엇이든 주겠소.

뤼시스트라테 | 마침 저기 뮈르리네가 보이네요. 두 사람이 다시 만났으니 많은 이야기를 나누어야겠죠. 난 잠시 자리를 비켜야겠군요.

키네시아스 | (뮈르리네를 안으며) 오, 난 정말 당신을 사랑하고 있어. 당신 없는 삶이란 정말 쓸쓸하고 어떤 재미도 느낄 수가 없어. 게다가 이 아이를 봐. 일주일 동안 씻기지도 못해서 정말 보기에도 흉해졌어. 이제 그만 나와 함께 집으로 돌아가. 난 밤마다 외로워 도저히 살 수가 없어.

뮈르리네 | 당신의 생각은 오직 하나뿐이죠. 내가 사랑을 해 주지 않기 때문에 견디기 어려운 거죠? 아이를 데리고 온 것도 아이를 미끼로 나를 집으로 데려가기 위한 수작이라는 것 다 알아요. 나는 더 이상 당신에게 속지 않을 거예요.

키네시아스 | 뭔가 잘못 생각하고 있군. 당신이 저기 있는 저 여자들의 말만 듣고 이곳에 와 있다는 걸 잘 알고 있어. 그리고 나를 괴롭히는 것이 당신 자신을 괴롭히는 거라는 것도 나는 잘 알고 있어. 집에는 당신이 짜다만 베틀에 닭들이 올라가 똥을 누고 난리야. 그뿐 아니라 살림살이도 엉망이야. 이제 그만 자신을 괴롭히고 나와 함께 집으로 돌아가서 사랑을 나누자. 난 더 이상, 도저히 참을 수가 없어!

뮈르리네 | 집안이 어떻게 돌아가든 나와는 상관없어요. 당신네 남자들이 전쟁을 끝내지 않는 한 난 절대로 집으로 돌아가지 않을 거예요.

뮈르리네는 이렇게 말하면서도 아이에게 미안한 마음을 감출 수가 없었다. 뮈르리네는 아들을 힘차게 껴안고 볼에 가볍게 뽀뽀해 주고는 매몰차게 돌아섰다. 키네시아스는 이대로 뮈르리네를 돌려보낼 수 없다며 부부가 함께 나란히 누워 있기만이라도 하자고 졸라댔다. 물론 키네시아스의 속셈은 부부가 함께 누우면 자연스럽게 사랑도 나눌 수 있을 것이라는 계산이었다. 그러나 남편의 뜻을 알아채지 못할 뮈르리네가 결코 아니었다. 처음 뮈르리네는 다른 여성들과의 약속을 어길 수 없다며 거절하였지만 키네시아스가 갖은 방법을 동원하여 뮈르리네를 설득하자 못 이기는 척하면서 집으로 돌아가 키네시아스와 함께 눕기로 하였다. 하지만 뮈르리네는 매트리스, 베개, 담요, 향수 등이 필요하다며 흥분된 키네시아스를 약 올렸고, 키네시아스는 뮈르리네가 옆에 누워 주는 것만으로 고마워 그녀의 요구를 모두 들어주었다. 그리고 뮈르리네는 이미 누워 있는 남편의 옆에 눕기 전에 남편에게 물었다.

뮈르리네 | 내가 당신의 요구를 들어주면 휴전에 찬성표를 던질 거죠?
키네시아스 | 생각해 보리다.
뮈르리네 | 생각해 보겠다고요? 나는 당신을 믿을 수가 없군요. 나의 요

구에 대한 확고부동한 생각이 섰을 때, 다시 나를 찾아오세요. 그때까지 신전에서 기다리겠어요.

키네시아스 | 여보! 그냥 그렇게 가면 난 어떡해? 나를 실컷 기대하게 해 놓고! 제발, 다시 이리 와!

할아버지 1 | (뮈르리네를 쫓아 나온 키네시아스를 가리키며) 이 바보 같은 사람아, 여자들의 속임수를 몰랐단 말인가? 그 모습을 보아하니 동정을 금치 못하겠구먼. 오늘 새벽은 또 어떻게 참을지. 쯧쯧.

키네시아스 | 모든 게 다 여자 탓입니다. 정말 너무나 가증스럽고 역겨운 여자들 말입니다!

여자 1 | 역겹고 가증스러운 여자가 아니라 사랑스럽고 귀여운 여자랍니다. 호호.

할아버지 2 | 사랑스럽고 달콤하고 귀엽다고? 천만에! 여자들은 모두 밉살스럽고 사악하다오.

종전 終戰

키네시아스는 그가 할 수 있는 가장 심한 저주를 여자들에게 퍼부었다. 다른 남자들도 키네시아스의 일이 마치 자신들의 일인 것처럼 흥분하여 고래고래 소리치며 동조하였다. 이때 스파르타에서 파견된 전령이 나타나 아테네의 관리를 찾았다. 스파르타의 전령은 아테네에서 어떤 일이 벌어지고 있는지도 모른 채 스파르타의 상황을 전하러 왔던 것이다. 스파르타 전령의 말을 전해 들은 아테네의 관리는 놀라지 않을 수 없었다. 아테네 관리의 말을 들은 스파르타의 전령 또한 놀라기는 마찬가지였다.

스파르타 전령 | 스파르타에서는 람피토가 가장 먼저 남편과의 사랑을 거부했습니다. 그러자 스파르타 여자들이 일제히 남편들을 밖으로 밀어냈습니다.

관리 | 스파르타에서는 람피토가 가장 먼저 시작했단 말이오?

스파르타 전령 | 람피토를 아십니까? 람피토는 뤼시스트라테와 함께 술잔에 맹세했던 네 명의 여자 중 한 사람입니다. 스파르타의 남자들은 고생이 말이 아닙니다. 남자들은 등불을 들고 시내를 배회하고 있고, 여자들은 전쟁을 끝내지 않는다면 절대로 남편과 사랑을 나누지 않겠다고 호언장담하고 있고. 어떻게 좋은 방법이 없겠습니까?

관리 | 여자들의 뜻에 따르는 방법 외에 더 좋은 방법이 어디 있겠소? 여자들이 그리스 전역에서 음모를 꾸민 이상 우리 남자들이 할 수 있는 일이란 전쟁을 끝내는 것이겠지. 자, 나는 이곳에서 민회를 열어 사절단을 꾸리겠소. 당신은 스파르타로 어서 빨리 돌아가 전쟁을 끝낼 사절단을 우리 쪽으로 파견해 주시오. 하루라도 서두르는 것이 우리 남자들에게 이익일 것 같소.

남자들에게 사랑이란 도대체 무엇일까?

그렇게 기세등등하던 남자들도 여자들이 사랑해 주지 않겠다고 공언하자 더 이상 참지 못하고 전쟁을 끝내기로 하였다. 남자들의 눈에는 여자들이 어떻게 보일까? 여자보다 더 제어하기 어려운 것은 없다고 생각하겠지. 이 세상 모든 것을 제 마음대로 할 수 있지만 여자와의 사랑만은 마음대로 할 수 없다고 말하겠지.

여자들은 뭐라고 할까? 그럴 줄 뻔히 알면서 바보처럼 왜 여자들에게 싸움을 거느냐고 하겠지. 여자는 남자에게 믿음직한 친구가 되어 줄 수 있다. 하지만 남자들은 여자들을 사랑을 위한 도구로만 생각할 뿐이다. 남자들의 이런 생각이 결국 이와 같은 화를 불렀던 것이다.

할머니 1 | 결국 저렇게 항복하고 말 것을 왜 시작했누? 이 바보 같은 영감탱이야! 아이고 귀여운 것, 이리 와요. 내가 키스해 줄 테니.

할아버지 1 | 키스는 무슨 얼어 죽을 키스야! 정말 여자들은 징그러운 동물이라니까. 옛날 어른들은 허튼 말 하지 않는다더니. 딱 맞는 말이군.

할머니 1 | 옛날 어른들이 무슨 말을 했는데?

할아버지 1 | 파멸을 가져다주는 여자들과는 더불어 살 수도 없고, 살지 않을 수도 없다는 말이 있지. 지금 상황에 그 말이 딱 맞지 않소? 뭐 어쨌거나 이번만큼은 화해합시다. 앞으로 서로 해코지하지 말자고.

할머니 1 | 함께 어울려 노래라도 부를라우?

그리스의 남자도 여자도 이번 일을 통해 많은 것을 배웠다. 관리와 여자들은 아테나 신전에 있던 돈을 풀어 손님을 접대하는 경비로 사용하기로 하였다. 손님들이 그리스 각지에서 아테네로 모여들었다. 스파르타 사람들은 수염을 늘어뜨리고 왔으며, 라케다이몬 사람들은 더 이상 여자와 사랑을 나누지 않고는 금방이라도 죽을 것 같은 표정으로 나타났다. 아테네 사람들은 그들을 보고 남자들을 그렇게 만든 주범인 뤼시스트라테를 찾았다. 더 많은 고통에서 벗어나기 위해 뤼시스트라테와 휴전을 맺으려는 것이었다. 아테네 관리뿐 아니라 스파르타와 라케다이몬에서 온 사절들도 뤼시스트라테를 찾고 있었다.

이들이 안절부절못하고 자신을 찾는 모습을 본 뤼시스트라테는 승리자로서 기쁨을 감추지 못하고 거만한 자세로 천천히 모습을 드러냈다. 뤼시스트라테를 보자 각국의 사절단은 자신들의 어리석음으로 전쟁이 발발했다며, 휴전을 위한 모든 일을 그녀에게 위임하였다.

뤼시스트라테 | 여러분이 약속만 지켜준다면 결코 어리석은 일이 아니에요. 스파르타 사절단과 라케다이몬 사절단은 내 곁에 서세요. 그리고 아테네 사람들은 그 자리에서 내 말을 들으세요. 나는 한낱 여자에 불과하지만 부모로부터 좋은 교육을 받았기 때문에 이성에서 나오는 분별력을 갖고 있어요. 나는 당신들의 동족으로 그들을 꾸짖을 자격이 있다고 생각해요.

야만족들이 그리스 전역을 공격하려 하는데, 그대들은 아테네를 중심으로 그리스를 지키지는 못할망정 같은 동족끼리 전쟁을 해야 옳은가요? 라케다이몬 사람들에게 묻겠어요. 라케다이몬이 스파르타로부터 공격을 받을 때, 여러분들은 우리에게 원군을 청했어요. 그때 우리는 여러분을 도와 중무장보병을 파견하여 라케다이몬을 구해 주었지요. 그 은혜는 갚지 못할망정 호의를 베푼 아테네를 공격하여 파괴하려 하다니요.

그 외에 다른 곳도 마찬가지예요. 그리스 전역이 야만족으로부터 공격을 받을 때마다 우리는 서로 동맹을 이루어 도왔는데, 그렇게 서로에게 많은 은혜를 베풀었는데, 지금에 와서 서로 싸우고 분쟁을 일삼다니요. 그대들이 휴전하지 않는 이유는 무엇이죠? 무엇이 여러분으로 하여금 전쟁을 계속하게 합니까?

라케다이몬 사절 | 무엇이겠소? 여인 때문이오. 우리는 아테네 여인만 가질 수 있다면 전쟁을 할 수도 있고 멈출 수도 있습니다.

아테네 관리 | 우리도 마찬가지입니다. 라케다이몬 여자들만 차지할 수 있다면 우리는 모든 것을 할 수 있습니다.

할머니 1 | 자자, 이제 뤼시스트라테도 휴전을 원하고, 여러분들도 휴전을 원하니 그만들 하게. 우리가 할 일은 전쟁을 끝낸 기념으로 축제를 즐기는 일뿐이라네.

할아버지 1 | 여러분 중에서 양식이 부족한 사람은 우리 집으로 오시오.

어린 자식을 먹일 수가 없는 사람도 오시오. 우리 집에는 곱게 빻은 밀가루가 넘쳐나니. 자, 빨리 자루와 부대를 들고 우리 집으로 오시오!

할아버지 2 | 오늘같이 좋은 날 술이 빠지면 안 되지. 누가 좀 가서 우리 집에 있는 최고로 잘 익은 포도주를 갖고 오게.

아테네 관리 | 옳으신 말씀입니다. 우리는 술에 취하지 않으면 멍청해져서 축제에는 술이 꼭 필요합니다. 누가 가서 빨리 술 좀 가져오시게!

라케다이몬 사절 | 피리를 불어 주십시오. 오늘 같은 날 가무가 없으면 안 되지요. 우리가 춤을 출 테니, 아테네 사람들은 노래를 부르시오!

흥겹다.

처음 시작은 힘들었지만 이제 모든 게 흥겹게 끝나고 있다. 라케다이몬 사람들은 아테네 사람들과 힘을 합쳐 페르시아 사람들을 무찌르자며 노래했다. 모래알처럼 많은 페르시아 사람들을 함께 힘을 합쳐 물리치자며 라케다이몬 사람과 아테네 사람이 함께 어울려 노래 부르고 춤을 췄다. 그들을 지켜보던 뤼시스트라테는 모든 것이 잘되었다며 남편들에게 여자들을 데리고 가라고 말했다. 뤼시스트라테의 말이 떨어지기 바쁘게 남편은 아내 옆에, 아내는 남편 옆에 섰다. 그들은 좋은 결말에 대해 뤼시스트라테에게 먼저 감사하고, 앞으로 두 번 다시 이런 잘못을 범하지 않게 해달라며 신께 고개 숙여 감사의 기도를 드렸다.

뤼시스트라테 | 저기 감사 기도를 끝내고 춤추는 사람들을 좀 봐요. 얼마나 보기 좋아요?

칼로니케 | 그리스의 모든 신들을 차례로 부르며 승리를 자축하는 저들의 모습은 또 어떻고요.

뮈르리네 | 남자들은 우레 같은 발걸음으로 신을 찬미하면서 뛰고, 여자들은 망아지처럼 머리를 리본으로 묶고 두 발로 구름 같은 먼지를 일으키며 뛰는 저 모습은 또 얼마나 보기 좋은가요?

뤼시스트라테 | 여러분 모두가 우리의 맹세를 잘 지켜준 덕분이에요. 특히 뮈르리네가 남편 키네시아스를 잘 유혹한 덕분이죠.

뮈르리네 | 정말 힘들었답니다. 남편과 사랑을 나누지 않고 함께 자리에 눕는다는 것이 얼마나 힘든 일인지 여러분은 모를 거예요.

알고 있다. 우리 모두 뮈르리네의 고통을 너무나 잘 알고 있다. 뮈르리네의 그러한 고통이 없었다면 남자들도 쉽사리 휴전에 동의하지 않았을 것이다.

잘 끝났다. 우리가 바라는 것은 그리스 전역의 모든 부부들이 더 이상 고통 받지 않고 매일 같이 사랑을 나누는 것이었다. 우리의 맹세가 이렇게 남자들을 가정으로 돌아오게 하였으니 모든 것이 잘 끝났다.

에게 해海로 사라지는 둥근 해를 바라보는 뤼시스트라테의 얼굴에는 알 수 없는 묘한 미소가 번졌다. 노을에 비친 그녀의 눈에서 무언가가 반짝였다. 뤼시스트라테는 무슨 생각을 하고 있을까? 모든 것이 잘 끝났다는 기쁨? 앞으로 또 있을지 모를 남자들의 전쟁? 같은 일이 생겼을 때 여자들의 반응?

이 모든 것을 아는지 모르는지 아크로폴리스의 돌기둥들은 묵묵히 아테네를 내려다보고 있을 뿐이다.

그때나 지금이나 전쟁의 피해자는 백성

그리스와 페르시아, 이 두 나라는 항상 서로 약점을 찾아 전쟁할 준비를 하고 있었고, 페르시아의 침공을 두려워하던 그리스의 여러 도시국가들은 아테네와 스파르타를 중심으로 그리스연합국을 탄생시켰다.

페르시아의 왕 크세르크세스가 제2차 페르시아 전쟁을 일으키자 스파르타가 연합군의 총수권을 쥐고 페르시아와 싸웠으나 해군을 중심으로 한 아테네가 전쟁에서 승리했고, 결국 그리스의 도시국가들은 아테네의 제의에 따라 전쟁에 필요한 배나 돈 등 경비를 부담한다는 내용의 동맹을 맺었는데, 이것이 바로 델로스 동맹이다. 물론 이 동맹의 주도권은 아테네가 쥐고 있었고, 아테네는 페르시아와의 전쟁을 준비한다는 명분으로 막대한 돈과 경비를 들어 아테네를 재건하였다.

이러한 아테네의 발전은 또 다른 전쟁의 준비와 같았으니, 델로스 동맹에 속한 여러 나라는 아테네의 발전을 보면서 걱정을 하지 않을 수 없었고, 결국 스파르타를 중심으로 한 펠로폰네소스 동맹은 아테네와 전쟁을 선포하였으니,

이것이 바로 펠로폰네소스 전쟁이다.

아테네의 지도자인 페리클레스는 막강한 델로스 동맹의 자금을 아테네를 위해 아낌없이 사용하였고, 이것이 결국 전쟁을 부른 가장 큰 화근이 된 것이다. 그러나 작은 아테네 도시국가를 아테네 제국으로까지 발전시킨 페리클레스는 아테네 도시국가의 백성들에게 있어서는 영웅이자 위대한 정치가였다. 페리클레스는 전쟁이 시작된 다음해에 병을 얻어 죽었다.

기원전 425년 아테네의 장군 클레온은 필로스 전투에서 스파르타군과 연합군 수백 명을 포로로 잡았는데, 군인이 많지 않았던 당시 상황을 고려한다면 수백 명은 매우 큰 숫자였다. 결국 스파르타는 자신들의 장군과 병사를 구하기 위해 아테네에 평화협정을 요청하였고, 이를 계기로 클레온은 아테네의 최고 지도자가 되었다.

출생년도가 정확하지 않은 아리스토파네스는 40년 동안 극작 활동을 했다고 전해지고 있다. 그가 남긴 글은 최소한 40편인 것으로 알려져 있지만, 현재는 11편만 남아 전해지고 있다. 나머지는 문장, 구, 혹은 단어만 다른 사람들의 글 속에 남아 있을 뿐이다.

당대의 최고 철학자인 소크라테스를 적나라하게 파헤쳐 우스갯감으로 만들만큼 아리스토파네스의 글에는 날카로움이 있다. 이런 아리스토파네스도 아테네의 민주주의를 완성한 페리클레스시대만큼은 자신의 극에 담지 않았으니, 그도 막강한 아테네 제국에 대한 존경과 공경의 마음은 있었던 것이리라.

스파르타와 아테네의 휴전은 잠시였다. 기원전 419년부터 두 나라는 다시 전쟁에 휘말렸고, 다시 전쟁이 시작되자 아리스토파네스는 그의 특유의 냉소를 퍼붓는다. 기원전 411년 무대에 오른 《뤼시스트라테》는 라틴어로 '뤼시스트라타', 즉 "군대를 해산시키는 여자"라는 뜻이다. 제목에서 알 수 있듯이 아리스토파네스는 전쟁을 반대하였던 것 같다. 보수적이었던 그는 자신의 연극을 통해 모든 분야를 비꼬았다. 철학, 교육, 문학, 음악 등의 학문 분야와 소피스트, 웅변술, 당시 사람들의 생활 태도 등 인간의 생활 습관까지 가리지 않았다. 아리스토파네스가 충분한 공교육을 받았는지에 대해서는 알려지지 않았지만, 그는 분명 천재 극작가였다. 그는 날카로운 문체와 현란한 말투 속에 모든 것을 비꼬고 비아냥거렸으며, 특히 귀족이나 소피스트와 같은 지자들이 아는 체하는 것을 참지 못했다.

펠로폰네소스 전쟁이 재개 되자 아테네 사람들은 시칠리아를 정벌하여 승리하리라는 기대감으로 가득 찼다. 페리클레스의 후견인으로 성장한 알키비아데스가 신을 모독했다는 이유로 체포돼 스파르타로 망명하기 전까지만 하여도 아테네 사람들의 이런 기대는 충만했다. 하지만 그렇게 믿었던 아테네 함대가 아이고스포타미 해전에서 전멸하면서 그들의 기대는 무너졌고, 펠로폰네소스 전쟁은 아테네의 패배로 끝나고 말았다.

아리스토파네스의 《뤼시스트라테》는 아테네가 시칠리아 정벌 승리의 기대감으로 가득 차 있던 시기에 무대에 올랐다. 그는 모든 아테네 사람들이 전쟁에서 승리할 것을 기대하고 있던 시기에 전쟁을 그만둘 것을 주장했다. 만약 아테네 지도자들이 아리스토파네스의 권유에 따라 전쟁을 그만두었다면, 펠로폰네소스 전쟁이 패배로는 이어지지 않았을 것이다. 클레온이 필로스 전투에서 승리한 다음 스파르타가 평화를 제의했을 때 휴전하지 않고 전쟁을 끝냈다면 아테네의 상황은 또 달라졌을 것이다. 펠로폰네소스 전쟁에서 아테네가 무조건 항복을 함으로써 이후 아테네는 쇠퇴의 길을 걸었고, 스파르타의 정치체제로 재편성되었다. 플라톤은 이런 스파르타식의 민주주의가 소크라테스를 죽음으로 몰았다고 주장하고 이상국가의 실현을 요구하였지만 그의 뜻은 실현되지 않았다. 그리고 아테네는 아리스토텔레스 철학을 탄생시켰다. 하지만 아리스토텔레스는 알렉산드로스의 스승이었다는 이유로 아테네뿐 아니라 전 그리스를 마케도니아의 속국으로 만들었다는 오명을 벗을 수가 없었다.

《뤼시스트라테》에서 주인공 뤼시스트라테는 전쟁을 끝내는 방법을 알고 있다며 아테네 동맹국을 대표하는 여자들을 모아 놓고 남편과 사랑을 나누지 말라고 이야기하고, 이에 여자들은 고개를 저으며 발을 뺀다. 사랑 혹은 여자의 관능미는 남자로 하여금 전쟁터로 나가는 발길마저 잡게 하는 마력이 있는 것일까? 남자들이 전쟁터로 나가지 않으면 전쟁은 일어나지 않을까?

전쟁이 일어나고 끝나는 것이 정치가들의 놀음임을 우리는 잘 알고 있다. 그 정치가들의 놀음에 백성들만 크게 피해를 본다는 것도. 아리스토파네스는 바로 이점을 극의 핵심에 놓은 것 같다. 정치가들의 놀음에 놀아나지 않으려면 백성들이 어떻게 해야 할까? 만약 백성들이 전쟁터로 나가지 않으면, 정치가가 직접 전쟁터로 나설까? 그렇지는 않을 것이다. 그럼 어떻게 해야 남자들을 집안에 묶어둘까?

뤼시스트라테는 여자들이 최대한 야한 모습으로 남자들의 사랑을 자극하여, 남자들로 하여금 집에 머물게 하자고 제안한다. 뤼시스트라테의 연락을 받고 그 자리에 모인 여자들은 받아들일 수 없다며 괴로워하기도 하고, 남자들이 강제로 사랑을 요구하는 경우에는 어떻게 해야 하는지 묻기도 한다. 뤼시스트라테는 남자들이 사랑을 위해서라면 전쟁터에도 가지 않고 집에 머물 거라고 확신하는 것이다.

아리스토파네스는 뛰어난 재능과 번득이는 기지로 클레온을 풍자했고, 소크라테스를 우스개로 만들었다. 그뿐 아니라 아테네에 평화를 정착시키고 전쟁 재발을 막기 위해 여자가 평화를 주도하는 꿈까지 꾸었다. 어쩌면 아리스토파네스는 이 모든 것을 미리 내다보았는지도 모르겠다.

아리스토파네스는 기원전 380년에 죽은 것으로 알려져 있다. 그렇다면 그는 소크라테스가 죽는 것은 보았겠지만, 마케도니아 왕국이 그리스 반도의 주도권을 잡는 것은 아마도 보지 못했을 것이다. 마케도니아 왕국의 필리포스 2세가 주도권을 잡은 이후, 아테네는 유럽 역사의 주 무대에서 과거의 영광을 더이상 누리지 못하고 퇴장하고 말았다. 심지어 훗날 오스만 제국의 식민지가 되기도 하였다. 오늘날은 어떤가? 우리에게 그리스는 단지 신화와 철학의 나라로만 기억되고 있다. 이 모든 것을 아리스토파네스가 예견했다고 생각하며 이 글을 읽는다면 더 많은 재미가 있지 않을까.

PHILOSOPHY

하늘에 계신 어머니께
바치는 찬양과 고해

_아우구스티누스 《고백록》

성녀 모니카 *Monica*, 331~387

성 아우구스티누스의 어머니이다. 타가스테(현재 알제리의 수크아라스)에서 태어난 모니카는 가장 모범적인 어머니상으로 존경받는 성녀이다. 그리스도교를 믿는 가정에서 태어난 모니카는 로마 사람 파트리키우스와 결혼하여 아우구스티누스를 낳았다.

마니교에 빠져있었던 아우구스티누스는 선과 악의 문제를 그리스도교에서 찾지 못하고 마니교에서 찾으려 했다. 독실하고 경건한 그리스도 교인이었던 모니카는 이런 아들을 그리스도교로 이끌고자 기도와 헌신의 삶을 살았다. 아우구스티누스가 알제리에서의 모든 삶을 접고 로마로 가자 385년 아들을 따라 로마로 갔다. 그곳에서 아우구스티누스가 밀라노의 주교 암브로시우스로부터 영세를 받는 것을 보았고 함께 알제리로 돌아가다 오스티아에서 죽었다.

 아우구스티누스가 고백
한 유년의 죄

16살 그날 밤에 저지른 그 악행은 분명
도둑질이었으며, 그 행동은 결코 아름답지 못했다. 우리가 훔
친 그 배는 분명 우리 집에서 먹던 배보다는 좋지 않았지만, 그
것은 만물의 창조주, 그의 아름다운 창조물 중 하나였다.
내 영혼이 갖고 싶었던 것은 과일 그 자체가 아니었다. 왜냐하
면 나는 그 과일보다 더 아름답고 좋은 것을 많이 가졌기 때
문이다. 그 나무의 열매를 딴 것은 단지 훔치기 위한 것 이외의
어떤 것도 아니었다. 내가 먹은 것은 불의였다. 나는 과일 속
에서 불의만 달게 빨아먹고 과일 그 자체는 내동댕이치고 말
았던 것이다. 내 입에 들어간 다디단 과즙은 악행이라는 맛 외
에 아무것도 아니었다.

_아우구스티누스

고백할 수 있는 용기

"성부와 성자와 성령의 이름으로 아우구스티누스에게 세례를 줍니다."

어머니 손에는 밝은 촛불이 들려 있고, 내 이마에는 기름이 발려진다. 머리에 차가운 것이 닿자 나는 놀라 자지러지게 울어댄다. 나의 울음소리에 어머니는 놀라 눈을 뜬다.

어머니는 언제나 같은 꿈을 꾸셨다. 어머니의 염원이 꿈으로 나타났던 것이리라. 내가 가톨릭으로 개종하기를 늘 기도하고 종용하셨던 어머니는 시간이 흐를수록 불안해하셨다. 하지만 누가 뭐래도 나는 내 자신을 어른이라고 생각했고, 스스로 자신의 종교를 결정할 수 있는 능력과 지혜를 갖고 있다고 믿었다.

내가 어머니의 개종을 받아들이지 못한 가장 큰 이유는 바로 악의 문제였다. 이 문제만 해결해 준다면, 나는 가톨릭이 아니라 어떤 종교도 마다하지 않고 받아들였을 것이었다.

어머니 모니카는 가톨릭 집안에서 태어났고, 아버지 파트리키우스는 당시 사람들이 말하는 이교도 집안의 사람이었다. 우리 가족이 살았던 곳은 로마 제국의 영토였던 북아프리카의 타가스테였다. 행복한 우리 가정을 더 행복하게 만든 것은 바로 나의 출생이었다. 어머니는 나만은 아버지와 다르게 가톨릭 신자로 키우고자 했지만 당시 주변 분위기와 아버지의 영향을 받은 나는 결코 가톨릭을 받아들일 수 없었다.

아우구스티누스 | 어머니, 나의 문제는 아주 간단합니다. 어머니가 믿는 가톨릭은 선한 하나님이 이 세상을 창조했다고 합니다. 하지만 우리가 살고 있는 이 세상에는 악과 고통이 분명 존재합니다. 하나님은 악과 고통도 함께 창조했습니까? 그렇다면 하나님은 결코 선하다고 할 수 없지 않습니까?

모니카 | 결국 그것이었구나. 그렇다면 너는 어떤 종교가 그 문제를 해결해 줄 수 있다고 믿느냐?

아우구스티누스 | 지금까지 제가 공부하고 조사한 결과 이 문제를 가장 잘 해결해 줄 수 있는 것은 바로 마니교입니다.

모니카 | 마니교라고? 조로아스터교를 본떠 페르시아 사람이 만들었다는 바로 그 종교를 말하는 것이냐?

아우구스티누스 | 그렇습니다. 마니의 종교에서는 악과 선에 관한 구별을 분명히 밝히고 있습니다.

마니교에서는 선과 악에 관한 내용을 매우 구체적으로 설명한다. 빛을 상징하는 선의 신 오르마즈드와 어둠을 상징하는 악의 신 아리만, 이 두 신은 영원히 서로 싸우며 존재한다. 이 선과 악의 원리가 인간의 세계에 모두 적용된다는 것이 마니교의 생각이다. 마니교에 따르면 인간도 선한 영혼과 악한 육체로 만들어져 있으며, 빛이라는 선한 영혼보다 조잡한 물질에서 만들어진 인간의 육체는 결국 악의 원리에 의해서 지배받을 수 있다.

사람들은 영혼과 육체 중 어떤 것을 위해 살까? 일반적으로 육체적인 즐거움이 영혼의 안식이나 위안보다 더 좋은 것이라고 사람들은 생각한다. 그래서 마니교에서는 소위 말하는 선택된 사람들에게 육식과 술을 금하고 금욕을 실천할 것을 의무화하였다. 하지만 일반적인 교인들에게는 금욕까지는 의무화시키지 않았다. 결국 대다수의 마니교 신자들은 육체적인 즐거움에 취해 사는 경우가 많았다.

아우구스티누스 | 아, 어머니! 나는 선과 악의 문제를 중요하게 생각하기도 했지만 무엇보다도 마니교의 육체적인 즐거움에 취해 있었습니다. 어머니가 아무리 가톨릭의 중요성을 강조하고 하나님의 선함을 강조해도 제게는 아무것도 들리지 않았습니다.

모니카 | 그럼 이제는 아니라는 말이냐? 그 말을 가톨릭 세례를 받겠다는 뜻으로 이해해도 되겠니?

아우구스티누스 | 네, 어머니의 뜻에 따라 가톨릭 세례를 받겠습니다.

모니카 | 내가 생각한 시기보다 훨씬 늦었긴 하지만, 네가 가톨릭으로 세례를 받겠다니 너무나 기쁘구나. 고맙다, 아우구스티누스.

아직도 잊을 수가 없다. 내 말이 끝나자 어머니가 눈물을 흘리며 감사의 기도를 올리던 그 모습을.

내가 세례를 받은 후 얼마 되지 않아 어머니께서는 하나님의 나라로 가셨기 때문에 나는 어머니께 못다 한 이야기가 많다. 나는 지금부터 그 이야기를 하려고 한다. 이 이야기는 나의 이야기일 수도 있고, 나처럼 늦게나마 자신이 원하는 종교로 개종한 사람들의 이야기일 수도 있다.

아우구스티누스 | 어머니, 젊은 시절 마니교의 선악 문제에 심취해 있던 저는, 실은 육체적인 쾌락에 빠져 있었습니다. 하지만 시간이 지나면서 마니교의 사상도 나의 학문적인 갈망을 해소 시켜주지 못함을 깨달았습니다. 결국 나는 어머니의 뜻에 따라 가톨릭으로 개종하였습니다.

모니카 | 어린 시절 너는 누가 보아도 육체적인 즐거움에 사로잡힌 철없는 아이였다.

아우구스티누스 | 나는 참 많은 잘못을 저질렀습니다. 그 일로 어머니의

마음도 많이 아프게 했습니다.

가톨릭에서는 지은 죄를 '참회'한다. 그리고 신을 '찬미'하며, 신이 베풀어준 은혜에 '감사'한다. 참회하고, 찬미하고, 감사하려면 먼저 두 가지가 전제되어야 한다. 예수 그리스도가 신의 아들이라는 것을 인정하고 그것을 남들에게 말할 수 있는 것, 이것이 곧 신앙이다.

모니카 | 예수 그리스도를 인정하고 믿는 가톨릭 신자는 자신의 죄를 참회하고, 신을 찬미하고, 베풀어준 은혜에 감사할 줄도 알아야 한다. 참회하려면 우선 자신이 죄를 지었다는 것을 인정해야 하겠지? 그렇다면 누가 너의 잘못을 너에게 가르쳐 줄 수 있겠니?

아우구스티누스 | 죄를 참회하려면 무엇보다 용기가 필요합니다. 나에게 이런 참회의 용기를 준 사람이 바로 나의 죄를 가르쳐 준 사람입니다. 그 사람은 바로 신입니다. 신을 사람이라고 할 수 있는지는 모르겠습니다. 하지만 나는 더 이상 다른 표현은 알지 못합니다.

모니카 | 너의 말이 옳다. 죄의 고백이란 자신의 힘으로 할 수 있는 것이 아니란다. 누군가가 고백을 하게 시키고 그 죄를 씻어주어야겠지. 스스로 마음을 비추고 죄를 인정하게 하며, 그 죄를 씻어주는 자, 그것이 곧 신이란다.

아우구스티누스 | 늦었지만 나는 그 사실을 알았습니다. 그리고 난 참 많

은 죄를 지었습니다. 이제 신은 그 죄를 고백할 용기도 내게 주었습니다.

모니카 | 그래, 그런 용기가 생겼다니 고맙구나. 신이 준 그 용기로 빠짐없이 너의 죄를 고백해 보아라.

무엇부터 어떻게 고백해야 할지 모르겠다. 지금까지 나는 참으로 많은 죄를 지었다. 내가 죄를 지었다고 말하는 것은 내 생각에 그렇다는 것이다. 어머니나 혹은 다른 사람이 나의 고백에 대해서, 그것이 왜 죄가 되는가 하고 의아해한다 해도, 나는 이 모든 것을 죄라고 생각하며 그 죄를 누군가에게 이야기할 수 있다는 것만으로도 정말 행복하다.

유년의 죄

아우구스티누스 | 어머니, 말을 못하는 아기도 죄를 지을 수 있습니까?

모니카 | 글쎄, 말을 못하는 아기가 죄를 지을 수는 없지 않겠니?

아우구스티누스 | 아닙니다. 저는 그럴 수 있다고 생각합니다. 한 번은 어린 자식에게 젖을 물리는 어머니를 보았습니다. 눈도 제대로 못 뜨는 그 아기는 입을 크게 벌리고 울부짖으면서 어머니의 젖무덤을 찾았습니다.

모니카 | 배고픈 아기가 그렇게 행동하는 것은 당연한 것이다. 어머니의 젖을 찾는 아기의 모습이 얼마나 아름다우냐! 그것을 결코 죄라고 생각

하지 않는다.

아우구스티누스 | 어머니 말씀이 옳습니다. 어머니의 젖을 문 그 아기는 점차 천진난만한 모습이 되었습니다. 하지만 그 아기를 쳐다보는 또 다른 아이를 본 순간 나는 놀랐습니다. 그 아이는 어머니의 젖을 빠는 천진난만한 아기를 원망스러운 눈빛으로 쳐다보고 있었습니다. 얼굴색은 창백했고, 표정은 험상궂었습니다.

모니카 | 설마 동생이 엄마 젖을 먹는 것을 보고 화를 냈다는 말이냐?

내가 잘못 생각하는 것일 수도 있다. 하지만 내가 목격하고 경험한 그날의 그 사건으로 미루어 나는 말 못하는 유아기에도 죄를 지을 수 있다고 생각하게 되었다. 생명의 샘인 어머니의 젖가슴을 찾는 아기에게 죄를 물을 수는 없다. 하지만 지금의 내가 음식을 보고 어린 아이처럼 입을 크게 벌려 탐한다면, 웃음거리가 되거나 꾸중을 듣게 될 것이다.

동생을 험상궂은 표정으로 바라보던 형의 모습은 그럼 어떤가? 나에게도 그런 시절이 있었을 것이다. 그리고 나 또한 어머니의 젖을 빠는 동생들을 보았을 것이다. 어머니의 젖을 빠는 동생을 보고 나도 그날 그 아이처럼 미움과 적의를 느꼈을 것이다. 그렇다면 결국 나도 그 아이처럼 죄를 지었다고 할 수 있다. 하지만 사람들은 이런 아기들의 행동은 죄가 아니라고 생각한다. 어쩌면 죄가 아닐 수도 있다. 그러나 같은 짓을 어른이나 청소년이 한다면 그것은 결코 용서될 수 없는 일이 된다. 우리는 어린 시절에 죄를 짓지 않은 것이 아니라 어른들에 의해서 죄를 용서받은 것일 뿐이다. 그렇다고 해서 죄가 없어지는 것은 아니다. 그것이 죄임을 깨달았다면 모든 사람에게 그 죄를 고백해야 하는 것이다.

아우구스티누스 | 다음으로 어머니께 고백하고 싶은 죄는 제가 저의 의무를 다하지 않았다는 것입니다.

모니카 | 많은 젊은이들이 자신의 의무를 다하지 않고 살아간다. 어째서 너만 의무를 다하지 않았다고 할 수 있겠느냐.

아우구스티누스 | 어머니도 아시겠지만 저는 공부를 싫어했습니다. 젊은이들의 의무는 바로 공부가 아닙니까? 집에서는 부모님의 말씀을 잘 듣고, 학교에서는 선생님의 말씀을 잘 듣는 것이 학생들의 의무라고 생각합니다. 하지만 나는 그 의무를 다하지 않았습니다.

나는 부모님에 의해 학교에 보내졌고 그곳에서 공부를 강요당했다. 특히 나는 라틴어와 그리스어를 싫어했는데, 학교에서는 공부하지 않거나 못하는 아이들에게 매를 가했다. 학교에 다녀본 사람들이라면 알겠지만 공부를 게을리하는 학생에게 매를 가하는 것은 학교의 규율과 같은 것이다. 심지어 어떤 선생님들은 고문의 방법과 고문에 사용되는 도구에 대해서도 말하였다. 그 이야기를 듣는 학생들은 매뿐 아니라 고문을 당할지도 모른다는 극심한 공포에 휩싸였다. 그래도 나는 여전히 공부보다는 놀이와 잡다한 구경거리에 더 관심을 두고 있었다.

학교에서 청년기를 보낸 나는 이처럼 학교의 교육 방법을 비난하였을 뿐만 아니라 이렇게 나쁜 교육 방법으로 아이들을 가르치는 학교를 가만히 두는 신도 비난하였다.

아우구스티누스 | 어머니, 이것이 바로 내가 청년 시절 학교에서 의무를 다하지 않고 신을 비난한 죄입니다.

모니카 | 공부를 싫어하고 학교의 교육 방법을 비난한 학생은 너뿐 아닐 것이다. 그것으로 청년기의 의무를 소홀히 하였다고 할 수 있을까? 하지만 학교의 교육 방법에 대해 신을 모욕한 사람은 많지 않을 것이다. 그래, 너의 말처럼 그것이 죄라면 죄라고 할 수 있겠구나. 고백할 또 다른 죄가 있느냐?

아우구스티누스 | 어머니, 도둑질은 나쁜 것입니까? 아닙니까?

모니카 | 도둑질은 당연히 나쁜 것이고, 악이다. 네가 도둑질을 한 적이 있느냐? 내 기억에는 없구나.

아우구스티누스 | 16살이면 어린 나이도 아닌데, 그때 나는 친구들과 배서리를 했습니다.

모니카 | 지금도 그렇다만, 당시만 하여도 배 서리는 너뿐 아니라 네 또래 아이들이 즐기는 놀이가 아니었니?

물론 어머니 말씀이 옳다. 많은 사람들이 서리를 놀이로 즐겼다. 하지만 서리가 나쁜 것인지 아닌지는 상황에 따라 달라진다. 16살의 혈기왕성한 시절, 저녁 늦게 시장기를 느낀 우리들은 당연히 어느 집의 과일을 서리해 먹을까 궁리했다. 정말 배가 고프고 궁핍한 상태라면 한두 번 정도의 서리는 용납이 될지 모른다. 하지만 이때 우리의 마음이 배고픔이나 궁핍이 아닌 정의에 대한 결핍이나 정의에 대한 혐오감, 혹은 불의로 충만한 상태라면 이야기는 다르다.

아우구스티누스 | 어머니, 당시 우리는 궁핍하지 않을 정도로 살고 있었습니다.

모니카 | 그래, 네가 알고 있는 것처럼 우리의 삶은 그렇게 궁핍하지 않았다.

아우구스티누스 | 바로 그것입니다. 우리의 삶은 궁핍하지도 않았고 먹을 것도 충분했습니다. 게다가 우리가 집에서 먹던 배가 서리한 배보다 맛도 더 좋았습니다! 이것은 분명히 도둑질입니다. 그리고 나는 서리를 즐겼던 것이 아니라 도둑질과 죄를 저지르는 것, 그 자체를 즐겼던 것입니다.

16살 그날 밤에 저지른 그 악행은 분명 도둑질이었으며, 그 행동은 결코 아름답지 못했다. 우리가 훔친 그 배는 분명 우리 집에서 먹던 배보다는 좋지 않았지만, 그것은 만물의 창조주, 그의 아름다운 창조물 중 하나였다.

내 영혼이 갖고 싶었던 것은 과일 그 자체가 아니었다. 왜냐하면 나는 그 과일보다 더 아름답고 좋은 것을 많이 가졌기 때문이다. 그 나무의 열매를 딴 것은 단지 훔치기 위한 것 이외의 어떤 것도 아니었다. 내가 먹은 것은 불의였다. 나는 과일 속에서 불의만 달게 빨아먹고 과일 그 자체는 내동댕이치고 말았던 것이다. 내 입에 들어간 다디단 과즙은 악행이라는 맛 외에 아무것도 아니었다.

모니카 │ 친구들과 함께한 놀이였던 배 서리를 도둑질이라고 하기에는 너무 지나친 것 아닐까? 또한 친구들까지 도둑으로 모는 것 아니겠니?

아우구스티누스 │ 사실 제가 더 나쁘게 생각하는 것은 배 서리를 혼자 하지 않고 친구와 함께했다는 사실입니다. 지금 얼굴을 붉히면서 이런 말을 하는 내가 당시 어떤 실속을 차렸을까요? 배 서리를 통해 내가 얻고자 했던 것은 서리 그 자체였습니다. 그리고 만약 혼자였다면 나는 결코 배 서리를 하지 않았을 것입니다. 당시 나는 친구들과 작당하는 것을 좋아했습니다. 놀이를 가장한 도둑질을 하기 위해 친구와 어울렸습니다. 친구들과 함께했기에 그 죄는 더 무거운 것입니다. 그 죄를 지금 어머니께 고백합니다.

사랑 그리고 타락

배 서리를 즐겼던 바로 그 시절 나는 또 다른 것에 빠져있었다. 16살이라는 나이는 내게는 너무나 가혹한 시기였다. 나는 사랑에 빠져있었다.

아우구스티누스 | 16살 가을 우리는 카르타고로 이사하였습니다. 제가 처음으로 카르타고에서 본 것이 무엇인지 아십니까?

모니카 | 아무래도 시골에서와는 다른 어떤 것을 보았겠지.

아우구스티누스 | 내가 카르타고에서 본 것은 바로 여자였습니다. 더욱 정확하게 표현하면 나는 카르타고에서 한 여자에게 매료되어 사랑에 빠졌습니다.

모니카 | 그 나이면 누구나 사랑에 빠지게 된단다.

아우구스티누스 | 시골에서 나는 배 서리의 짜릿함과 친구들과의 작당을 최고의 놀이로 알고 있었습니다. 그런데 카르타고에서 나는 또 다른 매력에 빠졌습니다. 시골에서는 도둑질에, 도시에서는 사랑에 빠지면서 내가 느낀 것은 완전하고도 함정이 없는 것은 나에게 아무런 감흥도 주지 못한다는 것입니다.

당시 내 영혼의 건강 상태는 결코 좋지 않았기 때문에 나는 모든 것에 굶주려 있었다. 굶주린 내 영혼이 가장 매력적으로 느낀 것은 역시 불결하고 지저분한 것들이었다.

나는 카르타고에서 나의 허기진 영혼을 채우려 했다. 감각적인 것에 영혼이 없었다면 나는 결코 여자를 사랑하지 않았을 것이다. 하지만 감각적인 것에도 영혼은 있었고, 그 영혼이 가장 매력을 느낀 것은 안타깝게도 여자와의 사랑이었다. 내가 여자를 사랑하고 여자로부터 사랑을 받는다는 것은 무엇을 뜻할까? 그것은 분명 여자의 몸뿐 아니라 마음까지도 갖는다는 것을 의미할 것이다. 나는 우정이라는 아름다운 이름으로 사랑을 더럽혔다. 사랑을 더럽힌 나는 분명 나쁘고 비열한 인간임에도 그때 나는 가득 찬 허영으로 우아하고 세련된 인간처럼 행동했다.

아우구스티누스 | 어머니, 당시 나를 진정으로 기쁘게 한 것은 사랑을 주고 사랑을 받는 것이었습니다. 아니, 오직 그것만이 나의 기쁨이었습니다. 내 영혼은 절도를 모르고 우정의 범위를 넘었습니다. 나는 진흙과 같은 육욕과 부글부글 끓어오르는 청춘이 내뿜는 안개로 마음이 흐려졌고, 맑고 깨끗한 사랑과 정욕을 구별할 수 없었습니다. 이 두 가지는 나의 영혼을 완전히 삼키고 휘어잡아 욕망의 구덩이로 몰아넣었고, 나를 악행과 추행의 진흙탕에 빠뜨렸습니다.

모니카 | 너뿐 아니라 그 나이의 젊은이들은 그러한 것을 구별할 수 있는 능력이 없단다. 너도 예외는 아니었겠지.

당시 내 영혼은 오만으로 가득 차 있었다. 나는 점점 타락하고 맥이 풀렸으며, 어떤 누구도 나의 비참함에 한계선을 그어 주지 않았다. 결국 나는 감각적인 영혼의 충동에 나의 모든 것을 맡기고 저지를 수 있는 최대한의 죄를 저질렀다.

육체적 나이 16살, 나는 정신적인 영혼의 나라를 떠나 감각적인 영혼의 세계로 떠났다. 그곳에서 나는 얼마나 많이 방황했던가. 물론 어머니의 말처럼 내가 저지른 모든 사랑에 대한 악행이 우리가 만든 인간들의 풍습이었고 관습일 수도 있다. 내가 죄라고 생각하는 것은 바로 그런 인간의 풍습과 관습에 내가 방치되어 있었다는 것이다. 감각적인 영혼이 휘두르는 권력에 나는 속수무책으로 굴복당하고 말았다. 이렇게 변해가는 나를 나뿐 아니라 어떤 누구도 정당한 방법으로 설득하거나 논리적으로 깨우쳐 주지 않았고, 단지 나 자신을 변명할 수 있게끔 가르쳤을 뿐이다.

아우구스티누스 | 다음 고백할 것은 어머니의 손자에 관한 것입니다.

모니카 | 그래. 어쩌면 그것은 네가 저지른, 그리고 내가 인정하는 너의 죄일 수 있다.

아우구스티누스 | 16살에 사랑에 빠진 이후 나는 9년간 사랑의 포로가 되었습니다. 이때 나는 감각적 영혼이 움직이는 대로 나 자신을 속이고, 속으며 살았습니다. 그리고 어머니가 아시는 것처럼 그 시기 나는 수사학을 가르쳤습니다. 수사학이란 남을 굴복시키는 학문입니다. 나 스스로

감각적 영혼에 굴복했으면서 남을 굴복시키는 방법을 가르쳤으니 얼마나 모순된 일입니까? 하지만 나는 진정으로 선하고 착한 학생을 가르치길 원했습니다. 나는 진정으로 학생들을 속이지 않고 그 학생들이 남을 속일 수 있는 기술을 가르치기를 원했습니다. 이것이 얼마나 큰 모순인지 나중에 알게 되었습니다. 하지만 당시에는 그것을 결코 모순이라고 생각하지 않았습니다. 왜냐하면 수사학이란 죄가 없는 사람을 속이거나 망치기 위한 것이 아니라 죄가 있는 사람들의 신상을 변호해 주고 보호해 주는 것이기 때문입니다.

이 무렵 나는 한 여성을 알게 되었습니다. 물론 이 여성은 합법적인 결혼을 전제로 만난 상대가 아니라 생각이 모자란 내가 감각적 영혼에 시달려 찾아낸 사람이었습니다. 감각적으로는 사랑의 포로가 되어 있었으며, 적당한 직업으로 수입도 있었기 때문에 그 여성과 함께 사는 것은 큰 문제가 되지 않았습니다.

모니카 | 하지만 너는 그 여자와의 약속을 지켰고 아기도 낳지 않았니? 그렇다면 죄라고 할 수 없지 않을까?

아우구스티누스 | 어머니 말씀처럼 나는 그 여자를 사랑하면서 어떤 다른 사랑에도 빠지지 않았습니다. 그리고 그 사랑의 결과로 아들까지 얻었습니다. 하지만 내가 생각하는 것은 그 여자를 만날 때 나의 처음 마음입니다. 사람들은 결혼하고 자식을 낳으려고 여자를 만납니다. 나는 그렇지 못했습니다. 오히려 감각적 영혼이 나를 사랑에 빠지게 하였습니다. 그리

고 그 결과로 아들을 얻었습니다. 사랑하는 부인과 사랑하는 여자와의 큰 차이를 이제야 알게 되었습니다.

직업을 얻으면 결혼을 하고, 자식을 생산할 생각을 하는 것이 순리입니다. 하지만 나는 결혼보다 사랑을 먼저 하였고, 그 결과 아들을 얻었습니다. 이것은 분명 차이가 있다고 생각합니다. 이것은 분명 죄이기 때문에 어머니께 고백하고자 합니다.

내가 생각하는 가장 큰 죄는 어머니의 뜻을 어긴 것이다. 어머니는 나를 가톨릭 신자로 만들기 위해 무척 노력하셨다. 하지만 나는 가톨릭보다는 마니교에 취해 있었다. 청소년기의 나는 학교생활보다는 친구들과 작당하여 노는 일에 빠져 있었고, 시골에서만 자라다 도시로 나오자 도시의 향락에 빠져 사랑의 노예가 되었다. 이런 나를 보며 어머니는 얼마나 가슴 아팠을까? 누구보다 신앙심이 깊었던 어머니는 늘 나를 위해 기도하셨다. 하지만 나는 어머니의 그런 마음도 모른 채 끝없이 추락하고 있었다.

아우구스티누스 | 제가 왜 더는 카르타고에서 가르치지 않고 로마로 갔는지 어머니는 알고 계셨습니까?

모니카 | 더 많은 제자를 두고자, 더 좋은 학생을 찾아 가르치고 싶은 생각에 로마로 간다고 하지 않았니?

아우구스티누스 | 그것은 어머니의 허락을 얻고자 한 거짓말입니다. 저는 카르타고 학생들에게 불만이 참 많았습니다. 그들은 한마디로 뻔뻔하기 짝이 없는 학생들이었습니다. 학생들은 강의 시간에 선생님의 허락 없이 함부로 들락거릴 뿐 아니라 학교의 규율이나 질서를 무시했습니다. 처음 수사학을 가르치기 시작할 때의 생각과 다르게 카르타고 학생들은 나를 정말 힘들게 했습니다. 그때 저의 친구가 로마 학생들에 대한 이야기를 들려주었습니다.

모니카 | 로마 학생들은 카르타고 학생들보다 순수하고 점잖다고 하더냐?

나를 로마로 가게 한 친구의 말에 의하면 로마 학생들은 카르타고의 학생들보다 훨씬 신사적이었다. 더욱이 나를 유혹한 것은 높은 수입과 지위였다. 이 두 가지 이유 때문에 나는 어머니의 만류에도 로마로 향했다. 어머니는 내가 로마로 가기 전에 가톨릭 영세를 받기 원했지만 나는 끝까지 어머니의 뜻을 따르지 않았고, 결국 어머니의 가슴을 아프게 한 다음 로마로 떠났던 것이다.

대도시에서의 나의 생활은 끝없는 행복 그 자체였다. 적당히 타락한 나는 대도시의 삶이 너무나 마음에 들었다. 하지만 얼마 지나지 않아 나에게 큰 시련이 다가왔다. 너무나 방탕한 생활을 한 탓에 열병에 걸렸고, 곧 죽을 것 같았다.

아우구스티누스 | 그때 내가 죽었다면 어머니가 그렇게 원하시던 가톨릭 영세를 받지 못했을 것입니다. 내가 죽을지도 모른다는 생각을 하자 어머니가 떠올랐습니다. 내가 죽는 것은 상관없지만, 어머니가 그렇게 원하시던 영세를 받지 못하고 죽는 것에 대한 한이 남았습니다. 만약 그때 내가 정말 죽었다면 나는 영원히 어머니에 대한 죄를 씻을 수 없었겠지요. 어머니의 뜻을 어긴 것에 대해 그렇게 후회해 본 적이 없었습니다.

모니카 | 모두 네가 성장해가는 과정이었다고 생각하거라. 사람은 누구나 그렇게 후회하고 아파하면서 성장한단다.

아우구스티누스 | 어머니는 저에게 참으로 많은 것을 베풀었습니다. 아침저녁으로 저를 위해서 기도하는 것은 물론이요, 다른 신자들에게도 봉사와 사랑으로 대했습니다. 어머니는 기도를 통해서 당신의 행복이나 금은보화를 원하지 않았습니다. 어머니가 기도 때마다 흘리는 눈물은 오직 아들에 대한 구원뿐이었습니다. 당시는 그것을 몰랐습니다. 그렇기 때문에 나는 죽을 정도로 아픈 다음에야 겨우 어머니의 마음을 조금 알았습니다.

더욱 편안하고 안락한 생활을 갈구하며 찾아온 로마 생활은 수사학을 가르치면서 시작되었다. 처음에는 몇 사람을 집에 모아 놓고 가르쳤으나 학생들의 소문을 듣고 많은 사람들이 찾아오기 시작했다. 나는 점점 유명해졌고 학생들은 점점 늘어났다. 친구의 말처럼 로마의 학생들은 카르타고의 학생들보다 친절하고 상냥했다. 하지만 시간이 지나면서 또 다른 고통이 찾아왔다.

카르타고에서는 학생들의 돌발적이고도 난폭한 행동이 나를 괴롭혔지만 로마의 학생들에게서는 그런 것을 찾아볼 수 없었다. 다만 그들은 사례금에 인색했다. 카르타고 학생들은 수업을 잘 듣지 않고 무례했지만, 수업료 지급에 대해서만큼은 늘 철저했다. 그러나 로마의 학생들은 수업료를 지급할 때쯤이면 마치 짜기라도 한 듯이 다른 선생님에게 수업을 듣겠다며 몰려갔고, 다른 선생들의 말에 의하면 이런 행동은 로마 학생들에게는 그냥 일상적인 일이었다.

아우구스티누스 | 나의 마음은 학생들에 대한 증오심으로 가득 찼습니다.

모니카 | 선생이 학생을 증오한다는 것이 죄임을 알고 있느냐?

아우구스티누스 | 그래서 지금 어머니께 고백하는 것입니다. 아무리 마음을 굳게 먹고 참으려 해도 단체로 공모하여 수업료를 지급하지 않는 것은 참을 수가 없었습니다. 집안이 가난하여 수업료를 지급하지 못하는 학생도 있었겠지만 그렇게 단체로 공모하여 선생님의 마음을 상하게 하는 것은 결코 용서할 수 없었습니다. 나는 그들을 부패한 학생으로 보았고, 부정을 저지른 학생이라고 생각했습니다. 내가 가르친 학생을 이렇게 부정한 학생으로 본 나도 분명 죄를 저지른 것입니다. 아마도 어머니의 말을 듣고 카르타고에서 생활하였다면 이런 죄는 저지르지 않았을 것입니다. 그래서 나는 어머니의 말을 듣지 않고 로마로 간 것을 후회하며 그 죄를

고백하는 것입니다.

내가 지은 많은 죄 중에 내가 반드시 고백해야 하는 큰 죄는 나의 아들을 낳고 나와 함께 살았던 여자를 버리고 다른 여자를 만난 것이다. 카르타고에서 함께 살았던 내 여자 친구와 나는 함께 로마로 갔다. 로마에서 약간의 명성을 얻은 나는 인기 있는 신랑감으로 변신했고, 많은 사람들이 나를 결혼시키고자 노력하였다. 어리석은 생각에 빠진 나는 앞뒤 가리지 않고 나의 아기를 낳아 준 여자에게 무심했다. 화가 난 여자는 아기를 남겨 두고 혼자 카르타고로 돌아가 버렸고, 나는 다시 감각적인 영혼에 시달리기 시작했다. 결국 나는 결혼할 여자보다 애인을 원했던 것이다.

모니카 | 바로 그 때문에 열병을 앓은 것 아니니?

아우구스티누스 | 그렇습니다. 옛 애인이 떠나고 곧 새로운 애인이 생겼지만, 나의 마음은 편치 않았습니다. 나는 감각적인 영혼의 쇠사슬을 완전히 끊기 위해 몸부림쳤습니다. 하지만 그것은 결코 쉬운 일이 아니었습니다. 나는 마음 깊이 숨어 있는 두려움과 창피함을 끌어내어 죽을 때까지 두들겨 팼습니다. 내가 끊으려 했던 것은 어리석은 것 중에서도 가장 어리석은 것, 허무한 것 중에서도 가장 허무한 것이었습니다. 그때 나에게 속삭임이 들려왔습니다. 이런 감각적인 영혼을 끊었을 때, 내가 정말 살아갈 수 있을까 하는 것이었습니다.

모니카 ㅣ 그런 고통 속에 빠져 있었으니 열병에 걸릴 수밖에. 아무도 모르는 고통 속에서 너는 혼자 아파하고 있었고, 어머니인 나는 아무런 도움을 주지 못했으니 정말 미안하구나.

아니다. 어머니의 도움이 없었다면 나는 정말 그 열병으로 죽고 말았을 것이다. 감각적인 영혼이 내게 물었다. 여자의 손길 없이 살 자신이 있느냐고. 그때 나는 어머니를 떠올렸다. 어머니의 정결한 모습과 순수한 모습! 내가 얼굴을 돌리자 그곳에는 청순하고, 방종이라고는 전혀 모르는 고상한 모습의 얼굴이 있었다. 그 얼굴은 내가 의지하고 기대길 원했다. 나도 모르게 그 얼굴을 얼싸안고 포옹하였다. 그 정결한 얼굴은 바로 나의 어머니였다. 나의 내부에서 정신과 육체가 벌이는 엄청난 투쟁을, 누구도 모르는 이 고통을 묵묵히 지켜보며 감각적인 영혼의 쇠사슬을 끊어 준, 나의 사랑하는 어머니.

인간의 다섯 가지 감각

"나 밀라노의 주교 암브로시우스는 성부와 성자와 성령의 이름으로 아우구스티누스에게 세례를 줍니다."

머리에서부터 차가운 물이 얼굴을 타고 흘렀다. 내 이마에 기름을 바르는 암브로시우스 주교의 가냘픈 손이 떨렸다. 얼굴을 들어 주위를 살펴보았다. 내 옆에는 나의 아들 아데오다투스가 조용히 세례를 기다리고 있었다. 어머니는 하염없이 눈물만 흘리고 있었다.

학생들의 지나친 간섭과 무례함을 참지 못한 나는 로마에서 밀라노로 다시 자리를 옮겨 학생들을 가르쳤고, 그곳에서 나는 평생 잊지 못할 사람, 암브로시우스 주교를 만났다. 로마에서 얻은 병이 더 깊어지기 전에 나는 고향으로 돌아가고 싶었고, 암브로시우스 주교는 내가 고향으로 돌아가기 전에 세례를 받기 원했다.

어머니는 나와 나의 아들이 가톨릭 영세를 받았으니 더 이상 바랄 것이 없다고 하셨다. 정말 더 이상 바라는 것이 없어서였을까? 이탈리아에서의 모든 삶을 정리하고 아프리카로 돌아가기 위해 배를 기다리는 동안 쇠약하셨던 어머니는 혼수상태에 빠졌고, 결국 돌아가셨다.

"나, 로마의 교황 시리치오는 아우구스티누스를 아프리카 히포의 주교로 명한다."

아우구스티누스 | 어머니, 어머니의 평생소원이 이루어진 지 9년이 지났습니다. 그 후 나는 신부가 되었고, 수도원장을 거쳐 부(副)주교, 그리고 드디어 주교가 되었습니다. 나는 과거의 내가 아닙니다.

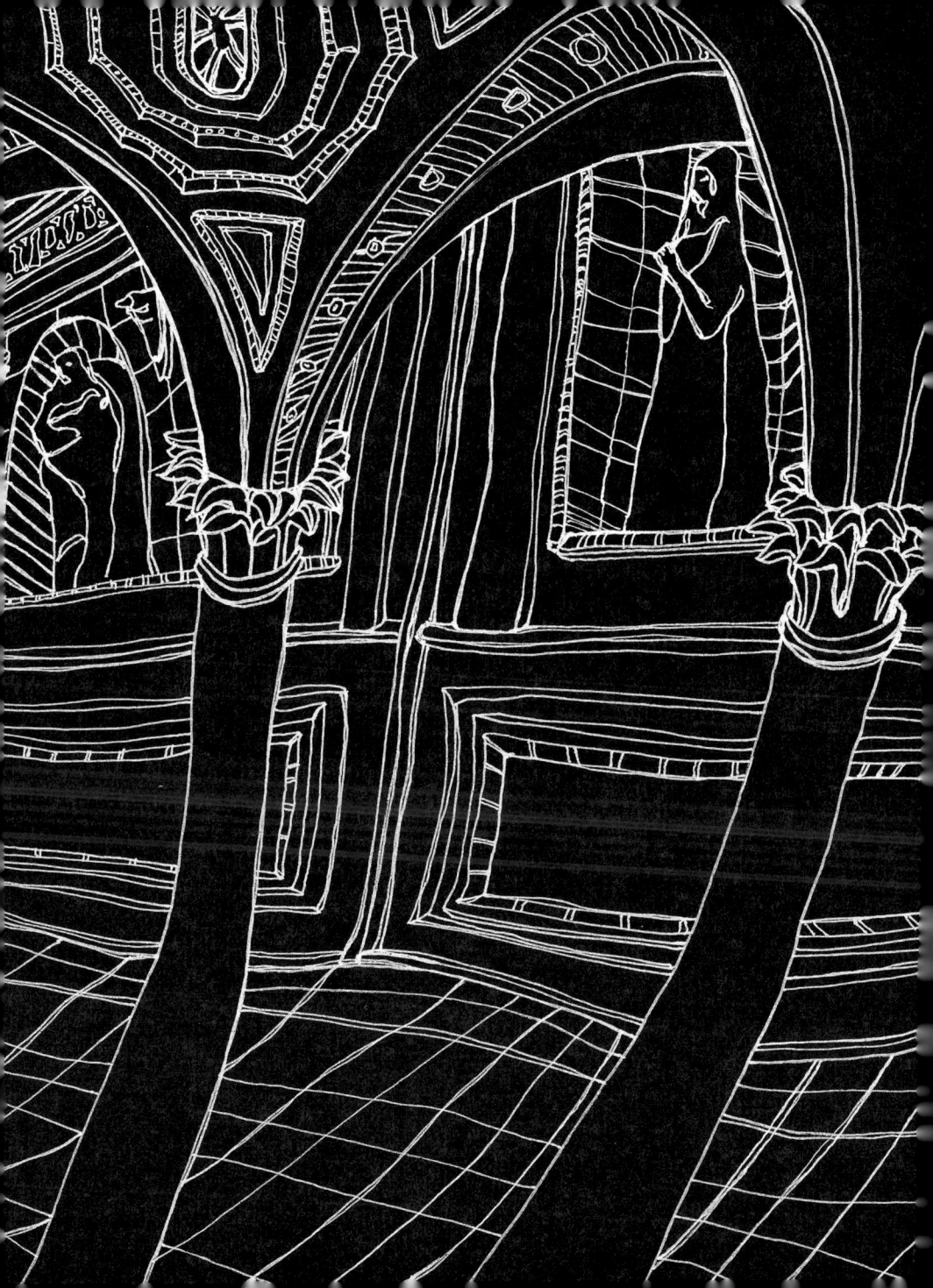

현재의 나는 과거의 나에 비해 훨씬 높은 지위와 경지에 있습니다. 이것은 자랑이 아닙니다. 어머니의 기도가 없었다면 나는 이 자리에 없습니다. 엄밀히 말하면 어머니의 기도라기보다는 어머니의 기도를 들어준 바로 그분의 힘이 없었다면, 나의 오늘은 없을 것입니다. 어머니가 살아 계셨다면, 내가 힘들 때마다 따뜻하고 진실한 말씀으로 저를 잡아 주셨겠지요?

모니카 ┃ 너는 여전히 젊었을 때의 고통에서 벗어나지 못하고 있구나.

아우구스티누스 ┃ 젊을 때 나는 감각적인 영혼으로 고통받았습니다. 지금은 그런 고통에서 벗어났지만 여전히 나는 불완전합니다. 옛날과 같은 죄를 저지르지는 않지만, 꿈속에서나 혼자 있을 때 여전히 감각적인 영혼으로부터 시달리고 있습니다.

젊었을 때도 그랬지만, 현재 나를 가장 괴롭히는 것은 인간의 다섯 가지 감각이다. 이 다섯 가지 감각은 언제까지 인간을 괴롭힐까?

신은 인간에게 합법적인 결혼을 허락하였다. 합법적인 결혼을 통해 육체의 결합도 이루어진다. 하지만 인간은 늘 감각적인 영혼 때문에 육체적인 괴로움에 시달린다. 이러한 괴로움에서 벗어나는 길은 이성을 따르는 것이다. 나에게는 이성도, 감각적인 영혼도 있다. 이성 덕분에 깨어 있는 동안 나는 모든 영혼을 다스릴 수 있다. 하지만 잠자리에만 들면 도대체 이 이성은 어디로 가는가? 여전히 나는 잠자는 동안 감각적인 영혼 때문에 시달린다. 이성은 왜 잠자는 동안에는 감각적인 영혼에 동조할까? 정말 이성은 잠자는 중에는 음란한 마음을 잠재울 수 없을까?

모니카 ㅣ 잠잘 때까지도 이성을 마음대로 제어할 수 있는 사람은 아마 없을 것이다. 이 문제는 비단 너의 문제만은 아닐 것이니 너무 심각하게 생각하지 말아라.

아우구스티누스 ㅣ 감각적인 영혼의 문제는 수면 중에 일어나고, 이성으로 제어할 수 없다는 것은 충분히 이해됩니다. 하지만 식욕의 문제는 어떻습니까? 식욕은 분명 수면 중이 아니라 깨어 있는 동안에 일어납니다. 이성은, 이 문제를 왜 해결하지 못하는 걸까요?

나는 매일 움직입니다. 그렇기 때문에 먹고 마셔야 합니다. 때때로 단식을 통해 육체를 굴복시키지만 이때마다 느끼는 굶주림과 목마름은 너무나 고통스럽습니다. 영양분이 내 몸을 타고 흐르지 않으면 나는 분명 죽을 것입니다. 이때 먹고 마시는 것은 분명 쾌락입니다. 사람들이 먹고 마시는 것은 건강을 유지하기 위해서이지만 건강과 쾌락에는 분명 기준이 존재하고, 그 기준은 결코 같을 수 없습니다. 건강에 충분한 것이 쾌락에는 불충분할 수도 있기 때문입니다.

지나친 과식과 술은 사람을 둔하게 만들고 판단을 흐리게 하기 때문에 우리가 모두 피해야 할 일입니다. 나는 산해진미로 나 자신이 더럽혀지는 것을 두려워하고 있습니다. 하지만 나는 밤낮 이러한 유혹에 휩싸입니다. 입의 쾌락과 몸의 건강을 위해 나는 매일 적당한 고삐를 준비해야 합니다.

모니카 | 음식과 냄새는 뗄 수 없는 관계인데, 음식의 유혹에 약하다면 냄새의 유혹에도 괴롭겠구나?

아우구스티누스 | 물론입니다. 하지만 인간이 가진 다섯 가지 감각 중에서 그래도 가장 자신 있는 것이 후각입니다. 하지만 방심하지 않습니다. 언제 또 변할지 모르기 때문입니다. 그래서 항상 자신에게 약속합니다. 후각으로부터의 자유야말로 나에게 유일한 희망이며, 믿음이라고 말입니다.

모니카 | 그렇다면 청각의 유혹은 어떠냐?

아우구스티누스 | 저는 청각이 주는 쾌락과 고통에서 벗어나려고 무척 노력하고 있습니다. 어머니, 신을 찬양하는 노래에서 중요한 것은 가사입니까, 노래 자체입니까?

모니카 | 우리는 가사를 전달하기 위해 노래를 부르는 것이지 노래를 부르기 위해 가사를 붙이는 것이 아니잖니?

문제는 바로 여기에 있다. 사람들은 신을 찬양하는 글을 모아 노래로 만들어 부르는데, 신을 찬양할 때 무엇보다 중요한 것은 내용이다. 그 내용에 감동하고 눈물을 흘린다면 모를까, 나는 그 노래의 내용보다 노래 자체에 심취해 눈물을 흘린 적이 한두 번이 아니다. 이것이 죄를 짓는 것이 아니고 무엇이겠는가! 이것이 바로 나의 현재의 모습이다. 어떤 일을 하든지 내용보다는 외형에 빠져 참모습을 보지 못하는 것이 바로 나다.

모니카 | 인간인 이상 다섯 가지의 감각을 제어하고 억제한다는 것이 그만큼 어려운 것이다.

아우구스티누스 | 시각도 예외는 아닙니다. 사람들의 눈이 사랑하는 것은 아름다운 사물들, 눈부시고 휘황한 빛 따위이나, 나의 영혼은 이런 것에 사로잡혀서는 안 된다고 늘 기도합니다.

모니카 | 눈먼 이삭의 이야기를 알고 있지? 이삭이 늙어 앞을 잘 볼 수 없게 되자 그는 맏아들 에서에게 자신의 자리를 물려주려 하였다. 이 사실을 안 이삭의 부인 리브가는 둘째 아들 야곱을 더 편애하여 이삭의 자리를 야곱에게 주려고 하였지. 에서가 사냥을 나간 사이 야곱과 리브가는 이삭을 속여 야곱에게 축복하게 하고 그 자리를 야곱에게 주었다. 이 이야기에서처럼 육체의 눈이 얼마나 보잘 것 없으며, 마음의 눈이 얼마나 중요한 것인지 너는 잘 알 것이다.

아우구스티누스 | 그렇습니다. 나도 인간이 가진 눈과 영혼의 눈이 얼마나 중요한지 너무나 잘 알고 있습니다. 인간의 예술품이 가장 좋은 예입니다. 아무리 영혼의 눈으로 보고자 하여도 예술가는 인간의 눈이 예술품을 탐내게 만듭니다. 예술가는 인간의 눈을 만족하게 하기 위해서 혼신의 노력을 기울입니다. 예술가의 문제가 여기에 있습니다.

예술가는 자신의 작품을 작품으로 보지 말고 그 속에 숨은 예술가의 혼을 보라고 합니다. 하지만 예술의 혼이 무엇인지 모르는 인간은 빛을 통해 눈으로 들어오는 아름다움을 먼저 볼 수밖에 없습니다. 인간을 만든 신이 있다면 신도 마찬가지일 것입니다. 신은 인간이 만들어진 이유를 깨닫고 인간의 진정한 모습을 볼 것을 이야기합니다. 하지만 신의 뜻이 어디에 있는지, 그게 무엇인지 모르는 인간은 외적인 아름다움이나 사치스러운 것 혹은 매혹적인 겉모습에 취해 있을 뿐입니다.

성직자로서 나는 이제 이 모든 고통과 쾌락에서 벗어났다고 생각했습니다. 하지만 이제까지의 고백처럼 여전히 나는 감각적인 영혼에 빠져 있는 것은 아닌가 생각합니다.

사람은 누구나 호기심이 있습니다. 이 호기심은 다른 사람을 만나거나 사물을 접할 때 더 많아집니다. 그리고 사람은 지위가 높아지면 많은 사람을 만나게 됩니다. 지금 나는 젊을 때보다 더 많은 사람을 만나고 그 사람들은 나에게 칭찬을 아끼지 않습니다. 이런 칭찬이 나에 대한 호기심을 더 강하게 합니다. 그뿐 아니라 이러한 칭찬과 호기심은 나를 오만에 빠지게 합니다. 나는 여전히 인간의 다섯 가지 감각의 쾌락과 즐거움에 빠져 있습니다. 이런 오만이 나를 채우고 있는 한 나는 절대로 감각적인 영혼에서 벗어나지 못할 것입니다. 감각적인 영혼에서 벗어나기 위해서 나는 끊임없이 어머니께 기도드리고 부탁할 것입니다.

어머니, 제발 나의 기도를 저버리지 마십시오.

신의 뜻

가볍다.

답답하던 가슴이 한결 시원하다. 젊은 시절 저지른 죄와 주교가 된 현재의 내가 벗어나지 못하는 쾌락과 즐거움을 어머니께 고백하고 나니 한층 마음이 가벼워졌다.

이제 마지막으로 남은 것은 신에 대한 나의 생각이다. 나는 가톨릭 주교이다. 주교인 나는 누구보다 성서에 나오는 신에 대해서 많이 알고 있어야 한다. 하지만 나는 여전히 신의 뜻이 무엇인지 모르고, 성서가 이해되지 않는다. 간혹 이해가 되기도 하는 것은 아마도 틀림없이 신이 이해시켜 준 것이리라.

아우구스티누스 | 어머니, 당신은 젊었을 때의 잘못도, 주교로서 참아야 하는 쾌락을 참지 못하는 것도 이해해 주셨습니다. 이제 마지막으로 나는 어머니께 내가 이해하지 못하는 신과 성서에 대해서 고백하고자 합니다.

모니카 | 신의 뜻을 아는 사람은 아무도 없을 것이다. 너도 예외는 아니겠지. 네가 신의 뜻을 모르고 성서를 이해하지 못한다고 해서 그렇게 고통스러워 할 필요는 없다. 네가 무엇을 이해하지 못하는지 이야기해 보겠니?

아우구스티누스 | 어머니는 나에게 있어서 해결사입니다. 내가 해결하지

못한 것을 모두 해결해 주었으니 말입니다. 내가 신과 성서를 공부하면서 해결하지 못한 것은 악, 시간, 그리고 기억, 이렇게 세 가지입니다.

모니카 | 지금까지 너는 나에게 죄를 고백하였다. 하지만 이번 문제는 고백과는 조금 다르구나. 이제 너는 스스로 신에 대한 지적인 비판을 하고 있지 않니.

아우구스티누스 | 이 문제도 나에게는 고백입니다. 내가 신을 모르고 성서에 대해 이해하지 못하는 것도 사제로서 내가 결코 완전하지 못하다는 뜻이니까요. 그래서 이 문제 역시 어머니께 고백하는 것입니다.

여기저기서 악이 난무한다. 신은 모든 것을 창조했다고 한다. 그렇다면 악도 신이 만들었단 말인가?

젊었을 때 심취했던 마니교에서는 신은 유한한 것이며 악은 객관적인 것이라고 했다. 하지만 가톨릭에서의 신은 영원한 것이다. 그러므로 신은 공간의 제약을 받지 않고 일시적인 존재도 아니다. 모든 것의 창조주로서 신은 영원하다. 이렇게 영원한 존재가 어떻게 악을 창조할 수 있겠는가? 그렇다면 악은 어떻게 생겼을까?

나는 악의 근원을 찾으려고 노력하였다. 하지만 나는 결코 그것을 찾아내지 못했다. 악은 인간이 타락할 때 나타나는 현상이다. 인간의 타락은 결국 인간 의지에 달린 것이다. 그렇다면 인간의 의지가 악을 만드는 것일까?

아우구스티누스 | 어머니, 인간이 타락하는 것은 누구의 탓입니까?

모니카 | 인간 스스로 문제가 아니겠느냐?

아우구스티누스 | 인간 의지의 타락이 인간의 잘못이고 책임이라면, 우리는 신에게서 그런 인간의 타락에 대한 기원을 찾아서는 안 되겠군요.

모니카 | 악은 선이 존재하지 않아서 생기는 것이 아니라, 선이 상실되거나 결여된 상태라고 할 수 있다. 그렇기 때문에 악은 인간 자체의 문제란다.

아우구스티누스 | 신은 존재하는 모든 것을 창조하였고, 존재의 상실이나 결여는 결국 그 존재의 문제라는 뜻이군요.

모니카 | 그래. 이제 신이 악을 창조하지 않았다는 걸 알겠니?

아우구스티누스 | 신은 단지 이 세상에 존재하는 존재물을 만들었습니다. 그 존재의 부족한 부분이나 상실된 면은 존재 자체에 문제가 있는 것입니다. 결국 악은 선의 결여이고, 상실이기 때문에 인간 스스로 만들어 내는 것이지 신이 창조한 것은 아닙니다. 결국 악은 절대적인 것이 될 수 없군요.

또 다른 문제는 시간이나. 신이 시간을 창조했다면 시간도 존재물이다. 그런데 영원한 존재인 신에게는 과거도 현재도 미래도 없다. 즉 신의 영원성은 과거, 현재, 미래라는 시간 관계에서는 찾아볼 수 없는 것이다. 그렇다면 시간이란 무엇인가?

시간도 악처럼 절대적인 것이 아니라 상대적인 것이다. 왜냐하면 과거나 미래는 실재하는 것이 아니고 단지 현재만 실재하기 때문이다. 그리고 현재는 하나의 순간일 뿐이다. 또한 시간은 지나가야만 측정이 가능하다. 그럼에도 우리는 과거의 시간과 미래의 시간이 있는 것처럼 말한다. 이것은 분명한 모순이다.

모니카 ｜ 네가 어떻게 생각하든 과거와 미래는 존재한단다. 물론 네가 말한 것처럼 실재하지 않을 수도 있고, 현재가 있어야만 과거와 미래를 측정할 수 있는 것도 사실이야. 그렇다면 이 모순을 어떻게 해결할 수 있을까?

아우구스티누스 ｜ 기억입니다.

모니카 ｜ 기억이라…….

내가 무엇을 기억한다. 그것은 곧 과거를 의미한다. 즉 과거는 기억과 같은 것이다. 그리고 미래는 사람들의 기대이다. 즉 미래는 기대와 같은 것이다. 하지만 기억이나 기대는 무엇을 의미하는가? 그것은 현재의 사실이다. 우리는 이렇게 기억을 과거로, 현재의 사실을 현재로, 그리고 기대를 미래라고 이야기하는 것이다. 그렇다면 결국 과거나 미래는 현재로서만 생각될 수 있는 것이다. 이런 내 생각이 옳다면 과거는 '과거 사물들의 현재'이며, 현재는 '현재 사물들의 현재'이고, 미래는 '미래 사물들의 현재'인 것이다. 과거 사물의 현재는 '기억'이며, 현재 사물의 현재는 '지금 내 눈앞에 펼쳐지는 것', 미래 사물의 현재는 '기대'인 것이다.

아우구스티누스 | 시간은 기대하고, 생각하며, 기억하는 인간의 마음속에 있습니다. 그렇다면 이 모든 것은 분명 주관적이며 상대적인 것이지 결코 절대적일 수 없습니다.

어머니, 나는 아직도 이렇게 악, 시간, 기억이 무엇인지 잘 모르겠습니다. 이 모든 것을 신이 만든 것인지 아니면 인간이 스스로 만든 것인지도 모르겠습니다. 내가 생각하기에 이 모든 것은 매우 주관적입니다.

모니카 | 피조물이 창조되기 전에 시간은 없었을 것이다. 또한 창조 이전의 시간에 대해서도 우리는 모른다. 영원한 신만이 알 것이다. 우리를 창조한 신의 생각이나 뜻을 이해하고 설명한다는 것은 결코 쉬운 일이 아니니까. 네가 가진 고통이 무엇인지 나도 충분히 이해할 것 같구나.

한계다.

하지만 이제 조금은 알 것 같다. 신의 뜻을 모르고 신을 이해한다는 것이 어쩌면 인간의 한계인지도 모르겠다.

어머니와 참 많은 이야기를 나누었다. 아니, 어머니께 그동안 내가 고민하고 힘들어하던 모든 것을 고백하였다. 이제 나의 마음은 평화를 찾았다. 그동안 나를 누르고 있던 모든 것이 다 사라졌다. 하지만 내 이야기를 들은 어머니는 어떨까? 나는 편해졌지만 어머니는 결코 그렇지 않으실 것이다. 아니, 모르겠다. 내가 잘못 생각하고 있는지도 모르겠다.

웃고 있다.

초상화 속의 어머니가 웃고 있다. 세상의 모든 어머니처럼 내 어머니도 아들의 이야기를 들으며 웃기만 한다. 어머니의 웃음은 무슨 뜻일까?

읽어두면 좋을 이야기

인간 앞에 고백하는 성자

예수 그리스도가 죽은 다음 많은 사람들은 그를 하나님의 아들이라고 믿었다. 그뿐 아니라 그의 행적을 찬양하고 찬미하면서 하나의 종교를 탄생시켰다. 이것이 그리스도교이다. 당시 로마 제국은 여러 가지 이유에서 그리스도교를 국교로 정했다. 하지만 이 종교에 대한 정립이 제대로 이루어지지 않자 정치가들은 철학을 배운 이들에게 이 종교를 알리기 위한 일을 담당하도록 하였다. 그 중에는 사제도 많이 포함되어 있었는데 그들을 교부철학자라고 불렀다. 아우구스티누스가 바로 대표적인 교부철학자이다.

아우구스티누스가 처음부터 그리스도교를 믿었던 것은 아니다. 아우구스티누스는 독실한 그리스도교 신자였던 어머니의 영향과 기도로 그리스도교 영세를 받았고, 이후 사제가 되어 북아프리카 히포에서 주교를 지내게 되었다.

그리스도교에서는 참회, 찬미, 감사라는 단어가 많이 등장하는데 이 단어가 동사로 사용될 때 목적어는 각각 다르다. ─ 죄를 참회한다, 신을 찬미한다, 은혜에 감사한다 ─ 또한 이 단어들은 그리스도와 신앙이란 것이 전제가 되어야 하는데 그리스도를 인정해야 찬미가 가능하고 신앙을 가지려면 그 대상을 먼저 믿어야 하기 때문이다. 즉 그리스도를 믿고, 그리스도에 대한 신앙이 있는 사람은 죄를 참회하고, 신을 찬미하며, 그 은혜에 감사할 수 있다. 이 모든 의미가 포함되어 있는 라틴어의 명사형이 '콘페시온confession, 컨페션'이다. 아우구스티누스는 이것을 자신의 책 제목으로 정했다. 그리고 우리는 그것을 《고백록》 혹은 《참회록》이라고 번역한다.

고백이나 참회에는 죄가 전제된다. 신앙의 삶을 살지 않고 어딘가 모르게 방탕한 삶을 산 사람의 모습을 우리는 고백이니 참회라는 단어의 한구석에서 찾아볼 수 있다. 그뿐 아니라 앞으로는 그리스도의 충실한 종으로 살겠다는 강한 의지도 포함되어 있다. 아우구스티누스 역시 스스로 방탕한 삶을 살았다고 인정하고 그의 저서에서 자신이 지은 죄에 대한 참회를 하고 있는 것이다.

《고백록》을 읽은 독자라면 아우구스티누스가 자신의 죄를 참회한 것보다 신을 찬미하는 부분이 더 많음을 알 수 있을 것이다. 그렇다면 《참회록》보다는 《찬미록》이라고 하는 것이 옳을 수도 있다. 그러나 많은 역자들이 아우구스티누스의 이 저서를 《고백록》이라고 번역한 것에는 그만한 이유가 있을 것이다. 참회는 한 가닥의 변명이나 더 이상 못할 말이 없이 자신의 죄를 모두 털어놓는 것을 말한다. 그리고 참회하려면 자신이 잘못한 것을 알아야 하며 용기가 필요하다. 또한 용기를 주고 스스로 잘못한 것을 알게 해 준 대상이 필요한데, 스스로 죄를 참회하고 고백할 수 있게 해준 대상에게 찬미를 드리는 것은 당연하다. 이런 측면에서 참회와 찬미의 의미를 모두 갖고 있는 고백이란 단어가 적절한 것으로 보인다.

아우구스티누스의 《고백록》은 그가 주교로 있는 동안 쓰였다. 주교가 된 다음 스스로 그리스도를 믿지 않았던 시절 자신의 과거를 뒤돌아보았을 것이고, 그 시절의 죄를 깨닫는 순간 참회와 찬미가 저절로 나왔을 것이다. 이렇게 아우구스티누스는 자신의 죄와 잘못을 고백하였고, 그 내용을 후세 사람들이 볼 수 있게 남긴 것이다. 이런 관점이라면 우리는 그의 저서를 《고백록》이라 하여도 무관하리라.

아우구스티누스의 《고백록》은 모두 13권으로 구성되어 있는데, 일반적으로 우리는 크게 세 시기로 나누어 그 내용을 설명한다. 먼저 1권부터 9권까지는 과거의 아우구스티누스에 대해서 이야기하는데, "아우구스티누스는 어떤 사람이며 어떤 죄를 저질렀고 그런 죄인을 지켜준 누군가가 있었으며" 식의 고백이다.

10권에서는 현재의 자신은 히포의 주교로서 과거의 자신과 다름을 솔직히 고백한다. 물론 이러한 그의 고백은 자신을 자랑하거나 자신의 위치를 남에게 알리기 위한 것이 아니라 자신이 그 위치에 이르기까지 누군가가 끌어 주었다는 것을 인정하고 은혜를 베푼 대상에게 감사드리기 위함이다.

마지막 11권부터 13권까지의 내용은 아우구스티누스를 연구하는 학자마다 다양한 관점으로 해석된다. 아우구스티누스가 마지막 이 세 권에서 구약성경의 창세기에 대해 해석만 하였기 때문에 어떤 학자는 이 세 권을 부록으로 보고 처음부터 다루지 않기도 한다. 그런가 하면 마지막 세 권이야말로 아우구스티누스의 철학을 볼 수 있는 아주 중요한 부분이라고 주장하는 학자들도 있다. 아우구스티누스는 성경의 해석을 통해 자신이 신의 말을 모두 이해하지는 못하며, 이해한다 하더라도 그것은 모두 신이 준 선물이라고 고백하고 있다는 것이다.

모든 어머니가 다 그렇겠지만, 특히 아우구스티누스의 어머니인 성녀 모니카는 아우구스티누스의 삶과 신앙에 큰 영향을 주었고 그를 위해 많은 기도를 하였다. 어머니 모니카가 세상을 떠나고, 아우구스티누스는 아프리카 고향으로 돌아와 히포에서 부주교를 거쳐 주교에 이른다.

5세기 초 게르만족의 로마 제국 침입은 극에 달했고 히포도 예외는 아니었다. 430년 반달족이 히포를 공격해 모든 도시를 짓밟을 때, 아우구스티누스는 조용히 기도하며 생을 마감했다. 히포를 점령한 반달족은 모든 도시를 불태웠지만 성당과 아우구스티누스의 서재는 남겨두었다고 한다. 이러한 사실이 아우구스티누스의 명성과 그의 영향이 얼마나 컸는지를 보여 준다.

반달족까지도 사랑한 아우구스티누스는《고백록》에서 참으로 많은 고백을 한다. 어떤 구절에서는 신에게 고백하고, 또 다른 구절에서는 사람에게 고백한다. 결국 아우구스티누스는 신과 사람에게 동시에 자신의 죄를 고백한 것이다. 사람이 마음속으로 생각한 것도 알 수 있을 정도로 신은 전지전능하다. 그렇다면 굳이 아우구스티누스는《고백록》이라는 책을 저술할 필요가 있었을까? 이런 점에서 아우구스티누스는 전지전능한 신에게 고백하고자 이 책을 저술한 것이 아니라는 결론이 나온다. 아우구스티누스가 남긴 이 《고백록》은 결국 인간에게 고백하는 것이라 할 수 있다. 즉 아우구스티누스는 신 앞에서, 하나의 부끄러움도 없이, 인간을 향해 고백한 것이다. 이번 책에서는 아우구스티누스를 하나님의 품으로 이끌었고 가장 큰 영향을 준 어머니 성녀 모니카에게 고백하는 형식으로 재구성하였다. 읽는 데에 조금이나마 더 도움이 되기를 바란다.

PHILOSOPHY

동굴감옥에서 자유를 얻다

_보에티우스 《철학의 위안》

신의 섭리 안에서 자유로운 인간

모든 것은 지나간다. 나의 행복도 지나
갔다. 그렇다면 지금의 불행도 곧 지나갈 것이다. 이것이 나의
천사인 철학의 생각이다. 그럴지도 모르겠다. 아폴론 신이 장
밋빛 사두마차를 타고 하늘을 날기 시작하면 그 찬란한 광채
에 별들은 빛을 잃는다. 계절이 바뀌면서 장미꽃은 피고 진다.
겨울이 오면 바다는 거센 풍랑으로 고요한 수면을 요동케 한
다. 날이 바뀌어 다른 계절이 오고, 해가 지나도 자연의 법칙
은 그대로이다. 인간도 자연의 법칙 속에 놓여 있다면, 행복과
불행이 서로 교차하는 것은 당연한 일이다. 결국 나의 천사는
내게 이 세상에서 변하는 것은 아무것도 없음을 보여 주었다.
낮과 밤이 바뀌고 서풍과 북풍이 엇갈려 불지만 자연에서 일어
나는 일은 불변한다는 것을 보여 준 것이다.

_보에티우스

10. 동굴감옥에서 자유를 얻다

_보에티우스 《철학의 위안》

어둡다.

온 천지가 캄캄하다. 보이는 것은 벽뿐이고, 희미한 물체뿐이다. 가슴이 답답하다. 신선한 공기를 맛본 지 얼마던가! 아니, 앞으로 신선한 공기를 폐부 깊숙이 빨아들일 수나 있을까? 얼마나 많은 시간이 지났는지도 모르겠다. 빛이 없는 이곳 동굴에서는 시간을 가늠하기가 쉽지 않다.

한때는 나도 황제의 총애를 받던 사람이다. 이제는 그 영광도 명예도 다 남의 일처럼 아스라하게 느껴질 뿐이다. 이제 더 이상 바라는 것은 없다. 지금까지 나의 삶은 어떤 누구의 삶보다 생동적이었고 아름다웠다. 다만 한 가지 소원이라면, 아니, 욕심일지도 모르겠지만 지금까지 내가 사랑하고 연구하며 가르쳤던 철학을 정리하여 한 권의 책으로 남기는 것, 이것이야말로 내가 가진 가장 큰 꿈이다. 이 꿈이 이루어지길 오늘도 빌어본다.

"보에티우스, 무엇이 그렇게 당신을 괴롭힙니까?"

보에티우스 | 누구십니까? 내 비록 늙고 병들고, 이곳 동굴 생활에 지쳤지만 시력은 건강합니다. 당신의 모습은 결코 평범한 여인으로는 보이지 않으니, 지금 내가 꿈을 꾸고 있습니까? 아니면 현실을 보고 있습니까?

"꿈을 꾸는 것은 분명 아닙니다. 하지만 당신이 지금 현실을 보고 있는지는 나도 모르겠습니다."

보에티우스 | 무슨 말을 하는 겁니까? 꿈이 아니라면 현실을 보고 있어야 하는 것 아닙니까? 그런데 현실이 아닐지도 모른다니. 무슨 말을 하는 건지, 그리고 당신은 누구십니까?

"나도 내가 누군지 그리고 어떻게 나를 설명해야 할지 모르겠습니다. 하지만 분명한 것은 유일하게 나 혼자만이 당신의 소원을 들어줄 수 있다는 것입니다. 그러니 당신이 나를 어떻게 부르든 그것은 당신 마음대로 하십시오."

보에티우스 | 나의 소원을 들어준다? 그럼 내가 마지막으로 남기려는 한 권의 철학책을 정리하도록 도와주겠다는 말입니까?

"그렇습니다. 내가 당신의 그 소원을 이루어 드리겠습니다."

보에티우스 | 그렇다면 나는 당신을 나의 천사라고 부르겠습니다. 나의 천사여! 나의 소원을 이루어 주려는 당신을 정말로 사랑합니다.

꿈일까? 현실일까?

나를 찾아 이곳으로 온 사람은 지금까지 아무도 없었다. 그런데 나의 천사는 어떻게 이곳에 들어왔다는 말인가! 이곳에 들어올 수 있는 사람은 간수를 제외하고는 아무도 없다.

나의 천사는 지금 내 곁에 조용히 앉아 있다. 그리고는 나의 소원을 들어준다고 한다. 나를 도와 내가 정리하고자 하는 나의 철학을 완성해주겠다는 것이다. 나의 천사는 타는 듯이 빛나는 두 눈을 갖고 있으며, 범인으로는 도저히 따를 수 없는 투시력을 가졌다. 얼굴은 생기로 차 있으며 아주 오랜 세월을 살았던 사람처럼 보이지만 원기 왕성했다. 키는 가늠할 수 없어 어떤 때는 우리처럼 보통 사람의 키였다가, 어떤 때는 하늘 끝까지 닿을 듯 보이기도 했다. 나의 천사는 아주 가는 실로 섬세하게 공을 들여 짠 질긴 천으로 만든 옷을 입고 있다. 하지만 그 옷은 아주 난폭한 사람들이 산산이 찢어 빼앗아 갔기 때문에 누더기가 되어 있었다. 비록 지금은 남루한 옷을 입고 있지만, 나의 천사는 오른손에 책을, 왼손에는 홀을 들고 한껏 자태를 뽐내고 있다.

나는 이곳에서 죽을 것이다. 어떤 방법으로도 나는 이곳을 빠져나갈 수 없다. 내가 생을 마감하는 날까지 나의 천사는 내 곁에 있어 줄까? 나의 철학이 완성되면 내 곁을 떠날까? 아니다. 지금은 이런저런 생각을 할 때가 아니다. 한시라도 서둘러 나의 철학을 정리해야 한다. 나의 천사가 함께하는 동안 나의 철학을 완성해야 한다.

보에티우스 | 지난날 내 학문이 빛나는 시기가 있었습니다. 하지만 지금 나는 비탄에 잠겨 있습니다. 어떤 누구도 나를 도와주지 않으며, 지치고 늙은 내 운명을 위로해 주는 사람도 없습니다. 죽음 또한 내 마음대로 할 수 있는 것이 아닙니다. 불행에 떨어진 이 사람은 앞으로 이 쓰디쓴 삶을 어떻게 이어가야 할까요?

나의 천사 | 보에티우스, 당신은 지금 누군가에게 유혹당하고 있습니다. 그래서 지금 자신을 아주 무능력한 사람으로 생각하고 있습니다. 하지만 당신은 엘레아학파의 사상과 플라톤 철학을 공부한 사람입니다. 당신을 유혹하는 무리들의 감언이설에서 빨리 벗어나기 바랍니다. 그렇지 않으면 내가 아무리 도와도 당신은 당신의 뜻을 이루지 못할 것입니다.

보에티우스 | 나를 이렇게 정확하게 아는 당신은 정녕 누구란 말입니까? 당신은 내가 유혹당하고 있다고 하지만, 슬픔에 젖어 눈을 내리깔고 정신이 혼미한 나를 본다면 다른 생각을 하게 될 것입니다.

나의 천사는 혼란에 빠진 나를 위해 내가 지난날의 지식을 기억하도록 도와주었다. 사실 나는 지금까지의 모든 인식 능력을 잊었다. 나는 험하고도 깊은 절망에 빠져 우둔하기 짝이 없었다.

　나는 지금까지 수없이 많은 학문을 연구하였다. 우주와 천문학은 물론이고 자연의 변화와 동식물의 생성, 소멸을 중심으로 대자연의 법칙을 연구하기도 하였다. 하지만 지금은 목에 걸린 굵고 무거운 쇠사슬 때문에 얼굴도 들지 못하고 아무 힘없이 땅만 굽어볼 뿐이다. 이런 모습을 본 나의 천사는 내가 혼수상태에 빠진 줄로 알고 자신의 옷깃으로 나의 눈을 닦으며 위로하였다.

　나의 천사 | 보에티우스, 당신은 내가 누구인지 모르겠습니까? 당신의 정신이 든든한 것은 나의 젖과 음식으로 길러졌기 때문입니다. 나는 당신에게 당신을 견고히 지켜줄 불패의 무기를 주었습니다. 그런데 당신은 그 무기를 어디서 잃어버린 것입니까? 당신은 그 무기를 잃어버렸기 때문에 이렇게 얼빠진 사람처럼 있는 것입니까? 하지만 당신의 상태가 그렇게 나쁘지는 않군요. 세상에 환멸을 느낀 사람들의 공통적인 병인 혼수에 빠진 것뿐. 나의 옷깃으로 속세에 물들어 흐려진 당신의 눈을 닦아주면 당신은 곧 나를 알아볼 것입니다.

　철학이다.

나의 천사가 그의 옷깃으로 나를 닦아주면서 속삭인 부드러운 목소리를 듣는 순간 나는 깜짝 놀랐다. 마치 바람이 구름을 몰아내고 태양이 다시 모습을 드러내듯 번쩍 정신이 들었다. 그리고 아련히 먼 옛날의 기억들이 되살아났다.

나는 눈을 들어 나의 천사를 똑바로 바라보았다. 그때 나는 나의 천사가 어릴 적부터 나를 키운 나의 보모인 철학이란 것을 알아보았다. 내가 철학을 멀리하고 다른 삶을 사는 동안 철학은 끊임없이 내 주위에서 나를 지켜보고 있었던 것이다. 이제 내가 삶에 대한 미련을 버리고 힘없이 죽을 날만을 기다리게 되자 참지 못하고 나타난 것이다.

내가 그렇게 사랑했던 철학을 보는 순간 나에게는 새로운 의욕과 힘이 솟아나기 시작했다. 내가 정신을 차리고 철학을 알아보자, 나의 천사는 그동안 받은 박해에 대해서 이야기하기 시작했다. 무지몽매한 자들이 철학을 박해하여 핍박받기는 나도 마찬가지였다. 우리는 이렇게 닮아 있었다.

보에티우스 | 모든 덕의 스승이신 당신이 어찌하여 이 쓸쓸한 귀양살이의 땅까지 내려오셨습니까? 혹시 당신도 나처럼 무고하게 유형을 받고 오신 것은 아닐 테지요?

나의 천사 | 내 이름 때문에 당신이 이렇게 고통받고 있는데 내가 어찌 모른척할 수 있겠습니까. 죄 없는 사람이 이렇게 혼자 무거운 짐을 지고 고통의 길을 가고 있는데 내가 어찌 모른척하겠습니까.

보에티우스 ｜ 보잘것없는 철학자를 위해 이렇게 와 주시는 것만으로 나는 너무나 고맙습니다.

나의 천사 ｜ 아닙니다. 이런 일은 당신이 처음이 아닙니다. 철학이 생긴 이후 수없이 많은 사람들이 경거망동하며 철학자에게 싸움을 걸었습니다. 그때마다 나는 철학자를 도와 오늘날까지 나를 지키고 있습니다. 소크라테스도 나의 도움으로 무고한 죽음을 승리로 장식하였으며, 폭군 네아르코스에 의해 혹독한 고문을 받은 엘레아학파의 제논, 네로황제로부터 자살을 명령받은 세네카 등도 당신은 생생하게 기억하고 있을 것입니다. 철학자를 박해한 그들은 스스로 승리하였다고 생각할지 모릅니다. 하지만 지금까지 모든 철학자는 나의 도움으로 항상 승리하였습니다. 당신도 예외가 아닐 것입니다.

나는 순간 공포와 희망으로부터 자유로워졌다. 황제의 폭압이 갑자기 하잘것없는 횡포로 느껴졌다. 폭군의 진노 앞에 무서워 떨던 내가 나의 천사인 철학의 말을 듣자 모든 두려움에서 자유로워진 것이다.

나는 철학이 내게 가르친 대로 행동하였다. 철학은 나에게 플라톤을 통해서 철학을 공부한 사람이 국가를 다스리거나 혹은 국가의 통치자들이 철학을 연구하기에 이른다면 그 국가는 행복해질 것이라고 말했다. 나는 철학이 나에게 가르친 것처럼 나의 군주에게 플라톤의 철학을 말했다. 그리고 플라톤처럼 나도 유형을 당했다.

현재 철학의 위치는 예전과 다르다. 나는 변화의 추이에 맞게 내가 배운 철학의 규범을 충실히 이행하였다. 아마도 플라톤 역시 그렇게 하였을 것이다. 하지만 나의 군주는 결코 나의 이런 행동을 용서하지 않았다. 나의 천사는 과연 내가 군주로부터 받은 부당한 대접에 대해 알고 있을까?

운명

보에티우스 │ 나의 천사여, 나의 불행을 한층 더 무겁게 하는 것은 세상 사람들의 사물에 대한 평가가 진실에 의하지 않고 결과만으로 판단된다는 것입니다.

나의 천사 │ 나도 알고 있습니다. 행운을 가져온 것만이 지혜롭고 선한 것이라고 사람들은 여깁니다. 그렇기 때문에 사람들은 불행한 사람들에게 좋은 말을 하지 않습니다.

보에티우스 │ 내가 지금 바로 그 상황에 놓여 있습니다. 나에게 가장 무거운 고통은 허구로 날조된 죄악이 씌워졌다는 것입니다. 그들이 내가 받는 불행을 당연한 것으로 생각하고 있다는 것이 나에게는 견디기 어려운 고통입니다.

나의 천사 │ 당신의 눈에는 환락에 넘치는 악인들의 흉악한 소굴이 선할 것입니다. 그 무리들의 음모와 새로운 흉계에 걸린 모든 불행한 사람들 하나하나가 눈에 훤할 것입니다. 당신에게 동조했던 사람들은 자신에게 화가 미치지 않은 것만으로도 다행이라 생각하지만, 여전히 무서움에 떨고 있을 것입니다. 이 모든 것을 나도 잘 알고 있습니다.

나의 천사는 모든 것을 알고 있다. 하지만 죄 없는 사람이 자신을 변호할 권리조차 박탈당하고 자신의 안전을 보장받기 위해서 눈물을 흘리고 있다는 사실도 알고 있을까?

하늘의 해, 달, 그리고 별들은 세월과 계절에 따라 변한다. 이들은 항구한 법칙에 따라 질서에서 벗어나지 않고 인간에게 풍요로움을 주고 있다. 이렇게 태고 때부터 우주 법칙은 우주 만물을 지배한다. 하지만 인간은 어떠한가? 우주계와 다르게 인간의 세상에는 질서가 뒤바뀌어 악인들이 수없이 나타나고, 착한 사람들은 불운에 빠진 모순으로 가득 차 있다.

우주계의 법칙과 질서에 따라 삼라만상이 변하는데, 인간의 세계는 그렇지 않다. 그렇다면 인간의 세계는 우주계의 법칙에서 벗어나 있다는 것일까? 우주계의 법칙은 우주 만물은 지배하지만, 오직 인간의 행동에는 아무런 제재도 가하지 않고 있다. 그렇기 때문에 인간의 운명은 덧없이 변질되고 중죄인에게 내려질 무거운 벌이 죄 없는 사람을 괴롭히는 것이다. 결국 덕망의 빛은 암흑 속으로 사라지고 악인의 죄를 의인이 지고 운명의 모진 풍랑으로 뛰어들어야 한다. 우주계의 법칙은 이런 모순된 인간세계의 세찬 파도를 진정시켜 줄 수 없단 말인가!

나의 천사 | 보에티우스, 나는 당신의 말에 모두 찬성할 수는 없답니다. 당신이 가장 고통스러운 것은 당신처럼 선한 사람이 악인들의 모함으로 추방되었다고 생각하는 것입니다.

보에티우스 | 그럼 당신은 내가 죄를 짓고 추방당했다고 생각하는 것입니까?

나의 천사 | 나는 근본적인 문제를 이야기하고자 합니다. 당신이 추방되었다면, 당신을 추방한 자들은 누구입니까?

보에티우스 | 그것은 당연히 나를 모함한 악인들입니다.

나의 천사 | 이 나라의 법에는 어떤 사람도 추방될 수 없다는 규정이 있습니다. 이 법에 따르면 군주라도 누군가를 함부로 추방할 수 없습니다.

보에티우스 | 결국 나 스스로 나 자신을 추방했다는 이야기를 하고 싶은 것이로군요.

나의 천사 | 그렇습니다. 당신은 당신 자신을 추방했습니다. 당신 외에 어떤 사람도 당신을 추방할 수 없습니다.

나의 천사의 말이 옳다면, 나는 지금 나 자신을 추방하고 있다. 그렇다면 나는 군주도 나의 적도 원망하거나 미워할 이유가 없다.

나는 오랫동안 공직에 몸담았다. 하지만 이 일은 내가 그동안 행한 수없이 많은 선행에 비하면 일부에 지나지 않는다. 그럼에도 내가 비난을 받는 이유는 정당하든 부당하든 일반 사람들에게 알려진 나의 죄 때문이다

— 대중들의 입은 비난에 대해서는 늘 너그럽다 — 하지만 나는 원로원들이 내린 처사에 절대 수긍할 수 없다. 그 이유는 너무나 간단하다. 원로원들이 내게 죄를 물은 것은 곧 나를 통해서 철학에 죄를 뒤집어씌운 것이기 때문이다. 나의 천사가 나 때문에 벌을 받는다는 사실을 나는 도저히 받아들일 수 없다.

나의 천사 | 우리는 포도주를 마시기 위해 봄부터 가을까지 기다려야 합니다. 아무리 급해도 포도가 열리지 않으면 포도주를 담글 수 없습니다. 이 세상도 마찬가지입니다. 이 세상은 무질서한 우연에 의해서 운영됩니까? 아니면 어떤 합리적인 이성의 지배가 그 속에 있습니까?

보에티우스 | 이렇게 자연의 법칙에 따라 정확하게 움직이는 이 세계가 무질서한 우연이라고는 생각되지 않습니다.

나의 천사 | 하지만 당신은 조금 전에 오직 인간만이 우주 법칙의 보호를 받지 못한다고 말했습니다. 모르긴 해도 당신의 생각 속에는 분명히 무엇인가 결핍된 것이 있습니다.

보에티우스 | 당신의 말을 이해할 수가 없습니다. 내게 무엇이 결핍되었단 말입니까?

나의 천사 | 이제 나는 당신에게 무엇이 결핍되었는지 알았습니다. 당신은 당신 자신을 잊어버렸습니다. 하지만 그 병은 그렇게 큰 것이 아닙니다. 당신 병의 증상은 가벼운 약으로 치료할 수 있을 것입니다.

내가 나를 잊어버렸다!

이것이 나의 천사가 내린 결론이다. 내가 나를 잊어버렸다는 것은 무슨 뜻일까?

구름이 별빛을 막고 있다. 흙탕물이 맑은 물을 흐린다. 바위가 시내의 흐름을 막는다. 이와 마찬가지로 인간 정신의 혼란은 인간이 진리를 인식하는 데에 큰 장애가 될 수 있다. 그렇다면 나에게 결핍된 내가 나의 이성을 가로막고 있다는 말인가? 이것을 안 이상 나는 나의 맑은 눈으로 진리를 알아내고자 즐거이 좁은 길을 택하고, 두려움도 희망도 지니지 말며, 번뇌의 쇠사슬에 얽매이지 않고 고통을 쫓아낼 수 있을 것이다.

나의 천사 │ 내가 당신이 앓는 병에 대한 원인과 증상을 옳게 보았다면, 당신은 과거의 행복에 집요한 애착과 갈망으로 지금 기진맥진해 있습니다. 당신은 행복이 자신을 버렸다고 생각하기 때문에 마음이 산란한 것입니다. 행복은 사람을 천국으로 또는 지옥으로도 보낼 수 있는 아주 요사스러운 것입니다. 하지만 당신은 철학인 나를 통해서 논증을 배웠고, 그것을 무기로 행복의 어떤 꼬임에도 의연하게 대처하였습니다. 그럼에도 당신이 그렇게까지 우수에 빠져 있는 이유는 무엇입니까?

보에티우스 │ 당신은 요사스럽다고 하지만, 행복이 나를 찾아왔을 때 나는 그것을 행운이라고 생각했습니다. 지금까지 그 행운에 대한 애착을 버릴 수가 없습니다.

나의 천사 ｜ 사람들은 모두 자신에게 주어진 행운은 자신을 버리지 않을 거라 믿습니다. 하지만 행운은 항상 우리를 버립니다. 그런 행운을 결코 귀한 것으로 여겨서는 안 됩니다. 그리고 당신을 포함한 모든 인간은 행운이 언제까지나 머물러 있기를 원합니다. 하지만 분명한 것은 행운이 언제까지나 머물러 있다면 그것은 더 이상 행운이 아니라는 것입니다.

행운이 언제까지나 머물러 있다면 더 이상 행운이 아니다. 나는 왜 이것을 일찍 깨우치지 못했을까?

행운은 가만히 손길을 내밀어 노도처럼 이 세상 모든 것을 뒤덮는다. 패자의 숙인 얼굴을 행운은 냉소로 괴롭히며 그들의 눈물은 본 척도 하지 않는다. 이렇게 행운은 희롱을 일삼으며 자신의 힘을 휘둘러댄다. 어떤 누군가가 행복에 빠졌다가 불행으로 다시 내던져졌다면, 그것은 분명 행운의 괴력 때문일 것이다. 나 또한 이러한 행운의 장난에 놀아나고 있었던 것이다.

보에티우스 ｜ 행운의 장난이라고?

나의 천사 ｜ 보다 정확히 말하면 운명입니다.

보에티우스 ｜ 운명?

나의 천사 ｜ 그렇습니다. 인간이 행운을 잡아 행복하게 살든, 행운을 잡지 못해서 불행하게 살든 이 모든 것은 운명입니다. 당신은 리디아의 왕

크뢰수스와 페르시아의 왕 치루스의 이야기를 알고 있을 것입니다.

보에티우스 | 물론입니다. 크뢰수스가 치루스를 공격하였지만 지고 말았습니다. 다시 전열을 가다듬은 크뢰수스가 치루스를 공격하였지만 또 다시 전쟁에서 패했고, 치루스는 크뢰수스를 화형에 처했습니다. 불타오르는 장작더미를 보며 크뢰수스가 솔론을 외치자, 치루스는 솔론이 누구냐고 묻습니다. 크뢰수스가 솔론은 결코 행복한 사람이 없다는 것을 자신에게 가르쳐준 그리스의 훌륭한 왕이었다고 말하자 치루스는 장작더미에 붙은 불을 끄라고 명령하였고, 이때 하늘에서 비가 내려 크뢰수스는 살 수 있었습니다.

나의 천사 | 그렇습니다. 우리 인간의 부귀영화는 모두 운명에 달려 있습니다. 이런 운명이 우리를 찾아오면 우리는 행운을 얻어 행복하게 살 수 있지만, 그렇지 못하면 불행하게 살 수밖에 없답니다.

하늘, 땅, 바다의 모든 이치가 결국 우리 인간의 운명을 결정짓는다. 그리고 그 운명에 따라 인간은 행복과 불행 사이에서 기뻐하기도 하고 슬퍼하기도 한다. 인간은 아무리 많은 재물과 보물을 쌓아놓고도 만족할 줄 모르고, 불평과 불만을 늘어놓는다. 신은 인간의 기도를 들어 황금과 명예를 주지만, 인간은 결코 만족하지 못한다. 아무리 큰 은혜를 받은 인간일지라도 스스로 제어하지 못하고 더 크게 입을 벌려 탐욕의 갈증에 목말라 한다.

이렇듯 인간은 만족이라는 것을 모르는 동물이다. 결국 이런 인간은 스스로 가난하고 불행하다며 자신을 자책하고 결코 부자로 살 수 없게 되는 것이다.

나의 천사 ┃ 당신의 삶을 한 번 돌아보십시오. 지금 당신은 고통 속에 살고 있다고 생각할지 모르지만, 그것은 아주 가벼운 치료약에 불과합니다. 당신이 누렸던 행운에 대해서 한 번 생각해 보십시오.

보에티우스 ┃ 나는 아버지를 일찍 여의었습니다만 훌륭한 보호자를 만나 부족함 없이 잘 자랐습니다. 웅변을 잘하였던 나의 청년 시절은 찬란했습니다.

나의 천사 ┃ 그렇습니다. 당신은 어린 나이에 고관대작을 지냈으며, 그 행복은 어떤 것에도 비하지 못할 정도로 절정에 이르렀습니다. 그뿐 아니라 결혼해서는 아내로부터 지나칠 정도의 사랑을 받았습니다.

보에티우스 ┃ 아내는 나에게 두 아들을 선물하였고, 그 아들들은 나와 마찬가지로 원로원 의원으로 활동하였습니다. 이 모든 것이 나를 행복하게 해 준 것입니다.

나의 천사 ┃ 그렇다면 지금은 어떻습니까? 그 행복이 아직도 남아 있습니까?

보에티우스 ┃ 아닙니다. 안타깝게도 그 행복은 이미 지나간 과거가 되었고 지금은 불행만 남았습니다.

나의 천사 | 그렇습니다. 이미 지나갔습니다. 모든 것은 지나갑니다. 당신이 지금 불행하다고 생각하는 이 순간도 지나갈 것입니다. 그러니 너무 걱정하지 마십시오.

모든 것은 지나간다. 나의 행복도 지나갔다. 그렇다면 지금의 불행도 곧 지나갈 것이다. 이것이 나의 천사인 철학의 생각이다. 그럴지도 모르겠다. 아폴론 신이 장밋빛 사두마차를 타고 하늘을 날기 시작하면 그 찬란한 광채에 별들은 빛을 잃는다. 계절이 바뀌면서 장미꽃은 피고 진다. 겨울이 오면 바다는 거센 풍랑으로 고요한 수면을 요동케 한다. 날이 바뀌어 다른 계절이 오고, 해가 지나도 자연의 법칙은 그대로이다. 인간도 자연의 법칙 속에 놓여 있다면, 행복과 불행이 서로 교차하는 것은 당연한 일이다. 결국 나의 천사는 내게 이 세상에서 변하는 것은 아무것도 없음을 보여 주었다. 낮과 밤이 바뀌고 서풍과 북풍이 엇갈려 불지만 자연에서 일어나는 일은 불변한다는 것을 보여 준 것이다.

보에티우스 | 나의 천사, 당신은 내가 수긍할 수밖에 없는 사실을 알려 주었습니다. 나는 다른 사람보다 더 빨리 출세하였습니다. 그렇기 때문에 다른 사람보다 빨리 그 명예를 잃었습니다. 이런 과거에 대한 회상이 나에게는 고통이었습니다. 당신이 말한 것처럼 나에게 가장 불행한 것은 내가 과거에는 행복했었다는 사실을 잊지 못하는 것입니다.

나의 천사 | 그것은 당신이 사물 자체를 정당하게 판단하지 못하기 때문에 생기는 고통입니다. 당신의 장인 심마쿠스 콘줄을 생각해 보십시오. 지와 덕을 겸비한 그는 로마의 원로원으로 여전히 당신을 위해 노력하고 있습니다. 그뿐 아니라 심마쿠스의 딸인 당신의 두 번째 아내 부스티치아나를 생각해 보십시오. 아름다움과 정숙함을 겸비한 당신의 아내는 세상의 모든 것에 염증을 느꼈지만, 오직 당신을 생각하며 그리움과 고통의 눈물로 나날을 보내고 있습니다.

보에티우스 | 이제 당신은 나의 아들에 대해서 이야기하시렵니까?

나의 천사 | 그렇습니다. 언젠가 죽을 인간에게 생명을 지킨다는 것은 최대의 관심사이며 가장 귀중한 일입니다. 하지만 더 귀중한 것이 있다면 바로 당신의 삶에 모든 것을 걸고 당신을 위해 노력하는 당신의 장인, 아내, 그리고 아들과 같은 당신 주변의 사람들입니다. 이렇게 귀중한 사람들이 당신 주변에 있다는 것만으로 당신은 행복한 사람입니다.

참된 행복이란 이런 것일까?

아니, 참된 행복이란 이런 것이다. 모든 것은 정신적인 것이다. 나를 지켜보고 있는 사람이 있다는 것은 나의 정신적인 힘이다. 정신적인 것은 불멸이다. 행복 또한 불멸이다. 그렇다면 나의 천사의 말처럼 나는 지금 더없이 행복한 사람이다. 나의 천사는 한 가지 이야기를 더 들려주었다.

사람은 집을 짓고 산다. 사람들이 집을 지을 때 무엇을 우선으로 할까?

아마도 안전일 것이다. 안전하고 견고한 집을 짓기 위해서 사람들은 너무 높은 곳을 피한다. 사나운 바람을 막기 위해서다. 반면 너무 낮은 곳에 집을 짓지도 않는다. 모래 바람에 집이 묻힐 가능성이 있기 때문이다. 사람의 삶은 어떠한가? 역시 안전이 최고라면, 사람들은 자신의 삶을 위해서 너무 높거나 너무 낮은 인생의 여건을 피해야 할 것이다.

보에티우스 | 너무 높거나 너무 낮은 삶을 피해야 한다는 것이 무엇을 뜻합니까?

나의 천사 | 당신에게는 이제껏 어떤 행운의 선물이 있었습니까?

보에티우스 | 원로원이 되었을 때 나에게는 수없이 많은 재산과 부귀가 주어졌습니다. 그것을 나는 행운의 선물이라고 생각했습니다.

나의 천사 | 당신뿐 아니라 모든 사람들은 돈, 보석, 땅, 옷, 그리고 집안의 노비와 같이 우리가 일반적으로 재물이라고 표현하는 것들을 행운의 선물이라고 말합니다. 그렇다면 인간에게 행운의 선물인 이런 재물들은 그 자체로 귀한 것일까요?

보에티우스 | 사람이 욕심을 내어 재물을 탐하면 사람들의 증오를 삽니다. 하지만 선심을 쓰면 그 사람은 다른 사람들에 의해서 아름다운 사람으로 드러납니다. 결국 사람들이 재물을 귀한 것으로 만드는 것입니다.

나의 천사 | 그렇습니다. 인간에게 행운의 선물이라 할 수 있는 재물은 결코 항구적인 것이 아닙니다. 비록 그것이 인간에게 항구적이라 해도 인간

정신에 유익하지 않고 오히려 해가 됩니다.

보에티우스 | 결국 사람들은 행복의 선물이라는 재물을 탐함으로써 오히려 행복은 감소하거나 사라진다는 말이군요.

행복도 시대의 변화에 따라 달라질까? 천사의 질문이다. 행복한 삶이란 시대를 초월한 유일한 가치가 아닐까? 나의 생각이다. 하지만 나와 천사의 생각은 달랐다. 고대 사람들은 풍성한 곡식만으로 만족하였다. 사치를 모르고 게으름을 피우지 않았으며, 도토리 열매와 포도주 한 잔이면 세상의 행복에 취할 수 있었다. 하지만 지금은 어떤가? 좋은 옷과 맛있는 음식이 넘쳐나고 있다. 그러나 어떤 누구도 그것으로 만족하지 않는다. 개인은 더 많은 토지를 차지하려고, 나라는 더 많은 영토를 차지하려고 전쟁도 불사하고 있다. 천사의 말이 옳다면, 고대가 지금보다 더 행복했던 것은 틀림없다. 그러나 우리는 과연 고대로 돌아갈 수 있을까?

누군가가 인간에게 땅속의 황금과 보석을 파도록 함정을 만들어 두었다. 인간은 그것이 함정인 줄 알면서도 깊이 빠져들고 있다. 그 함정을 만든 사람은 과연 누구일까?

나의 천사 | 재물 외에 인간이 생각하는 행운의 선물은 또 무엇이 있을까요?

보에티우스 | 권력이 있습니다. 당신은 권력도 무상한 것으로 생각하시

는군요.

나의 천사 │ 나는 권력에 대해서 잘 알지 못합니다. 하지만 당신은 그것을 마치 하늘처럼 우러러보고 있군요. 그런 막강한 권력이 악인들의 손에 들어가면 어떻게 될까요?

보에티우스 │ 어떤 파멸이 닥칠지 아무도 모릅니다.

나의 천사 │ 그렇습니다. 악한 관리가 권력을 휘두르면 어떤 재앙이 닥칠지 아무도 모릅니다. 반면 좋은 사람이 권력을 갖게 되면 그보다 더 아름답게 사용될 수는 없을 것입니다. 그리고 권력은 단지 물질적인 것에만 그 힘이 가해지기 때문에 권력을 가진 사람은 그 권력으로 사람을 해칠 수 있습니다.

보에티우스 │ 마찬가지로 그 권력이 자신을 해칠 수도 있다고 생각합니다.

나의 천사 │ 그렇기 때문에 권력은 윤리적이지 못합니다. 권력을 갖으려면 상대방의 허점이나 약점을 끝까지 집요하게 물고 늘어져야 하기 때문입니다.

권력은 윤리적이지 못하고 육체적인 약점에서 벗어날 수 없다. 그렇다면 세상의 모든 행복은 이런 것일까? 윤리적이지도 못하고 정신적이지도 못한 것이 권력일까? 결국 권력은 무상한 것으로 행복의 선물이 될 수 없는 것이다. 네로를 보라! 로마 제국을 책임질 황제로 자란 그의 말로가 어떠했는가. 그의 권세는 로마 제국의 모든 백성들이 숨도 쉬지 못할 정도로

강성했다. 하지만 네로의 포악함 또한 그랬다. 그의 포악함은 어디에서 나왔을까? 바로 권력이다. 그는 원로원은 말할 것도 없고, 형제, 스승까지 서슴없이 죽이거나 죽게 만들었다. 그뿐인가? 그는 어머니까지 살해할 정도로 극악무도했다. 네로처럼 악한 사람이 권력을 가진다는 것은 통탄할 일임이 틀림없다.

나의 천사 | 나는 이제 당신의 명예에 대해 이야기하고자 합니다.

보에티우스 | 명예도 행운의 선물 중 하나로 인간이 아주 중요하게 생각하는 것입니다.

나의 천사 | 나는 당신이 어떻게 고위 관직에 올랐는지 잘 알고 있습니다. 당신은 죽어 없어질 사물에 대해서 한 번도 야심을 가진 적이 없습니다. 그리고 당신은 오직 덕을 감추지 않고 나타내고자 노력하였습니다.

보에티우스 | 당신이 보기에 나의 그런 노력이 결코 완전한 덕을 실행할 수 없다는 것입니까?

나의 천사 | 그렇습니다. 그것은 당신의 공명심에 불과합니다. 당신은 천문학을 배우면서 이 지구가 전 우주에서 볼 때 단지 한 점에 불과하다는 것을 배웠을 것입니다. 마찬가지로 모범적인 관리들이 이상으로 삼고 있는 명예는 지역적이고 시간상으로 극히 제한되어 있다는 것을 당신은 잘 알고 있습니다. 그렇기 때문에 그들은 명예를 아주 미천한 것으로 생각합니다. 당신은 어떻습니까?

당신은 지금 비록 유배 생활을 하지만, 철학을 통해 영혼의 불사불멸을 배운 당신이 명예를 아주 하찮은 것으로 여기는 것은 당연한 것 아니겠습니까?

나의 천사의 말을 듣는 순간, 나는 과연 명예를 하찮은 것으로 여기고 있을까 하는 생각이 들었다. 나의 이성이 해방됨은 무엇을 뜻할까? 현재의 유배 생활에서 벗어날 수 있다면 나의 정신은 하늘에서 자유로울 것이다. 그때 나의 정신은 이 세상에서 일어난 모든 일들을 아주 천하게 생각할 것이다. 하늘에서 자유를 누리는 나의 영혼과 정신은 지상에서 해방된 즐거움을 맛볼 것이다. 그렇다면 내가 누렸던 명예는 아주 하찮은 것이 될 수밖에 없을 것이다. 명예가 하찮은 것이라면, 지상에서 누린 나의 명성은 또 어떻게 될까?

명성이란 지상에만 있는 것일까? 아니면 하늘에도 있을까? 만약 하늘에도 있다면, 나의 명성은 하늘에도 잘 알려져 있을까? 아마도 아닐 것이다. 명성이란 단지 지상에만 존재하는 아주 사소하고 보잘 것 없는 것이다. 인간은 언젠가 죽고 말 것이다. 충성심과 청렴을 상징하는 집정관 파브리치우스도 백골이 되었고, 로마 제국의 초대 집정관이었던 브루투스도 죽었다. 그뿐인가. 희대의 현자 카토의 죽음을 더 이상 슬퍼하는 사람은 이제 아무도 없다. 이렇게 명성을 생명처럼 여기던 사람들도 죽고 난 다음에는 아무런 의미가 없는 것이다.

나의 천사 | 이제 생각이 조금 달라졌습니까? 이제 불운이 행복보다 낫다는 생각이 듭니까? 지금 당신은 아주 불운합니다. 하지만 과거의 당신은 아주 행복했습니다. 행복했던 과거의 당신은 한 번도 당신에게 불운과 행복을 물은 적이 없습니다. 왜냐하면 행복했기 때문입니다. 그러나 불운에 빠진 지금, 당신은 끊임없이 자신에게 행복과 불운에 대해서 묻고 있습니다. 이제 당신은 지금의 상태가 결코 불운한 것이 아님을 알았습니다.

행복과 행운은 사람의 정신을 어둠으로 덮기 때문에 오류와 악습으로 이끌지만, 불운은 정신으로부터 선입관을 없애고 진리와 덕으로 인도합니다. 바로 이런 것이 당신으로 하여금 지금의 상태를 다시 돌아보게 해 주었습니다. 당신이 지금처럼 불행하지 않고 옛날처럼 행복하였다면, 당신은 결코 내가 말한 것을 알려고 하지도 않았을 것입니다. 이제 당신은 어떤 돈이나 명예를 주고도 내가 말한 것보다 더 귀한 것은 얻을 수 없을 것입니다. 그러니 이제 더는 당신이 잃어버린 재산, 명예, 명성과 같은 것을 찾으려 하지 마십시오. 당신이 자신을 알게 된 지금보다 더 행복한 것은 없습니다.

참된 행복

유배지로 온 이후 지금보다 더 행복한 적은 없었다.

장인어르신, 부인, 그리고 내 아들들이 나를 사랑하고 있다. 우리 인간에게 사계절을 주고 자연의 변화를 주도하는 신도 나를 사랑하고 있다. 그뿐만이 아니다. 나를 믿고 따랐던 사람들, 나를 원로원 의원으로 이끌어준 친구들, 이들 모두가 나를 사랑하고 있다. 신의 사랑 아래 지배받는 모든 사람들이 나를 사랑하고 있는 한 나보다 더 행복한 사람은 없다.

내가 행복에 젖어들자 나의 천사인 철학은 나를 더 강한 논증으로 이끌었다. 천사의 깊은 사상과 감미로운 노래는 쇠잔한 나의 마음을 아주 싱싱하게 소생시켜주었다. 나는 더 이상 불운이란 단어를 사용할 필요가 없어졌으며, 결코 불운하지도 않았다. 나의 눈은 환상으로 가려져 이제껏 어떤 것도 알아보지 못했다. 나의 천사는 이런 환상을 말끔히 걷어 주었다. 나의 천사가 환상을 벗겨 주자 나는 약간의 욕심이 생겼다. 나는 지금까지 자신을 불행하다고 생각하였으나 나의 천사는 내가 가장 행복하다고 말한다. 그렇다면 참된 행복은 과연 무엇일까?

나의 천사 | 논과 밭에 씨를 뿌리고 가을에 수확의 여신인 체레스가 풍년을 가져다준다면 어떨까요?

보에티우스 | 농부에게 그보다 더한 행복은 없겠죠.

나의 천사 | 먼저 쓴맛을 본 다음 벌꿀의 달콤함을 느낀 사람도 더없이 행복할 겁니다. 그뿐 아니라 폭풍우를 견딘 후 창공의 별빛을 바라보는 사람 또한 아주 행복할 것입니다.

보에티우스 ｜ 결국 참된 행복이란 내 마음속에 있다는 뜻이군요.

모든 사람은 하나같이 행복을 원한다. 불행을 원하는 사람은 아무도 없다. 인간의 모든 염원은 여러 가지 다른 양상을 띠고 있지만, 결국은 하나같이 행복을 목표로 살아가고 있는 것이다. 이러한 행복은 한 번 얻으면 더 이상 아무것도 원할 것이 없는 선과 같은 것이다. 물론 이러한 선은 선한 것 중에서 최고의 선이며, 자신 안에 여러 가지 선을 포함하고 있다. 만약 무엇 하나라도 모자라다면 결코 최고의 선이 될 수 없다.

최고선은 바라는 것이 없는 완벽한 것이다. 참된 행복도 이와 마찬가지로 모든 좋은 것들의 총화로써 이루어진 하나의 완전한 상태를 말한다. 하지만 대부분의 사람들은 이런 최고의 선, 참된 행복이 있다는 것을 모른 채 유한한 선을 얻기 위해 노력한다. 이들은 자신도 모르게 거짓에 속고 있다. 나 또한 인간 행복의 거의 모든 형태인 재물, 명예, 권력, 영광, 쾌락 등을 얻기 위해 살았으며, 나뿐 아니라 대부분의 사람들이 얻고자 하는 행복의 목표가 이런 것이다. 그러나 최고선이 있다는 것을 아는 사람의 영혼은 이 모든 유한한 행복을 버리고 최고의 선을 얻기 위해서 노력할 것이다.

나의 천사 ｜ 새장의 새나 우리 속의 사자는 인간의 힘에 눌려 그 본성을 억제하고 있는지 모릅니다. 하지만 새는 자유롭게 하늘을 나는 본성을 결코 잃어버리지 않습니다. 마찬가지로 사자도 본성에서 깨어나면 아무리 강한 쇠사슬의 우리라도 박차고 뛰쳐나올 수 있습니다. 이 모든 것은 자연의 법칙이며 우주의 질서입니다. 이는 마치 서쪽으로 졌던 해가 동쪽으로 다시 뜨는 것과 다르지 않습니다. 이렇게 모든 우주의 질서는 절대로 그 본성을 잃어버리지 않고 변함없이 순환합니다.

보에티우스 | 그렇다면 지금까지 인간을 행복하게 해 줄 수 있다고 생각된 재물, 영예, 쾌락과 같은 것은 그 본성상 참된 행복, 즉 최고선이 될 수 없다는 말이군요.

나의 천사 | 그렇습니다. 과거의 당신은 부족한 것 하나 없이 풍족한 삶을 살았습니다. 그때 당신은 현재의 재물에 만족했습니까? 아니면 더 많은 재물을 갖기 위해 노력했습니까?

자신의 재물에 만족하는 사람이 있을까? 아마도 없을 것이다. 나 또한 예외는 아니었다. 나는 내가 갖고 있는 재물을 보호하기 위해서, 아니 더 많은 재물을 모으기 위해서 노력하였다. 이런 노력이 계속될수록 나는 내가 가진 재물을 조금이라도 잃을까 봐 불안과 공포에 떨기 시작했다. 나의 천사의 말을 듣는 순간 나는 알았다. 재물에는 항상 불안과 공포 외에도 근심이 함께한다는 것을. 결국 재물에는 결핍이 늘 따라다닌다. 결핍이 따라다닌다는 것은 재물이 인간의 행복을 위한 최고선이 될 수 없다는 뜻이다.

황금이 흐르는 강물처럼 많을지라도 인색한 부자의 탐욕은 채우지 못한다. 홍해의 진주로 목을 감고 백 마리 소가 기름진 밭을 갈지라도 인간의 쓰디쓴 고뇌는 떠나지 않는다. 죽은 사람을 따라가지 못하는 재물은 죽은 사람에게 아무런 위안을 주지 못한다.

나의 천사 │ 내가 갖고 있는 재물이 이런데, 남의 손에 달린 영예는 두말할 것이 없습니다.

보에티우스 │ 남의 손에 달린 영예?

나의 천사 │ 영예란 벼슬이나 지위에 딸려 있는 것이 아닙니다. 영예란 시민들의 여론에 달려 있다는 것을 당신은 모르십니까? 어떤 누구도 명예로운 자리에 앉지 않는다면 자신의 부당성은 덜 폭로될 것입니다. 특히 명예를 차지할 만한 가치가 없는 사람일 경우 시민들로부터 존경을 받기란 불가능합니다. 백성들의 존경을 받지 못한 사람에게는 결코 영예도 없음을 우리는 너무나 잘 알고 있습니다.

페니키아의 도시 티루스는 심홍색 염료로 유명한 도시이다. 네로는 바로 이 염료로 물들인 홍포를 즐겨 입었다. 또한 빛나는 보석으로 온몸을 치장하였다. 네로는 모든 백성들이 존경하는 원로원들에게 벼슬을 내렸지만 어떤 누구도 네로가 주는 벼슬이라는 영예를 행복하게 생각하지 않았다. 이렇게 왕의 권력도, 왕과 친밀하게 지내는 것도, 사람들에게 반드시 행복을 주는 것은 아니다. 국가의 권세가 행복일 수는 있지만 그 권세의 어떤 부분이 손실되면 행복도 그만큼 감소하여 불행이 찾아드는 것이다.

우리는 네로가 자살을 명하자 모든 부귀와 권세를 버리고 자살한 네로의 스승 세네카를 기억하고 있다. 또한 안토니우스 황제의 명을 받은 근위병들이 로마의 가장 유명한 법률가 파피니아누스를 죽이는 것도 보았다. 권세는 이렇게 자연적으로 이끌리고 자연적으로 원하게 되는 것이 아니기 때문에 결코 최고선이 될 수 없는 것이다.

나의 천사 | 쾌락을 생각해 보십시오. 에피쿠로스는 정신적인 쾌락이야말로 최고의 선이라고 했지만, 나는 여기서 육체의 쾌락에 대해 말하고자 합니다.

향락에 빠진 자의 육체에 쾌락은 수없이 많은 병을 가져옵니다. 육체적 쾌락이 얼마나 큰 즐거움을 가져다주는지는 모르겠지만, 사람들은 쾌감의 결말이 슬픔이라는 것을 잘 알고 있습니다. 이런 육체적 쾌락이 행복이라면 동물과 다를 것이 없습니다. 이렇게 쾌락은 단 꿀로 유인하고는 날카로운 침으로 쏘고 달아나는 꿀벌과 비슷한 것입니다.

보에티우스 | 결국 쾌락이라는 향락을 쫓던 사람에게 남는 것은 심한 가책과 찔린 상처뿐이겠군요.

재물, 지위, 권세, 영예, 쾌락 등과 같은 것은 스스로 불행을 안고 있다. 또한 언제나 모함의 대상이 되어 반대자들의 사냥감이 된다. 그렇기 때문에 이런 것들은 최고선이 될 수 없고, 행복을 추구하는 우리 인간이 결코 취해서는 안 되는 것이다. 그렇다면 참된 행복, 즉 최고선은 어디에서 나오는 것일까?

나의 천사는 우리 인간이 먹는 것을 예로 최고선이 어디에서 나오는지를 설명하였다. 인간은 하늘, 땅, 그리고 바다에서 먹을 것을 구한다. 생선을 하늘이나 땅에서 찾을 수 없듯이, 사슴 또한 바다에서 사냥할 수 없다. 하지만 사람들은 가끔 꿩을 바다에서 구하려고 노력한다. 이렇게 인간은 참된 행복이 생겨날 수 없는 곳에서 최고선을 찾는 오류를 범하고 있는 것이다. 즉 재물, 영예, 쾌락과 같은 것에서는 어떤 경우에도 최고선이 나올 수 없다. 하지만 나 또한 지금까지 이런 것을 통해 최고선을 얻고자했다. 인간의 경솔함과 편견이란 얼마나 무서운 것인가.

신의 섭리

나의 천사 | 이 세상을 창조한 신이 있습니까?

보에티우스 | 부동자로서의 신은 존재합니다.

나의 천사 | 부동자로서 세상을 창조한 신은 인간의 정신에서 어둠을 쫓아 밝게 빛나도록 합니다. 이렇게 밝은 정신이야말로 최고선에 대한 명백한 개념을 이끌어 낼 수 있습니다.

보에티우스 | 당신은 나에게 최고선은 있다고 했습니다. 그리고 밝은 정신을 가진 인간이 부동자로서 신의 존재를 인정한다고 했습니다. 그렇다면 신의 속성이 곧 최고선이라는 뜻입니까?

나의 천사 | 그렇습니다. 최고선은 곧 신의 속성이기 때문에 둘은 구별될 수 없습니다. 따라서 최고선을 향유하는 사람은 곧 신을 향유하는 사람입니다. 신의 능력, 존경, 명성에 참여하는 사람이 곧 최고선을 가진 사람입니다.

보에티우스 | 신의 법칙이 곧 자연법칙이며, 우주 질서라고 할 수 있습니까?

나의 천사 | 그렇습니다.

보에티우스 | 그리고 자연법칙에 따라 사는 인간이 희구하는 모든 것, 재물, 영예 혹은 쾌락 등은 결국 행복 때문이라고 했습니다. 그렇다면 신의 속성인 최고선과 인간이 희구하는 행복은 같은 것이라고 할 수 있겠군요.

최고선은 인간의 정신이 밝게 빛날 때 보인다고 했습니다. 그럼 어떻게 해야 인간의 정신은 밝게 빛나는 것입니까?

나의 천사 | 당신을 비롯한 모든 철학자들이 가장 조심하여 고찰할 것이 바로 인간의 정신입니다. 철학은 철학자에게 확실하고도 분명한 천부적인 빛을 줍니다. 하지만 모든 철학자들이 천부적인 빛을 찾는 것은 아닙니다.

보에티우스 | 천부적인 빛을 찾기 위해서는 무엇이 필요합니까?

나의 천사 | 선생님입니다.

보에티우스 | 선생님? 아, 그래서 당신은 나의 선생님으로 내 앞에 나타

났군요. 나의 정신이 밝고 확실한 빛을 고찰할 수 있게 말입니다.

나의 천사 | 철학은 철학자에게 천부적인 빛을 주었습니다만 선생님의 가르침 없이는 이것을 찾기 어렵습니다. 누군가의 지도가 있어야만 천부적인 빛은 최고진리의 원리가 될 수 있습니다.

나의 천사는 최고선에 대한 인식이 빠르면 빠를수록 좋은 것이라고 말한다. 최고선을 인식한다는 것은 곧 신을 인정하는 것이며, 신을 인정한다는 것은 세상을 끝낸 사람이 가는 곳을 인정하는 것이며, 죽기 전에 오는 곳이 있다는 것도 인정하게 되는 것이다. 행복을 추구하는 많은 사람들은 항상 지상의 것에만 관심을 둔다. 이런 사람들은 사람이 어디에서 왔으며 죽은 다음 어떻게 되는 것인가에 대해서는 관심이 없다.

그리스 신화 속에서 인간뿐 아니라 사자와 토끼, 그리고 강물까지도 감동시킨 음악과 시의 명인 오르페우스는 죽은 다음 뮤즈의 여왕인 어머니 칼리오페스의 도움을 받아 머리가 셋 달린 황천 지기마저도 매혹하지 않았던가! 이렇게 인간의 삶은 지상에서만 국한되는 것이 아님을 인식하는 순간 우리는 신의 속성인 최고선을 볼 수 있는 것이다. 하지만 여전히 풀리지 않는 문제가 남아 있다.

보에티우스 | 신의 법칙이 곧 자연의 법칙이며 우주 질서라면, 최고선인 신이 우주를 다스린다는 뜻입니다. 그럼에도 우리의 삶을 돌아보면 악은 온

전하게 존재하며 벌을 받지 않을 때가 많습니다. 이것이 얼마나 이상한 일인지 당신은 잘 알고 있을 것입니다. 또한 사악함이 지배하고 번창할 때 덕은 아무런 보상도 받지 못할 뿐 아니라 오히려 악한 사람의 발아래 짓밟히며 악인이 받아야 할 고통을 대신 받기도 합니다. 이런 일들이 전지전능한 신의 나라에서 일어나는 것을 이상하게 여기는 사람들이 너무나 많습니다. 당신은 이런 것들을 어떻게 설명하겠습니까?

나의 천사 | 지금까지 우리가 나눈 이야기를 믿는다면, 악인은 반드시 벌을 받을 것이며 착한 사람은 어떤 경우에도 상을 받을 것입니다. 당신은 이미 행복의 참된 모습이 어디에서 오는지 알았으며, 그것이 어디에 있는지도 알았습니다. 당신의 정신이 모든 혼란에서 해방되어 나의 수레를 타는 순간 당신의 정신에는 새로운 날개가 달릴 것입니다.

결국 철학의 도움으로 인간의 모든 정신은 피조물을 초월하여 신께 도달할 수 있다. 이런 관점에서 본다면 이 지상에 살고 있는 모든 사람들, 즉 왕, 귀족, 서민 할 것 없이 모든 사람들의 삶은 죽은 다음 신의 나라로 가기 위한 귀양살이에 불과하다는 뜻이다. 하지만 이것을 알고 있는 사람들이 얼마나 될까!

선한 사람들은 그들의 정신이 깨어 있기 때문에 이러한 사실을 잘 알고 있다. 아니, 철학의 도움으로 깨우칠 수 있다. 하지만 악한 사람들은 어떤가! 그들의 정신은 아무리 철학이 돕는다 해도 깨어나지 않을 것이다.

그렇다면 악인들에게는 아무리 철학을 가르쳐도 소용없는 것이다. 그러나 선인이나 악인이나 모두 최고선을 목적으로 삼는 것은 같다. 다만 선인은 착하고 덕스러운 행동을 함으로써 자연적으로 그 목적한 바를 얻으려 하고 악인은 여러 가지 그릇된 욕망으로 얻으려고 할 것이다. 그렇기 때문에 선인은 최고선을 얻을 수 있지만, 악인은 결코 그 목적을 이루지 못하는 것이다.

보에티우스 | 나의 천사, 당신은 악인들에게는 벌이 주어지며 선한 이들에게는 상이 주어진다고 했습니다. 어떤 벌과 상이 주어집니까?

나의 천사 | 선한 이들에게 주어지는 보상이란 가장 아름답고 무엇보다 위대한 것입니다. 최고선은 곧 참된 행복이며 신의 속성이니, 선한 이들은 곧 신의 속성을 갖는 것입니다. 반면에 사악한 마음을 가지고 마치 짐승과 같이 절제를 모르며 성을 잘 내고 탐욕에 눈이 먼 악한 자들은 점점 인간의 본성에서 멀어져 짐승의 본성을 갖게 됩니다.

보에티우스 | 결국 악한 사람은 짐승으로 변하고 마는군요.

사악한 마음을 가진 사람은 점점 그 성격이 포악해지고 끝을 모를 정도로 나쁘게 변질된다. 악인들은 이런 자신들의 성격을 감추거나 벌을 받지 않기 위해 더 많은 악행을 저지르며 더욱더 불행해진다. 끊임없이 불행해지고 악을 저지르는 악인의 본성은 짐승의 그것보다 좋을 게 없다. 악인들은 결국 육체의 병이 아니라 정신의 병을 앓고 있는 사람들이다. 선한 사람들은 남의 잘못을 비난하지 않는다. 병든 사람을 미워하거나 경멸하지 않는 그들은 악인들의 병을 측은해하고 동정할 것이다.

보에티우스 │ 이제 우리가 해야 할 일은 정해졌군요. 신을 닮고 있는 선한 사람들을 사랑하고, 병을 앓고 있는 악인을 불쌍히 여기는 것, 그것이 바로 우리가 할 일입니다.

나의 천사 │ 누군가를 불쌍히 여기는 것이 미워하거나 힘으로 괴롭히는 것보다 훨씬 좋다는 것을 당신은 잘 알고 있습니다. 이제 당신도 현명한 철학자입니다.

보에티우스 │ 아직은 아닙니다. 당신의 그런 가르침과 깨우침에도 나의 의문은 남아 있습니다. 어떤 현자라도 유배와 결핍을 당하여 불명예스럽게 사는 것을 재물을 향유하고 영예로이 존경을 받으며 자기의 고향에서 흥하는 것보다 좋다고 하지는 않을 것입니다. 나도 아직은 현자가 아니라서 지금 나의 처지를 도저히 이해할 수 없습니다.

나의 천사 │ 신이 만든 자연법칙이나 우주 질서를 모두 이해하고 있는 사람은 아무도 없습니다. 나도 마찬가지입니다. 하지만 분명한 것은 신의 법칙에 따르면 모든 것은 올발라진다는 것입니다. 나는 그것을 의심하지 않습니다. 그러니 당신도 신의 법칙을 의심하지 말고 믿어야 합니다.

하늘에서 일어나는 일을 아는 사람은 아무도 없다.

내가 나의 처지를 비관하여 나의 천사에게 한 말은 땅에서 일어나는 일을 내가 보았기 때문이다. 악인이 선인보다 잘살고, 명예로운 자리에서 모든 쾌락을 즐기는 것을 나는 보았다. 하지만 하늘에서 일어나는 일을 본 사람은 아무도 없다. 나의 천사인 철학도 마찬가지다.

지상에서 일어나는 일에 대한 원인은 너무나 잘 알고 있지만 하늘에서 일어나는 일에 대한 원인은 아무도 모른다면, 아무리 나의 천사가 모든 것은 올바라진다고 한대도 나는 이해할 수 없는 것이다. 나를 비롯한 모든 우매한 자들의 눈에서 안개가 걷히면 그때는 불가사의한 모든 것이 분명하게 보일 것이다.

나의 천사 | 분명한 것은 인간의 운명은 신의 섭리에 달렸다는 것입니다.

보에티우스 | 인간의 운명은 결국 신의 법칙인 섭리에서 벗어날 수 없다는 뜻이군요.

나의 천사 | 인간의 운명이 신의 섭리에서 벗어날 수 없는 것은 인간의 운명이 신의 섭리 속에 놓여 있기 때문입니다.

보에티우스 | 그렇다면 현재 고통받는 선한 이들이나 자신의 쾌락을 향유하는 악인들의 모든 행동도 신의 섭리라는 뜻입니까?

나의 천사 | 자연의 법칙과 우주 질서인 만물의 생성 변화는 원인과 결과에 따라서 확고부동하게 정해져 있습니다. 이런 모든 법칙은 신에 의해서

만들어졌습니다. 별들이 일정한 간격을 유지하면서 움직이는 것, 계절이 변함없이 바뀌는 것, 그리고 우리가 보는 모든 물건들이 시작한 곳으로 다시 돌아가는 것, 이 모든 원천 회귀는 신의 섭리입니다.

보에티우스 | 신의 섭리에 속해 있는 인간의 운명은 그것이 행운이건 불운이건 관계없이 신으로부터 받은 것이기 때문에 인간은 자신의 운명에 대해서 어떤 불평도 하지 말아야 하는군요.

인간은 살면서 악한 행동도 할 수 있고 선한 행동도 할 수 있다. 이것이 인간의 운명이다. 인간이 스스로 선한 행동을 할 수 있다면 그 운명은 참 좋은 것이다. 행복은 이런 선한 사람에게 찾아오는 것이 정상이지만 만약 선인에게 불행이 찾아온다면 선인은 그것을 자신을 단련하고 인내하는 기회라고 생각할 것이다.

반면 악인에게는 불운이나 불행이 찾아와야 하지만 그들에게도 행복은 찾아간다. 이때 악인은 자신에게 찾아온 행복이 자신을 시험한다는 사실을 모르고 자신이 선해서 찾아온 행복이라고 생각한다. 또한 불행이 찾아온다면 참지 못하고 화를 내며 남을 욕할 것이다. 선인은 자신에게 찾아온 불행이 왜 찾아왔는지 그 이유를 찾고 자신을 개선하려고 노력한다. 하지만 악인은 자신에게는 늘 행복만 머물러야지 불행이 찾아와서는 안 된다고 생각한다. 이것이 운명을 받아들이는 선인과 악인의 차이인 것이다.

나의 천사 | 헬레나가 파리스와 함께 트로이로 도망가자 미케네의 왕 아가멤논은 트로이에게 복수를 하기 위해 그리스의 왕들을 방문하여 연합군을 만들자고 제의했습니다. 그리고 아가멤논은 100척의 배로 무장하고 그리스 연합군의 총사령관으로 선출되었습니다. 그러나 아가멤논이 출항하려 하자 어떤 날은 바람이 없고 어떤 날은 역풍이 불어 출항할 수가 없었습니다. 당신도 잘 알겠지만, 아가멤논은 실수로 여신 아르테미스의 사슴을 죽였습니다. 이 일로 화가 난 아르테미스가 바람을 조종하여 아가멤논의 출항을 방해했던 것입니다. 헤라클레스는 어떠했습니까?

헤라의 노여움에서 벗어나기 위해서 그 무시무시한 12가지 어려운 일을 해야만 했습니다. 그 일을 모두 마친 헤라클레스는 부귀와 영화를 누렸지만 죽은 다음에야 헤라와 화해할 수 있었습니다.

보에티우스 | 모든 것이 필연인 신의 섭리에 속한 인간의 운명은 자연법칙이나 우주 질서처럼 정해져 있고, 어떤 경우에도 변할 수 없다는 뜻이군요.

두렵다. 모든 것이 필연이라니. 정말 이 세상에는 우연이란 없다는 말인가?

자유의지

아리스토텔레스는 그의 책《물리학》에서 우연을 "어떤 일을 어떤 일정한 목적을 위하여 행할 때, 여러 가지 원인 때문에 목적하였던 것과는 다른 결과가 나오게 되는 것"이라고 정의하였다. 어떤 사람이 밭을 갈다가 금덩어리를 발견했다면 우리는 이것을 우연이라고 할 수 있다. 하지만 이것은 전혀 예기치 못한 원인들의 합치, 특히 의외의 합치가 우연을 이루어 놓은 것처럼 보이는 것일 뿐, 만약에 밭주인이 밭을 경작하지 않았거나, 금괴의 주인이 그곳에 금덩어리를 묻어두지 않았다면 금은 발견되지 않았을 것이다. 그렇기 때문에 우연이라는 단어는 하도 여러 가지 모양으로 쓰이고 있어 그 뜻이 부정될 수도, 긍정될 수도 있는 것이다.

나의 천사 | 아카데미아산 바위를 기점으로 흐르기 시작한 물은 두 갈래로 갈라져 티그리스강과 유프라테스강으로 나누어집니다. 그러다 두 강은 다시 합쳐져 페르시아 만으로 흘러들어 갑니다. 이와 마찬가지로 우연도 신의 변하지 않는 법칙에 따라 지배되고 있는 것입니다.

보에티우스 | 신의 섭리가 어떤 법칙에 따라 움직이고 필연적인 것이라면 인간 정신도 역시 이 원칙에 지배됩니까? 만약 인간 정신도 신의 섭리가 지배한다면, 인간 정신의 자유는 없는 것입니까?

나의 천사 | 결론부터 말하자면 인간의 자유의지는 분명히 있습니다. 인간의 자유의지가 없다면 인간의 이성적 본능도 존재할 수 없기 때문입니다. 본질상 이성을 사용할 수 있는 인간과 같은 존재는 인식할 수 있는 판단 능력을 갖추고 있기 때문에 이성적 본능은 스스로 피해야 할 것과 원하는 것을 구별할 수 있습니다. 특히 인간의 정신은 자유로운 활동을 통해서 신의 정신에 대한 명상에 잠길 때 특히 더 자유롭습니다. 반면 인간 정신이 물질적인 것이나 지상의 어떤 것에 얽매일 때는 더욱 작아지며 노예의 상태가 되어 악에 자신을 맡기기 때문에 이성이 상실되는 것입니다.

인간 정신의 자유는 신이 보장해 준다.

하지만 의심하지 않을 수 없다. 신의 섭리는 필연적인 원인과 결과의 문제이다. 그러나 자유는 결코 필연적이라고 할 수 없다. 어떻게 이 둘이 조화를 이룰까?

신의 섭리는 자연법칙과 우주 질서처럼 절대로 변할 수 없다. 뿐만 아니라 절대로 틀릴 수도 없고, 불확실할 수도 없는 것이 신의 섭리이다. 섭리가 미리 보고 있는 것은 필연적으로 이루어질 수밖에 없기 때문이다. 하지만 자유는 어떤가! 인간 정신의 자유든, 일반적으로 우리가 이야기하는 자유든, 자유란 필연성에서 제외되어 있는 것이 분명하다. 그렇기 때문에 나의 천사인 철학이 주장하는 인간 정신의 자유를 신의 섭리에 의해서 보장받는다는 이 조화를 나는 이해할 수가 없다. 특히 인간의 정신을 한 번 자세히 들여다보면 의문은 더 커진다. 눈먼 육체에 눌린 인간의 정신은 희미할까? 아니면 밝게 빛날까?

　우리 인간이 무엇을 안다고 할 때, 그것은 정신의 작용이다. 정신이 아는 것에서 모르는 것으로 나아가는 것이다. 아는 것에서 모르는 것으로 나아가는 인간 정신은 아무것도 모른다고 해야 할까? 아니면 모든 것을 다 안다고 해야 할까? 정신은 이렇게 아무것도 모른다고 할 수도 없고, 모든 것을 안다고도 할 수 없는 것이다.

　나의 천사 ⏐ 당신이 안고 있는 문제점이 무엇인지 알았습니다. 내가 당신에게 묻고 싶은 것은, 인간 정신은 과연 신의 섭리를 다 알 수 있습니까?

　보에티우스 ⏐ 당연히 인간 정신으로는 신의 섭리를 다 알 수 없습니다.

　나의 천사 ⏐ 이 문제는 당신 혼자만의 문제가 아닙니다. 옛날부터 지금까지 모든 철학자들이 이 문제를 논의하였습니다. 즉 신의 섭리를 인간의 정신으로 다 인식할 수 없기 때문에 둘 사이의 조화는 항상 어려운 문제로 남아 있습니다. 하지만 이렇게 생각하면 문제는 간단하게 해결됩니다. 사람은 사물을 어떻게 인식합니까?

　보에티우스 ⏐ 사람에게 인식되는 모든 것은 그 인식되는 사물의 능력과 그 본질에 달려있습니다.

　나의 천사 ⏐ 잘못된 생각입니다. 우리가 사물을 인식할 때, 우리가 무엇을 인식하든 그것은 사물 자체보다 오히려 인식하는 주체의 인식능력에 달려 있는 것입니다.

인식은 인식 주체의 능력에 달렸다.

이 말은 인식 주체인 인간 정신은 사물 자체의 힘 없이도 그것을 인식할 수 있다는 뜻이다. 인간 정신이 인식하는 것에는 두 가지 종류가 있는데 하나는 감각적인 것이고, 다른 하나는 비감각적인 것이다. 중세를 대표하는 스토아 철학자들은 비감각적인 것은 물체의 도움을 받지 않고도 인식할 수 있고, 감각적인 사물들은 물체의 도움으로 인식할 수 있다고 했다. 하지만 나의 천사 철학은 스토아학파의 생각을 부정한다. 과연 인간의 감각을 믿을 수 있느냐는 것이다. 내 생각도 이와 같다. 과연 인간은 인간의 감각을 믿을 수 있을까? 불완전한 감각을 믿을 수 없다면 인간은 사물을 인식하기 위해 감각을 통한 추리로 얻은 불완전한 표상이 아닌 추리에 의지하여야 하고, 그렇게 되면 결국 인간은 신의 인식 능력인 예지를 인정할 수밖에 없는 것이다.

나의 천사 | 이 세상에 사는 동물들 중에서 인간을 제외하고 천상의 나라를 이야기하는 동물이 있을까요? 인식되는 사물은 인식하는 주체에 따라 인식된다고 했습니다. 그렇다면 우리가 살펴보아야 할 것은 신의 지식이 무엇인가 하는 것입니다. 인간의 사후세계를 인정한다는 것은 신의 영원성을 인정하는 것과 같습니다. 즉 인간의 이성은 신의 영원성을 인식합니

다. 신의 영원성을 인식하는 것은 신의 본질과 신에 대한 지식을 아는 것과 같습니다.

영원이란 무한한 생명의 모든 충만성을 동시에 내포하고 소유하는 것입니다. 그렇기 때문에 영원 속에서는 미래에 이루어지는 것은 아무것도 없고 과거로 흘러 사라지는 것도 없습니다. 영원이란 그저 필연적으로 현재에 남아 있는 것입니다. 즉 인간은 현재의 시간 안에서 사물을 보듯이 미래의 사물에 대해서 인식하지만, 신은 이 모든 것을 영원한 현재의 시간으로 인식합니다. 그렇기 때문에 신의 섭리 안에서 신의 예지는 인간 정신의 자유를 결코 손상하지 않는 것입니다.

신은 모든 것을 동시에 파악한다.

그렇기 때문에 신은 미래에 일어날 모든 일에 대해서 이미 원인을 가지고 있다. 신은 이러한 능력으로 현재 사물의 모든 인식이 가능하지만, 스스로는 미래에 생길 사물에 아무런 영향도 받지 않는다. 그렇기 때문에 인간에게는 손상되지 않는 자유의지가 주어진다. 그러므로 필연성에서 해방되어 있는 인간의 자유의지에 상과 벌을 주는 것은 결코 부당한 것이 아니다.

신은 현재적인 영원성을 가지고 위에서 관조하기 때문에 우리 인간의 미래 행동과 늘 같이 한다. 이런 관점에서 신은 선한 이에게는 상을 주고, 악인에게는 벌을 주는 것이다. 따라서 상과 벌을 관장하는 신께 우리가 희망을 품거나 기도를 하는 것은 헛된 일이 아니다. 신에게 바치는 기도는 항상 옳기 때문에 우리는 악행에 항거하고 덕행을 닦기 위해 노력해야 한다.

이제 나는 겸손한 마음으로 기도한다. 신이라는 재판관이 위에서 내려보며 투시하고 있다. 그 재판관 앞에 나의 모습은 어떤 것일까? 지금까지 나는 내가 아주 불행하다고 생각했다. 하지만 나의 천사와 이야기를 나눈 후 나는 내 생각이 잘못되었음을 알았다. 나는 행복하다.

나의 천사인 철학을 만난 이후 나보다 더 행복한 사람은 없을 것이다. 자유로운 나의 정신은 필연적인 신의 섭리에 의해 정해진 것이기에 나는 지금 더없이 자유롭다.

읽어두면 좋을 이야기

행복을 발견한 로마 최후의 철학자

철학사에서는 보에티우스를 최후의 로마 철학자라고 부른다. 최초나 최후라는 말이 주는 의미는 다양하지만 보에티우스에게 주어진 최후라는 말은 약간의 아쉬움과 미련이 남는다. 플라톤은 철인 통치자 혹은 철인 정치가가 정치에 관여해야 이상국가가 실현될 수 있다고 말했다. 그러나 플라톤 이후 몇몇 철학자가 정치에 관여하였지만 큰 성과를 얻지 못한 것이 사실이다. 마르쿠스 아우렐리우스에게서 우리는 첫 철인 통치자의 모습을 보았고, 이제 보에티우스에서 다시 한 번 철인 정치가를 생각할 수 있다.

로마의 명문가에서 태어난 보에티우스는 일찍이 모든 학문의 발상지인 아테네로 떠나 그곳에서 철학과 문학을 두루 섭렵하였다. 로마로 다시 돌아온 보에티우스는 테오도리쿠스 황제의 총애를 받아 요직을 두루 지내며, 소크라테스, 플라톤, 그리고 아리스토텔레스의 철학 사상을 정치에 접목하고자 노력하였다. 그뿐 아니라 플라톤의 정의를 바탕으로 불의와 싸워 결국 플라톤이 시라쿠사에서 그러했듯이 사형 선고를 받고 유배지에서 처형당했다.

보에티우스는 유배지에서 사형 집행을 기다리며 자신을 돌아보는 한 권의 책을 남겼는데, 그 책이 바로 《철학의 위안》이다. 보에티우스는 그리스도교인으로 그리고 교부철학자로 알려져 있지만, 이 저서에서 우리가 발견한 보에티우스는 지극히 플라톤적이다. 물론 플라톤적이라는 것이 그리스도교인이 아니라는 증거는 아니다. 분명한 것은 보에티우스가 그리스도교보다는 이교도적인 성향이 강했다는 것이다.

보에티우스의 독백으로 잘 알려져 있는 《철학의 위안》은 죄인 보에티우스와 귀부인 철학 사이에서 나눈 대화체 저서이다. 그리고 서술 방법도 한 가지가 아니라 운문과 산문이 번갈아 나온다. 보에티우스가 독백을 할 때는 산문으로 쓰였으며, 철학이 이에 답을 할 때는 운문 형식이다. 일반적으로 그리스의 철학 서적은 전문성이 강하기 때문에 학구적인 면이 강하게 나타나는 반면 이 책은 문학적인 호소를 전문적인 철학과 접목시킴으로써 그리스의 철학 서적들과는 다른 특징을 보여 주고 있다.

이 책에서 보에티우스는 소크라테스, 플라톤, 그리고 아리스토텔레스를 진정한 철학자로 묘사하고, 에피쿠로스나 스토아학파는 철학자로 오해받는 사람이라고 주장한다. 이렇게 자신의 책에 그리스 철학자들과 그들의 사상을 논함으로써 당시 로마 철학자들의 생각과 자신의 생각이 다름을 밝힌 것이다.

책에서 보에티우스는 한때 권력과 부와 명예를 다 가졌지만, 지금은 열악한 환경 속에서 단지 죽음을 기다리는 쓸쓸한 노인에 불과하다. 유배지에서 죽음을 기다리는 사람에게 행복이란 무엇일까? 인간에게 진정한 행복이란 무엇일까? 보에티우스는 최고선을 이끌어 낼 수 있는 것이 행복이라고 생각했다.

모든 인간은 행복하기를 원하며, 재물, 지위, 권력, 명예 혹은 쾌락과 같은 것을 행복이라고 생각한다. 하지만 이런 것들로부터 사람들은 어떤 선도 이끌어 낼 수 없다. 그뿐 아니라 이 모든 것을 다 모아도 완전한 선이 될 수 없다. 우리가 행복을 추구하고 행복이 선이라면, 선은 완전해야 한다. 만약 선이 불완전하다면, 그것은 결코 행복이 될 수 없다. 그렇다면 완전한 선이란 무엇일까?

보에티우스는 선이란 어딘가에서부터 오는 것이라고 생각했다. 즉 선의 원천이 있다는 것이다. 만약 선의 원천이 있고, 그 원천이 완전하다면, 그곳에서 온 선이야말로 완전한 선이 되는 것이다. 이런 선을 보에티우스는 필연적인 선이라고 했다. 그럼 이런 필연적인 선은 어디에서 나오는 것일까?

인간의 보편적인 인식은 만물을 창조한 신이야말로 선하다고 파악한다. 즉 인간 정신은 신보다 더 우월하거나 좋은 것은 없다고 생각하는 것이다. 모든 것보다 우월한 신이야말로 선이며, 여기서 나오는 선이야말로 필연적인 선이다. 신으로부터 나오는 필연적인 선은 결국 완전한 선이며, 최고선인 것이다.

최고선에서 행복이 나온다고 했다. 신이 모든 것을 만들었다면, 자연법칙과 우주 법칙도 신이 만든 것이다. 결국 행복이란 자연법칙에 따르는 것이며, 명예, 부, 권력과 같은 것은 인간의 법칙으로 만들어진 것이기 때문에 이런 것으로는 결코 행복할 수 없는 것이다. 이렇게 보에티우스는 과거의 자신보다 현재 죽음을 기다리는 자신이 더 행복하다는 것을 보여 준다.

유배지에서 처형을 기다리는 자신이 행복하다고 주장했지만, 우리는 보에티우스가 죽음에 대한 공포와 싸웠음을 알 수 있다. 귀부인 철학은 보에티우스에게 소크라테스의 용감한 죽음과 플라톤의 사지에서의 탈출을 상기시키며 용기를 가질 것을 독려한다. 철학자는 일반인들과 다르게 악인과 맞서 싸웠기 때문에 끊임없는 박해와 시련 속에서도 그 업적이 빛나고 있다고 귀부인은 속삭인다.

보에티우스의 아버지는 집정관이었다. 그도 집정관이었으며, 그의 두 아들도 집정관이었다. 그리고 그는 테오도리쿠스 황제와 각별한 사이였다. 마지막까지도 보에티우스는 황제의 친구였다. 그리스 철학의 영향을 받은 보에티우스는 철학자였지만 과학자였는데 그는 해시계와 물시계를 만들어 식민지 백성들을 놀라게 하기도 했다. 그뿐 아니라 그는 정치가로서 화폐를 개혁하여 로마 제국의 새로운 국가를 만들어 보고자 하였다. 이 모든 것이 테오도리쿠스 황제의 허락이 없었다면 불가능하였을 것이다.

로마 제국은 그리스도교를 국교로 정했지만, 당시만 해도 타 종교를 믿는 사람들과 미신에 빠져 있는 사람들이 많았다. 보에티우스는 기품 있고 고결하였으며, 사심이 없는 사람이었고, 테오도리쿠스 황제의 명을 받아 철학적 정의를 앞세워 새로운 이상국가를 건설하기 위해 노력하였다. 그러나 보에티우스의 개혁과 새로운 시도는 반대파들에게 공격의 대상이었고, 테오도리쿠스 황제도 이를 도울 수 없었다. 반역죄로 고발당한 보에티우스를 처형하고, 2년 후 황제도 그를 따랐다. 뒤를 이어 유스티니아누스 황제가 로마 제국을 통치하였는데, 그는 아테네의 아카데미아를 폐쇄한 황제로 잘 알려져 있다. 당시 아카데미아의 많은 철학자들은 더 이상 정치에 뜻을 두지 않고 페르시아를 비롯한 여러 나라로 떠났다고 전해진다.

로마 최후의 철학자 보에티우스!

그는 그리스도교인이 아닐지도 모른다고 했다. 하지만 《철학의 위안》에서 그는 행복을 최고선으로 보고, 그것이 신으로부터 온다고 말했다. 이렇게 자신 속에 있는 신, 혹은 우주를 지배하는 신이 있음을 깨달았다는 것은 자신에 대한 재발견과도 같다. 자신에 대한 새로운 생각 혹은 발견을 보에티우스는 운명이란 단어로 설명하고 있다.

로마 최후의 철학자는 모든 것을 버리고 행복한 사람이 되었다. 그리고 모든 것을 버리고 행복하게 죽었다.

참고도서 및 읽기를 권하는 책

강태경, 《오이디푸스 왕 풀어 읽기》, 새문사, 서울 2009

김내균, 《소크라테스 이전의 그리스 철학》, 교보문고, 서울 1996

김민수, 《필로 디자인》, 그린비, 서울 2007

김범춘, 《철학, 세상과 소통하기》, 모티브, 서울 2007

김상봉, 《호모 에티쿠스》, 한길사, 서울 1999

김상은, 《철학함의 길에서》, 이문출판사, 서울 1997

김석수, 《현실 속의 철학, 철학 속의 현실》, 책세상, 서울 2001

김영훈, 《아리스토텔레스 윤리학 읽기》, 울산대학교출판부, 울산 2008

김용규, 《영화관 옆 철학카페》, 이론과실천, 서울 2004

김용규, 《철학이 있는 삶과 문화》, 동아출판사, 서울 1990

김용규, 《철학카페에서 문학읽기》, 웅진지식하우스, 서울 2006

김주일, 《소크라테스는 '악법도 법이다'라고 말하지 않았다: 그럼 누가?》, 웅진씽크빅, 서울 2006

김창호 엮음, 《진리 청바지: 내가 아는 것이 진리일까》, 주니어 김영사, 서울 2006

김형석, 《한권으로 보는 서양철학사 100장면》, 가람기획, 서울 1994

남경태, 《스토리 철학》, 들녘, 파주 2007

문시영, 《아우구스티누스와 은혜의 윤리학》, 북코리아, 서울 2008

박승찬, 《생각하고 토론하는 서양 철학 이야기2》, 책세상, 서울 2006

박영식, 《서양철학사의 이해》, 철학과 현실사, 서울 2000

박제윤, 《과학적 사고에 날개를 달아주는 철학의 나무》, 함께북스, 서울 2007

박규철, 《플라톤의 국가》, 삼성출판사, 서울 2006
박해용, 《아우구스티누스가 들려주는 신의 사랑 이야기》, 자음과모음, 서울 2007
박해용, 《에피쿠로스가 들려주는 쾌락 이야기》, 자음과모음, 서울 2008
서정욱, 《만화 서양 철학사 1. 2. 3권》, 자음과모음, 서울 2004
서정욱, 《문화사와 함께 읽는 서양철학사(고대·중세편)》, 배재대학교출판부, 대전 2007
서정욱, 《문화사와 함께 읽는 서양철학사(근대·현대편)》, 배재대학교출판부, 대전 2005
서정욱, 《필로소피컬 저니》, 함께읽는책, 서울 2008
손영운, 《만화 플라톤 국가》, 주니어김영사, 서울 2007년
안광복, 《처음 읽는 서양 철학사》, 웅진씽크빅, 서울 2007
유시주, 《거꾸로 읽는 그리스로마 신화》, 푸른나무, 서울 1999
이석우, 《아우구스티누스》, 민음사, 서울 1995
이윤기, 《이윤기의 그리스 로마 신화 1》, 웅진지식하우스, 서울 2000
이정린, 《아리스토파네스와 고대그리스 희극공연》, 한국학술정보, 서울 2006
이종란, 《전래동화 속의 철학》, 철학과 현실사, 서울 2005
이초식, 《어린이를 위한 철학교육》, 서광사, 서울 1989
이형식, 《농담》, 궁리, 서울 2004
장영란, 《플라톤의 국가, 정의를 꿈꾸다》, 사계절, 서울 2008
조광제, 《플라톤, 영화관에 가다》, 디딤돌, 서울 2005
한국로고스연구원 편집위원회, 《철학문제집》, 한국로고스연구원, 서울 1995
황광우, 《철학 콘서트》, 웅진지식하우스, 서울 2007
요슈타인 가아더, 장영은 역, 《소피의 세계》, 현암사, 서울 2000
막스 갈로, 이재형 역, 《아우렐리우스의 두 얼굴》, 예담, 서울 2008
프랑수와 다고네, 신지영 역, 《삐딱한 예술가들의 유쾌한 철학교실》, 부키, 서울 2008
루치아노 데 크레셴초, 김홍래 역, 《그리스 철학사 1, 2권》, 리브로, 서울 1998
루치아노 데 크레셴초, 김홍래 역, 《판타 레이》, 리브로, 서울 1997
버트란드 러셀, 이명숙, 곽강제 공역, 《서양의 지혜》, 서광사, 서울 1990
T. Z. 래빈, 문현병, 이부현, 이찬훈 공역, 《서양철학사 탐색》, 동녘, 서울 1993
P. 램프레히트 스털링, 김태길, 윤명로 외 공역, 《서양철학사》, 을유문화사, 서울 1997
T. W. 바이넘 외, 황경식, 양희규 공역, 《철학, 무엇을 어떻게 가르칠 것인가》, 서광사, 서울 1991
조나단 반스, 김혜영 역, 《아리스토텔레스와 마시는 한 잔의 커피》, 라이프맵, 서울 2009
A. M. S. 보에티우스, 정의채 역, 《철학의 위안》, 바오로딸, 서울 2007
A. M. S. 보에티우스, 박병덕 역, 《철학의 위안》, 육문사, 서울 1990

토머스 불핀치, 김경희 옮김, 《그리스 로마 신화》, 브라운힐, 서울 2008

크리스티앙 비애 편집, 정장진 역, 《오이디푸스》, 이룸, 서울 2003

숀 세이어즈, 김요한 역, 《플라톤 국가 해설》, 서광사, 서울 2008

H. J. 슈퇴릭히, 임석진 역, 《세계철학사 (상)》, 분도출판사, 왜관 1991

크리스티아네 슐뤼터, 조희진 역, 《내가 사랑하는 철학자》, 말글빛냄, 서울 2007

소포클레스, 이정일 역, 《중학생이 보는 오이디푸스 왕》, 신원문화사, 서울 2006

소포클레스, 박우수 역, 《안티고네》, 동인, 서울 2007

소포클레스 외, 천병희 역, 《오이디푸스 왕, 안티고네》, 문예출판사, 서울 2006

로버트 C. 솔로몬 외, 박창호 역, 《세상의 모든 철학》, 이론과실천, 서울 2007

폴 스트래던, 강철웅 역, 《정복자 알렉산더의 정복자 아리스토텔레스》, 펀앤런북스, 서울

조안 스파르, 이세진 역, 《플라톤 향연》, 문학동네, 서울 2006

롤란트 시몬-셰퍼, 안상원 역, 《딸에게 들려주는 작은 철학》, 동문선, 서울 1999

M. J. 아들러, 박성호, 박종규 공역, 《쉽게 쓴 아리스토텔레스의 철학》, 이문출판사, 대구 1994

아리스토텔레스, 최명관 역, 《니코마코스 윤리학》, 서광사, 서울 2004

아리스토텔레스, 이창우 역, 《니코마코스 윤리학》, 이제이북스, 서울 2006

아리스토텔레스, 홍석영 역, 《니코마코스 윤리학》, 풀빛, 서울 2005

아리스토파네스, 이희원 역, 《리시스트라테》, 동인, 서울 2004

아리스토파네스, 김정옥 역, 《그리스 희극》, 현암사, 서울 2006

아리스토파네스, 천병희 역, 《아리스토파네스 희극》, 단국대학교출판부, 서울 2004

아우구스티누스, 김희보 역, 《아우구스티누스의 고백》, 종로서적, 서울 1989

아우구스티누스, 김평옥 역, 《아우구스티누스 고백록》, 범우, 서울 2008

아우구스티누스, 박규태 역, 《내 어머니 모니카》, 좋은씨앗, 서울 2008

마르쿠스 아우렐리우스, 천병희 역, 《명상록》, 숲, 서울 2005

마르쿠스 아우렐리우스, 황문수 역, 《아우렐리우스에게 배우는 삶의 철학》, 한림미디어, 서울 1997

움베르토 에코, 안수신 역, 《소크라테스 스트립쇼를 보다》, 새물결, 서울 1995

에피쿠로스, 오유석 역, 《쾌락》, 문학과 지성사, 서울 1998

에피쿠로스, 조정옥 역, 《쾌락의 철학》, 동천사, 서울 1997

로버트 M. 영, 이정은 역, 《오이디푸스 콤플렉스》, 이제이북스, 서울 2002

루퍼트 우드핀, 김태경 역, 《아리스토텔레스》, 김영사, 서울 2005

게리 윌스, 안인희 역, 《성 아우구스티누스》, 푸른숲, 서울 2005

아키코 이케다, 김경옥 역, 《열네 살의 철학》, 민들레, 서울 2006

헨리 채드윅, 김승철 역, 《아우구스티누스》, 시공사, 서울 2001
페터 쿤츠만 외, 홍수기 외 역, 《그림으로 읽는 철학사》, 예경, 서울 1999
카를로 크레모나, 성염 역, 《성아우구스티누스전》, 성바오로출판사, 서울 2000
세이지 타케다, 니시 켄 엮음, 홍성태 역, 《태초에 철학이 있었다》, 새길, 서울 2000
도널드 팔머, 이한우 역, 《그림으로 읽는 서양 철학사1》, 자작나무, 서울 1997
샤를 페팽, 정혜용 역, 《7일간의 철학여행》, 현대문학, 서울 2008역, 이룸, 서울 2007
쿠르트 플라쉬, 신창석 역, 《중세 철학 이야기》, 서광사, 서울 1998
플라톤, 박종현 역주, 《국가》, 서광사, 서울 2005
플라톤, 이향만 역, 《국가》, 타임기획, 서울 2006
플라톤, 박희영 역, 《향연》, 문학과지성사, 2003
플라톤, 박병덕 역, 《소크라테스의 변명, 크리톤, 향연, 파이돈》, 육문사, 서울 2007
플라톤, 권혁 역, 《소크라테스의 변명 외》, 돋을새김, 서울 2008
플라톤, 황문수 역, 《소크라테스의 변명》, 문예출판사, 서울 1999
플라톤, 조우현 역, 《잔치》, 성우, 서울 1992
플라톤, 김영범 역, 《향연》, 서해문집, 서울 2008
플라톤, 왕학수 역, 《소크라테스의 변명, 국가, 향연》, 동서문화사, 서울 2007
플라톤, 이종훈 역, 《향연》, 지만지고전천줄, 서울 2008
하인리히 하네, 백승균 역, 《철학수업, 어떻게 할 것인가》, 계명대학교 출판부, 대구 2000
헤시오도스, 천병희 역, 《신통기》, 한길사, 서울 2004
클라우스 헬트, 이강서 역, 《지중해 철학기행》, 효형출판, 파주 2007
호메로스, 《오디세이》
호메로스, 《일리아드》
테드 혼드리치 엮음, 심철호 역, 《철학자들》, 이제이북스, 서울 2007